普通高等教育"十一五"国家级规划教材

信息系统分析与设计

（第四版）

卫红春　朱欣娟　张留美　编著

西安电子科技大学出版社

内 容 简 介

　　本书针对高等院校管理类、信息类和计算机类等专业的教学需要，跟踪信息技术的发展，主要讲述了信息系统的基本概念、基本理论、基本方法和基本技术，全面介绍信息系统建设的规划、开发、维护和管理等内容，重点介绍了信息系统开发中的领域分析、需求分析、系统设计、Web 和移动应用设计、系统实现和测试等工作，并在最后一章介绍了信息系统的主要应用领域。全书采用面向对象方法，用 UML 统一建模语言进行模型描述，并配有完整的开发案例。

　　本书结构合理、概念清楚、内容丰富，具有知识新、系统性强和重视开发实践等特点，可作为高等院校管理类、信息类和计算机类等本科专业的"信息系统分析与设计"、"信息系统开发"和"管理信息系统"等课程的教材，也可作为从事信息系统规划、咨询、开发、管理、维护工作的技术人员和管理人员的参考书。

图书在版编目（CIP）数据

信息系统分析与设计 / 卫红春，朱欣娟，张留美编著.—4 版. 西安：西安电子科技大学出版社，2018.8(2022.3 重印)
ISBN 978–7–5606–5029–6

Ⅰ. ① 信… Ⅱ. ① 卫… ② 朱… ③ 张… Ⅲ. ① 信息系统—系统分析 ② 信息系统—系统设计 Ⅳ. ① G202

中国版本图书馆 CIP 数据核字(2018)第 191823 号

策划编辑　马晓娟
责任编辑　马晓娟
出版发行　西安电子科技大学出版社（西安市太白南路 2 号）
电　　话　(029)88202421　88201467　　　邮　　编　710071
网　　址　www.xduph.com　　　　　　电子邮箱　xdupfxb001@163.com
经　　销　新华书店
印刷单位　陕西日报社
版　　次　2018 年 8 月第 4 版　2022 年 3 月第 15 次印刷
开　　本　787 毫米×1092 毫米　1/16　印张 22.5
字　　数　532 千字
印　　数　43 501～46 500 册
定　　价　50.00 元
ISBN 978–7–5606–5029–6/G

XDUP　5331004-15

*** 如有印装问题可调换 ***

前　言

本书自 2003 年出版第一版到现在已经十五年了，经历了三次改版，被很多院校认可并一直使用至今。三次改版一直在跟踪技术发展，优化教材结构，精细教学内容。到目前本书体系已经基本定型，本次修订除了完善原书外，主要增加了由张留美老师编写的第 10 章 Web 和移动应用设计内容。建立在互联网基础上的 Web 体系结构和移动通信技术已经成为现代信息系统两大主要技术，成为信息系统设计必须考虑的两种技术，教材为了反映信息技术的新进展，特增加这章内容。

鉴于我们水平所限，不妥之处在所难免，恳请广大读者批评指正。

我的邮箱是：hchwei@xsyu.edu.cn。

卫红春

2018 年 6 月

目 录

第1章 信息系统基础

本章导读

本章介绍信息、系统、企业管理概论、信息资源管理等信息系统的基础知识,作为全面展开本书内容之前的绪论。

信息、材料与能源构成现代社会的三大基础要素,并成为继农业社会、工业社会之后的又一新型社会的特征标志。信息是组织的宝贵资源财富,在组织中发挥着越来越重要的作用。信息是信息系统的核心和基础。

系统是人们把握事物整体性、相互联系性和演化发展性的思想和方法。系统是由相互联系的若干要素构成的,具有特定目标、特定功能,并处于一定环境之中的有机整体。信息系统是一类复杂的系统。

管理是对一定组织所拥有的资源进行有效整合,以达成组织既定目标和履行责任的动态创造性活动。管理的目的是实现组织的目标,管理的基础是组织,管理的核心是对组织资源的有效整合。管理是一种动态的创造性活动。信息系统为组织管理服务。

信息资源是指人类社会活动中所涉及的信息内容,按照某种方法和规律,经加工处理使之有序化并大量积累后的有用信息的集合。信息资源管理是为了确保信息资源的有效利用,以现代信息技术为手段,对信息资源实施计划、预算、组织、指挥、控制、协调的一种人类管理活动。信息资源管理的要素是:信息资源管理架构、信息资源管理组织、信息资源管理环境、信息资源管理服务和信息资源管理技术。

主要知识点

- 信息的概念
- 系统的分类
- 信息资源管理的策略和方法
- 系统的特性
- 信息资源管理的概念
- 系统的概念
- 管理的职能
- 信息的分类
- 管理的概念
- 信息的特性
- 系统的方法

1.1 信　息

1.1.1 信息的含义

信息(Information)一般是指具有新内容、新知识的消息或情报。信息与数据具有内在的联系。数据(Data)是记录在一定介质上并可鉴别的符号，它可以是字母、数字、图形、图像、声音等。数据是无意义的符号，信息则是蕴涵意义的符号。例如，90 是一个符号，单从形式上看，它是一个数据。若某同学的英语成绩是 90，这里的 90 有确定的含义，对要了解这个同学成绩的人而言，90 就是信息。数据和信息还因其对解释者的意义而定。90 对于要了解这个同学成绩的人而言是信息，但它对于与这个同学没有任何关系的陌生人而言没有任何意义，因此 90 又是一个数据。数据与信息的关系也可以被看成为原料和成品的关系，数据是信息加工的原材料，信息是数据加工的结果。

信息的本质是物质的属性和特征，是事物运行状态与规律的表征。

1.1.2　信息的特征

1. 承载性

信息总是要表达一定的意思，信息承载着意义。信息的意义是信息的价值，是对客观的真实反映。不能真实反映客观现实的信息是虚假信息，虚假信息非但无利，而且有害。

信息必须被载体所承载。信息需要借助文字、图像、声波、电波、光波等物质载体而存在或表现。用来表述、传播或者承载、储存信息的物质称为信息载体，例如，文字、电波和磁盘都是信息载体，人的大脑是最复杂的信息载体。

2. 层次性

信息所反映的意义具有不同的抽象层次，既有蕴涵丰富意义的高抽象度信息，也有内容简单的具体信息。例如，世界发展趋势、国家宏观战略属于高抽象度信息，而一台设备的当日加工量则属于一个简单的具体信息。企业管理具有战略层、策略层和执行层三个层次，与其相对应，描述企业的信息也应该具有战略层信息、策略层信息和执行层信息。这三层信息具有不同的抽象度和所蕴涵的意义。

3. 传输性

信息的传输性也被称为传递性或传播性，其含义是信息源可以通过载体把信息传递给接收者。信息的传递需要时间，所以接收者获取的信息总是滞后于信息源。信息传输的载体和传输手段决定了信息传输的速度和效率。信息的传输手段与信息载体的性质和采取的传输技术有关。古代信息传输技术很落后，边关的战况信息需要几个月才传到京城，现代信息传输技术可以在数秒钟内把一个信息传遍全世界。

4. 共享性

信息可以由一个信息源到达多个信息的接收者，被多个接收者所共享，共享是信息的独特性。通常，一个物体只能被一个享用者所占有，但信息可以被多个接收者所享用，对信息不会有丝毫影响。信息的共享性使信息通过多种渠道和传输手段加以扩展，获得广泛利用。现代通信和计算机技术最大限度地实现了信息的共享。

5. 加工性

加工是指对信息的整理、变换、压缩、分解、综合、排序等处理。对信息的加工反映了人们因对信息的内容、形式和时效等方面的需要而对信息所做出的处理。人们总是通过一定的手段，把信息加工处理成为更符合人们需要的形式。

信息的加工手段决定着人们对信息再利用的水平。信息的加工手段由一个阶段信息技术的总体水平所决定。古代信息技术水平很低，再用信息十分有限。现代信息技术把信息加工能力提高到一个空前的水平，信息成为十分丰富的社会资源，并成为现代社会的特征和标志。

6. 时效性

时效性是指信息的作用和价值与信息产生、传输和提供的时间有关。信息的利用肯定要滞后于信息的产生，但必须有一定的时限，超过了这个限度，信息就失去或消减了被利用的价值。信息只有及时传递和有效利用，才能实现其价值。

1.1.3　信息的分类

可以从不同角度对信息进行分类。

从主客观的关系角度，可以把信息分为客观信息和主观信息。客观信息表现物质系统的特征，是事物运行的状态和方式，主观信息是客观信息在人头脑中的反映。客观信息是主观信息的认识对象和内容，主观信息是客观信息的能动反映。

从系统角度看，可以把信息分为系统外部信息和系统内部信息。系统外部信息是指系统的外界环境产生的信息，系统内部信息是指决定系统自身的组织和结构、调节系统各部分状态和活动的信息。

从发展过程看，可以把信息分为非生物信息、生物信息和社会信息三种类型。一切非生物的运行状态和方式就是非生物信息，生物的运行状态和方式就是生物信息，社会信息反映人类社会的运行状态和方式。社会信息又可以分为政治信息、经济信息、军事信息、科技信息、文化信息和社会生活信息等。

从信息的逻辑层次看，可以把信息分为语法信息、语义信息和语用信息。语法信息是客观事物存在方式和运行状态的直观描述，表现为符号或语言，不涉及信息内容的解释和实际效用。语义信息要揭示所描述事物内容的真实含义，确定其含义的表示方法。语用信息不仅要反映事物的存在方式和运行状态，而且要揭示其对人类的价值和效用。

从管理层次看，可以把信息分为战略级信息、策略级信息和执行级信息。战略级信息是企业长远发展和关乎企业全局的信息，如企业发展远景、企业规划、企业总体战略等。策略级信息是关乎企业营运管理的信息，如企业的月生产计划、产品产量、产品质量和产品成本信息等。执行级信息则是企业日常业务运行的信息，如原材料采购和入库信息、职工考勤信息、产品日销售信息等。

1.2　系　　统

1.2.1　系统的概念

事物的整体性、相互联系性和发展演化性是事物的本质特性，系统的思想就是关于事物这些本质特性的观念。系统(System)是由相互联系、相互影响的若干要素结合而成的，具有特定目标、特定功能，并处于一定环境之中的有机整体。一般系统都具有某种目的，系统的目的可以通过一组具体的目标来体现。为达到系统的目的，系统需要具有一定的功能，这些功能把不同的系统区分开来。系统由多个要素所构成，系统各要素之间存在有机的联系。系统要素之间的关系构成了系统的结构，不同的系统具有不同的结构。系统存在于一定的环境之中，而环境支撑和制约着系统。系统也是人们根据事物的相互联系和组成来整体把握事物的方法。

1.2.2　系统的特性

1. 目的性

通常系统都具有某种目的，系统的目的可以划分为一组目标。系统的目的决定着系统的功能和系统的构成与结构。系统的功能和结构是为了实现系统目标而设计的，系统的目标发生改变，系统的功能和结构将随之改变。

2. 相关性

系统的相关性是指构成系统的各个部分之间互相联系、互相依存的关系。相关性是系统整体性的前提。正因为系统中各构成要素之间存在着密切的关联关系，才形成了整体系统。如果系统中的各个构成要素之间不存在任何关系，也就构不成整体系统，系统的整体性也就无从体现。

3. 整体性

系统为了实现其目标，由各个部分协调构成一个有机整体，这就是系统的整体性。系统的整体性说明，具有独立功能的系统要素以及要素间的相互关系是根据逻辑统一性的要求，协调存在于系统整体之中的。任何一个要素都不能离开整体去研究，要素之间的联系和作用也不能脱离整体的需要去考虑。系统的构成要素和要素的机能、要素的相互联系要服从系统整体的目的和功能，在整体功能的基础上展开各要素及其相互之间的活动，这种活动的总和形成了系统整体的行为。在一个系统整体中，即使每个要素都并不很完善，它们也可以协调、综合成为具有良好整体功能的系统；反之，即使每个要素都是完美的，如果要素之间的联系得不到有机协调，系统的整体功能也得不到充分体现。

4. 层次性

系统的层次性是指系统的一种共性结构模式，表现为系统的结构可以从纵向划分成一种层次结构。系统的层次性也反映了人们观察和把握系统的抽象程度。从宏观角度观察一个系统时，这个系统是由几个子系统构成的整体。如果从子系统的角度观察，那么它又是由几个更小的子系统所构成的。例如，一个人是一个复杂的系统，他由呼吸系统、循环系统、消化系统、神经系统等部分构成，而在分析消化系统时，它又由消化管和消化腺组成，消化管又包括口、咽、食管等部分。

5. 适应性

任何一个系统都处在确定的环境之中，与环境保持着密切的联系。环境支撑着系统的存在及系统的运转，系统与环境形成一种和谐的关系。事物处在变化和运动之中，环境也发生着变化。系统与环境之间存在着物质的、能量的和信息的交换，外界环境的变化必然会引起系统内部各要素之间的变化。系统要满足环境的要求，随着环境的变化，系统必须跟着变化，以适应环境的改变，这就是系统的适应性。

1.2.3 系统的分类

可以从不同的角度给系统做出分类。

1. 按系统的复杂程度划分

在现实世界中，有简单的、中等的、复杂的和超复杂的系统。按照系统的复杂程度，可以把系统划分成三类九等，见图 1.1。

宇宙及社会系统	宇宙
	社会
	人类
生物系统	动物
	植物
	细胞
机械系统	控制装置
	时钟机构
	框架结构

图 1.1　按复杂性对系统的分类

2. 按自然特性划分

按照自然特性可以把系统分为自然系统和构造性系统两类。自然系统是自然自有的、没有经过人的改造和雕饰的系统，像自然界、太阳系、地球的生态系统等。而构造性系统则是为了满足人的需要，由人所创造或雕饰的系统。构造性系统是为人类服务的。例如，汽车、自行车、电话、电视都可以被看为构造性系统；国家、政府、学校、教堂也是构造性系统；像 IBM、HP、微软等企业以及超级市场、卡拉 OK 厅等也都是构造性系统。

3. 按抽象程度划分

按照人们认识系统的抽象程度，可以把系统划分成概念系统、逻辑系统和物理系统三类。

1) 概念系统

概念系统并不是实际系统，而是人们认识和描述系统的一种观念模型。概念系统是人们根据系统的目标和以往的知识，初步构造出来的一种观念型系统。概念系统能够表述系统主要特征和大致轮廓，但对系统反映比较粗糙，很不完善，甚至缺乏必要的细节。

概念系统是人们认识事物的一种重要的思维方式，它是系统在人们头脑中的观念反映。例如，在我们头脑中的人、社会、国家等系统，一般只是一种宏观的、抽象的观念。

2) 逻辑系统

逻辑系统是在概念系统基础上，通过论证并从原理上证明是合理可行的系统。逻辑系统考虑了系统的目标合理性、结构合理性、功能合理性和实现的合理性。逻辑系统是对概念系统的逻辑深化。

逻辑系统仍然不等同于实际系统，但在现有的技术、设备、资金和人力的条件下，一定能够实现系统所规定的要求，所以，逻辑系统是摆脱了具体实现细节的合理系统。在软件工程中，对系统进行分析和设计之后得出的软件系统的分析和设计模型就是逻辑系统。另外，经过论证之后设计出来的建筑工程图纸和工程的有关说明也是逻辑系统。

3) 物理系统

物理系统是具体存在的系统，也叫客观系统。现实存在的所有系统都是物理系统。

4. 按系统与外界的关系划分

按照系统与外界的关系，可以把系统划分成封闭系统和开放系统两种类型。

1) 封闭系统

封闭系统是指与外界环境的变化没有直接联系的系统，外界环境的变化将不会影响系统内部的运行。例如，能够保证供电的温箱，外界温度的变化不会影响温箱内部温度的变化，因为温箱本身具有对温度的调节功能。再如，飞机上的黑匣子，它会记录飞机失事的完整过程，一般不会因外界环境而影响所记录的内容。

从理论上讲，实际中并不存在绝对的封闭系统。因为任何事物总是存在于确定的环境之中，外界环境对系统内部总是会产生不同程度的影响。但从系统的目标要求上看，封闭系统是那些外界环境不会对系统内部的运行产生不必要的影响，或者外界的干扰因素可以忽略不计的系统。

2) 开放系统

开放系统是指与外界环境存在密切联系，形成不可分割关系的系统。环境的变化将会影响系统，系统需要适应环境的变化。现实中的社会系统、信息系统均属于开放系统。

1.2.4　系统的方法

从认识论的角度看，系统也是人们认识和把握事物本质规律的一种观点和方法。事物的相互联系、相互依赖和相互制约是客观事物存在和变化的本质特性，并在这些基础上表现出显著的整体性。采用系统的观点看待事物时，总是从事物的整体性出发，把事物分解成多个部分或要素，分析各个部分在整体事物中的位置和作用，以及各个部分之间的相互联系和结构。无论是复杂的事物还是简单的事物，都可以采用系统观点来认识。我们可以把宇宙看做一个系统，也可以把一个电子或质子看做系统。因为，无论是电子还是质子，我们总可以把它分解成为更小的组成单位。

系统方法是用系统的观点来认识和处理问题的方法，亦即把对象当做系统来认识和处理的方法。系统方法的哲学依据是唯物辩证法，要求人们在用系统的观点来认识和处理问题时，必须以对立统一的思想为方法的核心。系统方法强调整体和部分的统一、分析方法与综合方法的统一、定性描述与定量描述的统一、确定性描述与不确定性描述的统一、理论方法与经验方法的统一、精确方法与近似方法的统一、科学理性与艺术直觉的统一等。

1.3　企业管理概论

1.3.1　企业与组织

1. 企业的概念

企业是根据市场反映的社会需要来组织和安排某种商品的生产和交换的社会经济单位。生产和提供的商品性质不同，企业的类型也不同：提供农副产品的称为农业企业；提供工业性商品或劳务的称为工业企业；提供交通运输服务的称为交通或运输企业；提供商业商品或服务的称为商业企业等。

企业的基本资源要素主要包括：

(1) 人力资源：企业中具有一定科学文化知识或劳动技能的劳动者，是企业生产经营过程中最活跃的要素。

(2) 物力资源：一定数量和质量的原材料和能源，以及反映一定技术水平的劳动工具和生产设施。其中，原材料是构成产品的物质基础，劳动工具是对劳动对象进行加工的必要前提。

(3) 资金资源：用货币表现的企业长期和短期的资金，是能够取得其他资源的资源。

(4) 信息资源：企业运行和发展中所需要的各种情报、数据、资料、图纸、指令、规章等，它们是企业的宝贵资源。

(5) 时间资源：一种特殊的企业资源。"时间就是效率"，时间可以为企业赢得效率和利润。

2. 现代企业的特征

与自然经济条件下的"个体手工业"和资本主义初期的"工场手工业"相比较，现代企业的特点表现在以下几个方面：

(1) 运用现代科学技术手段开展生产经营活动，生产社会化、自动化程度较高，自觉将科学技术知识应用于生产经营过程。

(2) 企业内部分工明确，协作细密，劳动效率最大化。

(3) 具有显著的经济性。企业需要通过商品生产、流通或相关服务为消费者提供商品或服务，以实现企业价值增值的目标。

(4) 企业以获取利润为目的。企业作为一个独立的经济组织，为盈利而开展商品生产、交换或服务，盈利是企业的重要特征。

(5) 企业在社会环境中生存，与环境构成紧密联系，企业必须通过调整自己的目标、结构和生产服务类型来适应环境变化对企业提出的挑战。

3. 组织

组织是一种复杂的、追求自己目标的社会单元。作为社会单元，组织要想在社会中生存和发展，必须完成两项基本任务：

(1) 协调组织成员的活动和维持内部系统的运转。

(2) 适应外部环境的变化和发展。

国家、政党、政府、社团、企业、学校、银行、医院都是组织。企业是一种特殊的组织。在本书中我们一般把企业与组织视为同义语。

1.3.2　现代企业理论

企业理论的发展和演变经历了几个阶段，在经济发展的不同阶段呈现出不同的企业理论。在传统经济学中并没有清晰的企业概念，企业概念是在新古典经济学中形成的。新古典经济学把企业和消费者作为两个基本研究对象，并认为消费者的行为准则是在收入和价格的约束下追求效用最大化，企业是在技术和市场的约束下追求利润最大化。在新古典经济学中，确定了企业的"经济人"概念，认为企业具有经济理性，它们具备有用的信息，精于打算，以追求利润最大化为目的，并把企业看做是一个在市场中存在的、完全有效运转的、为赚取利润而从事商品生产活动的一个完全的经济单位，它可以是一个生产者，也可以是一家规模巨大的公司。

现代企业理论形成了多个流派，其中具有代表性的主要有下述四大理论。

1. 交易成本理论

交易成本理论修正了新古典企业理论单纯强调企业的经济理性，而忽视市场对企业的作用，以及市场与企业的替代关系的不足，认为企业与市场是执行相同职能，并可以相互替代的资源配置的两种机制。企业的作用在市场中体现，并可以被市场所代替。企业存在的根本原因在于有些交易在企业内部进行比通过市场所花费的成本要低，企业的显著特征是对市场机制的替代。

在交易成本理论中，企业被作为"契约人"，而不是单纯的"经济人"。"契约人"的行为特征主要体现在两个方面：一是有限理性；二是机会主义。有限理性是指企业主观上仍然追求理性，但企业在市场交易过程中，受着各种因素的制约，总是存在许多事先不能由企业理性完全把握的偶发事件，这些事件都需要成本。机会主义行为是指企业在市场运作过程中，存在为了获取利润采取不正当行为或欺诈行为的倾向。正因为存在这种机会主义倾向，就需要建立健全的交易保证机制，以保障交易不受机会主义行为的侵害。

2. 产权理论

产权理论把关注点放到企业内部结构上。该理论认为企业是一个团队，团队拥有并使用企业的各种资源；企业资源并不属于某个人；企业的产出并不是每种资源产出之和，而与企业整体因素和各种资源的有效配合和调度有关。

团队生产可以提高生产效率，但是团队中的成员会因为存在偷懒行为、关系的摩擦和扯皮而降低效率。这就需要企业健全并履行监督机制，通过有效监督来约束企业各成员的不良行为，以提高生产效率，保证企业目标的实现。

3. 委托代理理论

在现代市场经济中，委托代理关系大量地表现为股份公司中资本所有者和企业最高决策者(董事会或总经理)之间的关系。同时它也普遍存在于所有的组织和合作性活动中，存在于每一个管理层级上。企业产生委托代理问题的原因，在于信息的非对称性。股东(委托人)所掌握的经营信息大大少于经营者(代理人)所掌握的经营信息，因而委托人想完全监督代理人是不可能的，委托人难以准确判断代理人是否尽了最大努力去增进股东的利益；代理人就可以利用这种信息的非对称性采取机会主义的"搭便车"行为，损害委托人的利益。

委托代理理论就是研究这两者如何在信息不完全和不对称条件下，通过博弈来传递和交换信息，从而相互协调并最终为实现共同的目标形成行为一体化。其主要理论是设计一个契约，以使代理人具有按委托人利益行事的激励与约束。

4．行为主义理论

行为主义理论把企业作为一种适应性制度来代替新古典理论中把企业作为决策单位的观点，希望通过这个理论解释企业的目标是怎样作为个人或集体间的讨价还价的结果而出现的。行为主义认为企业由众多具有不同目标的成员组成，企业为了实现自己的既定目标就需要研究企业成员的目标和心理，通过一系列激励制度，把企业成员的行为引导到实现企业目标上来。另外，企业在发展过程中，需要通过学习来主动适应企业环境的变化，因此，企业的竞争力就体现在企业的学习能力和内部关系的协调能力上。

除了以上介绍的主要企业理论之外，还有进化理论、企业成长限制理论等新型的企业理论。

1.3.3 管理的概念

管理是对一定组织所拥有的资源进行有效整合以达成组织既定目标和履行责任的动态创造性活动。管理的目的是实现组织的目标。组织目标是组织存在的依据和追求的目的，组织需要通过一系列管理活动来达到组织的目标。管理的基础是组织。管理需要通过一定的组织，并在一定的组织中进行。离开组织的管理是不存在的。管理的核心是对组织资源的有效整合。管理需要对组织中人、财、物等资源进行优化配置，资源整合需要通过计划、组织、指挥、协调和控制等活动予以实现。管理是一种动态的创造性活动。组织系统的运行过程是组织中人流、物流、资金流和信息流等资源流的不断变动与整合过程。组织资源流的不断变动和整合，既具有规律性，也具有依据外部环境随机变动的动态性。组织管理必须根据组织资源的动态变化，创造性地提出整合方法，以适应组织动态变化的需要。

1.3.4 管理的职能

管理职能有不同的划分。法国工业学家法约尔认为，所有的管理人员都从事五项管理职能：计划、组织、命令、协调和控制，美国孔茨教授认为管理职能包括计划、组织、人员配备、指挥和控制五项职能。在此我们从决策、计划、组织、控制、领导和激励六个方面介绍管理的职能。

1．决策

决策是管理的核心。整个管理过程都是围绕着决策的制定和组织实施而展开的。诺贝尔经济学奖获得者赫伯尔·西蒙甚至强调，管理就是决策。决策是指组织或个人为了实现某种目标而对未来一定时期内有关活动的方向、内容及方式的选择或调整过程。

从决策需要解决的问题来看，决策可以分为初始决策和追踪决策。初始决策是指组织对从事某项活动或从事该项活动的方案所进行的初次决策选择，追踪决策则是在初始决策的基础上对组织活动的方向、内容或方式的重新调整。从决策的对象来看，决策可以分为战略决策和战术决策。战略决策用来调整组织的活动方向和内容，战术决策用来调整在既定方向和内容下的活动方式；战略决策面对的是组织整体在未来较长一段时期内的活动，战术决策则需要解决组织某个或某些具体部门在未来较短时期内的行动方案；战略决策的实施是组织活动能力的形成与创造过程，战术决策的实施则是对已经形成的能力的应用。

决策过程可以划分为五个主要阶段：发现决策问题，明确决策目标，拟定可行方案，综合评价和选择方案，检查、评价和反馈处理。影响决策的因素有：决策的环境、过去已做出的决策、决策者对待风险的态度、组织文化、决策需要做出的时间要求等。

2. 计划

计划是管理者规定组织目标以及如何实现目标的活动。通过计划可以为管理者指明组织发展的方向，为未来的发展制定对策，减少行动的不确定性，减少组织发展过程中的重叠性和浪费活动，设立目标和标准以便于进行控制。

从计划的对象看，可以把计划分为战略计划和作业计划。战略计划为组织设立总体目标，并寻求组织在环境中的地位和作用；作业计划则规定目标如何实现的细节和具体过程。从计划的时间性可以分为长期计划和短期计划。长期计划规划在较长时间内组织的发展方向和方针，规定组织各部门在较长时间内从事某种活动应达到的目标和要求；短期计划则具体规定组织各部门在未来较短时间内应达到的目标和从事的具体工作。

计划编制可以分为收集资料、目标和任务分解、目标结构分析、综合平衡、制定并下达计划五个阶段。

3. 组织

组织是指人们为了达到一项共同目标建立的人事机构，是综合发挥人力、物力、财力等各种资源效用的载体。它包括对组织机构中的全体人员指定岗位、明确责任、交流信息、协调其工作等。组织包括共同的目标、人员与职责、协调关系和交流信息四大要素。

每个组织都有确定的结构，被称为组织机构。组织机构是组织为了实现其目标，根据管理的需要，依据组织职能和组织实际所划分的组织系统的结构框架。现实中存在各种各样的组织机构形式，大体可以分为以下几种。

1) 直线制组织结构

直线制组织结构是一种内部一元化领导的组织形式，企业的一切管理工作均由企业老板直接指挥和管理，如图 1.2 所示。

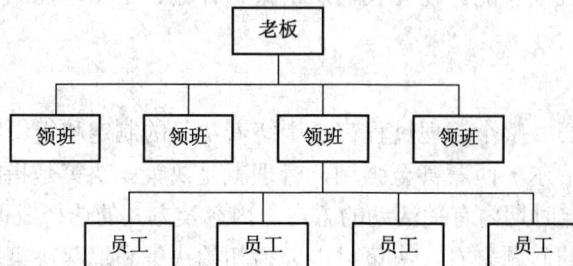

图 1.2 直线制组织结构

2) 直线职能制组织结构

直线职能制组织结构把企业管理结构和人员划分为两类：一类是直线型领导机构和人员，他们对各级组织行使指挥权，并具有一定的决策权和对所属下级的指挥权；另外一类是职能机构和人员，他们按照专业化原则，从事组织的各项职能管理工作，他们是直线组织结构的补充，不能对直接部门下发指令，只能进行业务指导。我国目前大多数企业仍然采用这种组织结构，如图 1.3 所示。

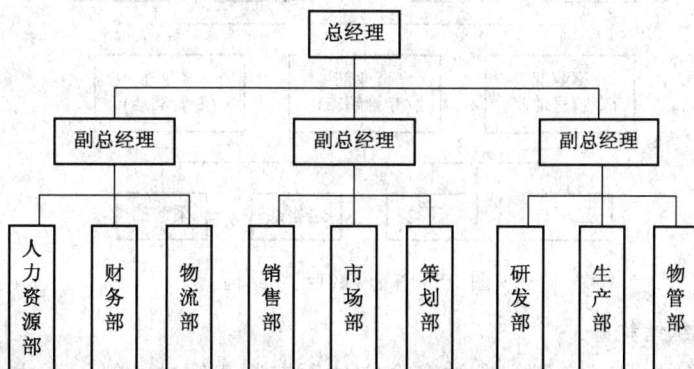

图 1.3　直线职能制组织结构

3) 矩阵制组织结构

矩阵制组织结构适用于某些以工程或项目为基本管理单位的企业，目的是加强项目过程管理的负责制。矩阵制组织结构的一维是组织部门，另外一维是工程项目。如图 1.4 所示，因为车间和项目都应该在职能部门的支持下工作，所以职能部门是第三维。完整的矩阵制组织机构应该是三维的矩阵结构。

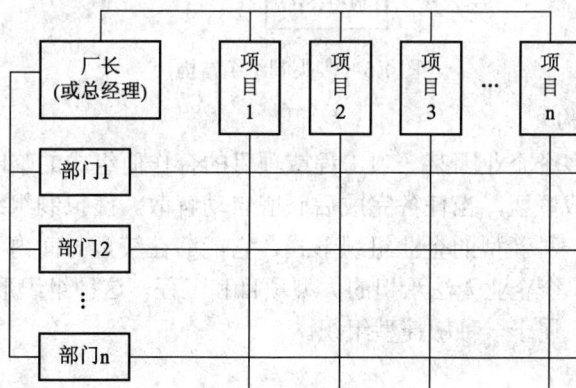

图 1.4　矩阵制组织结构

4) 事业部制组织结构

事业部制组织结构最早是由美国通用汽车公司总裁斯隆于 1924 年提出的，故有"斯隆模型"之称，也叫"联邦分权制"，是一种高度集权下的分权管理体制。这种体系按照地区、产品、市场或客户划分的二级经营单位具有独立经营、独立核算、自负盈亏的职能。它们既有利润生产和管理职能，又是产品或市场的责任单位。这种体制适应于规模庞大、品种繁多、技术复杂的大型企业，是国外较大的联合公司所采用的一种组织结构形式，近几年我国一些大中型企业也引进了这种组织结构形式。这种形式的组织结构如图 1.5 所示。

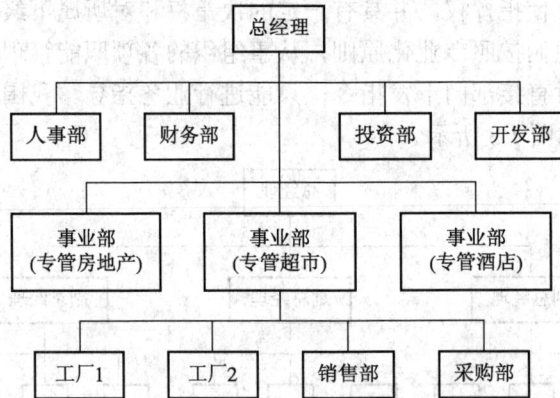

图 1.5　事业部制组织结构

5) 多头制组织结构

多头制组织结构是一个组织会被多个实体所控制和领导的组织形式。如在股份制企业中，每一个投资者都对企业长远发展和重大决策有决定权。多头制组织结构如图 1.6 所示。

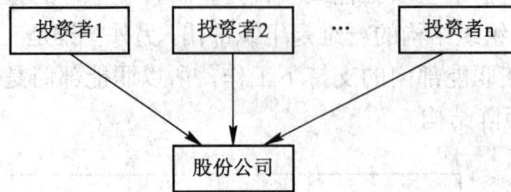

图 1.6　多头制组织结构

6) 虚拟制组织结构

虚拟制组织是由多个企业因某一项工程或项目的合作而组成的临时性组织。当一项任务来临时，各企业组成联盟，当任务完成后联盟自动解散。虚拟制组织结构是市场向集约化发展过程中出现的一种新型的企业组织形式，它能够在较短时间内组织和配置各企业的资源优势，承揽一些单个企业无法承担的大型项目和工程。这种组织形式是当代市场竞争、信息技术发展的产物，属于一种敏捷型组织。

4. 控制

控制是监视各项活动以保证它们按计划进行并纠正各种重要偏差的过程。一个有效的控制系统可以保证各项行动完成的方向是朝着达到组织目标方向进行的。控制系统越完善，管理者实现组织的目标就越容易。

控制可以分为前馈控制、同期控制和反馈控制三种类型。前馈控制是在行动发生之前实施的控制，在管理活动之前，通过对所得到的各种最新信息进行认真分析，对管理活动实际可能达到的结果进行事前预测，并把预测的结果与预期目标进行认真对比，对预测可能出现的偏差采取有效措施进行控制。这种控制形式可以修改原计划，使得预测与计划目标尽量吻合。前馈控制是一种理想的控制类型，但一般很难做到准确收集需要控制的有关信息，所以常常很难做到有效的前馈控制，管理者仍需要借助另外两种控制类型。同期控制是发生在管理活动进行之中的控制。在管理活动进行之中予以控制，管理者可以在发生重大损失之前及时纠正问题。反馈控制在管理活动发生之后，根据管理活动得出的结果信息，对结果与目标进行对比分析，做出评价，提出纠正偏差的方案。反馈控制的优点在于能够获取真实、准确的信息，所做出的评价和判断是客观准确的，另外，反馈控制可以增加员工的积极性，通过对员工已经取得成绩的肯定，增强员工的工作自豪感。反馈控制的缺点是这种控制是在已经造成错误事实之后进行的事后控制，但许多管理问题常常只能采用反馈控制。

控制的过程包括三个基本环节：

(1) 确立标准。通过一套严格可量化的标准作为衡量工作业绩和纠正偏差的依据。

(2) 衡量成效。将实际工作成绩与控制标准进行比较，对工作做出全面客观的评价，并从中发现问题。

(3) 纠正偏差。在衡量成效的基础上，找出偏差，分析偏差产生的原因，制定并实施必要的纠正措施。

5．领导

领导是指挥、带领、引导和鼓励部下为实现目标而努力的过程。领导者在带领、引领和鼓励部下实现组织目标的过程中，应发挥指挥、协调和激励三方面的作用。领导者应该具有优良的品德、广博的知识、综合的能力和优秀的心理素养。领导方式可以分为专权型领导、民主型领导和放任型领导三种类型。

6．激励

要调动员工的积极性，进行有效的管理，必须实施有效的激励。激励通过一套有效的策略激发、推动和强化人们的需要，达到提高管理工作效率、实现组织目标的作用。激励理论就是研究怎样根据人们的需要类型和特点，采取合理有效的措施以影响人们的行为。典型的激励理论有马斯洛的需要层次理论、弗鲁姆的期望理论和亚当斯的公平理论。需要层次理论认为人是有需要的动物，需要能够影响人的行为。人的需要划分为不同的层次，低层次的需要满足后，才会出现高层次的需要。人的需要划分为生理、安全、感情、被尊重和自我实现五个层次。期望理论认为，只有当人们预期到某一行为能给个人带来有吸引力的结果时，个人才会采取特定的行动。这个理论的基础是自我利益，它认为每个员工都在寻求获得最大的自我满足。期望理论的核心是双向期望，管理者期望员工的行为，员工期望管理者的奖赏。公平理论认为报酬的公平性对人们工作的积极性具有重大影响，人们一般要通过横向比较和纵向比较来判断其所得报酬的公平性。

激励有直接满足和间接满足两种方法。直接满足是通过工作本身和工作中与其他人的正常关系使他得到满足，像周围的评价、社会认可、和谐的工作关系等。间接满足则通过工作之外或工作过程之后的某些方式获得满足，包括工资、津贴、奖金等让员工得到满足。常见的激励方式有对工作业绩突出的员工实施奖励的正激励，及对因工作失误而造成损失进行惩罚的负激励。激励的手段有：目标激励、参与激励、领导者激励、关心激励、公平激励、认同激励、奖励激励、惩罚激励等。

1.4　信息资源管理

1.4.1　信息资源概念

1. 信息资源的定义

资源是指自然界和人类社会生活中可以用来创造物质财富和精神财富的、积累了一定量的客观存在。物质、能源和信息属现代社会的三大资源。信息资源是指人类社会活动中所涉及的信息内容，按照某种方法和规律，经加工处理有序化并大量积累后的有用信息的集合。

2. 信息资源的特征

1) 潜在性

信息作为生产要素是以一种潜在的方式存在的，只有被利用后，其作用才能体现出来。例如，档案馆中的档案信息，作为馆藏资料被存放着，只有当查阅者借阅之后，这些档案信息才发生了作用。

2) 可塑性

信息的价值不只取决于信息本身，还取决于利用信息的目的和手段。同样一个信息，利用的目的和方式不同，所产生的价值也不同。如果一个信息不被利用，则不会产生任何价值。信息还可以被重复和综合利用。

3) 共享性

共享性是信息的本质特性。同一信息，可以被多人重复利用。

4) 时效性

所有信息资源的价值均有确定的时间限度，超出这个时间范围，信息就失去了其利用价值。不同信息资源的时效性不同。信息资源的时效性与信息使用者有关，一个信息对某些人没有作用时，对另外一些人可能仍有使用价值。

5) 驾驭性

信息资源具有驾驭其他资源(包括物质资源和能源资源)的能力，不论物质资源还是能源资源，其开发和利用都依赖于信息的支持。例如，没有支票、凭证、账簿等财务信息，无法实施财务管理；一台新设备没有说明书，工人无法使用。信息对人类社会的作用日趋重要，正是缘于信息的驾驭性。

6) 整体性

信息资源之间存在着有机联系，并在发挥其作用的过程中表现出了高度的整体性。一个企业的信息资源的各个部分构成了该企业信息资源的整体，缺少其中哪一部分，都不完整，都会影响到企业的运行和发展。一个设备的信息资源也具有整体性，缺少其中的必要部分，将影响该设备的运行和维护。

1.4.2　信息资源组织

1．信息资源组织的概念

信息资源组织(Information Resources Organization，IRO)包括两层含义，一是信息资源内容的组织，二是开发利用信息资源的人力组织。其中，信息资源内容的组织是指利用一定的科学规则和方法，对信息资源的内容进行的规范化和整序化，实现无序信息流向有序信息流的转换，从而保证用户对信息的有效获取和利用，以及信息的有效流通和组合；而信息资源的人力组织则是指通过建立和健全与现代化的信息资源业务管理相适应的组织机构，来实现信息资源的开发、利用、管理和控制。

2．信息资源组织的原则

1) 客观化原则

信息资源是对客观现实的真实反映，因此，在描述和揭示信息资源内容特征时必须客观准确，需要根据信息资源自身所反映出的客观特征，科学地反映和整序化，形成信息资源组织的成果；在信息资源组织中，不能损害信息资源的本来效用，不能歪曲信息资源本身，不能无根据地添加不准确的信息；需要不断跟踪信息资源的发展变化和信息资源组织技术的发展变化，使信息资源组织与条件变化和环境变化保持客观一致性。

2) 系统性原则

信息资源相互之间存在有机联系，并表现出显著的整体性。信息资源的组织和管理是一项复杂的系统工程，因此在信息资源组织过程中必须遵从系统性原则，并处理好以下四个关系：第一，本企业微观信息资源组织与本地区宏观信息资源组织的关系；第二，信息资源人力组织机构与其他部门的关系；第三，信息资源组织工作的各个环节、过程之间的关系；第四，不同信息资源的相互处理方法间的关系。

3) 目的性原则

信息资源组织应该具有鲜明的目的性，应该围绕用户的信息资源需求对信息资源进行有效组织，并且需要注意信息资源人力组织机构的目标市场的需求状态及其发展变化。

3．信息资源组织的作用

信息资源组织的作用主要表现在以下几个方面：

(1) 提高信息流的有序程度。信息资源组织的任务就是控制信息的流向和流速，使信息在适当的时机有目的地传递给信息的使用者；控制信息的数量和质量，使需要者能够获得不超过其吸收能力的高质量信息。

(2) 提高信息产品的质量和价值。信息资源的组织过程也是信息产品的开发与加工过程。通过信息资源的组织活动，提炼出信息的深层意义和价值，开发出新的信息产品，并提高原有信息产品的质量，使信息产品增值。

(3) 建立信息产品与用户的联系。信息资源组织的目的是让用户方便地检索和利用信息资源，因此，信息资源与信息检索两者之间是相互作用的。信息资源的组织是信息检索的基础和前提，信息资源检索是信息资源组织的出发点和归宿，是信息资源组织的真正目的。

(4) 节省社会信息活动的总成本。通过建立本组织的专门的信息资源人力组织机构开展信息资源组织工作，节省广大信息用户查询、吸收与利用信息的时间和精力消耗，从而提高整个社会的信息活动效果。

4．信息资源组织的工作

信息资源一般需要通过一定的途径和环节从信息生产者流向信息资源的使用者，这些环节包括信息源、信息采集、信息整序、信息加工、信息传输、信息存储。这个过程表现出有序的信息资源流的组织过程。

1) 信息源

信息源是信息产生的源头。一个组织的信息来源于组织的内部或外部，产生于组织的业务活动、组织管理和企业决策的各个环节。信息源一般包括个人信息源、实物信息源、文献信息源、数据库信息源、组织机构信息源等。个人信息源是指信息的产生者是人，是通过人的语言、文字、行为、表情所产生的相关信息。人既是信息的产生者，同时也是信息的使用者。实物信息源是指物质实体所蕴涵和产生的信息，例如，材料的尺寸、钢炉的温度、矿石标本等都是实物信息。实物信息源具有直观性、真实性、隐蔽性、零散性的特点。文献信息源是指用一定的记录手段将系统化的信息内容存储在纸张、胶片、磁带、磁盘、光盘等物质载体上而形成的一类信息源。文献信息源是信息交流的最主要的手段和途径，也是最常用的信息源。数据库信息源是在计算机系统中，按照一定方式有效组织和存储的数据集合。数据库既是信息存储的手段，也是一种新型信息源。组织机构信息源既是社会信息的大规模集散地，也是发布各种专业信息的主要源泉，是一类重要的信息源。

2) 信息采集

信息采集是指根据特定的目的和要求，将分散蕴涵在不同时空域的有关信息采掘和集聚起来的过程。信息采集是信息资源能够得以充分开发和有效利用的基础，也是信息有效组织的起点。信息可以采集于企业内部的管理部门、开发部门、市场营销部门、生产部门和内部信息网络，也可以采集于企业外部的大众传媒、政府机构、社团组织、市场营销、公众网络等。

3) 信息整序

信息整序是指在信息管理活动中，为了控制信息的流速和流向、信息的数量和质量等，把杂乱无序的信息整理成有序信息的活动。信息整序的目的是减少信息流的混乱程度，提高信息的质量和价值，建立信息与使用者之间的有机联系，节省信息活动的成本。信息整序需要使信息内容有序化，信息流向明确化，信息流速适度化，信息数量精约化和信息质量最优化。

由于信息的多样性和复杂性，使得信息整序的方法也多种多样，从最一般的情况看，信息整序的方法包括优化选择、确定标识、组织排序、改编重组四个。

(1) 优化选择：从信息管理者的角度，从复杂、多样的信息流中，通过去粗取精、去伪存真的鉴别、筛选和剔除，选择出满足管理者需要的信息流。对于优化选择出来的信息，需要确定标识。

(2) 确定标识：通过提取信息的基本特征，并以适当的形式进行描述，以使在广阔的信息空间中能够方便地标记和识别所提取的信息。信息标识的工作是标记信息的数据项。信息数据项用来描述信息的外表特征和内容特征。信息的外表特征包括信息的名称、类型、表现形式、生产者、产地、日期、编号等；信息的内容特征是指该项信息所涉及的事物属性。

(3) 组织排序：在标识信息之后，按照一定规则和方法把所有信息记录组织排列成为一个有序的整体，为人们获取信息提供方便。常用的信息组织排序方法有：分类组织法、主题组织法、字顺组织法、号码组织法、时空组织法和超文本组织法等。分类组织法是依照类别特征组织排列信息概念、信息记录和信息实体的方法，如分类目录、分类索引、分类辞典、分类广告、分类统计报表等。主题组织法是按照信息概念、信息记录和信息实体的主题来组织排列信息的方法。这种方法给人们提供了一种直接面向具体对象、事实或概念的信息查询途径。学术论文就是一种典型的按照主题法来组织信息的信息表现方式。字顺组织法是按照信息特征所使用的词语符号的音序或形序来组织排列信息的方法。这种方法操作简单，使用方便，应用广泛，字典、词典、名录大多采用这种方法来组织信息。号码组织法是按照每件信息被赋予的号码次序或大小顺序来组织排列信息的方法。对于许多具有普遍意义或特殊类型的信息，在生产发布时都会给其编出一定的号码，以表征这个信息。这种方法具有简单易行的特点。时空组织法是按照信息概念、信息记录和信息实体产生、存在的时间、空间特征或其内容所涉的时间、空间特征来组织排列信息的方法。年份、大事记、地区、城市等都是典型的、标记信息的时空特征的信息表现方式。超文本组织法是一种非线性的信息组织法，其基本结构是结点和链，结点用来存储信息，链用于表示各结点之间的关联。目前互联网对信息就采用超文本方法来组织。

(4) 改编重组：为了从数量庞大、内容繁杂的信息海洋中提取出更有价值的信息，需要对信息进行深层次的加工处理，通过对原始信息的汇编、摘录、分析、综合等浓缩性改编和组合，形成各种精约化的优质信息。汇编法是通过选取原始信息中的篇章、事实或数据等进行有机排列以形成有用信息的方法，如文献选编、年鉴名录、数据手册、资料剪辑等都属于这种方法。摘录法是对原始信息内容进行浓缩加工，摘取其中的主要事实或数据而形成二次信息产品的方法，所摘内容也被称为文摘。综合法是对某一课题某一时刻内的大量有关资料进行分析、归纳、综合而形成具有高度浓缩性、简明性和研究性信息产品的方法。

4) 信息加工

信息加工是为了满足信息使用者对信息的需要，使信息符合信息传输和存储所要求的格式，对信息源所进行的一系列处理和变换过程。信息加工有计算、变换、统计、查询、汇总、求模、排序、优化等多种方法。

5) 信息传输

信息传输是信息在不同加工单元和存储单元之间进行的信息传递工作。信息需要通过载体来承载，信息传输也需要通过信息载体来进行传输。信息传输可以分为纸质信息传输、语音信息传输、实体信息传输、电子信息传输等类型，其中电子信息传输是传输速率最高的信息传输方式。

6) 信息存储

信息存储是对所采集的信息有序地存放和保管，以方便使用的过程。信息存储需要将采集的信息按照一定的规则记录在相应的信息载体上；需要将这些信息载体按照一定的特征和内容组成有序的、可供检索的信息集合体，并需要应用计算机等先进技术，提高信息存储的效率和利用水平。信息存储介质有纸质介质、微缩胶片介质、磁介质、光介质等。

信息存储方式有手工信息存储、文件信息存储、数据库信息存储和数据仓库信息存储等。

1.4.3　信息资源管理

1. 信息资源管理的概念

信息资源管理是为了确保信息资源的有效利用，以现代信息技术为手段，对信息资源实施计划、预算、组织、指挥、控制、协调的一种管理活动。信息资源管理是对整个组织信息资源开发利用的全局管理，这种管理独立于信息技术，重视人和社会因素，追求一种将技术因素和人文因素相结合协调解决问题的方法，形成独立的管理领域。

目前，我国的信息化已从信息资源建设阶段进入信息资源管理阶段。数字城市、电子政务、企业信息化、企业资源计划(ERP)等都属于信息资源管理范畴，都旨在通过挖掘信息资源管理的潜力来提升信息化水平。信息资源管理的使命是在信息资源建设的基础上，运用适应信息资源管理的理论、技术、组织和规范来持续提升信息资源应用水平，使得在信息资源建设中积累起来的信息资源能够有效地发挥其价值。

2. 信息资源管理的五大要素

信息资源管理要在兼顾信息资源现有配置与管理状况的条件下，对分散异构信息资源实现无缝整合，并在新的信息交换与共享平台上开发新应用，实现信息资源的最大增值。信息资源管理有五大要素，分别是信息资源管理的架构、组织、环境、服务和技术。

1) 信息资源管理的架构

信息资源管理的架构是信息资源管理的关键，包含门户体系架构、数据体系架构、应用体系架构。这些架构从不同的层次和角度入手，对信息资源管理设计了一套合理的框架。只有在这个框架下进行系统的设计与布局，才能有效满足信息资源整合的需求。

2) 信息资源管理的组织

信息资源管理的组织是信息资源管理的基础。企业信息主管(CIO)作为信息资源管理的高级主管，代表了信息资源管理的整个组织体系，包括管理组织体系、管理组织规则、管理组织授权等。CIO 作为信息资源管理系统的高级主管，其地位必须上升为全局战略性部门，从组织的大局与战略出发，来全盘统筹信息资源的整合与提升。

3) 信息资源管理的环境

信息资源管理的环境是指通过制定统一的、强制的、自上而下的法规、标准以及规范以明确信息资源管理的各种技术框架与规范，所有相关系统的设计与应用都必须遵循相关法规、标准和规范。

4) 信息资源管理的服务

信息资源管理的服务是要通过整合服务记录数据库、服务知识库、服务管理对象资源目录库、服务管理规则库，以搭建服务管理平台，在这个平台上，实现求助响应管理、变更管理、资产管理、服务等级协议管理等多项功能。

5) 信息资源管理的技术

信息资源管理的技术是信息资源管理的支撑平台。实现信息资源整合的技术是基础构架平台软件技术，它包括整合平台、安全平台、系统支撑平台。基础构架平台位于硬件网络平台和系统平台之上，应用平台与应用软件之下，用于实现门户整合、数据整合、应用整合、内容整合、流程整合。

3. 信息资源管理的策略和方法

完整的信息管理科学的知识体系应该包括信息的上、中、下"三游"。信息的上游指了解信息的本质、特征、种类、产生过程、产生机构，如何传播等(信息资源管理者的必备知识)；信息的中游指信息的搜集、整理、组织与分析(核心的专业知识)，网络环境下多媒体信息的组织，信息系统，信息的储存、检索、深加工等；信息的下游指了解使用者的信息需求，提供所需的信息服务。一个信息资源管理和服务的专业人员应该了解信息的上游，掌握信息的中游，提供下游的服务。

建立高效的信息网是信息资源管理的重要手段。现代信息网由通信网、计算机网、信息资源网和集成化的管理信息系统组成，见图 1.7。信息技术的发展，使得计算机网和通信网的构筑已不是一件困难的事情，只要肯花费一定的投资就可以买来，而信息资源网和集成化的管理信息系统则必须组织大量的人力，选择科学的策略方法，经过长期艰苦细致的工作才能逐步建立起来。实践证明，信息资源管理必须做好以下几方面的工作。

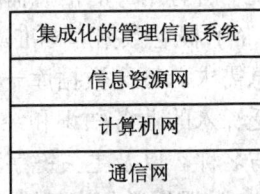

集成化的管理信息系统
信息资源网
计算机网
通信网

图 1.7　现代信息网组成

1) 信息资源的总体规划工作

信息资源总体规划工作应从以下几个方面着手进行：

(1) 业务战略规划。必须对业务进行全面规划，不断修正企业发展战略目标，注重采用高新战术，提高市场竞争力。

(2) 信息技术战略规划。规划未来信息技术基础结构的发展战略，包括信息网络系统的开发战略、数据管理策略、整体网络设计策略、信息的分布处理策略和办公自动化策略。

(3) 总体数据规划。包括对企业的业务进行重新设计，使业务过程和业务活动规范化和标准化，使企业管理更能满足计算机协同工作方式，提高企业组织管理水平、服务水平和效能，从而提高竞争力。

2) 信息资源的分类管理

信息资源有多种类型。从信息的来源看，可分为企业组织内部的业务数据、企业组织与外部的交换数据；从信息的表现形式看，可分为结构化信息、超文本信息、图像和声音信息；从信息的安全保密方面看，可分为机密信息和可向社会公开的信息等。针对不同的信息内容，应采取不同的办法来组织和管理信息资源。如内部的业务数据，大多是机密的且可以转化成结构化的信息，对这类信息可以采用数据库管理方式，根据业务主题建立一系列主题数据库，使信息资源保持高度一致性，最大限度地实现资源共享；对于需要内外交换的信息，借助 Internet 技术的 Web 浏览器，把需要交流的信息制作成 Web 页面，彼此通过浏览器交流等。

3) 信息资源管理基础标准的建立

信息资源管理的基础标准包括数据元素、信息分类编码、用户视图、概念数据库和逻辑数据库等标准。

(1) 数据元素标准。数据元素是最小的不可再分的信息单位，是信息组织、表示、处理、存储和传输的基础，是数据对象的抽象。要按照一定的方法和规则对所有的数据元素进行命名和定义，并控制数据元素在系统中的一致性。

(2) 信息分类编码。信息分类是根据信息内容的属性和特征，将信息对象按一定的原则和方法进行区分和归类，建立起一定的分类系统和排列顺序；而信息分类编码则是指对已分类的信息对象赋予易于被计算机和人识别与处理的符号，以便于管理和使用信息。

(3) 用户视图标准。用户视图标准是一组数据元素的抽象，它反映了最终用户的信息需求和对数据实体的看法，是信息的人机交互，人际交互，组织数据输入、存储和输出的基础。用户视图标准主要包括证单、报表、账册、屏幕格式等。通过该标准的建立，可以把系统中所有用户的信息需求表述清楚。

(4) 概念数据库标准。概念数据库是最终用户对数据存储的看法，反映了用户的综合性信息需求。概念数据库一般用数据库名称及其内容的列表来表达。规范概念数据库需要较广泛深入的业务知识和经验，需要业务行家的参与，共同分析、识别、定义出数据库的标识与名称，以及主关键字和数据内容。

(5) 逻辑数据库标准。逻辑数据库是系统分析设计人员的观点。在关系数据库模型中，逻辑数据库是一组规范化的基本表。逻辑数据库标准涉及各基本表的命名标识、主码和属性列表，以及基本表之间的结构关系。

4) 集成化辅助工具的使用

现代信息系统建设融合了各种信息技术，需要不同的专业技术人员协同工作，在建立过程中，需要集成化的计算机辅助工具的支持。针对系统建设的不同阶段，可把集成工具系统分为规划工具、分析设计工具和建造工具。

4. 信息资源管理的模式

一个组织的信息系统资源包括：信息人员、信息技术、数据和信息，信息系统开发与运行所必需的财力、物力投入和有关管理制度、政策法规等。企业信息化中的信息资源管理应是集技术管理、经济管理、人文管理于一体的高层次、战略型的综合管理模式。

1) 技术管理模式

技术管理模式是根据企业信息化建设的总体规划，按实用、先进、性能价格比高的原则，开发管理信息网络和信息系统以及推广信息技术的应用，保证信息网络、信息系统和信息技术在企业电子商务活动中有效应用的管理手段。技术管理的重点内容是：有效地采用信息网络和多种信息系统对企业所需的各类信息进行收集、存储、加工、传递，并产生高价值的决策信息；普及应用防火墙、信息加密技术等措施，增强各类信息的保密性和安全性；增强对各种应用软件的开发管理，实现对企业各经营环节的数字化、网络化管理。

2) 经济管理模式

经济管理模式是根据企业信息化建设的目的，按信息经济学中有关信息资源的成本、价值与价格的形成规律，开发管理和利用各类信息资源，保证企业电子商务活动的信息资源能创造经济新增长点的管理手段。经济管理的重点内容是：合理配置信息资源，评估信息网络和信息系统的经济效益，分析信息成本，确定信息商品价格，预测信息资源的经济效益，预测企业信息系统的发展方向，研究竞争对手，了解商贸政策等。

3) 人文管理模式

人文管理模式是根据企业信息化战略发展要求，按现代管理科学中"以人为本"的管理思想原则，重视企业员工信息行为，关注企业信息文化建设，完善企业信息安全环境，保证企业信息系统创新性运营的管理手段。人文管理的重点内容是：企业员工的信息素质教育，企业信息人才的配备，信息战略的规划，制定信息政策，保证信息资源(营销信息、信息人才、信息技术、信息设备等)发挥最大效益，利用信息法律解决信息系统建设中的信息安全隐患等。

5. 信息资源管理的发展趋势

进入 21 世纪，信息技术尤其是网络技术的发展和知识经济的兴起构成了信息资源管理发展的新的背景。

(1) 从信息管理走向知识管理。知识管理被认为是信息管理发展的高级阶段。知识管理包括对显性知识和隐性知识的管理。由于知识是信息深加工的产物，因此，知识管理在管理对象、管理方式和技术以及管理目的等方面对信息管理予以拓展和深化。

(2) 注重国家层次上的信息资源管理。随着信息技术的广泛应用，尤其是互联网的快速发展，也引发了诸如信息安全、国家信息主权、信息产业的垄断和竞争、信息市场的规范、计算机犯罪、知识产权保护、信息活动中的利益分配、跨国数据流等一系列复杂的社会问题。这些问题涉及国家安全和国家政治利益，不是依靠个人或组织的力量所能解决的，需要在国家层次上综合运用法律、政策、伦理的手段予以协调和解决。信息法律、信息政策、信息伦理是实现信息资源人文管理的三种基本手段。

(3) 信息资源的技术管理、经济管理和人文管理模式的深化、融合趋势不断强化。这三大管理模式的交叉融合将在很大程度上整合信息资源管理学科资源，拓宽它的学科范围，产生新的学科生长点，从而促进信息资源管理的发展及学科体系的成熟和完善。

本 章 小 结

信息是组织的宝贵资源。信息一般是指具有新内容、新知识的消息或情报。数据是记录在一定介质上并可鉴别的符号，它可以是字母、数字、图形、图像、声音等。信息的本质是物质的属性和特征，是事物运行状态与规律的表征。信息具有承载性、层次性、传输性、共享性、加工性、时效性等特性。

系统是由相互联系、相互影响的若干要素结合为具有特定目标、特定功能，并处于一定环境之中的有机整体。系统具有目的性、相关性、整体性、层次性、适应性等特性。可以从复杂程度、自然特性、与外界的关系和抽象程度上对系统进行分类。系统是人们认识和把握事物整体性、相互关联性和发展演化性等事物本质特性的观点和方法。

管理是对一定组织所拥有的资源进行有效整合以达成组织既定目标和履行责任的动态创造性活动。管理的目的是实现组织的目标，管理的基础是组织，管理的核心是对组织资源的有效整合，管理是一种动态的创造性活动。管理具有决策、计划、组织、控制、领导、激励等职能。

信息资源是指人类社会活动中所涉及的信息内容，按照某种方法和规律，经加工处理有序化并大量积累后的有用信息的集合。信息资源管理是为了确保信息资源的有效利用，以现代信息技术为手段，对信息资源实施计划、预算、组织、指挥、控制、协调的一种人类管理活动。信息资源管理的要素是：信息资源管理的架构、信息资源管理的组织、信息资源管理的环境、信息资源管理的服务和信息资源管理的技术。

习 题

一、简答题

1. 什么是信息？信息与数据有什么区别？信息的本质是什么？

2. 什么叫系统？可以从哪几个方面对系统进行分类？

3. 为什么说系统是一种观点和方法？

4. 简述管理的概念。

5. 管理有哪几方面的职能？

6. 什么叫信息资源管理？

7. 信息资源管理的基本模式是什么？

二、填空题

1. (　　　　)是无意义的符号，(　　　　)是蕴涵意义的符号。

2. 信息的本质是(　　　)的属性和特征，是(　　　)运行状态与规律的表征。

3. 信息的特征有：承载性、(　　　)、传输性、(　　　)、加工性和时效性。

4. 从逻辑层次看，可以把信息分为(　　　)、语义信息和(　　　)三种类型。

5. 系统是由相互(　　　)、相互影响的若干(　　　)结合为具有特定目标、特定功能，并处于一定环境之中的有机整体。

6. 系统的特性是指其具有目的性、(　　　)、整体性、(　　　)和适应性几种特性。

7. 从(　　　)角度看，系统也是人们认识和把握(　　　)本质特性的一种观点和方法。

8. 管理是对一定组织所拥有的(　　　)进行有效的整合以达成(　　　)既定目标和履行责任的动态创造性活动。

9. 管理的职能有决策、(　　　)、计划、(　　　)、控制和激励等六个方面。

10. 组织可以分为(　　　)、(　　　)、矩阵制组织结构、(　　　)、(　　　)和虚拟制组织结构等六种类型。

三、选择题

1. 下面说法正确的是(　　)。

A 数据就是数字　　　　　　　B 数据就是信息

C 数据是加工之前的信息　　　D 信息是数据加工的结果

2. 下面哪一个不属于信息的特征？(　　)

A 承载性　　　　　　　　　　B 传输性

C 层次性　　　　　　　　　　D 独享性

3．下面不属于系统特性的是(   )。

A 目的性　　　　　　　　　　B 功能性

C 层次性　　　　　　　　　　D 适应性

4．下面说法不正确的是(   )。

A 简单、中等、复杂的系统是从系统的复杂程度划分的。

B 从层次关系可以把系统分为概念系统、逻辑系统和物理系统。

C 从自然特性可以把系统分为自然系统和构造型系统。

D 从与外界的关系可以把系统分为封闭系统和开放系统。

5．下面说法不正确的是(   )。

A 决策是企业的核心。

B 从时间性可以把计划分为长期计划和短期计划。

C 组织结构也被称为组织机构。

D 激励有直接满足和间接满足两个方法。

6．下面哪一种不属于信息资源管理模式？(   )

A 技术管理模式　　　　　　　B 经济管理模式

C 人文管理模式　　　　　　　D 社会管理模式

7．下面哪一种不属于信息资源管理的五大要素？(   )

A 信息资源管理的应用　　　　B 信息资源管理的架构

C 信息资源管理的组织　　　　D 信息资源管理的环境

四、思考题

1．如何理解系统方法？

2．谈谈你对企业管理作用的理解。

3．谈谈信息资源管理在信息系统建设中的作用。

第 2 章　信息系统概论

本章导读

　　信息系统是利用现代信息技术，处理组织中的信息、业务、管理和决策等问题，并为组织目标服务的综合系统。信息系统具有信息处理、业务处理、组织管理和辅助决策等功能。信息系统具有多重结构。信息系统分为信息处理系统、管理信息系统、决策支持系统、主管信息系统、办公信息系统和公众信息服务系统等类型。信息系统具有广阔的应用领域。

主要知识点

■ 广义信息系统　　　　　　　　　　　　■ 信息系统的概念和特征
■ 信息系统的体系结构　　　　　　　　　■ 信息系统的类型
■ 信息系统在信息科学技术中的地位和作用　■ 信息系统的功能

2.1　广义信息系统

2.1.1　认识客观系统的两种观点

　　人们观测事物时既要观测其物质特性又要观测其信息特性。据此，从系统的观点出发，可以把客观系统分为物质系统和信息系统两种类型。信息是物质的属性和表现形式，信息与物质的关系就像波与水一样不可分割，任何一个系统中既包含着物质、又包含着信息。我们在强调系统的物质构成和特性时，可以认为该系统是一个物质系统。如果要强调系统的信息特性，也可以认为这个系统是一个信息系统。所以从这个意义上讲，信息系统就是人们以系统的观点、从信息的角度所观测的客观系统。信息系统是人们认识和把握客观系统的一种观点和方法。从这个观点出发，所有客观系统无一不是信息系统。

2.1.2　广义信息系统的概念

　　随着自然的演化和发展，逐步出现了生命、智能动物以至于人类。客观事物中的信息蕴量和信息加工处理能力也逐步由低级向高级、由简单向复杂发展。尤其是现代信息技术的产生和发展，把信息处理能力提高到了空前的水平。这样，在客观世界中就出现了许多以信息的收集、整理、转换、存储、传输、加工为主要特征的客观系统。在这些系统中，虽然存在着一定的物质活动，但物质活动总是处在从属和条件地位，信息活动是系统的主要特征。像人、组织、社会、收音机、电视机、电脑、通信系统等都属于这类客观系统。这类系统以信息活动为其主要特征，并能够对信息进行复杂的加工处理。在这种情况下，物质系统和信息系统已经不仅仅是人们观测客观系统时采取的两种不同观点，而是反映了两种不同类型的客观系统。物质系统是以物质特性及其运动为其主要特征的，像桌子、板凳、楼房、汽车、植物等都属于物质系统。信息系统是指以对信息进行收集、整理、转换、存储、传输、加工和利用为主要目的和特征的客观系统。我们把这个概念所定义的信息系统称为广义信息系统。

2.1.3　广义信息系统的结构

广义信息系统的基本要素包括信息和物质。物质是信息系统中的条件性要素，而信息是主体性要素。系统的基本构成包括输入、处理、输出、组织和控制五部分。这些部分组成了广义信息系统的基本结构(见图 2.1)。

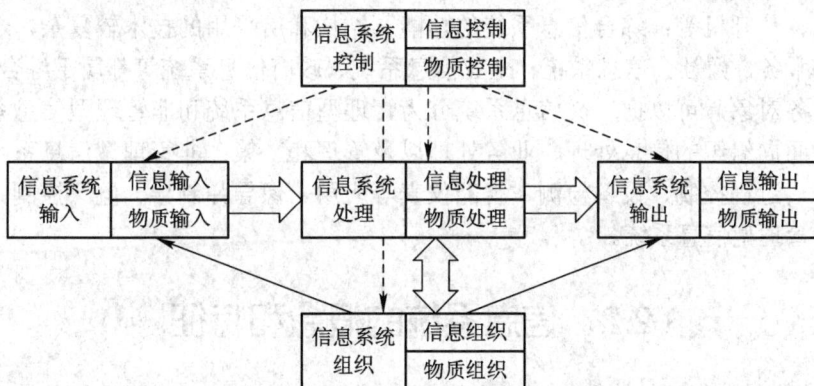

图 2.1　广义信息系统的基本结构

信息系统输入包括信息输入和物质输入两个部分。信息输入是把外部信息输入到信息系统之中，也包括在信息系统内部各子系统和单元之间的信息输入。信息输入包括信息搜集、整理和输入三个步骤。信息输入可以采用手工输入和自动输入两种方式。物质输入是指构建和添购信息系统所需要的技术设备以及耗用材料。

信息系统处理也由信息处理和物质处理两部分构成。信息处理是根据系统的要求对信息所实施的加工、变换、传输和存储等处理。物质处理主要指设备装置在信息系统中的有效运行过程，以及对设备的维护保养等工作。

信息系统组织是保证信息系统有序活动的组织过程。同样包括信息组织和物质组织。其中信息组织是信息在信息系统内部的有序活动以及信息相互之间的有机联系；物质组织是指设备装置的布局和结构，以及保证设备装置有效运行所采取的措施。

信息系统输出包括信息输出和物质输出。信息系统一方面输出环境所要的各种有用信息，另一方面也输出市场和用户需要的信息产品和信息服务。整个信息系统需要在有效的控制下方能正常运作。通过信息系统控制，使信息系统按照既定的目标运作和发展。

2.1.4　广义信息系统的分类

广义信息系统涵盖范围十分广泛，目前对它还没有统一的分类方法。但可以从下述几个方面对广义信息系统进行简要的分类，这种分类并不能涵盖全部的广义信息系统，但可以反映其中的主要方面。

按照自然属性，可以把广义信息系统分为自然型信息系统和构造型信息系统。自然型信息系统是自然形成的，没有或较少掺杂人力改造的一类信息系统。像野生动物和自然人就是自然型信息系统；构造型信息系统是人类为了自身的生存和发展需要，所制造的信息系统，计算机、电视机、收款机、电话等都是构造型信息系统。

依照所依赖的技术，可以把广义信息系统分为传统信息系统和现代信息系统。传统信息系统是普通人工信息系统或采用传统技术的信息系统；现代信息系统是建立在现代信息技术基础上的信息系统。以计算机和网络通信技术为核心的现代信息技术把信息处理能力提高到了空前的水平。

按照复杂程度，可以把广义信息系统分为简单信息系统和综合信息系统。一般来说，简单信息系统的功能和结构都比较简单，服务面向单一，技术含量较少。像电话机、电视机、收款机、传呼机等；综合信息系统的功能、结构和所采用的技术较复杂，一般能够提供综合信息服务，像社会信息系统、企业信息系统、政府信息系统等都属于综合信息系统。

按照服务对象，可以把广义信息系统分为管理型信息系统和非管理型信息系统。管理型信息系统面向组织的信息处理、业务处理以及管理和决策；非管理型信息系统则主要面向科学计算、过程控制、设备检测、智能仪表等应用。像导弹制导、电厂控制、数据检测等都属于非管理型信息系统。

2.2　信息系统的概念和特征

2.2.1　信息系统的概念

信息系统(Information System，IS)是指利用计算机、网络、数据库等现代信息技术，处理组织中的信息、业务、管理和决策等问题，并为组织目标服务的综合系统。信息系统不同于它所服务的组织系统，信息系统是组织系统的子系统，为组织的目标服务。组织系统是由人、财、物和信息构成的高度综合性系统。在组织系统中交织着复杂的人流、物流、资金流和信息流。而信息系统主要通过加工处理组织内外的各种信息，达到业务处理、企业管理和辅助决策等目的。信息系统存在并分布于组织系统之中，与组织过程密切地交织在一起。组织业务活动中的各种信息流出入于信息系统，通过信息系统对信息的加工处理，为组织目标服务。

信息系统是广义信息系统的一种类型。

2.2.2　信息系统的特征

信息系统是复杂系统，它具有系统的基本特征。除此之外，信息系统还具有以下独特的性质。

1. 信息性

信息性是信息系统的显著特征，也是信息系统区别于其他系统的主要特性。信息是信息系统的主体性要素。对信息进行加工处理是信息系统的主要功能；产生对外部系统有用的信息，与环境构成一个有机的信息网络是信息系统的目的。

2. 综合性

信息系统的综合性体现在以下几个方面：

(1) 具有多种系统形态的综合特征。信息系统既是社会系统又是技术系统。作为企业系统的一个子系统，信息系统服务于企业目标，参与企业管理，企业的管理者、业务人员是信息系统的主导，信息系统具有显著的社会性。信息系统又是一个集中各种技术和方法的技术系统。计算机、通信、数据库、智能处理等现代信息技术无一不在信息系统中发挥作用，因此，信息系统又是一个复杂的技术系统。

(2) 信息系统综合了信息和物质两类、多形式的复杂要素。信息要素是信息系统的主体，物质要素是储存和处理信息的条件，这两种要素在信息系统中密切地交织在一起，构成综合性的信息系统。

(3) 信息系统的综合性还体现在它与外部环境的关系上。所有信息系统都是开放系统，与外部环境构成和谐的更大范围的系统。信息系统综合了对信息的收集、整理、存储、加工、变换、传输、输出等完整的信息处理过程。任何一个信息系统，必须包括这些处理环节或主要环节。

3. 集成性

集成是指把多个相对独立的构件或部分，根据目标的需要构成协调、兼容和相互联系的整体。信息系统是以集成的方式构成的，并存在着系统集成、平台集成和信息集成等多种集成形式。系统集成是指信息系统由多个子系统集成而成。例如，企业信息系统就集成了生产、计划、供应、销售、人事、财务等多个子系统。多个相对独立的信息系统也可以集成为更大规模的信息系统。例如，大庆油田、辽河油田、新疆油田、大港油田、胜利油田等的信息系统可以集成为整个中国石油行业的综合信息系统。平台集成是指在不同的软硬件平台上，构成逻辑和界面一致的信息系统运行平台。信息集成是指信息系统多来源、多形式、多用途的组织内外部信息集成为一体化的组织信息资源。

4. 多样性

信息系统具有多种形式。根据功能可以把信息系统划分成信息处理系统、管理信息系统、决策支持系统、办公信息系统、主管信息系统和公众信息服务系统。按照服务领域，有诸如地理信息系统、医院信息系统、航天信息系统、学校信息系统、政府信息系统等不同应用类型的信息系统。信息系统的规模也表现出了多样化，大的有国际信息系统、国家信息系统、区域信息系统等，小的如财务管理系统、工资发放系统、税率计算系统等。

5. 演化性

信息系统随着组织的目标、环境和需求的变化而改变，信息系统是发展变化的开放型系统。另外，信息系统的内涵与外延也处在急剧的发展变化过程之中。建立在现代信息技术基础之上的信息系统是近几十年才建立和发展起来的。其应用领域、系统规模和信息处理能力在以惊人的速度向广度和深度发展。可以预测，21 世纪信息系统将以更快的速度向纵深发展，整个世界将形成一个综合的、一体化的信息系统。

2.2.3　信息系统的分类

1) 按规模分类

信息系统的规模差异很大。按规模可以把信息系统划分为国际信息系统、国家信息系统、区域信息系统、行业信息系统和局域信息系统。局域信息系统一般是指一个企业、单位、学校、县城、乡镇所建设的信息系统。区域信息系统则是由多个局域信息系统集成的城市或省区信息系统。国家信息系统则是由区域信息系统和行业信息系统集成的一个国家的综合信息系统。一般不会独立开发一个国家信息系统，国家信息系统由一个国家中的所有信息系统集成而成。国际信息系统是跨地区、跨国界的超大型信息系统，是规模最大、结构最复杂的信息系统。

2) 按应用分类

按照应用的面向，可以把信息系统分为政府信息系统、金融信息系统、商业信息系统、教育信息系统、医疗信息系统、军事信息系统、科技信息系统、文化信息系统、农业信息系统、纺织信息系统、航天信息系统、建筑信息系统、石化信息系统等。除此之外，根据一些具体的应用类型还形成了某些经典应用的信息系统，例如，地理信息系统、集成制造系统(CIMS)、资源需求计划(MRP)和企业资源计划(ERP)等系统。

3) 按功能分类

按信息系统的功能，可以把信息系统划分为信息处理系统、管理信息系统、决策支持系统、主管信息系统、办公信息系统和公众信息服务系统等类型。

2.3　信息系统的要素

信息系统是复杂的社会系统，信息系统涉及多种复杂因素，组织中的各种因素都可能与信息系统有关，概括起来，信息系统涉及的主要因素包括：业务领域、信息资源、信息技术、人员等四大方面。

2.3.1　业务领域

业务领域是信息所服务的组织或区域。业务领域可以是一个国家、省区、城市、村镇等区域，也可以是企业、学校、政府、医院、银行等组织。业务领域具有不同规模、不同地域、不同复杂程度。

业务领域是信息系统赖以存在的环境。信息系统在确定的业务领域上构建，业务领域规范和约束着信息系统的存在与发展。业务领域处在不断变化和发展的过程中，它的变化和发展必然要求信息系统应跟随着变化和发展。

业务领域是信息系统服务的对象，信息系统是为确定的业务领域服务的。像政务信息系统的业务领域是政府机关，金融信息系统的业务领域是银行，企业信息系统的业务领域就是企业。业务领域的目标规定了信息系统建设的目标，业务领域的变化要求信息系统随之变化。

从系统角度看，业务领域也是信息系统重要的构成要素。业务领域的目标将决定着信息系统的目标，并且要成为信息系统目标的依据和要素；业务领域的各种资源将要被信息资源所描述和反映，并且成为信息系统的处理对象和重要的构成要素。信息系统中的信息资源又反过来被业务领域所应用，并成为业务领域信息资源的有机构成部分；业务领域的管理制度、管理方法和业务规则将成为信息系统设计的主要依据和重要内容；业务领域中的各种人员也将成为信息系统的主导要素；业务领域的业务过程要反映到信息系统中，并成为信息系统的加工处理流程，信息系统要参与到业务过程之中，成为业务过程的有机环节。

2.3.2　信息资源

信息资源是组织活动中经过加工处理有序化并大量积累后的有用信息的集合。随着信息技术的发展和市场竞争的加剧，信息资源已经成为企业的宝贵资源财富，企业在市场中能否处于不败地位，已经越来越依赖于企业信息资源的水平。

信息系统是高效接收、存储和处理信息资源的有效手段，信息系统通过对信息资源的存储、处理、加工和利用，来为组织系统服务。信息系统的信息资源来源于组织系统，并为组织系统服务，同时也成为组织系统的宝贵资源。

信息资源是信息系统的重要要素，在信息系统中对信息资源进行组织、存储和处理成为信息系统的主要设计目标和内容。

2.3.3　信息技术

信息系统既是一个社会系统，也是一个技术系统，信息技术在信息系统中占有重要位置。从技术观点看，一个信息系统包括通信网络、计算机及相关硬设备、信息系统软件等。信息系统建设可能涉及的技术有：通信技术、信息网络技术、计算机技术、软件技术、多媒体技术、虚拟现实技术、信息安全技术等。除此之外，信息系统建设还包括信息系统的开发，建模，维护，管理的方法、过程等软技术，这些技术的有效利用是保证信息系统成功开发和应用的必要条件。

信息技术既是建设信息系统的条件，也是信息系统的要素。随着信息系统规模的增大、复杂程度的提高，信息系统涉及的技术更为复杂和多样化，信息系统的技术特征也更为突出。可以讲如果没有当代先进、成熟、完备的信息技术为手段，构建复杂的信息系统几乎是不可能的。因此，在强调信息系统的社会特性时，不能忽视信息系统的技术因素。

2.3.4　信息系统中的人员

人是信息系统的灵魂，是信息系统的主导性要素，正因为有了人，才使信息系统成为一个复杂、多变的社会型系统。信息系统涉及的人员有：企业经理、业务人员、操作人员、系统维护人员等。人在信息系统中的作用主要表现在以下几个方面：

(1) 人是信息系统的掌控者。信息系统的社会性主要体现在人是信息系统的灵魂，信息系统由人来管理和掌控。信息系统作为企业系统的子系统，在企业系统中发挥着其独特的作用。它参与企业的信息处理、事务处理、企业管理和决策，这些活动都必须在人的控制下才能够有序进行，离开人，信息系统将没有任何作用。

(2) 人是信息系统的使用者。信息系统的操作、管理、运行、维护等功能都需要人来操作使用。信息系统的数据源需要由操作人员录入到信息系统之中；信息系统对企业的事务处理需要由业务人员操作系统，进行日常事务处理；管理和决策人员需要通过信息系统完成企业管理和辅助决策；信息系统的各种信息可以被企业各种人员随时查询。

(3) 人是信息系统的参与者。人是信息系统的主导性要素，是信息系统的有机构成部分。正因为人是信息系统的参与者，所以在信息系统分析和设计中，就要充分考虑人在信息系统中的作用，以及如何有效发挥人在信息系统中的作用。必须明确信息系统的哪些工作由系统完成和实现，哪些工作由人来承担。既不要把信息系统理解为一个全能的自动化系统，把所有工作都交给信息系统，也不能让人承担不该承担的处理任务。

(4) 人是信息系统的服务对象。信息系统可以提供人们工作和生活所需的各种信息，可以代替和协助人们进行事务处理和综合管理。

2.4 信息系统的功能

信息系统具有多样性，不同的信息系统具有不同的功能。抽取其共性，信息系统具有信息处理、业务处理、组织管理和辅助决策四大功能。

2.4.1 信息处理

信息处理(Information Processing, IP)是信息系统必备的基本功能，是信息系统其他三个功能的基础。信息处理功能一般包括信息的输入、传输、存储、处理和输出等。

1. 信息的收集和输入

信息系统是对信息进行加工处理的系统，因此对信息的收集和输入是信息系统应该具备的基本功能。信息的收集和输入需要下述四个基本环节。

1) 信息收集

从信息系统的外部和内部广泛地收集信息系统所需要的基础信息，这些信息将是信息系统的信息源。信息源分为内部信息源和外部信息源两类。内部信息源分布于组织各部门的日常业务处理、部门管理和领导决策过程之中，存在于企业的各种报表、账单、凭证、记录、文件、资料之中。外部信息来源于与企业有密切联系的主管部门、工商税务、材料和产品市场、竞争厂家、社会公众信息等信息源。

信息收集有多种方式和途径。一种是通过收集人员进行收集和整理的手工方式，企业内部数据的收集大部分需要通过手工方式。这种方式效率低，差错率高，但在没有其他自动化手段时，这又是一种必须采用的方式。另外一种方式是利用社会信息网所提供的信息，随着 Internet 应用的普及，大量外部信息可以通过这种方式来收集。第三种方式是实时采集方式，通过自动化手段来收集企业系统中的各种自动化生产装置、检测装置上的信息。

2) 信息整理

对收集到的信息按照信息归档要求的规范格式，以及信息系统所需要的格式进行整理。信息整理包括对信息的分类、编目、记录、归档等工作。

3) 信息输入

把经过整理的信息输入到信息系统之中，一般由业务人员或操作人员通过键盘或其他信息录入装置输入信息。通过网络来的外部信息或实时采集到的信息可以直接进入信息系统，无需再经过手工输入。

4) 信息检查

为了保证输入信息的正确性，需要对输入的信息进行正确性检查，只有通过检查的信息才能够被系统采用。

2. 信息传输

信息传输是在信息系统内部各子系统之间或信息系统外部和信息系统之间进行的信息传递工作。信息系统分布在企业的各个部门和各个业务处理过程之中，信息系统的各子系统之间存在着广泛的信息联系，要实现信息处理就需要传输信息。信息系统可以直接从外部系统传输信息，也可以把自己的信息传输给外部其他信息系统。信息传输需要通过计算机网络和通信设备来实现。

3. 信息处理

信息处理也称为信息加工，它是信息系统最基本的功能。信息系统的作用就是把各种基础信息加工处理成对企业生产经营和管理有用的信息。信息加工有计算、统计、查询、汇总、求模、排序、优化等多种方法。

4. 信息存储

信息系统要保存大量的历史信息、处理的中间结果和最后结果，还要保存大量的外部信息。因此，信息系统需要提供信息存储功能。由于计算机的存储能力和数据库技术的发展，信息的存储已经变得十分方便和灵活。一个企业信息系统通过多年的建设，所积累的信息将会成为企业十分宝贵的信息资源财富。

5. 信息输出

信息系统经加工后的有用信息需要输出，以被企业生产经营和管理所用。信息有多种输出途径，可以通过显示屏、打印机、语音报话等方式，也可以输出到硬盘、软盘、磁带等存储介质上或输出到其他信息系统中。输出信息的形式也多种多样，可以是文字、图形、报表、微缩胶片等。

2.4.2　业务处理

企业通过一定的业务过程来实现企业的目标和职能。企业的业务过程伴随着信息处理过程。企业的每一个业务处理过程都会有相应信息的记录和反映，业务处理过程也就是信息的加工处理过程。例如，企业的产品生产过程就伴随着大量的信息处理。计划部门给车间以计划表的形式下达本月产品加工计划，在加工计划中列出了本月产品加工量、原材料的领用量、生产过程的人员用量和产品部件的质量要求等项内容。车间根据生产计划和原材料领用计划，从库房领取加工原材料。在领取原材料的过程中应该填写原材料领用单和材料出库单，材料出库单分三联，库房一联，车间一联，财务部门一联。每天要记录当日的生产量、合格产品数量和不合格数量、职工的出勤人数等生产记录。到月底产品入库前，质量检验员要检验入库的所有产品，并填写产品质量检查记录，对合格产品还要发给产品合格证，只有有产品合格证的产品方能入库。产品入库过程要填写产品入库单和出示产品合格证。最后车间还要统计当月产品生产情况，并上报产品生产情况统计表。在产品加工过程中，生产计划、材料领用单、材料出库单、日生产情况统计表、产品检验记录、产品合格证、产品入库单、产品生产情况统计表等信息就全面地反映了整个产品的加工生产过程。

业务处理(Business Processing)是信息系统的基本功能。信息系统通过业务处理来支持企业管理和实现信息系统的目标。根据处理类型，可以把信息系统的业务处理分为联机事务处理和脱机事务处理两种类型。

1. 联机事务处理

联机事务处理(On-Line Transaction Processing，OLTP)也称为实时事务处理(Real-Time Transaction Processing，RTTP)，它是指信息系统直接参与业务处理过程，与企业业务处理融为一体。联机事务处理要改变手工的事务处理方式，要考虑计算机与人工的合理结合，使计算机处理成为事务处理的一个有机的组成部分。联机事务处理一般能提高事务处理的效率和质量，并有以下特点：

(1) 信息处理与事务处理同时进行。在联机事务处理方式下，信息处理与事务处理同时进行。信息系统直接参与到事务处理过程之中，信息处理过程与事务处理过程密切交融，信息系统成为事务处理过程的有机组成部分。联机事务处理系统在进行事务处理过程中，同时伴随着信息录入、信息加工处理和信息的输出反馈等处理环节。例如，飞机售票系统属于联机事务处理模式，业务人员在出售机票时，同时需要把购票人的姓名、住址、单位、身份证号码、所乘班机、乘机日期和时间、机票价格等信息输入到飞机售票系统中。系统除了记录这些购票信息之外，同时要从机票数据库中把所出售机票的状态改为"已出售"，而且把购票人信息和已售机票与未售机票信息显示输出。

(2) 及时进行事务处理。联机事务处理的另一个显著特点是及时性。联机事务处理能够实现事务的实时处理，事务处理的实时性一般根据业务要求和所具备的技术水平来确定。例如，飞机联机售票系统一般能够在几秒钟内响应客户的购票要求，几分钟可以处理一张机票的销售工作。现实中联机事务处理的应用实例很多，飞机订票系统、股票系统、学生食堂售饭系统、医院收费管理系统等都采用联机事务处理方式。

2. 脱机事务处理

脱机事务处理(OFF-Line Transaction Processing，OFTP)与联机事务处理正好相反，信息系统不直接参与实际业务处理，只需要把业务处理过程中的有关信息及时地输入到信息系统中，并通过对所输入的信息的加工处理，输出企业管理和决策所需要的有用信息。与联机事务处理比较起来，脱机事务处理对信息录入的时限没有严格要求，信息系统的故障也不会对实际的业务处理过程造成影响。但它一般难以直接提高业务处理的效率和质量。

在大型企业信息系统中，一般是联机事务处理和脱机事务处理两种方式并存。在某些事务或环节上采用联机事务处理方式，另外一些环节上又采用脱机事务处理方式。

2.4.3　组织管理

信息系统应该支持处于企业中层的组织管理(Organization Management)。从管理职能上看，应该支持企业的计划、统计、生产、质量、技术、工艺、财务、供应、销售、科研、人事、劳资、后勤、党群等全面的中层管理。从管理能力上看，信息系统应该具有对各管理职能信息的收集提取、统计分析、控制反馈和企业中层的结构化决策支持等功能。图 2.2 是信息系统的二维塔形结构。

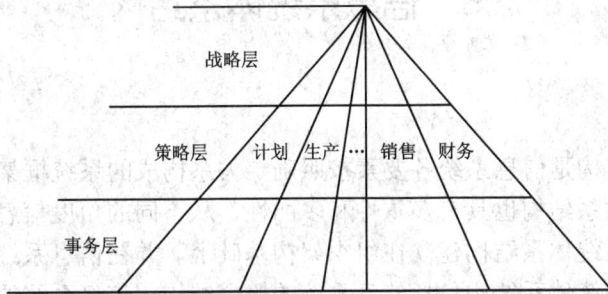

图 2.2　信息系统的二维塔形结构

图 2.2 反映了信息系统管理和职能二维层面所表现出来的塔形结构，信息系统除了提供信息处理和业务管理功能之外，还应该提供中层职能管理。一般按职能组织的信息系统，每一个职能管理构成信息系统的一个子系统。在信息系统中包括计划管理、生产管理、人事管理、物资供应、市场销售、财务会计、工艺技术、科研管理、后勤服务等子系统。

图 2.3 是一个生产物资系统的功能结构，包括市场预测、用户订货、综合计划、物资管理、生产作业计划、生产工作令、生产控制、物资采购、库房管理等模块。

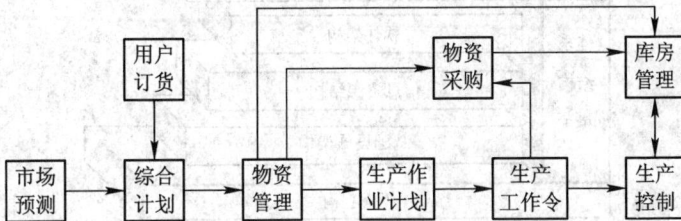

图 2.3　生产物资管理子系统功能结构

2.4.4　辅助决策

决策是企业管理的重要功能，决策存在于企业战略层、策略层、事务层的各层活动之中。企业高层管理者的主要工作就是进行决策，确定企业的长远发展战略，制订企业的产品开发计划，确定企业的产品销售布局，制订企业的设备改造计划和新技术新工艺计划，制订企业的人才需求和培养计划，这些都需要决策。企业中层也存在多种形式的决策活动。根据企业总体目标和企业的总体发展规划制订部门的发展规划，确定部分人才需求计划，由企业的综合计划分解为部门的作业计划，等等，这同样也需要决策。

作为为组织目标服务的组织信息系统，应该具有辅助组织各层尤其是高层决策的能力。信息系统主要解决的是结构化和半结构化企业决策问题，对非结构化决策问题信息系统目前还不能提供全面支持。信息系统只能辅助决策(Assistant Decision)，而不能代替人直接进行决策。

信息系统可以提供与决策有关的系统内外部信息，收集和提供企业有关行为的反馈信息，存储、管理和维护各种决策模型和分析方法，运用模型及分析方法，对数据进行加工分析以求得所需的预测、决策及综合信息，并提供方便的人机交互接口。

2.5　信息系统体系结构

2.5.1　概述

　　信息系统体系结构是信息系统各要素按照确定关系构成的系统框架。信息系统的复杂性决定了信息系统体系结构也具有多重性和多面性，从不同的角度信息系统会表现出不同的结构特征。信息系统体系结构建立在组织架构基础上，并在信息系统体系结构中充分反映组织架构。信息系统体系结构包括信息系统的概念结构、信息系统的基础设施架构、信息系统的信息资源结构和信息系统的软件架构等。信息系统的概念结构是从抽象的概念层面表示的信息系统宏观结构；信息系统基础设施架构是信息系统的网络、计算机、相关设备等基础支撑平台的体系结构；信息系统的信息资源结构是信息系统中信息资源要素的关系框架；信息系统的软件架构是信息系统软件的结构框架。信息系统体系结构从总体上表现出一定的结构模式和风格，称为信息系统的体系结构模式。图 2.4 描述了信息系统的体系结构框架。

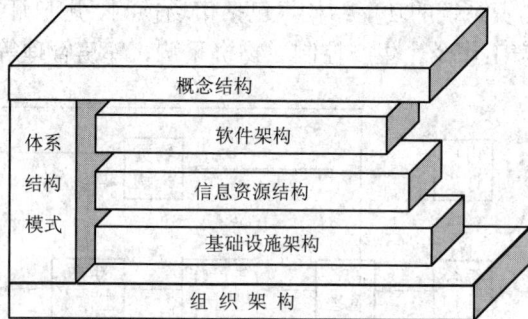

图 2.4　信息系统体系结构框架

2.5.2　组织架构

　　组织架构是构成组织的关键要素和关系的综合描述。组织架构是对一个组织的核心业务流程和关键要素的组织逻辑，通过遵循一系列原理和规则，实施一定的技术，以实现组织业务的标准化的系统框架。信息系统体系结构建立在组织架构基础之上，并且反映组织架构。组织架构是一个组织的宏观逻辑框架，反映了一个组织的目标职能架构和业务架构。

1. 目标职能架构

　　目标职能架构是组织的使命、目标和职能的结构化描述。组织的目标反映组织使命，组织职能需要围绕组织目标来设置，并反映为若干用于实现组织目标的职能域。组织的目标职能架构一般表现为图 2.5 的塔形结构。

图 2.5　组织目标职能架构

2. 业务架构

业务架构是描述一个企业的关键业务要素、业务的结构和相互之间的关联关系的宏观框架。业务架构反映了企业的关键业务及其业务对象、业务目标、业务过程和业务规则。业务对象是业务所要处理的以及涉及的相关企业资源，包括人、原料、信息和产品等。业务目标是业务通过对资源的加工利用所要达到的目的。业务过程是为了完成业务目标，对业务资源加工利用的一组活动流程。业务规则是业务过程应遵循的规范和约束。业务架构还要反映企业业务流的结构模式。

2.5.3　概念结构

信息系统的概念结构是从抽象的概念层次表示的信息系统的宏观结构，是对信息系统外在作用特征的宏观描述。信息系统概念结构呈现为管理维、职能维和功能维的三维宏观逻辑结构，见图 2.6。

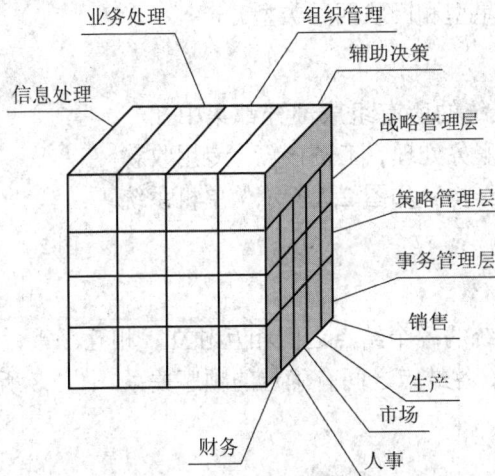

图 2.6　信息系统概念结构

1. 管理维

组织管理分为事务管理、策略管理和战略管理三个层次，从管理维度看信息系统也具有与之对应的三个层次。事务管理属于具体的业务管理，一般包括日常办公事务处理、生产控制、辅助设计、生产过程管理和质量检测等；策略管理处在中间层，包括生产经营计划、中短期销售市场预测、综合财务管理及分析、近期企业人才需求等；战略管理属于高层宏观决策层，包括企业战略规划、决策支持、中长期宏观预测、中长期产品市场预测、高层职能管理支持等。

2. 职能维

组织具有确定的职能，不同的组织具有不同的职能。一个企业的职能包括计划、生产、市场、销售、供应、财务、人事、技术、设备、工艺、质量等；一所学校的职能包括计划、教学、科研、学生、专业管理、财务、人事、设备、后勤等；一个医院的职能包括计划、医务、药物、科研、财务、固定资产、人事、后勤等。

组织的职能要反映到信息系统之中，并且成为信息系统应该具有的管理职能。

3．功能维

功能维表示信息系统向组织提供的各种服务功能。不同的信息系统具有不同的功能，概括起来，信息系统的功能应该具有信息处理、业务处理、组织管理和辅助决策几个方面。

2.5.4　基础设施架构

信息系统的基础设施是支撑信息系统的基础技术平台，包括计算机系统、网络、各种相关信息设备和支撑软件。从层次看，信息系统的基础技术平台表现为物理层、系统层和支撑层三个层次。其中物理层包括网络、通信设备、计算机系统和相关信息设备等硬件设备，是信息系统的物理基础。系统层是以操作系统为主的系统软件，构成信息系统的软件基础。支撑层包括信息系统运行所需要的所有支撑软件，包括数据库管理系统、各种中间件、客户机/服务器软件、Web 管理软件、信息系统集成开发环境等。

信息系统的基础技术平台由多结点的信息设备构成，这些结点构成了信息系统的拓扑结构，分为点状、线型、星型和网状四种类型。

1．点状结构

点状结构表示信息系统的所有组成部分都集中在一个物理结点上。像简单的账务处理、工资核算、专用收款机等单机系统都属于这种结构。如图 2.7 所示的单机系统就是一个点状结构系统。

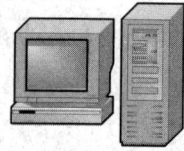

图 2.7　单机构成的点状结构系统

2．线型结构

线型结构表示信息系统的各个结点之间相互独立、相互平等，信息系统所承担的业务处理具有确定的顺序流程，各结点之间有确定的顺序关系。图 2.8 所示的数字化档案加工系统就属于这种结构。

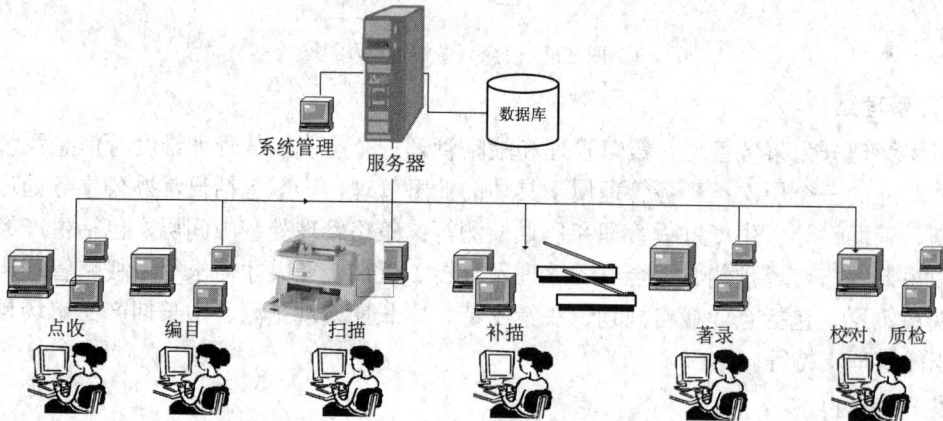

图 2.8　线型结构示意

3．星型结构

拓扑结构呈星型结构的信息系统由多个结点构成，在逻辑上存在一个处在核心位置的中心结点，该结点常常作为数据存储、事务处理或信息通信的中心。像传统的集中式系统就属于这种结构。星型结构如图 2.9 所示。

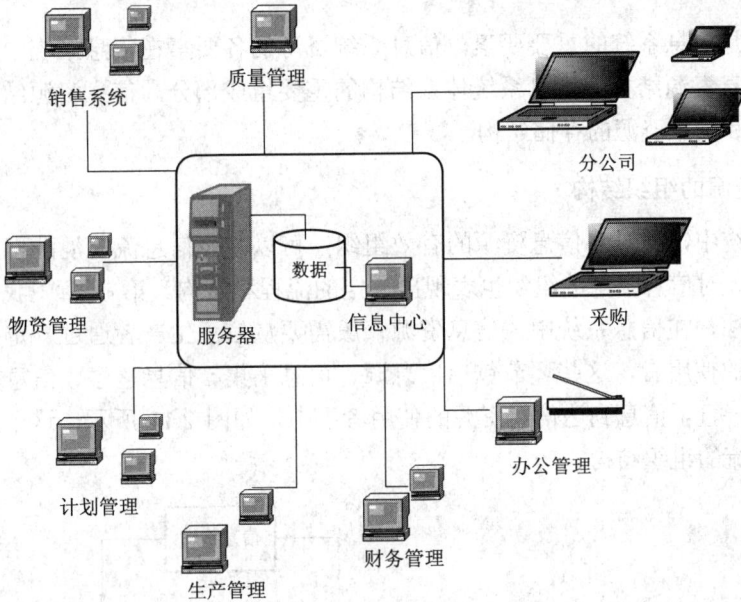

图 2.9　星型结构

4．网状结构

网状结构是大型信息系统较常采用的拓扑结构。在这种结构中，不存在单一的中心结点，各结点形成一个复杂交织的拓扑网络。在网状结构中，可能包含着其他几种拓扑结构，比如可能有多个线型结构和星型结构。图 2.10 是一个网状结构的例子。

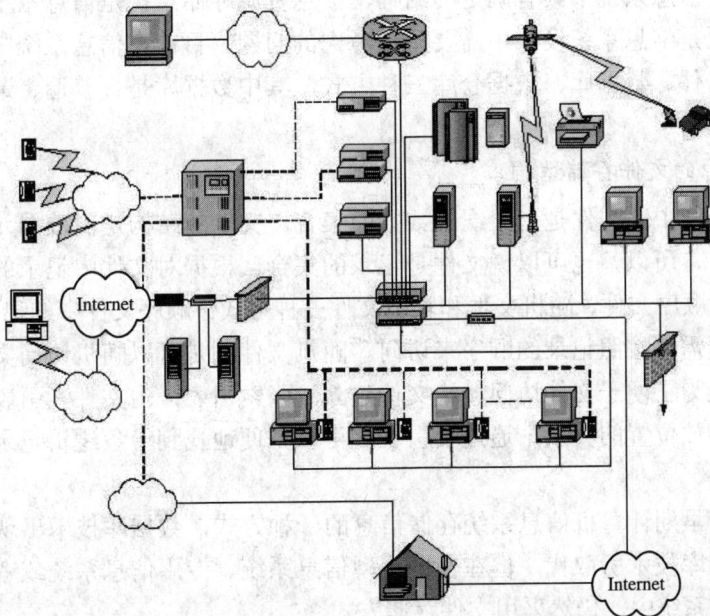

图 2.10　网状结构

2.5.5　信息资源结构

信息资源是信息系统的重要要素，信息系统资源的各要素在信息系统中表现出一定的关系框架，信息资源结构是信息系统体系结构的重要组成部分。信息资源结构包括信息资源的组织结构和信息资源的存储结构。

1．信息资源的组织结构

在信息系统中，通过对信息资源的有效组织，可以减少信息流的混乱程度，提高信息的质量和价值。对信息资源的组织也表现出一定的流程和结构。第 1 章中我们介绍了信息资源的组织方法，在信息系统中，信息资源一般需要从信息生产者通过一定的途径和环节流向信息资源的使用者，这些环节包括信息源、信息采集、信息整序、信息加工、信息传输、信息存储，直至信息到达信息资源的使用者手中，如图 2.11 所示，这个过程表现出有序的信息资源流的组织结构。

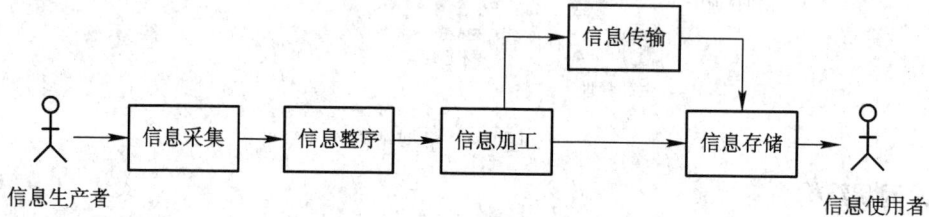

图 2.11　信息资源流组织结构

2．信息资源的存储结构

信息资源在信息系统中具有确定的结构，信息资源存储结构是信息系统体系结构的重要组成部分，也是信息系统设计中需要重点考虑的问题。目前在信息系统中，信息资源的存储主要采用文件、数据库、数据仓库三种方式，其中数据库是最普遍、最重要的信息资源存储形式。

1) 信息资源的文件存储结构

在计算机系统中，文件是有组织的数据的集合。文件的结构是由数据元素组成记录，由记录组成文件，所以，也可以说文件是记录的集合。根据对文件中记录的访问方式，又可以把文件分为顺序文件、随机文件和索引文件三种形式。顺序文件中的记录按顺序存放，对文件中的数据需要按照记录的顺序来访问。随机文件则是可以随机访问文件中的各项记录。索引文件是为了便于文件访问，给文件建立一张索引表，由文件索引表来记录各个逻辑记录和物理存放位置的关系，通过索引表就可以方便地找到一条逻辑记录在文件中的物理位置。

文件存储是早期计算机信息系统存储信息的一种方式，数据库技术出现后，文件存储方式逐步被数据库技术所取代，但在一些小型信息系统、专用信息系统或者对处理效率有特殊要求的信息系统中，仍然采用文件存储方式。

文件存储结构需要确定文件的类型、文件数目、文件之间的逻辑关系。

2) 信息资源的数据库存储结构

数据库是在文件系统的基础上出现的一种新型的数据存储组织形式。数据库是在计算机系统中组织、存储，并能够供用户方便使用的相关联的数据集合。数据库中的数据按一定的数据模型组织、描述和存储，具有较小的冗余度、较高的数据独立性和易扩展性，并可为各种用户所共享。整个数据库的建立、运用和维护均由数据库管理系统(DBMS)统一管理和控制。用户能够方便地定义数据和操纵数据，并保证数据的安全性、完整性，保证多个用户对数据的并发使用及发生故障后的数据库恢复。信息资源的数据库存储结构可以分为集中式存储结构和分布式存储结构两种类型。

(1) 集中式结构。信息资源的集中式存储结构是指把信息系统中的所有信息资源集中存储在一个物理结点上的存储结构。用户可以通过信息系统在其他结点访问数据库中的数据。

信息资源存储的集中式结构具有数据的组织和存储方式简单、数据便于集中管理和维护等优点，但集中式结构的缺点在于数据存储结构与数据的自然分布模式不一致，数据加工处理效率低，网络传输量大，数据安全性过于依赖数据库结点等。

信息资源的集中式结构仍然需要确定信息资源中所包括的各数据实体，以及数据实体相互之间的逻辑关系。

(2) 分布式结构。信息资源的分布式存储结构是利用分布式数据库技术，把信息系统中的信息资源分布存储在不同的计算机结点上，利用计算机网络连通这些计算机结点，使信息系统形成一个地域分布、逻辑一体的信息资源体系。在任何一个结点上，可以访问和处理整个系统中的信息资源。

由于客观实际中信息本身是分布的，因此，信息资源的分布式存储结构是与信息资源实际结构相一致的一种结构模式。信息资源分布式存储结构的信息安全性和健壮性也优于集中式结构，因为信息资源是分布存放的，当一个结点出现故障，不会造成信息资源的全局性瘫痪。信息资源分布式存储结构需要分布式数据库技术的支持，保证数据的全局一致性是分布式存储结构需要特殊解决的问题。

3) 信息资源的数据仓库存储结构

1992 年，William H.Inmon 在《建立数据仓库》一书中首先提出了数据仓库的概念：数据仓库是管理决策过程中面向主题的、集成的、稳定的、与时间相关的数据集合。数据仓库提供集成化和历史化的数据；它集成种类不同的应用系统，并从事物发展和历史的角度来组织和存储数据，以供企业信息化和信息的分析处理之用。

数据仓库技术是为了满足高层决策者的需要而出现的一种系统化的解决方案，它建立在数据库技术、联机分析处理技术和数据挖掘技术的基础之上。

数据仓库系统的体系结构有不同的实施方案，图 2.12 是斯坦福大学提出的一种有代表性的数据仓库的体系结构。最低层为信息源，信息源来自于数据库、文件、知识库等。连接信息源的是包装器和监视器，包装器负责把信息从信息源的数据格式转换为数据仓库系统使用的数据格式和数据模型，监视器负责自动监测信息源中数据的变化，并把这些变化上报给集成器。集成器负责对信息源来的信息进行过滤、总结、合并，并把集成处理之后的信息提交给数据仓库。

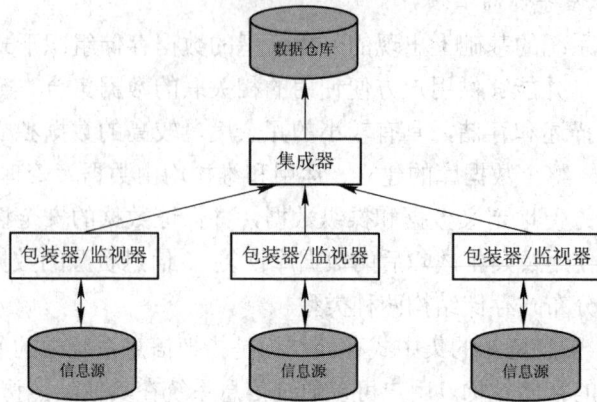

图 2.12　数据仓库的体系结构

2.5.6　软件架构

信息系统的软件架构是信息系统中用来管理信息资源，面向企业业务和管理服务的软件结构。软件架构是信息系统体系结构中软件的各子系统按照确定的关系构成的逻辑框架。子系统是对软件分解的一种中间形式，也是组织和描述软件的一种方法。由多个子系统构成完整的信息系统软件。

信息系统软件架构设计是把信息系统的软件分解为多个子系统，并确定各子系统及其相互关系的工作。软件架构一般呈现出层次结构模式，常见的为四层结构，见图 2.13。应用层是开发的软件所在的层次，它直接服务于信息系统的应用领域。应用层又分为专用应用层和通用应用层。专用应用层中的子系统直接面向具体应用，通用应用层中的子系统可以被专用应用层的多个子系统所引用，具有通用性。中间件层放置支撑系统运行的有关中间件，像通信工具、数据库引擎、分布对象机制等。系统软件层则放置操作系统、低层协议等系统软件。软件架构设计时应主要考虑应用层的软件架构设计。

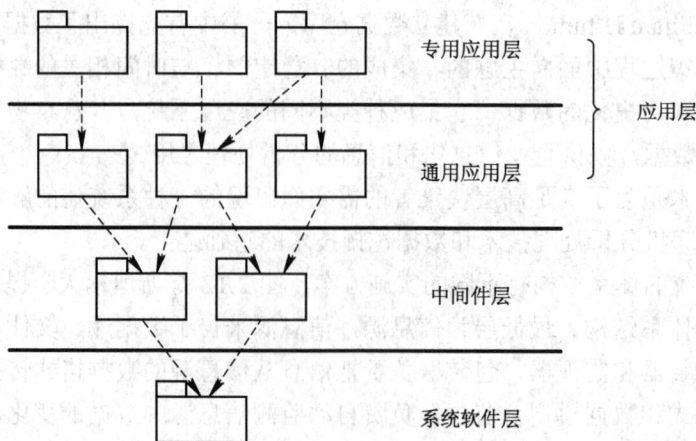

图 2.13　软件的四层结构模式

信息系统软件架构需要根据信息系统需求结构得到初步的软件架构，并在此基础上对其进行分解和细化。完整的软件架构还要在满足业务逻辑的基础上考虑系统逻辑，并确定在所选定的信息系统体系结构下不同层面和系统拓扑结构下不同节点的软件架构设计。

2.5.7 体系结构模式

信息系统结构中的基础设施架构、信息资源结构和软件架构综合性地表现出具有确定风格的结构框架，把这种具有一定风格的结构框架称为信息系统的体系结构模式。信息系统的体系结构模式与信息系统的基础设施架构、信息资源结构和软件架构存在密切关系，决定着这些架构中的要素和关系。在设计信息系统结构时，需要确定信息系统的体系结构模式。常见的信息系统体系结构模式有集中模式、文件服务器模式、客户机/服务器模式、应用服务器模式和浏览器/服务器模式。

1. 集中模式

集中模式由一台中心机和多台客户终端构成系统的基础设施架构，信息系统的所有资源都被集中放置在中心机中，用户通过本地或远程终端访问系统。终端仅承担着信息的输入/输出作用，没有任何加工处理能力，所有加工处理工作由中心机承担。集中模式是 20世纪 70 年代到 80 年代中期信息系统普遍采用的结构模式，当时主要的计算机系统大多是大中型机。所有程序和数据都被放置在中心机中，用户通过终端来使用系统。集中模式见图 2.14。

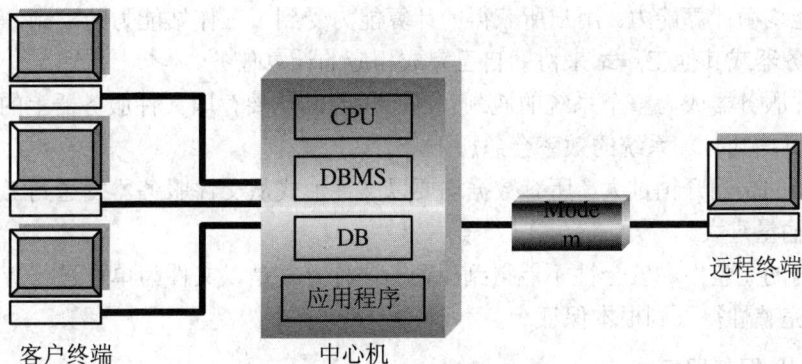

图 2.14 集中模式

集中模式有两个缺点：① 系统的结构模式与信息和处理的分布方式不相一致；② 主机成为系统的瓶颈，这是因为一方面主机的运行负担太重，另一方面，一旦主机出现故障整个系统就会瘫痪。

2. 文件服务器模式

文件服务器模式是由微机或工作站通过网络与文件服务器相连接所形成的一种体系结构模式。在这种模式下，文件服务器以文件的方式对各工作站上要共享的数据进行统一管理。所有的应用处理和数据处理都发生在工作站一端，文件服务器仅负责对文件实施统一管理，从文件服务器共享磁盘上查找各工作站需要的文件，并通过网络把所查找到的文件发送给各工作站。整个信息处理和计算任务都在微机或工作站上完成，最后，工作站把处理完的结果再以文件的形式回送给文件服务器。文件服务器模式见图 2.15。

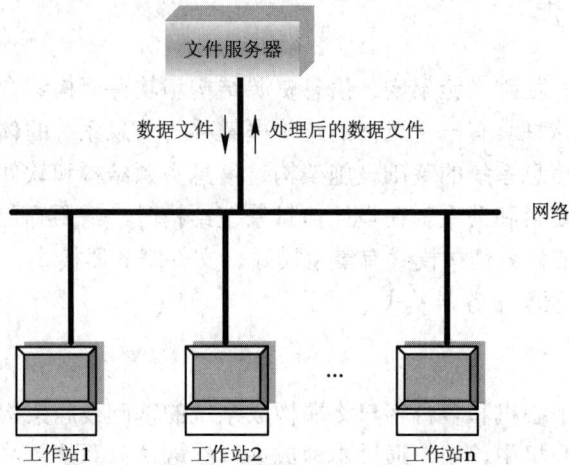

图 2.15　文件服务器模式

文件服务器模式利用微机和网络通信技术实现数据共享。在集中模式的基础上前进了一步。但是，文件服务器模式仍存在以下明显不足：

(1) 不能均衡计算能力。用户所获得的计算能力受到了工作站能力的限制，工作站无法利用文件服务器或其他工作站来协助自己完成相应的计算任务。

(2) 文件服务器成为整个系统的瓶颈。各个工作站均要存取文件服务器上的文件数据，当工作站数目增加时，系统的效率会急剧下降。

(3) 网络的传输开销过大。所有数据均要以文件形式从文件服务器发送到工作站上，网络上数据传输量过大。

(4) 数据的完整性和安全性不能得到保证。这种方式是以文件为单位进行管理的，数据的安全性和完整性得不到根本保证。

3. 客户机/服务器模式

客户机和服务器描述从逻辑上是相互独立，并进行协同计算的两个逻辑实体。客户机作为计算的请求实体，以消息的形式把计算请求发送给服务器。服务器作为计算的承接实体，接收到客户机发送来的计算请求之后，对计算进行处理，并把最后处理的结果以消息的方式返回给客户机。一般在客户机/服务器模式中，客户机和服务器由不同的物理机承担，并且可能是一个服务器多个客户机或多服务器多客户机结构。在信息系统结构中，客户机/服务器模式被作为一种典型的体系结构模式，它描述信息系统的不同逻辑体或不同结点在系统结构中承担不同的职能，以及相互之间处理和联系的方式。客户机/服务器模式的结构见图 2.16 所示。

服务器

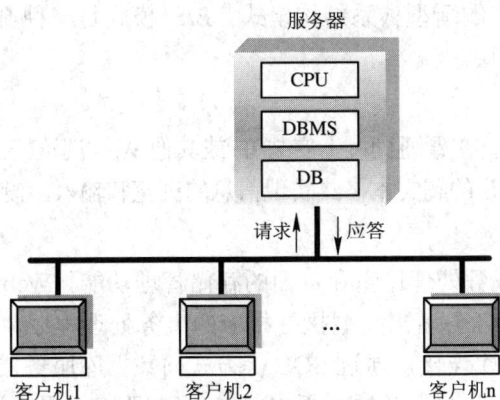

图 2.16　客户机/服务器模式

客户机/服务器模式的优点如下：

(1) 极大地提高了系统的运行效率。

(2) 可以对系统的功能进行合理有效的分配。

(3) 提供了数据的集中监控管理能力。

(4) 提供了平滑式的升级能力。

客户机/服务器模式的不足为：

(1) 客户端和服务器的逻辑处理分配存在两难问题。

(2) 客户端需要承担部分业务逻辑处理，增大了客户端的开发成本。

(3) 不能适应 Internet 的应用需要。

4. 应用服务器模式

应用服务器模式也被称为三层体系结构模式，采用与三层处理逻辑对应的三级体系结构。该模式是在客户机和服务器两层模式之间增加了一个应用服务器的中间层，以与三层处理逻辑直接对应。应用服务器模式的结构见图 2.17。

图 2.17　应用服务器模式

在这种模式中，界面处理逻辑、业务处理逻辑和数据处理逻辑分别处于独立的三个层面，客户机主要承担界面处理逻辑。数据库服务器承担对数据库的集中管理，而把中间逻辑归给应用服务器，包括对象管理、事务管理、安全管理、空间管理以及各种访问服务。这种模式克服了客户机/服务器模式的弊端，使系统的体系结构与处理逻辑相对应，提高了系统的伸缩性和灵活性。

应用服务器模式出现之后，因其灵活性强和适应性广而得到了多个软件厂商的支持和广泛使用，并且出现了体系结构由三层向多层发展的趋势。可以根据具体需要，把应用服务器层再分解成满足系统体系结构需要的多个层次，以更符合应用实际。

5. 浏览器/服务器模式

为了适应 Interent 的应用需要，将信息系统应用于 Interent 环境，出现了浏览器/服务器

(Browser/Server，B/S)模式的新型体系结构模式。B/S 模式是一种典型的三层结构模式，分为表示层、功能层和数据层。

1) 表示层

表示层为 Web 浏览器，在普通微机上安装 IE 或其他 Web 浏览器。Web 浏览器仅承担网页信息的浏览功能，以 HTML 的超文本格式实现信息的浏览和输入，没有任何业务处理能力。

2) 功能层

由 Web 服务器承担业务处理逻辑和页面的存储管理功能。Web 服务器接收从客户浏览器来的任务请求，并根据任务请求类型执行相应的事务处理程序。如果是数据请求，则根据数据请求条件，与数据库连接，通过 SQL 等方式向数据库服务器提出数据处理请求，并且把数据处理结果提交回 Web 服务器，再由 Web 服务器将结果翻译成 HTML 和相应的脚本语言，把结果传送回提出请求的浏览器。

3) 数据层

在数据层由数据库服务器承担数据处理逻辑。其任务是接收 Web 服务器对数据库服务器提出的数据操作请求，由数据库服务器完成数据的查询、修改、统计、更新等工作，并把对数据的处理结果提交给 Web 服务器。

浏览器/服务器模式的结构见图 2.18。

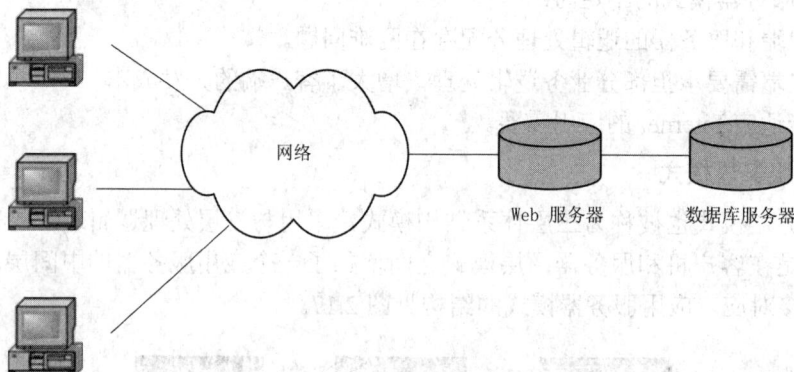

图 2.18　浏览器/服务器模式示意图

与客户机/服务器模式相比较，浏览器/服务器模式有以下优点：

(1) 跨平台。运用 HTTP 标准通信协议组、统一客户端软件、统一界面，使得在 B/S 下的应用程序可以在所有与 Internet 连接的软硬件平台上运行。

(2) 清晰的三层结构。界面处理逻辑、业务处理逻辑和数据处理逻辑分配在三个层面上。

(3) 容易维护。由于浏览器模式下所有业务处理和界面处理程序均在服务器一方，因此维护方便。

B/S 模式也存在不足，表现在 Web 服务器负担过重，尤其是业务逻辑复杂和处理量大的情况下，Web 服务器的处理能力成为影响系统效率的关键因素。另外，服务器也成为信息的瓶颈。

2.5.8　分布架构技术

信息系统的体系结构需要架构技术的支持。随着计算机技术的飞速发展，近年来出现了多种用于构架信息系统结构和软件体系结构的分布架构技术，常见的有 CORBA、DCOM 和 EJB 等。

CORBA 是由 OMG 组织制定的。1991 年 OMG 发布 CORBA 1.1 规范，其中引入了接口定义语言和应用编程接口，允许客户服务器对象与指定的对象请求代理(ORB)进行交互。1994 年 OMG 发布 CORBA 2.0 规范，重点定义了 ORB 如何与来自不同服务提供商的对象进行交互。CORBA 为解决企业集成提供了规范。它提供如下支持：从通用的台式应用系统中存取分布信息和资源；使已有的企业数据和系统作为网络资源来利用；通过集成企业的特殊应用和功能，增强通用的台式应用系统的能力；支持软件可重用，集成新的技术和新的资源。虽然 CORBA 成功地定义了一种与语言无关的通信方式，但它却把实现 ORB 的任务留给了供应商，从而给 ORB 之间的互操作性带来了麻烦。

DCOM 是微软的 COM 组件的分布式扩展，它是通过远程过程调用(RPC)来支持远程对象调用的。一个 COM 对象可以支持多个接口，每个接口代表同一个对象的不同行为或视图，客户程序通过获取接口对象指针来实现与 COM 对象之间的交互。由于 COM 接口标准的内存规范是二进制级别的，因此它允许集成用不同语言编写的二进制组件。但是，如果要用 DCOM 来开发分布式应用程序，则所有节点均必须运行在 Windows 操作系统下。

EJB(Enterprise Java Bean)是 J2EE 的一部分，它定义了一个用于开发基于组件的企业多重应用程序的标准。其特点包括网络服务支持和核心开发工具(SDK)。EJB 是 sun 的服务器端组件模型，最大的用处是部署分布式应用程序，类似微软的 COM 技术。凭借 Java 跨平台的优势，用 EJB 技术部署的分布式系统可以不限于特定的平台。EJB 服务器往往还提供了负载均衡和安全性。

2.5.9　面向服务架构(SOA)

1. SOA 的含义

面向服务架构(Service Oriented Architecture, SOA)是近年开始受到重视的一种构建软件体系结构的思想和方法，其基本思想是在网络环境下，以服务来建立不同应用系统各软件单元之间的联系，以构成在广域环境下的应用建构、松耦合的软件体系结构。

SOA 的基本要素有四个方面。

1) 服务提供者

服务提供者是一个可以执行的软件单元，它可以接受并执行服务请求者的服务请求。服务提供者把自己的服务和接口规则发布到服务注册中心，以便服务请求者发现和访问。

2) 服务注册中心

服务注册中心是一个在广域环境提供服务目录和接口规则的中介，服务请求者可以通过服务注册中心查找和定位服务。

3) 服务请求者

服务请求者是请求服务提供者的服务的软件单元，它从服务注册中心定位所要的服务，与该服务实现绑定，并接受服务提供者所提供的服务。

4) 服务契约

服务契约是服务请求者和服务提供者之间交互方式的规范，服务请求者根据该规范来请求服务。

2. SOA 的基本特征

1) 松散耦合

服务请求者到服务提供者之间的绑定与服务之间是松耦合的，服务提供者的实现语言、部署平台等技术细节对服务请求者透明，服务请求者通过消息机制把服务规约发送给异地的服务提供者，服务提供者在异地进行服务计算，并通过消息把计算结果以服务返回给服务请求者。

2) 服务可重用

服务可被多次重复使用，服务可被不同请求者使用，这样一方面使得服务变得十分灵活，同时又极大降低了开发成本。

3) 服务位置透明

在服务契约中仅提供所能提供的服务功能和接口规约，服务的位置对服务请求者是透明的。服务请求者不知道是谁提供的服务，在什么地方提供的服务。使得服务处于抽象的业务功能层，实现了服务与平台及部署的分离。

4) 服务的自治性

服务是由组件组成的组合模块，是自包含的。服务完全控制它所封装的逻辑，在其所控制的范围内，执行时不会依赖其他服务。SOA 架构强调服务实体的自我管理和恢复能力。

3. Web Service

Web Service 是在互联网上实现 SOA 的一种典型技术，以 Web 服务作为组件，在互联网上实现不同应用之间跨平台的程序通信。Web Service 的基本角色有服务请求者、服务提供者和服务注册中心三个方面。服务提供者把所能够发布的 Web 服务的网址和服务规范发送给服务注册中心(Universal Description Discovery and Integration，UDDI)，服务请求者从 UDDI 获取 Web 服务的网址和服务规范信息，并通过互联网获得 Web 服务。Web Service 基于 Web 技术和规范，遵从 HTTP 协议。UDDI 的注册信息目录用可扩展标记语言(Extensible Markup Language，XML)描述。服务提供者利用服务描述语言(Web Service Description Language，WSDL)来描述网络位置、输入输出数据流、数据类型等信息。服务提供者和服务请求者按照简单对象访问协议(Simple Object Access Protocol，SOAP)进行信息交互。因此，HTTP、XML、WSDL、SOAP 和 UDDI 是 Web Service 的五大核心技术。

2.6　信息系统的类型

信息系统的类型可以分为信息处理系统、管理信息系统、决策支持系统、主管信息系统、办公信息系统、公众信息服务系统等。信息系统大多以综合形式出现，但这几种类型属于信息系统的基本类型。

2.6.1　信息处理系统

1. 信息处理系统的概念

信息处理系统(Information Processing System，IPS)是指运用现代信息处理技术，对企业的事务和基本信息进行加工处理，以提高事务处理效率和自动化水平的信息系统。信息处理系统也被称为数据处理系统(Data Processing System，DPS)或业务处理系统(Transaction Processing System，TPS)。

信息处理系统是信息系统早年的产物。20 世纪 50~60 年代在信息处理领域，人们利用计算机快速、可靠和自动的特点，把事务处理中的大量信息处理工作交由计算机来完成，以减轻人工劳动强度，提高事务处理的工作效率。当时出现的信息处理系统有数据更新系统、记账系统、状态报告系统、综合统计系统等。

信息处理系统是信息系统的基础和核心。业务和信息处理是每一个信息系统必须具备的基本功能，管理信息系统、决策支持系统和办公信息系统无论功能多么复杂，形式多么繁多，都是以信息处理为其共同基础的。

信息处理系统也是信息系统的一种重要形式。信息系统虽然向着复杂、综合方向发展，但也同样存在许多功能简单、应用单一的信息系统。这些系统一般仅具有信息处理和某一个专业领域的业务处理功能，不支持全面的组织管理和综合决策，如财务核算系统、设备管理系统、物资进销存管理系统、工程预决算系统、股票管理系统等。

2. 信息处理系统的特点

信息处理系统具有以下特点：

(1) 处理的对象是组织中的业务和基本信息。IPS 的处理对象是业务过程中的各种信息。它较少涉及组织中的综合管理和决策问题，不重视模型和方法的运用，属于典型的数据驱动型系统。

(2) 追求处理效率和自动化。IPS 主要解决人工事务处理过程中的低效率问题。在 IPS 中引入计算机和通信技术提高了信息处理的效率，把人从繁重的事务处理过程中解脱出来。

(3) 方法简单。IPS 主要把事务处理中那些方法简单、流程固定的问题转由计算机处理。IPS 一般不涉及过多的模型、综合管理和决策问题。

(4) 属于信息系统的基础。现代信息系统虽然功能繁多，结构复杂，系统庞大，但信息处理仍然是现代信息系统的基础，在任何时间信息系统都离不开信息处理，而且信息处理总是信息系统中的主要处理工作。除了作为信息系统的重要组成部分之外，许多信息处理系统本身就是独立的信息系统。

3. 几种典型的信息处理系统

1) 数据更新系统

数据更新系统能够实时或定期对系统中的业务数据进行更新，以反映最新的业务动态。数据更新系统具有简单的数据更新能力，一般不具备控制、管理、预测、决策功能。20 世纪 50 年代美国航空公司 SABRE 建立的预约订票系统就是一个典型的数据更新系统。该公司在当时每天有近千个航班 7 万多个座位，在世界各地有 1000 多个售票点。由这些售票点按照预先分配的比例预售所有机票。由于各个地区的乘客分布不均匀，以及实际乘机的人数无法事先掌握，因而经常出现有的售票点的机票已经卖空，而有的售票点票卖不出去的情况，这样就严重影响了航班的载客率。为了提高航班载客率，公司决定开发预约订票系统。该系统能够及时对各个售票点的售票数据进行更新，在各个售票点之间调节和分配机票的余缺，并可以在任意一个航班售票点查询航班的变动情况。这个系统的建立，极大地提高了美国航空公司的航班载客率，同时改善了公司的经营管理状况。美国航空公司的预约订票系统实现了各个售票点之间的数据传送和更新，但这个系统不提供售票业务中的收费、预约、订票等联机处理，也不能够动态预测各个售票点的机票预售情况。因此，该系统仅是一个简单的数据更新系统。

2) 记账系统

记账系统通过计算机管理各种账表，一般具有自动记账、存储账表、账目汇总、账表输出等功能。记账系统是应用十分普遍的一种信息处理系统。美国芝加哥 John Plain 公司的账务系统是最早的记账系统，该系统实现了电子记账、电子对账和账务查询等功能。我国从 20 世纪 80 年代开始财务账务系统的开发和应用，出现了通用账务系统、行业账务系统和企业专用账务系统等多种形式。图 2.19 是笔者开发的一个行业账务系统的示意图。

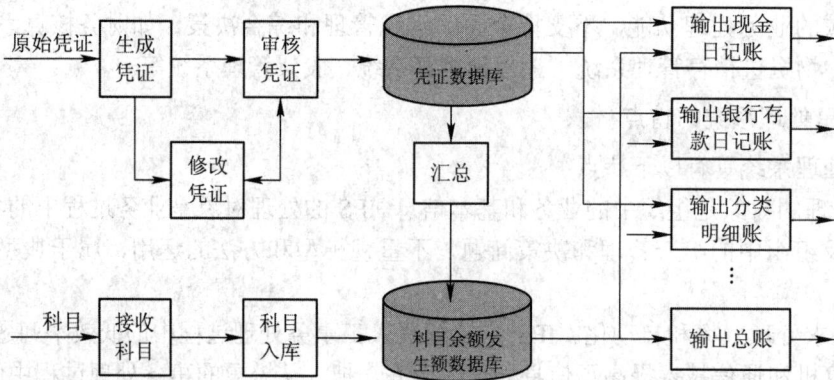

图 2.19　账务处理系统示意图

3) 状态报告系统

状态报告系统是一种能够随时或定期报告业务工作状态的信息处理系统。这种系统可以报告生产状态、物资库存状态、设备运行状态、服务状态以及人员的工作状态等。美国 IBM 公司在 20 世纪 60 年代开发的为该公司计算机生产过程服务的生产状态报告系统是状态报告系统的一个成功范例。1964 年，IBM 推出了中型计算机 IBM 360 系统。这个系统需要 1.5 万种不同的部件，而且每一个部件又有多个元器件。IBM 的加工基地遍布美国各地。组织生产要求能够及时掌握各种元器件和零部件的生产情况和库存情况。IBM 为了满足计算机生产的需要，开发了生产状态报告系统。这个系统能够监视每一个部件的生产过程，并定期向各个生产基地报告各种零部件的生产和库存情况。这个系统为 IBM 公司在全国范围内统一组织生产提供了保证，大大地缩短了生产周期，降低了生产库存，提高了资金的周转速度。

4) 数据统计系统

数据统计是政府进行宏观决策，制定国家发展战略的重要依据。提高数据统计效率和数据统计的准确性是数据统计追求的目标。数据统计系统利用计算机和通信网络技术收集分布在不同地域环境下的各种数据，利用计算机对数据进行快速统计计算，及时得出统计结果。数据统计系统已经广泛应用在国民经济的各个领域。

2.6.2　管理信息系统

1. 管理信息系统概念的提出及演化

在信息处理系统得到广泛应用之后，随着企业全面管理的推进，信息处理系统的缺陷和不足也就明显地暴露出来。信息处理系统主要是把事务处理中的信息处理工作交由计算机来处理，以提高信息处理的效率，它并没有支持企业的全面管理和辅助企业的决策。在市场竞争中，提高企业的综合实力和竞争力的关键因素不是提高企业事务处理过程中的信息处理能力，而是如何提高企业的管理水平和决策的成功率。这样，旨在支持企业全面管理的管理信息系统在 20 世纪 70 年代就应需而生。

管理信息系统概念最早出现在 1970 年，40 多年来，人们对管理信息系统的认识经过了一段逐步深化的过程。1970 年，瓦尔特•肯尼万(Walter T.Kennevan)最早给管理信息系统下的定义是：管理信息系统是"以书面或口头的形式，在合适的时间向经理、职员以及外界人员提供过去的、现在的、预测未来的有关企业内部及其环境的信息，以帮助他们进行决策。"这个定义强调了管理信息系统通过及时提供各种信息以支持企业管理，但它没有对管理信息系统提出现代信息技术要求，因此，含义比较宽泛。1985 年，高登•戴维斯(Gordon B.Davis)给管理信息系统下了一个十分经典的定义：管理信息系统是"一个利用计算机硬件和软件，手工作业，进行分析、计划、控制和决策的模型，以及数据库的用户—机器系统。"这个定义明确了管理信息系统的功能是为企业的管理和决策服务，并且强调管理信息系统必须以计算机等现代信息技术为基础。这个定义被作为 20 世纪 80 年代中期之后管理信息系统的经典定义。我国长期从事管理信息系统教学和研究的复旦大学薛华成教授在他的《管理信息系统》(清华大学出版社 1999 年出版，第三版)中给管理信息系统下的定义是："一个以人为主导，利用计算机硬件、软件、网络通信设备以及其他办公设备，进行信息的收集、传输、加工、储存、更新和维护，以企业战略竞优、提高效益和效率为目的，支持企业高层决策、中层控制、基层运作的集成化的人机系统。"

从以上定义可以看出，到 20 世纪 80 年代中期之后，所谓管理信息系统，就是建立在计算机、通信网络为代表的现代信息技术基础之上，面向组织的业务、管理和决策的综合信息系统。这种观点在当时的学术界被基本认同，并形成了管理信息系统学科，全国几十所大学开设了管理信息系统专业。

对管理信息系统的这种界定存在值得质疑的地方。首先从应用角度看，各种企业为了提高自身的竞争力，纷纷投入资金开发企业信息系统，这些企业信息系统都被称为管理信息系统。但最后所开发的结果，很少有能够支持企业的全面管理，尤其是高层决策的。这样，所谓的管理信息系统并不真正具备管理信息系统的特征，而且这种现象具有普遍性。另外，从学科角度看，按照管理信息系统的定义，应该能够支持企业的各级决策，尤其是高层决策。但决策支持涉及专家系统、人工智能等多种学科的交叉联合，并且决策支持存在许多短期难以突破的重大理论问题，这就需要设置专门学科进行重点研究。决策支持系统学科也就是在这种背景下诞生的。决策支持系统的出现，就自然要求学术界理清它与管理信息系统之间的关系。在这个问题上出现了两种不同的学术观点。一种观点认为：决策支持系统属于管理信息系统的一个分支学科，管理信息系统比决策支持系统的内涵更广泛；另一种观点认为，决策支持系统具有其特殊的研究对象和内涵，管理信息系统和决策支持系统不能相互包含，应该是交叉并等关系。管理信息系统主要支持组织的业务处理、组织管理和较简单的中底层决策，而复杂的高层非结构化决策由决策支持系统负责。因此，笔者赞同把管理信息系统定义为：**管理信息系统(Management Information System，MIS)是建立在现代信息技术基础之上，面向组织的全面管理和简单决策的信息系统。**

2. 管理信息系统的功能

按照以上理解，管理信息系统应该具有以下基本功能：

(1) 信息处理功能。管理信息系统能够收集组织中的生产、经营和管理所需的各种信息，并对这些基础信息进行有效的加工、存储、传输等处理。

(2) 业务处理功能。管理信息系统能够提供组织中的各种业务处理，包括日常办公处理、生产过程检测和控制、质量控制、人员分工安排、原料采购、库房业务处理、产品销售等。

(3) 综合管理功能。管理信息系统能够支持企业的中层管理，包括计划、调度、生产、技术、工艺、设备、供应、销售、质量、科技、人事等，并能够进行分析、控制、检测等。

(4) 简单决策功能。管理信息系统能够利用数学等形式化方法，进行企业的生产、经营和管理的预测和辅助企业的结构化决策。管理信息系统主要支持低层和中层的简单决策，对高层非结构化决策一般不提供支持。

3. 管理信息系统的逻辑结构

管理信息系统属于信息系统的一种类型，其逻辑结构亦呈三维结构，见图 2.20。管理信息系统对策略层和业务层提供管理，一般对战略层不提供全面支持，战略层由决策支持

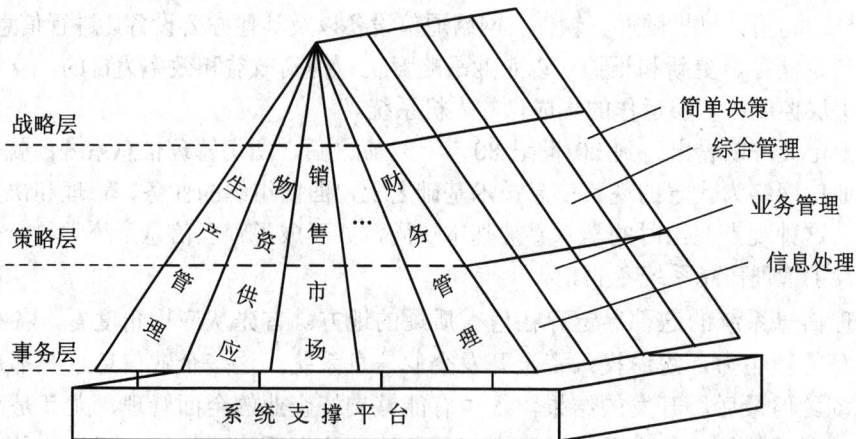

图 2.20　管理信息系统的逻辑结构

系统或主管信息系统提供支持。管理信息系统能够提供企业中的计划、生产、物资、技术、工艺、质量、销售、设备、科技、人事、财务等方面的综合管理，具有信息处理、业务处理、综合管理和简单决策等功能。管理信息系统的支撑平台包括计算机、信息网络、辅助设备等硬件系统和操作系统、数据库系统、开发环境和工具、中间件等软件系统。系统支撑平台是管理信息系统的重要组成部分，与管理信息系统构成和谐的一体化系统。

4. 管理信息系统的基本特征

管理信息系统具有以下特征：

(1) 信息处理是管理信息系统的基本功能。管理信息系统能够提供对信息的收集、储存、加工、传输等处理。管理信息系统具有信息处理系统的全部功能。

(2) 面向组织的策略层。管理信息系统的处理对象是企业全面管理过程，包括企业的计划、生产、质量、物资、销售、财务、人事等。因此，管理信息系统主要面向企业策略层。

(3) 追求企业综合管理效益。管理信息系统在信息处理系统的基础上，通过全面管理以提高企业的综合管理水平，追求企业整体管理的综合效益。

(4) 支持简单决策。管理信息系统虽然能够辅助企业决策，但主要处理的是企业中模型固定、方法确定的结构化决策问题，半结构化和非结构化决策问题一般交由决策支持系统进行处理。

(5) 运用综合性方法和技术。管理信息系统涉及管理模型、算法、信息处理技术等综合性的方法和技术。另外，管理信息系统的开发是一个复杂的系统工程，需要遵循工程化方法。

2.6.3　决策支持系统

1. 决策支持系统的提出

管理信息系统把信息系统的处理能力和水平提高到了一个新的层次，使信息系统能够面向企业的全面管理，并具有业务处理、管理和支持简单决策的功能。但是，管理信息系统主要处理的是简单决策问题，不强调对企业高层决策的全面支持。而企业发展在很大程度上取决于企业高层决策，企业高层决策大部分属于半结构化和非结构化问题，管理信息系统并不支持企业这类决策。

随着信息系统向纵深发展，人们逐步认识到信息系统在解决复杂管理问题的过程中，由一个系统一揽子解决管理领域中的所有问题，既难度大而且不符合人们认识和解决问题的一般规律。人们在解决复杂问题时，一般需要把复杂问题分解成多个相对简单的子问题，然后有针对性地对各个子问题进行研究和解决。这就是化整为零、各个击破的系统化方法。基于这种思想，人们从信息系统中分离出决策支持系统这个分支，来专门研究和解决企业各级、各类决策问题。

决策支持系统的提出是理论和技术发展的必然。绝大部分决策问题属于不确定的定性问题，用传统的数学和逻辑的方法无法解决。解决这类问题需要人工智能、专家系统和知识工程等理论和方法。20 世纪 80 年代发展起来的知识工程、专家系统和智能处理，为决策支持系统奠定了理论基础。

2. 决策支持系统的概念和特征

决策支持系统是处于发展中的一个学科领域，还未形成一致定义。我们给出下面的定义。决策支持系统(Decision Support System，DSS)是在现代信息技术的基础上，交叉管理科学、行为科学、运筹学、控制论等学科，运用人工智能、专家系统、知识工程等理论和方法，辅助支持企业决策活动的信息系统。

概括起来，决策支持系统具有以下特征：

(1) 面对半结构化和非结构化决策问题。DSS 处理的是半结构化和非结构化的决策问题，MIS 对这类决策问题不提供支持和处理能力。

(2) 支持决策而不代替决策。DSS 是辅助和支持决策者进行决策，而不是由 DSS 包办代替决策者的决策工作。DSS 为决策者提供决策所需的信息，根据决策问题提出一些备选方案，并且帮助决策者进行方案的优选。但是，最后方案的确定仍需决策者本人做出，DSS 不能够代替。

(3) 不会取代 IPS 和 MIS。DSS 的目标是辅助管理者的决策过程，以提高决策的效能和准确性。它不会取代 IPS 和 MIS 在信息系统中的作用。

(4) 以人机交互的方式进行。DSS 是一个人机交互型系统，它通过人机交互接口为决策者提供辅助决策功能。DSS 所提供的人机接口注重人的启发和学习以及信息的通信和交流。让决策者依据自己的实际经验和洞察力，主动利用各种支持功能，在人机交互过程中反复学习和探索，最后根据自己的判断给出决策方案。

(5) 综合分析预测及智能技术。DSS 能够把模型分析技术、数据处理技术和信息检索等技术结合起来，并在不同决策阶段为决策者提供不同形式的支持和帮助。

3. 决策支持系统的功能

决策支持系统具有以下功能：

(1) 提供与决策有关的企业内外部信息。例如，企业的生产能力、财务状况、物资库存情况、企业的人员素质等内部信息；市场需求、社会对产品的购买能力、原材料价格、新技术新工艺、企业竞争对手的情况、国家的政策法规等系统外部信息。还能够收集和提供企业有关行为的反馈信息，例如，生产计划的完成信息、产品质量信息、用户对产品的反馈信息、产品销售信息等。

(2) 存储、管理和维护各种决策模型与分析方法。例如，计划模型、生产调度模型、库存管理模型、财务模型等。

(3) 运用模型及分析方法，对数据进行加工分析以求得所需的预测、决策及综合信息。

(4) 提供方便的人机交互接口。

4. 决策支持系统的类型

根据决策问题以及采用的原理和技术，决策支持系统可以分为多种不同的类型。

1) 专用决策支持系统和通用决策支持系统

专用决策支持系统是能够应用于某一领域、某一行业、某一问题的专用系统，对其他决策问题不提供决策支持。由于是针对具体应用问题，所以这类系统对决策的支持具有明确的针对性，提供的决策方案相对具体和实用，目前已出现的决策支持系统也多属于这类系统。通用决策支持系统能够对多领域提供决策支持。由于通用决策支持系统面向的应用过于宽泛，因此，一般仅能够提供趋势、方向和原则性的决策指导，给出的决策方案不会过于具体。

2) 群决策支持系统

群决策支持系统是支持群体决策的决策支持系统。在一个组织中，常常是由多人通过集体讨论和研究，进行重大决策。群决策支持系统能够提供对集体决策的支持。这类决策支持系统能够向多个决策人提供各自与决策支持系统进行交互的用户界面，能够收集多方面与决策有关的信息，并征收多个决策人的决策意见。这类系统能够综合所有决策因素，提出备选的决策方案，并提供表决、仲裁、集中等手段选择最后的决策方案。这种系统还能够对决策方案与实际的决策结果进行对比分析，找出问题，积累经验，为以后的决策提供依据。

3) 分布式决策支持系统

分布决策是指多个决策人在地域分布的环境下进行的群体决策。分布式决策支持系统是能够支持分布决策的决策支持系统。分布式决策支持系统是群决策支持系统的一种形式，它为决策者提供了一种更为方便和实际的决策应用模式。分布式决策系统是决策支持系统与分布式技术相结合的产物。

4) 战略决策支持系统

战略决策支持系统能够对组织长远重大发展战略的制定提供支持。战略决策支持系统也可以称为宏观决策支持系统，能够提供企业发展的方向、趋势、长远目标等宏观决策。由于企业未来发展涉及的不定因素很多，其决策的难度比中短期决策难度更大，因此，战略决策支持系统仅能够对决策人在重大战略决策过程中提供参考。另外，这类决策支持系统目前也仅作为决策支持系统的一个重要的研究方向，并没有成熟和可用的产品。

5) 智能决策支持系统

智能决策支持系统是采用人工智能和专家系统的理论和知识，辅助进行智能决策的决策支持系统。这类系统具有知识表示、知识学习、知识推理、自然语言理解、决策启发，以及借用并积累专家经验进行辅助决策的特性。由于决策问题大多数涉及知识、推理、判断、预测，因而最终的决策还要靠智能决策支持。

6) 综合决策支持系统

综合决策支持系统是决策支持系统的集大成者，它能够为不同层次、不同需要的决策者提供多层面的决策支持。综合决策支持系统除了具有决策支持系统的一般特征之外，还具有智能性、分布性、层次性等特征。

5. 决策支持系统的构成及结构

由于 DSS 的研究目前还处在发展阶段，因此，对 DSS 的组成目前仍未得到统一的认识。有五部件观点、十部件观点、三部件观点、三系统观点、四系统观点等，其中五部件是指 DSS 由人机对话接口、数据库、模型库、知识库和方法库等五个部件构成。这是 20 世纪 80 年代初对 DSS 研究的一种比较传统的划分方法。20 世纪 80 年代以后，有人提出了 DSS 由语言处理系统(LS)、问题处理系统(PPS)和知识处理系统(KS)三系统构成。在此，我们简要地叙述构成 DSS 的四系统观点。图 2.21 是四系统的决策支持系统的逻辑结构。

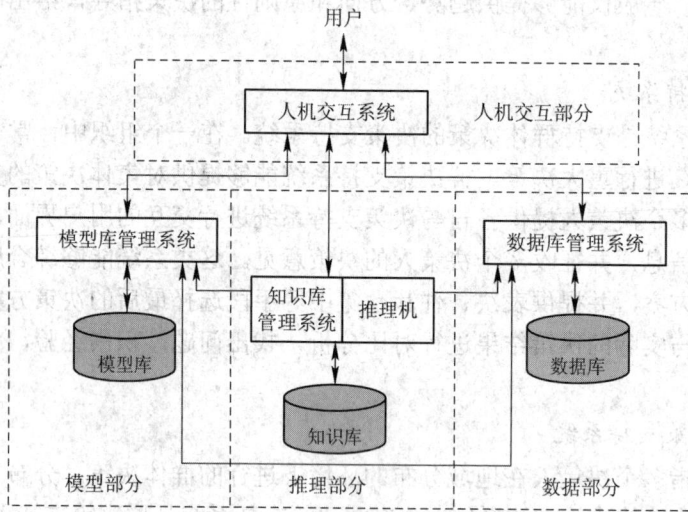

图 2.21　四系统的 DSS 的逻辑结构

1) 人机交互系统

DSS 中的人机交互系统负责接收和检验用户请求，协调数据库系统和模型库系统之间的通信，为决策者提供信息的收集、问题识别以及模型构造、使用、改进和分析计算等功能。

2) 数据库系统

DSS 和 MIS 的数据库系统在概念上有许多相同之处，如数据库的功能、实现方法以及 DBMS 的作用等，但是它们对数据库的要求有本质的区别。DSS 所需的数据主要用于决策，数据的综合性较强，并且数据一般需要经过预处理。而 MIS 支持企业的日常管理，它强调对企业原始数据进行收集、组织和存储。DSS 所需的数据比 MIS 的数据范围广泛，它除了需要企业内部数据之外，还需要大量的外部数据。另外，DSS 要求数据库系统具有足够的灵活性，以适应决策者需求的动态变化。

3) 模型库系统

模型库系统包括模型库和模型库管理系统(MBMS)。模型库用来存放辅助决策所需的各种模型，如，线形规划模型、非线形规划模型、网络模型、投入产出模型等。模型在计算机中通常以程序、数据或谓词的形式来表示。模型库管理系统的功能是实现对各个模型的维护、修改和联想，以及实现模型库、方法库、数据库及人机接口的相互联结。

4) 推理系统

推理系统由知识库系统、知识库管理系统和推理机几部分构成，实现从数据库中获取数据，根据模型库中的模型，并运用知识规则进行推理。

2.6.4　主管信息系统

1. 主管信息系统的提出

主管信息系统(Executive Information System，EIS)也被称为经理信息系统或领导信息系统，它是支持组织领导，为组织战略层服务的信息系统。EIS 是 20 世纪 80 年代信息系统针对高层管理者的需要提出的解决方案。在此之前出现的事务处理系统和管理信息系统都满足不了高层管理者的需要。事务处理系统主要提供企业一般业务的管理和基本信息处理，而管理信息系统虽然能够面对组织的全面管理，但对高层非结构化决策缺乏支持。决策支持系统的目的虽然是对企业决策提供全面支持，但由于决策问题的复杂性，许多重大的理论问题没有突破，所以真正能够应用的决策支持系统并不多见，另外，组织领导的工作也并不仅限于决策，还有其他工作。因此，旨在全面支持组织领导的 EIS 就被提了出来。

为了提供对企业高层主管的支持，就必须分析企业高层主管的工作和需要。著名管理学家 Henry Mintzberg 对高层主管的工作进行了细致研究后指出：管理者在企业中扮演着三方面、十种不同的角色。一是人际关系角色，包括领导者、兼职领导、联络员。二是信息角色、包括监听者、传播者、发言人。三是决策角色，包括企业家、资源分配者、环境驾驭者、谈判者。作为对企业高层主管提供全面支持的 EIS，对应着企业高层主管的角色特征，提供对应的支持等功能。

2. 主管信息系统的功能

主管信息系统的功能结构见图 2.22。主管信息系统应该提供以下基本功能。

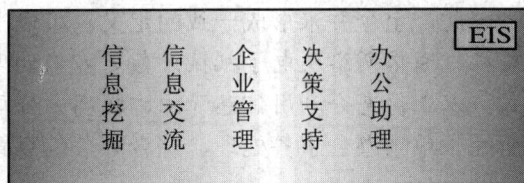

图 2.22　主管信息系统功能结构示意图

1) 信息挖掘

企业主管需要大量的企业内部和外部的综合信息。企业主管所需要的信息具有综合性强、来源广泛的特点，既需要企业内部运行和管理的详细信息，更需要能够进行决策的高度综合信息。企业主管所需要的信息一方面来自于企业内部，但更多的来自于企业外部。这些信息分散在企业外部的各种网络媒体和社会环境，以及企业内部的业务管理和信息系统之中。这就需要对分散在社会和企业内部的各种信息进行提取、汇总、过滤、综合等挖掘处理，从而得到企业主管所需要的综合信息。

2) 信息交流

企业主管不只是一个信息获取者，更重要的是信息发布者和交流者。因此，主管信息系统还应该提供信息的发布、传播、交流等功能，使主管信息系统成为经理与企业、经理与社会进行信息交流的平台和工具。

3) 企业管理

企业主管是企业的高层管理者，需要对企业实施宏观协调和管理职能。主管信息系统应该向企业主管提供管理支持。大部分管理功能可以直接通过企业管理信息系统来实现，但是主管信息系统需要突出一般管理信息系统所不具备的对企业高层实施的宏观协调和管理的支持。

4) 决策支持

决策是企业主管的主要职责，主管信息系统应该提供对企业主管的决策支持。企业主管面临的大多属于非结构化决策问题，因此需要在主管信息系统中嵌入决策支持系统或借用决策支持系统的有关理论和方法。

5) 办公助理

企业主管的绝大部分工作是在办公室完成的，因此，主管信息系统需要提供对企业主管办公的支持。包括文件起草、发布、传阅、归档，日程和会议安排，多媒体会议，大事记、备忘录，信息检索查询，电子邮件，公告板等。

不同的企业主管有不同的习惯、偏好和审美观。因此主管信息系统应该根据具体使用对象进行定制式设计，突出主管的个性和偏好，不宜采用统一模式。

2.6.5　办公信息系统

1．办公自动化和办公信息系统

办公自动化简称为 OA(Office Automation)，是 20 世纪 70 年代在办公过程中出现的一种带有综合性和方向性的新趋势。由于办公自动化应用领域十分广泛，并且所依赖的理论和技术也相当复杂，因此，至今并未形成一致的定义。可以把办公自动化理解为：办公自动化是指利用计算机、通信网络及电子机械设备等可能的现代技术和设备，辅助办公过程、革新办公模式，以求得充分利用信息资源、提高办公质量和效率的办公综合变革过程。办公自动化历经了单项办公事务处理、综合办公信息管理和辅助办公决策三个发展阶段。

在办公自动化应用和发展过程中，人们开发和应用的是办公信息系统。办公信息系统 (Office Information System，OIS)是由人和办公技术环境构成的一体化信息系统，它能够和谐高效地处理办公业务，提供办公事务所需要的信息服务和辅助决策。办公信息系统也被通俗地称为办公自动化系统(Office Automation System，OAS)。

2．办公信息系统的构成

OIS 由下述六方面的要素构成。

1) 办公人员

办公人员是办公信息系统的主体。OIS 一般由三类人员构成：第一类是由管理人员和决策人员构成的信息使用人员，他们利用 OIS 所提供的信息服务和辅助决策功能来为自己的办公管理服务；第二类是办公业务人员，他们是办公室中的文秘、财务等人员，用 OIS 完成自己的办公业务工作；最后一类是系统服务人员，包括系统管理员、系统维护人员和数据录入员等。

2) 办公机构

办公机构指办公实体的办公组织。办公机构的设置与各部门的办公职能以及上下部门机构设置有直接关系。在设计办公信息系统时，既要保持原有机构的合理性，又要对不合理的机构进行调整。

3) 办公制度和办公例程

办公例程是指规范化的办公过程和办公程序。办公过程的制度化和规范化对 OIS 有重要意义。如果办公过程缺乏制度化和规范化，将无法建设 OIS。在 OIS 建成之后，办公制度和办公例程又成为 OIS 中的必要组成部分。

4) 技术工具

技术工具指 OIS 建设所需的技术、设备、手段等。办公信息系统必须建立在以计算机、通信网络为中心的现代信息技术和现代办公设备的基础之上。

5) 办公信息

办公信息是办公信息系统处理的对象。从信息处理角度看，办公活动实际上是对各类办公信息(数据、文字、声音、图形、图像等)进行采集、存储、处理、传递和输出的过程。

6) 办公环境

办公环境指办公实体之外的外部办公环境。包括社会组织、上下级部门、服务与被服务的对象等。办公环境是 OIS 的支撑和制约因素。

3. 办公信息系统的功能

不同的 OIS 具有不同的功能，但一般办公信息系统应该具有以下基本功能：

(1) 办公信息处理：提供办公信息的综合处理，包括日常办公信息处理，业务统计数据处理和数据的定量化处理等。

(2) 文档管理：公文的准备、起草、审批、发布、下达、批转、汇报，各种数据、报表、文件、档案数据的存储、查询和处理等。

(3) 信息通信：利用计算机网络等现代化通信技术，使办公室的各类信息能够相互传输，以达到信息互通和共享的目的。

(4) 时程管理：办公计划、业务、会议的日程编排，工作文件的准备，会议记录、大事记、备忘录等的落实。

(5) 辅助办公决策：为决策者提供办公所需的各种信息，并辅助办公者的各项决策。

4. 办公信息系统的分类

根据办公信息系统所具有的功能，把办公信息系统分为基本型、管理型和综合型三种类型。

(1) 基本型：提供基本的办公事务处理，包括文字处理，报表处理，电子邮件，公文处理，图形、图像、语音处理，电子会议，文献资料管理等。

(2) 管理型：在基本型办公信息系统的基础上，还具有综合管理功能。

(3) 综合型：具有基本办公事务处理、综合管理和辅助办公决策等功能的办公信息系统。

2.6.6　公众信息服务系统

1. 公众信息服务系统的概念

Internet 广泛应用之后，出现了一类新型的公众信息服务系统，这类信息系统以 Internet 为基础平台，向公众和社会提供信息服务、业务服务、咨询服务等功能。这种系统以网站的形式向社会提供，用户通过该系统提供的网站可以使用系统的各种功能。

2. 公众信息服务系统的特征

与其他类型的信息系统比较，公众信息服务系统具有以下特征：

(1) 基于 Internet，以网站的形式向社会提供。

公众信息服务系统基于 Internet。Internet 向全球提供了一个统一、一致的信息交互平台，在该平台的信息服务将以网站的形式被社会公众使用。

(2) 向社会提供公众信息服务。

公众信息服务系统面向整个社会，这类系统将充分利用网络这个广泛交互的平台，向社会公众提供各种信息服务，包括信息搜索，信息交流，政府、社会公益、企业市场、产品服务信息发布，业务信息咨询，休闲娱乐等。

3. 公众信息服务系统的类型

公众信息服务系统包括现在所有的网站，功能复杂，类型繁多。下面是几种主要类型的公众信息服务系统。

1) 信息搜索引擎

随着网络应用的广泛化，网络上的信息爆炸性地增长。从浩如烟海的网络信息中快速、方便、准确地找到所需要的信息，是网络应用的突出需要。网络搜索引擎承担了这方面的职责。目前较常用的网络搜索引擎有百度、搜狗、雅虎、Google 等。

2) 公众信息服务

通过网络可以提供人们日常生活需要的公众信息的发布和服务，像天气预报、电子地图、电话查询、股市行情、社会新闻、舆论聚焦、音乐影视、广告信息等，目前大型公众信息服务网有：雅虎、搜狐、新浪、163、263 等。

3) 信息通信

公众信息服务系统向社会提供了一个广泛、方便的信息交流平台。使用电子邮件、QQ 聊天、MSN、视频电话等，通过网络进行信息通信，比电话、传真更为方便、实用。

4) 休闲娱乐

网络游戏、竞赛、旅游、体育、交友、俱乐部成为网络应用的又一重要形式，网络游戏已经成为一个巨大的社会产业，开发和生产满足不同阶层、不同年龄层次的人的游戏、休闲服务已成热门行业。

5) 政府公众信息服务

政府、政党、社团可以通过网络发布法律、政策、社会战略、施政纲领、社团规约等需要大众了解和掌握的大量社会公众信息。目前国家各级政府、各个政党和社会组织都建立了自己的门户网站。

6) 企业商用信息服务

企业、商业通过建立自己的网站来树立企业形象，宣传产品和服务，并提供网上购物、网上交易、网上结算等电子商务服务。

7) 文化艺术信息服务

文学、音乐、绘画、摄影、法律、宗教领域也纷纷建立了自己的网站。因为网络产生了网络文学这种新型的自由化、个性化的文学形式，尤其是近几年出现的博客，更是通过网络彰显个性、表现自我的一种新文化形式。

8) 信息咨询和技术服务

通过网络可以提供在线信息咨询服务。目前，许多企业、商业、学校、医院通过网络提供网上的信息咨询和技术服务。

9) 专用业务系统

企业信息系统采取 B/S 模式，可以形成专用的业务信息系统，这也是目前公众信息服务系统的新类型。

2.7 信息系统在信息科学技术中的地位和作用

信息科学是 20 世纪 70 年代出现和发展起来的一门新兴学科。它以信息为主要研究对象，以信息的性质、运动规律和利用为主要研究内容，以计算机、通信网络等高新技术为技术工具，以提高人类获取和利用信息的能力为主要目标。它研究各种信息系统中的信息过程(产生、采集、加工、表示、存储、变换、传播、检索和利用等)及其一般规律，为社会进步和科学技术的发展以及人类进一步认识自身服务。信息技术是指能够扩展、延伸人类信息器官的技术的总称，主要包括感测技术、通信技术、智能技术和控制技术。其具体表现为微电子技术、通信技术、计算机技术、软件技术、信息网络技术、多媒体技术、数字技术、信息安全技术、虚拟现实技术和生物电子技术等高新技术群。信息技术又可以分为信息基础技术、信息系统技术、信息应用技术三个层次。

信息系统在信息科学技术中起着重要的作用。首先，信息系统是信息科学技术重要的研究对象。信息科学技术要研究在各种信息系统中的信息过程及其一般规律。通过对信息在信息系统中的运动过程和一般规律的研究，来认识和把握信息的本质和规律。通过对信息系统内在规律的研究和把握，进一步认识信息的存在空间和活动规律，以便更深入地认识信息的本质。其次，信息系统是信息科学技术重要的研究方法。信息系统要求人们从系统的观点和角度来把握信息的存在及活动规律，把信息置于系统的范围之中，用系统的方法进行研究和把握。利用这种方法，人们在分析信息的存在及活动规律时，总是首先从整体性上把握信息及信息相互之间的作用和联系。另外，信息系统的研究、发展和广泛利用，也为进一步研究信息的活动和本质提供了条件和方法。最后，信息系统是信息科学技术学科的重要内容。信息科学的一个很重要的部分就是要探讨信息系统的存在和活动规律。在信息技术的三个层次中，信息系统技术处于中间层次。

本 章 小 结

信息系统是利用现代信息技术，处理组织中的信息、业务、管理和决策等问题，并为组织目标服务的综合系统。信息系统是广义信息系统的一种类型。信息系统具有信息性、综合性、集成性、多样性和发展性等特性。可以按信息系统的规模、应用和功能进行分类。按功能可以把信息系统分为信息处理系统、管理信息系统、决策支持系统、主管信息系统、办公信息系统和公众信息服务系统等类型。信息系统具有信息处理、业务处理、组织管理和辅助决策等功能。信息系统的体系结构建立在企业架构基础之上，包括信息系统基础设施架构、信息系统的信息资源结构和信息系统的软件架构。信息系统体系结构表现出一定的信息系统体系结构模式。信息系统具有广阔的应用领域。

习　题

一、简答题

1. 试述信息系统的概念。

2. 信息系统的业务处理有哪两种类型？它们有什么区别？

二、填空题

1. 信息系统除了具有系统的一般特征之外，还具有信息性、(　　　)、集成性、(　　　)、演化性等五方面的特征。

2. 信息系统的功能可以概括为(　　　)、业务处理、(　　　)和辅助决策四个方面。

3. 信息系统的概念结构呈现为(　　　)、职能维和(　　　)的三维宏观结构。

4. 网络结构属于信息系统的(　　　)结构。

5. Web Service 是在 (　　　) 上实现 (　　　) 的一种典型技术。

6. 可以把信息系统分为信息处理系统、(　　　)、决策支持系统、主管信息系统、(　　　)和公众信息服务系统等六种类型。

7. 主管信息系统提供信息挖掘、(　　　)、企业管理、(　　　)和办公助理功能。

8. 办公信息系统可分为(　　　)、管理型和(　　　)三种类型。

9. 公众信息服务系统的基础平台是(　　　)，它向(　　　)提供信息检索、业务服务、技术咨询等功能。

10. 信息科学以(　　　)为主要研究对象，以信息的性质、运动规律和利用为主要研究(　　　)。

三、选择题

1. 一个信息系统必须具备(　　)。

A 信息处理功能　　　　　　　　B 决策支持功能

C 办公助理功能　　　　　　　　D 人力资源管理功能

2. 对管理信息系统而言，准确的说法是(　　)。

A 管理信息系统是企业管理系统

B 管理信息系统是管理组织资源的系统

C 管理信息系统是对组织进行管理的信息系统

D 管理信息系统是面向组织全面管理和简单决策的信息系统

3. 下面说法正确的是(　　)。

A 信息处理系统一般具有简单决策支持功能

B 管理信息系统不提供决策支持

C 主管信息系统具有办公助理功能

D 办公信息系统仅提供办公决策支持

4. 在信息系统体系结构模式中，(　　)。

A 在集中模式中，由终端来处理界面逻辑

B 在文件服务器模式中，由文件服务器承担对文件中数据的查找、汇总、统计、存储
　等处理工作

C 客户机/服务器模式下的网络负担比文件服务器模式下网络负担重

D 应用服务器模式中，界面逻辑由客户端处理

5. 应用服务器模式(　　)。

A 是三级体系结构　　　　　　　　B 在客户端进行业务处理

C 比 C/S 模式效率高　　　　　　　D 业务逻辑处在中层

6. 信息系统的概念结构(　　)。

A 是用户看到的信息系统结构　　　B 是在概念层次上表示的信息系统微观结构

C 功能维包括辅助决策功能　　　　D 可以分为管理维、功能维和决策维

7. 下面(　　)不是 SOA 的基本特征。

A 紧耦合　　　　　　　　　　　　B 服务可重用

C 服务位置透明性　　　　　　　　D 服务自治性

8. 按功能分，下面哪一种不属于信息系统的类型(　　)?

A 企业财务系统　　　　　　　　　B 办公信息系统

C 决策支持系统　　　　　　　　　D 主管信息系统

四、思考题

1. 为什么说系统是人们把握客观事物的一种观点和方法?

2. 简述信息处理系统、管理信息系统、决策支持系统、主管信息系统、办公信息系统
和公众信息服务系统各自的特点。

3. 谈谈你对信息系统学科的理解。

第3章　信息系统建设

本章导读

　　信息系统建设是调动各种因素，创建和完善信息系统的漫长过程。信息系统建设有其自身的规律和特点，并涉及社会文化、科学技术、领域知识、组织管理等因素。信息系统建设包括信息系统规划、信息系统开发、信息系统维护和信息系统管理等方面的工作，其中，信息系统开发是我们要重点学习的内容。

　　本章首先介绍信息系统建设涉及的因素、内在规律和特点，以及信息系统建设的主要工作，然后介绍信息系统生存周期和信息系统开发过程。信息系统开发是信息系统建设的工作重点，信息系统开发分为初始、细化、构建和移交四个阶段。在信息系统开发过程中，需要从事领域分析、需求分析、系统设计、系统实现和测试等工作。

　　此外，本章还介绍指导信息系统开发的结构化方法、原型方法、面向对象方法和信息工程方法。

主要知识点

- 信息系统建设涉及的因素、规律及特点
- 信息系统开发的阶段及工作
- 信息系统的建设工作
- 信息系统的开发方法
- 信息系统的生存周期

3.1　概　　述

　　信息系统建设(Information System Construction)是调动各种因素，创建和完善信息系统的漫长过程。信息系统建设有其自身的规律和特点，并涉及社会文化、科学技术、领域知识和组织管理等因素。信息系统建设包括信息系统规划、信息系统开发、信息系统维护和信息系统管理等方面的工作。

3.1.1　信息系统建设涉及的因素

　　信息系统属于社会系统，是自然和人类社会存在的复杂系统之一。信息系统建设具有一般工程项目建设的共性，但也存在其独特性。信息系统建设涉及多种复杂因素。

1. 社会文化因素

信息系统属于社会系统，企业的体制、领导、组织、政策、法规、观念、员工的人文素养等社会文化因素在一定程度上决定和影响着信息系统。在一个体制不顺、领导不力、管理混乱、员工信息素养不高的企业中，建设信息系统的技术再先进、资金再充裕、开发人员的技术水平再高，也建设不了成功的企业信息系统。所以，必须重视信息系统的社会文化因素，只有在体制顺畅、管理科学、领导重视、员工具备一定的信息素养的基础上，才能够建设成功的企业信息系统。

2. 科学技术因素

信息系统的建设涉及信息科学技术、计算机科学技术、管理学和行为科学、通信工程、系统工程等多种学科。信息系统需要现代信息技术的支持，包括程序设计技术、可视化技术、系统体系结构技术、图像识别技术、条形码输入技术、语音识别技术、系统规划技术、决策模型技术等。信息系统开发需要遵循一定的方法。信息系统开发方法对保证信息系统开发效率和质量有着决定性的意义。

3. 领域知识因素

各专业领域需要构建适合自己专业特点的信息系统。信息系统与专业领域是一种融合、浸透性关系。专业知识必须反映和渗透在信息系统之中，成为信息处理、业务处理、组织管理和辅助决策的依据，离开信息系统所服务领域的专业知识，不可能开发出能够服务该领域的信息系统。

领域的专业知识是信息系统建设的重要因素。信息系统建设必须由开发人员深入了解专业领域的知识和用户需求，只有完全掌握了专业领域的知识，并清楚地理解了用户的需求之后，才能够开发出成功的企业信息系统。

4. 组织管理因素

信息系统的建设是群体性的工程，需要有效地组织和管理。信息系统项目的组织管理较之于一般工程项目的组织管理更复杂，因为信息系统建设具有软特征，更多的是智能性活动，工程对象的可见性不强，难以组织管理。信息系统建设的组织管理涉及过程、人员、经费、材料、文档等多种要素，通过对这些要素进行有效的组织、计划、配置、控制、监督，可以有序、有效、优质地进行信息系统建设。信息系统建设的组织管理包括项目管理、人员管理、经费管理、进度管理、文档管理、维护管理等方面的内容。管理在信息系统建设中起着重要作用。大量实践证明，大中型信息系统建设成功的关键因素不是技术而是管理。

3.1.2　信息系统建设的内在规律

信息系统的建设和发展有其内在的规律。20 世纪 80 年代以来，部分专家学者通过对信息系统建设的失败教训和成功经验的总结，研究和探讨了信息系统建设的内在规律，其中最著名的是诺兰模型和米歇模型。

1. 诺兰模型

通过对几十年来信息系统发展经验的总结,美国哈佛商学院诺兰(Nolan)教授在 1980 年提出了信息系统发展的阶段论,即著名的诺兰模型。诺兰认为信息系统的建设需要经过起步、扩展、控制、集成、信息管理和成熟六个阶段,见图 3.1。

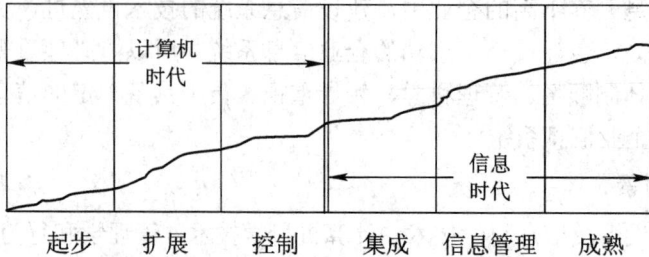

图 3.1　信息系统建设的诺兰模型

诺兰认为,无论是宏观的国家信息系统和行业信息系统,还是中小企业信息系统,其发展必须遵循这六个阶段,一个企业的信息系统不可能从起步不经过扩展、控制、集成和信息管理等阶段直接跨越到成熟阶段,这就是信息系统发展的内在规律。诺兰还认为,在前三个阶段中信息系统的主要特征是从手工管理过渡到事务的计算机处理,因此计算机技术是关键因素。在这几个阶段企业还没有突出信息的作用,因此,把这几个阶段称为计算机时代。在后三个阶段,信息已经成为企业的重要资源,成为企业管理和决策的主要因素,成为企业系统的中心,因此诺兰把后三个阶段称为信息时代。

诺兰模型是早期人们对信息系统建设发展规律的研究成果,在当时对人们客观全面地认识信息系统的建设规律起到了积极作用。在 20 世纪 80 年代中后期我国信息系统建设中,许多企业决策者自觉遵循诺兰模型,提高了信息系统建设的成功率。

2. 米歇模型

20 世纪 90 年代以来,信息技术得到了迅速发展,信息的综合性集约化管理的需求也日趋迫切,信息系统集成化建设的理论、方法和工具的研究也日趋活跃。早期信息系统的研究没有过多地注意信息技术的综合运用,以及将信息技术作为整个企业的发展要素而与经营管理相融合的策略。在诺兰模型的基础上,20 世纪 90 年代提出的信息系统建设的米歇模型更能够反映当代信息系统发展的新特征。米歇认为,从总的情况看,综合信息系统的发展经过了起步、增长、成熟和更新四个阶段。其中起步阶段处于 20 世纪 60 年代末期到 70 年代初期,20 世纪 80 年代是信息系统发展的增长阶段,综合信息系统成熟于 20 世纪 80 年代末期到 90 年代初期,20 世纪 90 年代中期到 21 世纪初综合信息系统进入更新阶段。研究证明,各阶段的特征不只是涉及计算机、网络和数据库等单纯的信息技术,更多地涉及知识、哲理、信息技术的综合运用水平、信息技术在企业经营管理中所发挥的作用,以及信息技术服务机构向企业和组织提供及时、完整和具有较高性能价格比的信息技术解决方案的能力等多个方面。概括地讲,决定这些阶段的特征有信息处理的技术状况、信息技术的综合应用水平和信息技术的集成程度、数据库和数据的存取能力、信息技术组织机构的企业文化以及全员文化素质等五个方面。这就是综合信息系统发展的米歇模型,见图 3.2。米歇模型表现出了信息系统建设的发展过程，从总体上反映了信息系统建设应该经历的阶段以及所涉及的主要因素。

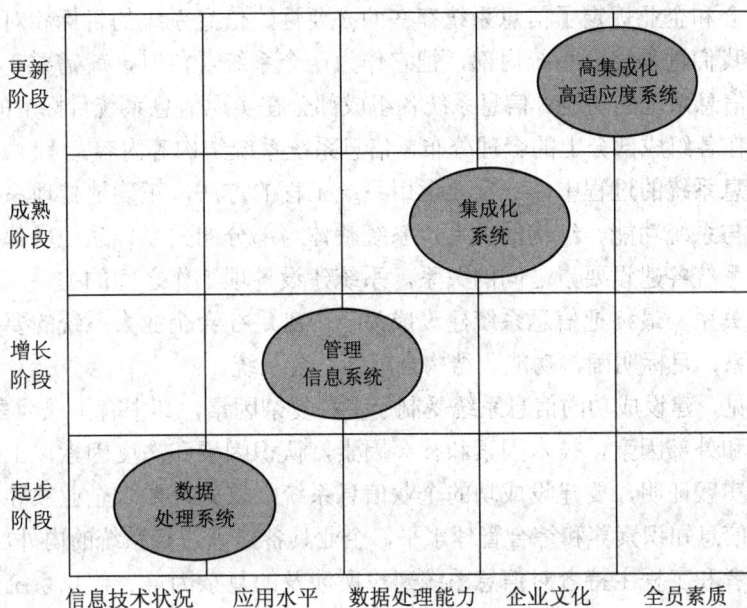

图 3.2　信息系统发展的米歇模型

3.1.3　信息系统建设的特点

1. 是一项复杂的社会过程

信息系统建设是一项复杂的社会过程。信息系统建设除了要考虑理论、技术和方法等因素外，更多地要考虑文化、社会、环境、管理和经济等人文社会因素。根据米歇模型，企业信息系统建设与信息技术状况、应用水平、数据处理能力、企业文化和全员素质等因素相关。在信息系统建设过程中，必须改革和调整所有阻碍和影响企业发展和信息系统建设的不合理的管理体制和管理制度，制定有利于企业发展和信息系统建设的规章制度。

信息系统建设面临大量的业务领域知识，企业内部和外部大量的信息要收集到信息系统内部，作为信息系统加工处理的对象。企业的业务、管理和决策的知识和方法要反映到信息系统之中，作为信息系统处理的算法和模型。信息的收集以及业务、管理、决策的系统化需要做大量的工作。

人是信息系统建设的主体。信息系统建设涉及多方面的人员。人具有不同的知识、经验和心理倾向，人会把个人的情感、喜好、利益以及人际关系带到信息系统建设活动之中，这就加大了信息系统建设工作的难度。

2. 是一项系统工程

信息系统是复杂的社会系统，这就需要我们用系统的观点来看待和认识信息系统，用系统的方法来指导信息系统建设。信息系统作为一个社会系统，它处在复杂的社会环境之中，我们必须搞清楚信息系统与其所处的社会环境的关系，信息系统在其社会环境中的地位和作用。社会和企业规定了信息系统存在的必要性、信息系统的目标和对信息系统的约束与限制。当我们进入信息系统内部，把它作为一个系统看待时，就需要正确地确定信息系统的目标、信息系统的功能、信息系统各组成部分在实现信息系统目标中的地位和作用、信息系统功能在各组成部分上的合理分布、信息系统系统结构等内容。

在建设信息系统的过程中，一定要运用系统工程的方法，正确地处理系统与环境的关系，系统目标与系统功能、结构的关系，系统整体与部分的关系，系统内部诸多要素相互之间的关系，系统各建设要素之间的关系，系统建设各项工作之间的关系，系统建设各工作阶段之间的关系。最终把信息系统建设成为一个满足社会企业大系统的要求，与系统环境形成和谐关系，目标明确，功能、结构合理的社会系统。

从上述可见，建设成功的信息系统受制于多种复杂因素，其中有主观因素和客观因素，组织内部因素和外部因素，技术因素和社会因素，认识因素和态度因素，工程因素和管理因素等。大量实践证明，要建设成功的企业信息系统，首先，要求企业领导者和工程主持者具有较高的信息知识素养和综合管理水平，企业具备建设信息系统的内外部条件；其次，要求企业领导者和工程主持者对信息系统建设所涉及的复杂因素、信息系统建设的内在规律和信息系统的特点有深刻的理解；第三，企业领导者高度重视信息系统建设，并亲自参与和组织信息系统的建设工作；第四，提供信息系统建设所需的专业技术队伍、资金、场地等必要条件；最后，选择适宜的信息系统开发方法、技术和环境。

3.1.4　信息系统建设的工作

信息系统建设的特点决定了信息系统建设要做大量复杂和细致的工作。信息系统建设主要包括信息系统的规划、信息系统的开发、信息系统的维护和信息系统的管理四个方面的工作。

1. 信息系统的规划

信息系统的规划是根据信息系统建设的设想，通过对企业经营管理和目标的分析，提出符合企业发展目标的信息系统建设规划，并由这个规划指导整个信息系统的建设工作。

2. 信息系统的开发

信息系统的开发是根据信息系统规划所确定的近期目标和任务，由用户和技术人员组成的开发队伍通过领域分析、需求分析、系统设计、系统实现、测试等环节，构建能够满足用户要求的信息系统的过程。

3. 信息系统的维护

信息系统的维护是在信息系统投入运行之后，因为企业目标、环境、管理的变化，用户对信息系统的需求发生了变化，信息系统的技术和手段的变化，以及信息系统在运行过程中暴露出的隐患问题，由技术人员对信息系统所进行的修改和完善性的工作。信息系统一旦投入运行，维护工作就将开始，并一直持续到信息系统生存周期的结束。

4. 信息系统的管理

信息系统的管理是由管理者在信息系统生存周期的各个阶段，通过有效地组织和控制参与信息系统建设的相关资源，使之有效地达到该阶段的预期目标的综合过程。根据信息系统建设的任务划分，可以分为信息系统开发管理、维护管理和运行管理，根据信息系统管理的对象划分，可以分为信息系统人员管理、信息资源管理、项目管理等。

3.2　信息系统生存周期

信息系统生存周期(Information System Life Cycle)是指从提出信息系统建设的设想开始，历经规划、开发、演化等过程，一直到被其他信息系统所替代的全过程。在信息系统生存周期中存在规划、开发、演化、管理和支持五个过程，其中演化过程中又包括运行和维护两个子过程，见图 3.3。

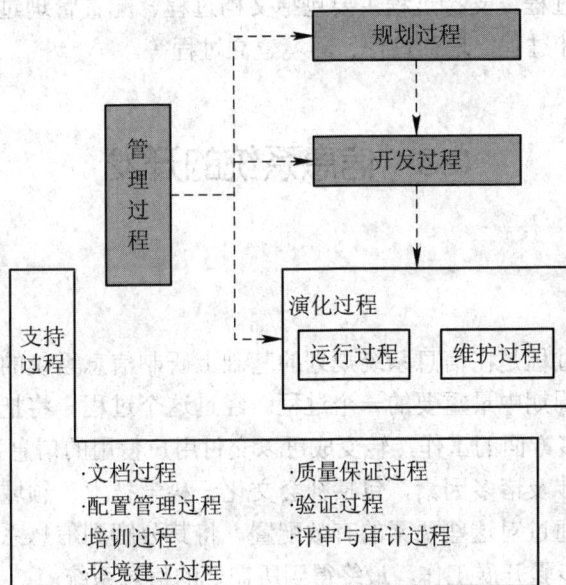

图 3.3　信息系统生存周期中的过程

1. 规划过程

规划过程(Planning Process)是信息系统生存周期中的第一个过程。在规划过程中，先提出信息系统建设的设想，对所要开发的信息系统进行规划和可行性分析，然后决定该信息系统是否有必要开发，并且制定信息系统建设的总体规划。

2. 开发过程

信息系统开发过程(Development Process)是在信息系统规划的基础上研制信息系统的全过程。信息系统开发要经过初始、细化、构建、移交等阶段，需要从事领域分析、需求分析、系统设计、系统实现、测试等方面的工作，并经过多次反复迭代，最后形成可以交付用户使用的信息系统。

3. 演化过程

演化过程(Evolution Process)是信息系统发挥作用的全过程。这个过程从信息系统提交使用开始，到信息系统不能继续适应企业目标、管理、技术的变化而被终止为止。演化过程包括运行和维护两个子过程。运行过程是信息系统应用于组织的业务、管理和决策，并发挥其作用的过程；维护过程则是信息系统不断适应环境和需求的变化，进行完善和版本更新的过程。

4. 管理过程

管理过程(Management Process)是对信息系统实施有效的管理和控制的过程。根据信息系统管理的内容划分，可以分为规划管理、开发管理、维护管理、运行管理；根据信息系统管理的对象划分，可以分为人员管理、信息资源管理、项目管理、网络管理等。

5. 支持过程

支持过程(Supporting Process)是在信息系统生存周期中，除了其他过程之外，起着辅助、支持作用的信息系统过程。支持过程主要包括文档过程、配置管理过程、质量保证过程、验证过程、评审和审计过程、培训过程、环境建立过程等。

3.3　信息系统的开发

3.3.1　概述

信息系统的开发过程是在信息系统规划的基础上研制信息系统的全过程。信息系统的开发是信息系统生存周期中最重要的一个过程。经过这个过程，将把信息系统开发的初步设想，通过多阶段、多方面的工作，转变成可以交付用户使用的信息系统。

信息系统的开发涉及诸多因素，包括社会文化、科学技术、领域知识和组织管理等。信息系统的开发就是通过对这些要素的有效配置，将其分解到信息系统开发的各个工作之中，并且按照确定的步骤开展工作，最终得到所需要的信息系统。

信息系统的开发需要做大量复杂的工作，主要有领域分析、需求分析、系统设计、系统实现和测试等五方面的工作。除此之外，还包括项目管理和系统支持等。这些工作一般需要交叉并行进行。信息系统的开发又是在一定的时间范围中进行的，从某一时间开始，到另一时间结束。按照时间顺序以及信息系统开发的工作特点，可以把信息系统的开发划分成初始、细化、构建和移交四个阶段。信息系统开发所呈现的五个方面的主要工作，以及开发过程中经历的四个阶段，可以表现为以时间和工作为两个维度的二维结构，如图 3.4 所示。

从图 3.4 可以看出，在信息系统开发的四个工作阶段中，通过多方面工作的进行，来完成信息系统的开发任务。每一项工作都要经过一个或几个阶段，像领域分析要经历初始、细化和构建三个阶段，而系统实现要经历四个阶段。在每一个工作阶段中，又需要经过多次迭代过程。

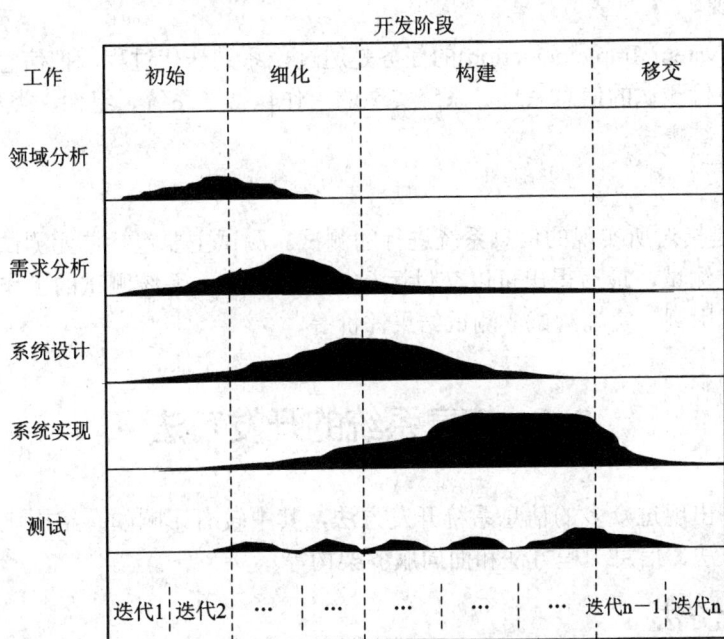

图 3.4　信息系统开发过程的二维结构

3.3.2　信息系统开发工作

在信息系统开发的四个阶段中需要做许多工作，其中最主要的有领域分析、需求分析、系统设计、系统实现和测试等五方面的工作(除了这些主要工作之外，还包括项目管理、系统配置、人员培训等)。下面我们主要介绍这五方面的工作。

1. 领域分析

领域分析也被称为业务分析(Business Analysis)，是对企业现行业务的分析。由开发人员和用户对企业系统的目标、组织机构、职能作用、业务流程、企业实体等进行深入分析，以全面了解企业现行系统的运行机制和业务过程，建立起能够反映企业实际的领域模型，为信息系统开发打下基础。领域分析的主要工作有：现行企业系统调查、企业目标分析、机构和职能分析、涉众分析、业务过程分析、业务流程重组，并建立领域模型。

2. 需求分析

需求分析(Requirements Analysis)是对所开发的信息系统应该具有的功能、性能和作用的分析。由分析人员通过对用户的需求调查，并结合企业的目标、业务现状、企业实力和目前的技术水平，通过深入分析，确定出合理可行的信息系统需求。需求分析的主要工作包括需求调查、需求分析、需求描述、需求验证和需求管理。

3. 系统设计

系统设计(System Design)是在需求分析的基础上，通过考虑系统的实现环境确定的系统设计方案。系统设计包括系统平台设计、系统体系结构设计、详细设计、界面设计和数据库设计等工作。最后通过设计模型来描述系统的设计结果。

4. 系统实现

系统实现(System Implementation)的任务是通过一系列迭代过程，把信息系统的设计模型转变为可以交付测试的信息系统。系统实现的工作包括子系统、组件、类和接口的实现，数据库建立和系统集成。

5. 测试

测试(Test)是指对所实现的信息系统进行的测试。测试主要包括单元测试、集成测试、系统测试和验收测试，最后得出可以交付运行的信息系统。系统测试的工作包括编制测试计划、构造测试用例、实施测试、测试结果评价等。

3.4　信息系统的开发方法

几十年来，出现过众多的信息系统开发方法，其中较有影响的有结构化方法、原型方法、面向对象方法、信息工程方法和面向服务架构等。

3.4.1　结构化方法

结构化方法(Structured Method)是 20 世纪 60 年代末，在结构化程序设计的基础上发展起来的，是遵循系统工程的思想、充分考虑用户需求、突出功能特征、按照软件生命周期过程严格划分工作阶段、强调软件各部分之间的结构关系的一类全局性开发方法。结构化方法由结构化分析(SA)、结构化设计(SD)和结构化编程(SP)三部分构成。

1. 结构化分析

结构化分析是结构化方法中的第一个环节。结构化分析的主要任务是运用结构化分析方法和工具，调研现行系统的业务管理过程和新系统的需求，综合系统目标、用户要求，考虑系统的背景和环境，以及资金能力和技术因素，通过客观、认真、全面的分析，确定出合理可行的系统需求，并提出新系统的逻辑方案(也叫系统逻辑模型)，编写出系统说明书。系统说明书经过审查通过之后，可以结束分析工作，把系统说明书提供给设计阶段，作为结构化设计工作的依据。在分析工作没有完全完成，系统说明书未通过审查之前，不能结束分析工作。结构化分析运用的工具是数据流图和数据字典。用数据流图描述数据的传输、加工处理过程。数据流图既作为现行系统数据加工处理的描述工具，同时又作为新系统逻辑模型的描述工具。

2. 结构化设计

结构化设计的基本工作就是确定构成系统的模块，各模块之间的联系以及每一个模块的功能、算法和流程。结构化设计也被称为模块化设计。结构化设计包括总体设计和详细设计两个层次。总体设计需要确定构成系统的所有模块以及各模块之间的关系，并用系统结构图来描述系统的总体结构。总体设计也被称为结构设计。详细设计则需要深入到各个模块内部，设计模块的数据结构和处理逻辑。详细设计也被称为模块设计，一般用伪码、判定树、判定表等工具描述模块的内部逻辑。设计工作的依据是系统的逻辑模型，在设计过程中，需要把系统的数据流图转变为系统结构图，并根据数据流图中的各个加工，设计各个模块的内部数据结构和处理流程。

3. 结构化编程

结构化编程是利用结构化程序设计方法，把设计的各个模块利用程序设计语言编写出来，并对编写的程序进行模块调试和集成调试，最后形成用户所需要的软件系统。

3.4.2　原型方法

原型方法(Prototype Method)也叫快速原型方法，其基本思想是在自动化或半自动化原型生成工具的支持下，根据用户的初步需求，通过原型生成工具，快速生成一个系统模型，该系统模型被称为系统原型。系统原型的作用是以实物的形式把系统的框架、构成、式样、界面和交互模式提供给用户。用户根据原型来了解新系统，并对原型做出判断和评价，提出改进意见。开发人员根据用户的意见对原型做进一步的修改，并反复这个过程，直到用户对系统原型满意为止。最后把系统原型转换为实际系统。

原型方法要求原型生成工具或环境的支持。原型生成工具一般需要有高性能的计算机系统、方便的用户界面、模型、方法、式样、数据的存储和管理能力。20 世纪 80 年代中期之后，在高性能计算机、网络、数据库、人工智能、界面技术和第四代语言出现之后，才具备了原型生成工具的技术基础，所以原型方法是信息技术发展的产物。

3.4.3　面向对象方法

第一个面向对象语言产生于 1967 年，20 世纪 80 年代后期面向对象方法(Object-Oriented Method)开始引起重视，到 20 世纪 90 年代面向对象方法成为软件开发的主流方法。面向对象方法中的对象是主观对客观的认识在软件中的实体性反映。面向对象方法的思想就是在软件开发中，直接面向问题领域中的客观事物，并运用一整套诸如对象、类、封装、继承、对象连接、对象结构、消息等机制，指导软件开发。由于面向对象方法直接面向客观问题，因此，较之于其他方法，面向对象更接近于问题实际，更简单，更易于理解和掌握。

20 世纪 80 年代后期面向对象方法广泛受到重视之后，面向对象方法学的研究和应用一度呈现出百家争鸣的景象，到 1995 年面向对象方法就达 50 余种。多种方法并存给软件的开发和应用造成了混乱，因此，从 20 世纪 90 年代后期，面向对象方法开始走向统一。在 OMT、Booch、Use Cases 等方法的基础上，形成了统一建模语言(Unified Modeling Language，UML)和统一软件开发过程(Rational Unified Process，RUP)，软件方法学从此真正步入规范化和工程化时代。

3.4.4　信息工程方法

1. 信息工程的概念

詹姆斯·马丁(James Martin)在 20 世纪 70 年代提出了信息工程(Information Engineering，IE)的概念，经过 40 多年的发展和完善，信息工程已经形成为卓有成效的企业信息系统建设的方法和工程体系。信息工程是建设企业计算机化的信息系统工程的简称，它是指在企业中或企业的主要部门，应用规范化方法、现代信息技术和工程化流程对信息系统进行规划、分析、设计和构成。信息工程已经形成了一套严格的方法体系，被称为信息工程方法学。

信息工程概念可以形象地用金字塔结构来表示，如图 3.5 所示。企业信息系统的三个要素是企业的各种信息、企业业务活动过程和信息系统建设所依赖的各种信息技术。信息、过程、技术构成了信息工程金字塔结构的三个方面。信息系统建设又可划分为信息战略规划、业务领域分析、系统设计和系统构成四个阶段的工作，这四个阶段构成了信息工程结构的四个层次。

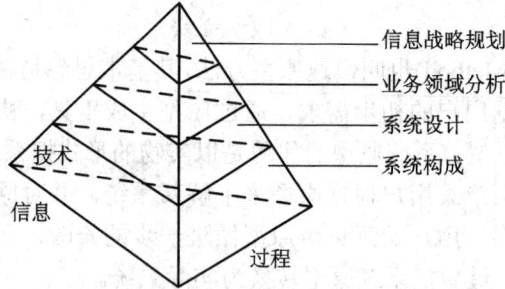

图 3.5　信息工程的金字塔结构

2. 信息工程的四个阶段

1) 信息战略规划

信息战略规划(Information Strategy Planning，ISP)是信息系统建设的第一阶段的工作，其任务是建立企业信息系统的宏观框架。信息战略规划包括业务战略规划和信息战略规划两部分内容。其中，业务战略规划描述企业的使命、方向、目标、战略、关键成功因素和企业各部门的信息需求。信息战略规划是企业信息系统的宏观模型，它由企业模型、业务活动模型和企业数据模型三部分构成。其中，企业模型是企业功能的高层视图，描述企业的功能结构和功能层次；业务活动模型是对企业功能的分解，描述为实现企业目标和功能，企业所具有的各种业务活动以及业务与企业功能的关系；企业数据模型是反映企业实体以及实体与企业功能的相互关系的战略规划。

2) 业务领域分析

业务领域分析(Business Area Analysis，BAA)是对信息战略规划所确定的各业务领域中的数据和业务过程的分析。BAA 主要分析为了实现信息系统目标，该业务领域所需要的基本数据和存在的基本业务过程，以及这些数据和业务过程之间的关系。业务领域分析的结果是业务过程模型，该模型是数据和业务的关联矩阵，它可描述业务和数据之间的关联关系。

3) 系统设计

系统设计(System Design)是在业务领域分析的基础上提出信息系统的设计方案。通常把系统设计分为业务系统设计和技术设计两个方面。业务系统设计立足于业务本身，确定信息系统各业务功能的实现方案，不考虑系统的实现环境。业务系统设计的任务是：设计准备，定义操作顺序，进行对话、布局和界面设计，操作程序和逻辑设计，设计的一致性和完整性确认。技术设计的任务是确定业务系统的技术环境和技术条件，进行信息系统的网络、系统设备、软件平台等环境的设计。

4) 系统构成

系统构成(System Construction)是采用集成开发环境实现所设计的系统，并提供给用户使用。

本 章 小 结

信息系统建设是调动各种因素，创建和完善信息系统的漫长过程。信息系统建设涉及社会文化、科学技术、领域知识、组织管理等因素。信息系统建设有其自身的内在规律，描述信息系统发展规律的有著名的诺兰模型和米歇模型。信息系统建设包括信息系统规划、信息系统开发、信息系统维护和信息系统管理等方面的工作。

信息系统生存周期是指从提出信息系统建设的设想开始，历经规划、开发、演化等过程，一直到被其他信息系统所替代的全过程。在信息系统生存周期中存在规划、开发、演化、管理和支持五个过程。

信息系统开发是信息系统建设的工作重点，信息系统开发分为初始、细化、构建和移交四个阶段，在信息系统开发过程中，需要从事领域分析、需求分析、系统设计、系统实现和测试等工作。

信息系统开发需要遵循确定的方法，著名的信息系统开发方法有结构化方法、原型方法、面向对象方法和信息工程方法。

习 题

一、简答题

1. 简述信息系统建设涉及的因素。
2. 简述信息系统建设的概念。
3. 信息系统建设都包括哪些基本工作？
4. 什么叫信息系统生存周期？信息系统生存周期中包括哪些过程？
5. 信息系统建设与信息系统开发有什么区别？
6. 信息系统开发过程分为哪几个阶段？都需要做什么工作？

二、填空题

1. 信息系统（　　　）是调动各种因素，（　　　）和完善信息系统的漫长过程。
2. 信息系统建设涉及（　　　）、科学技术、（　　　）和组织管理等因素。
3. 诺兰模型把信息系统的建设划分为起步、（　　　）、控制、（　　　）、信息管理和（　　　）六个阶段。
4. 信息系统建设包括信息系统规划、（　　　）、信息系统管理和（　　　）四项工作。
5. 信息系统生存周期中共包括规划过程、（　　　）、管理过程、（　　　）和支持过程。
6. 从时间顺序上，可以把信息系统开发划分为初始、（　　　）、构建、（　　　）四个阶段。
7. （　　　）可以分为 SA、（　　　）、SP 三个部分。
8. （　　　）在（　　　）时间提出了信息工程方法。

三、选择题

1. 下面哪个不属于信息系统建设涉及的因素？（　　）

A 社会文化　　　　　　B 科学技术

C 领域知识　　　　　　D 交通道路

2. 下面说法错误的是(　　)。

A 信息系统建设是一项复杂的社会过程

B 米歇提出了一个著名的信息系统的开发模型

C 诺兰提出了信息发展的阶段理论

D 信息系统维护是信息系统建设的一项工作

3. 下面说法正确的是(　　)。

A 信息系统维护是从信息系统正式投入运行开始，一直持续到生存周期结束

B 信息系统规划与信息系统开发同时进行

C 信息系统管理属于信息系统建设的工作，在信息系统开发过程中并不一定需要

D 信息系统管理也就指的是信息系统项目管理

4. 下面说法正确的是(　　)。

A 领域分析主要分析企业的数据流程

B 需求分析需要确定系统所涉及的基本类

C 界面设计需要确定系统的输出界面

D 系统设计需要确定系统的平台、结构和功能

5. 下面说法正确的是(　　)。

A 结构化方法产生于 20 世纪 80 年代

B 信息工程方法最适合开发信息系统

C 面向对象方法是一种软件开发方法，不一定适应于开发信息系统

D 原型方法需要自动化或半自动化环境的支持

四、思考题

1. 为什么说信息系统建设是一个复杂的社会过程？

2. 怎么理解信息系统生存周期中的几个过程？每一个过程在信息系统生存周期中有何作用？

3. 信息系统开发过程是从哪两个维度上进行划分的？试将其与生命周期法进行比较。

4. 到目前为止，已经形成了哪些流行的信息系统开发方法？谈谈你对这些方法的理解。

第 4 章　信息系统模型

本章导读

信息系统模型是对信息系统在各开发阶段本质特征的描述。信息系统模型要从不同方面反映信息系统,并且还要应用于信息系统开发的不同阶段。信息系统模型是由一组子模型构成的,从表现的方面分,有体系结构模型、功能模型、性能模型、对象模型、数据模型、过程模型、状态模型、交互模型和界面模型等;从表现的开发工作分,包括领域模型、需求模型、设计模型和测试模型等。信息系统建模是伴随着信息系统的开发,自顶向下、由粗到细、逐步求精的过程。信息系统建模语言是描述信息系统模型的规则符号集。UML是统一软件建模语言,具有严密的语法,语义规范。UML 采用一组图形符号来描述软件模型,并具有简单、直观、规范的特点。

主要知识点

- 模型　　　　　　　■ 信息系统模型　　　　　　■ 统一建模语言(UML)

4.1　模　　型

4.1.1　模型的概念

模型(model)是对现实系统本质特征的一种抽象、简化和直观的描述。现实系统的复杂性和内隐性,使得人们难于直接认识和把握,为了使得人们能够直观和明了地认识和把握现实系统,就需要借助于模型。例如,地球仪是地形地貌的模型,人们通过地球仪这种模型可以非常直观地了解一个地区的地形和地貌。有些现实系统内部结构非常复杂,在生产和加工时,就需要通过模型来展现这些系统的结构和内部构成。例如,在生产汽车过程中,需要预先设计出反映汽车构造的设计图纸,然后生产车间再根据设计图纸组织生产,设计图纸就是所要生产的汽车的模型。

模型是对现实系统本质特征的一种抽象和简化描述。模型不包括现实系统的全部特征,但要反映现实系统的本质特征。模型一定比现实系统简单,如果比现实系统还复杂,就失去了模型的意义。所谓好模型,就是既能够反映现实系统的本质特征,又尽量地简化,同时又通过直观形式表现的模型。模型具有不同的抽象度,模型的抽象程度越高,距现实系统的距离就越远，模型所考虑的因素也就越少。

4.1.2　模型的特征

1）反映性

一般而言现实系统是复杂的、内隐的，人们无法采用常规方式和途径来全面、深入地认识现实系统，这就需要借助于模型来直观、全面地理解和把握现实系统。例如，利用一张地图就能够很清楚地让人们从整体上了解某一区域的地形和地貌情况。

2）直观性

只有直观的形式才便于人们理解现实系统，模型会以直观的形式把现实系统的结构和内在要素的联系展现出来。

3）简化性

模型在反映现实系统时已经做了大量简化，所以模型不会比现实系统复杂，如果比现实系统还复杂，就失去了模型的意义。

4）抽象性

模型总要忽略现实系统中的一些次要细节，抓住现实系统的本质特征进行重点描述，如数学模型、逻辑模型都是以抽象的形式来描述现实系统的。

4.1.3　模型的建立

按照确定的方法和规则建立模型的工作被称为建模(modeling)。模型对现实系统的反映不是简单地复现和照搬，而是对现实系统的抽象、概括和提炼。所以需要认真分析现实系统，并对现实系统进行抽象和概括，然后以科学和直观的形式创建模型。建模的过程是一个反复和逐步求精的过程。图 4.1 说明了建模的过程。

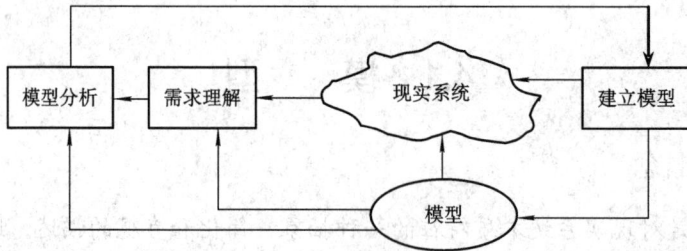

图 4.1　建模过程

建立模型之初，要深入理解建模的需求，理解所要建立模型的现实系统，并清楚要建立一个什么样的模型。接下来需要对建模工作进行深入分析，并在分析的基础上建立起所需要的模型。建模的过程是一个逐步深入、逐步求精的过程。对建立的模型需要再进行分析修改，通过多次反复，最后才能建立出能够满足实际需要的模型。

4.1.4　模型的类型

从不同的角度考虑，可将模型划分为多种类型。

从抽象程度,可以把模型分为概念模型、逻辑模型和物理模型。概念模型(Concept Model)

是人们根据所要表达的目的和人们已有的知识经验构造出来的一种系统雏形。它是对所描述的现实系统的主要特征的一种概括性描述。概念模型是最抽象的模型，一般只能表述现实系统的主要特征，是对现实系统的一种概要式的反映。逻辑模型(Logical Model)是在概念模型的基础上，从原理上证明是合理可行的系统，它考虑了系统的目标合理性、结构合理性、功能合理性和实现合理性。物理模型(Physical Model)是在逻辑模型的基础上充分考虑环境，并对细节都做了精心设计后所实现的实在模型。

从形式上可以把模型分为实体模型、结构模型、仿真模型和数学模型几种类型。实体模型(Entity Model)是现实系统的实物再现，其抽象程度最低。例如用来反映城市发展规划的沙盘，美院学生作画用的雕塑都属于实体模型。结构模型(Structure Model)用来反映系统要素之间的空间或逻辑关系，软件结构图、建筑结构图等都属于结构模型。仿真模型(Simulation Model)是利用计算机程序的图形图像显示或虚拟现实技术在计算机上模仿现实系统的外形、结构和内在特征的一类模型。数学模型(Mathematics Model)是用数字和符号来描述现实系统的各种要素及其数量关系的一种模型，它通常表现为定律、定理、公式、算法等。

4.2　信息系统模型

4.2.1　信息系统模型的概念

信息系统属于智能型系统，在信息系统之中蕴藏着大量的信息、知识、技术和方法。信息系统无论是在开发过程中，还是在开发成功之后，都不具备其他简单物质系统的形态外显性。信息系统的这种内隐性给信息系统的开发带来了极大的困难，使得在整个信息系统开发过程中，人们对它难以把握和描述。为了工程化、有效地开发信息系统，人们除了寻求有效的开发方法，严密地组织工程过程之外，还需要在开发的各个阶段，以某种有效的形式，把信息系统描述和表现出来，这样开发人员才能够有针对性地进行交流和讨论。因此，信息系统开发必须建立模型。

信息系统模型(Information System Model)是指通过建模语言，对信息系统的功能和性能等外特性、信息系统的要素和结构，以及信息系统的动态行为特性所给出的抽象和规范描述。按照确定的规则和方法建立信息系统模型的工作被称为信息系统建模(Information System Modeling)。

4.2.2　信息系统模型的基本内容

信息系统模型是对信息系统在各个开发阶段本质特性的描述，它要反映信息系统的不同层面和形成过程。因此，信息系统模型应该具有多种形式，一个完整的信息系统模型应该能够反映信息系统的体系结构、功能、性能、对象、数据、过程、状态、交互和界面等侧面，并包括领域模型、需求模型、分析模型、设计模型和测试模型等。

1. 表现不同侧面的信息系统模型

一个完整的信息系统模型应该展现信息系统的不同侧面，包括展现信息系统每一个侧面的模型。

1) 体系结构模型

信息系统的体系结构建立在企业架构基础之上，包括信息系统基础设施结构、信息系统信息资源结构和信息系统软件架构。信息系统体系结构表现出一定的信息系统体系结构模式，通过信息系统体系结构模型来表现信息系统要素的结构关系。

2) 功能模型

功能是信息系统所展现的各种效用，表现为信息系统为用户提供的各种服务。规范、清晰地描述信息系统的功能是信息系统模型必须具备的基本能力，功能模型是信息系统模型的基本内容。

3) 性能模型

信息系统除了功能之外，还包括效率、可靠性、安全性、可用性、适应性等约束系统、支持功能实现的性能指标，信息系统模型除了能够表现信息系统功能之外，也需要表现信息系统的性能指标。

4) 对象模型

信息系统需要反映应用需求中的大量的客观实体，并把客观实体作为对象在软件空间中表现出来。在面向对象方法中，对象是软件的基本要素，因此，对象模型是信息系统模型的重要内容。

5) 数据模型

数据是对客观事物的符号表示，数据模型是传统软件模型的重要内容。在面向对象方法中，对象涵盖了数据以及对数据的加工处理，因此数据的概念相对被弱化了，可以用对象建模来部分代替数据建模。但数据建模仍不能完全被取代，其原因是，虽然在对象级上可以用对象来代替传统意义上的数据，但在对象内部的属性和操作中，仍不能取消常量、变量等基本数据；另外，目前对象数据库技术还不成熟，在大部分软件中仍然采用关系数据库，关系数据库存在概念模型、逻辑模型和物理模型等数据模型，因此数据建模还不能被对象建模完全取代。

6) 过程模型

业务活动的业务流程、软件程序的执行流程、程序中的算法流程等均表现为活动过程，要表现这些动态活动过程，就需要进行过程建模。

7) 状态模型

事物在其生命周期中总会处在不同的状态之中，并因为某种激发条件而引起状态的变换。要在信息系统中完整表现业务需求，就应该能够表现客观事物所处的状态以及状态的变换。

8) 交互模型

信息系统中的软件有其确定的处理逻辑。一个信息系统的功能总是由若干个相关的对象，通过动态操作交互完成。交互建模用于描述信息系统中软件各功能的交互处理逻辑，是信息系统建模的重要内容。

9) 界面模型

信息系统通过界面向用户展现其功能和特性，用户也是通过界面来感知和使用信息系统的。界面设计是信息系统开发的一项重要工作，因此需要对信息系统界面进行建模。

2．表现不同开发工作的信息系统模型

信息系统开发要从事多项开发工作，包括领域分析、需求分析、系统设计、系统实现和测试等。信息系统的每一项开发工作都需要建立对应的模型，因此，从信息系统开发角度看，应该建立与这些工作对应的领域模型、需求模型、设计模型和测试模型等。

1) 领域模型

领域模型(Business Model)也被称为业务领域模型，是描述信息系统所服务的业务领域的业务愿景、业务资源、业务过程和业务规则等的一种抽象模型，是对领域业务的抽象和简化描述。

2) 需求模型

需求模型(Requirement Model)是通过建模语言描述信息系统需求的模型。在需求模型中，需要对需求结构、信息系统的功能和性能等内容进行建模。

3) 设计模型

设计模型(Design Model)是在设计阶段建立的信息系统模型。系统设计的每一方面的工作都应该建立对应模型，设计模型包括架构模型、类及接口设计模型、用例设计模型、数据库设计模型、界面设计模型、构件模型和部署模型等。

4) 测试模型

测试模型(Test Model)描述信息系统的规范化测试设计。因为测试过程独立于信息系统开发过程，所以测试模型主要体现在测试策划和测试设计等方面，并把测试设计应用于测试过程。本书将不介绍测试建模。

4.2.3　信息系统建模方法

信息系统建模方法与信息系统开发方法有密切的关系。信息系统开发方法规定了信息系统模型的形式和内容，以及建立信息系统模型的方法。信息系统建模方法是信息系统开发方法中的主要内容。信息系统建模方法可概括为面向功能的建模方法、面向数据的建模方法和面向对象的建模方法三种类型。

1．面向功能的建模方法

面向功能的信息系统建模方法是与面向功能的信息系统开发方法相对应的建模方法，该方法将通过对信息系统功能的深入分析，分步、分层地建立信息系统模型。这类方法的特点是，把建模的侧重点放到信息系统功能上面，通过对系统功能的分析和分解，最后确定出信息系统的模型。这种建模方法建立的模型与信息系统的需求、设计、实现等建模工作相对应，需要建立业务模型、需求模型、设计模型和测试模型等。在面向功能的建模方法中，建立的需求模型用数据流图和数据字典来描述，设计模型用软件结构图和模块图、HIPO 图来描述。

2．面向数据的建模方法

面向数据的信息系统建模方法是与面向数据的信息系统开发方法相对应的建模方法。这种建模方法把着眼点放到信息系统所处理的数据上面，通过对信息系统所加工和处理的数据及其数据结构的分析，确定出信息系统的需求和软件结构。比较有影响的面向数据的建模方法是 JSD 方法所规定的一整套建模方法，该建模方法分为需求、分析和设计三个阶段。需求阶段通过对实体活动和实体结构的分析建立实体结构图，在设计阶段需要在实体分析的基础上确定出系统的功能和加工处理时序，并从而得出系统的程序结构图。

3. 面向对象的建模方法

面向对象的信息系统建模方法是与面向对象的信息系统开发方法相对应的建模方法。该方法的基本思想是采用与人的思维方式相一致的，直接面向客观事物，面向所要解决的需求问题，并用一套对象、类、继承、消息等机制开发信息系统的系统化方法。该方法要求在信息系统开发过程中通过用例图、类图、活动图、顺序图、状态图、构件图和配置图等图形建立信息系统的需求和设计模型。

4.2.4　信息系统建模过程

信息系统建模过程伴随着信息系统的开发过程。信息系统有多种子模型，因此，在信息系统开发的不同阶段需要有侧重和针对性地建立适合各阶段特点的子模型。信息系统各子模型的建立不是顺序过程，而是迭代和重复的过程。一个时期可能同时在建多个子模型。信息系统建模过程是一个自顶向下、由粗到细、逐步求精的过程。信息系统建模过程可以由图 4.2 直观地反映出来。

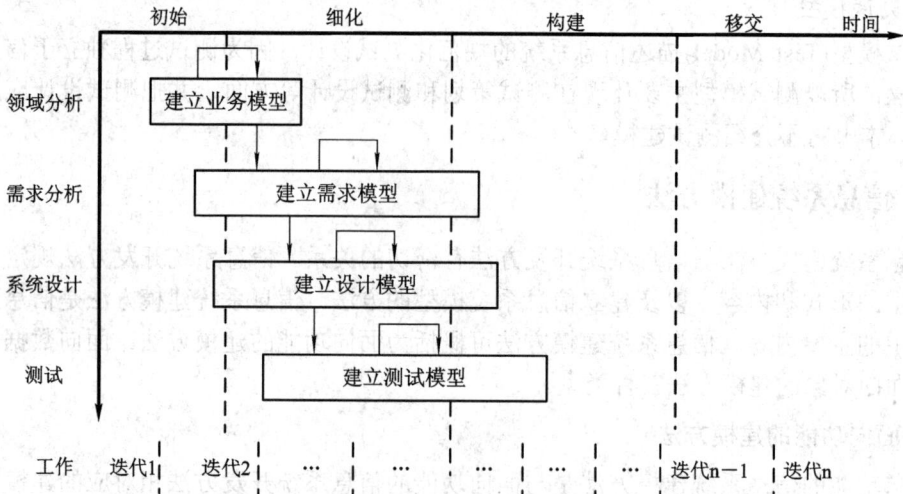

图 4.2　信息系统建模过程

4.2.5　信息系统建模语言

信息系统建模语言是描述信息系统模型的规则符号集。信息系统建模语言与信息系统的开发过程和开发方法有关，不同的开发过程规定了不同的开发步骤和开发工作，不同的开发方法规定了不同的建模语言。像面向功能方法中的结构化方法就采用数据流图来描述系统的需求和功能，用结构图描述系统的结构设计。在 1995 年以前，面向对象方法就有 50多种，每一种方法的建模语言都不一样。建模语言的不统一，给信息系统开发造成了极大的困难和混乱。针对这一问题，Rational 公司集结在软件开发方法领域曾经深入研究，并分别提出了 OMT、Booch 和 OOSE 方法的 Rumbaugh、Booch 和 Jacobson 三位专家，通过对现有的各种建模语言进行分析归纳，在此基础上提出了适应于所有软件开发的统一建模语言(UML)。UML 已经成为软件建模语言的标准。信息系统的开发本质是软件开发，所以软件的开发方法和建模语言可以应用于信息系统的开发和建模。本书主要采用 UML 作为信息系统的建模语言，但在领域模型、数据模型等方面会对 UML 进行一定的修改和补充。

4.3　统一建模语言(UML)

4.3.1　UML 的概念和特点

UML(Unified Modeling Language)作为一种统一的软件建模语言具有广泛的建模能力。UML 是在消化、吸收、提炼至今存在的所有软件建模语言的基础上提出的，集百家之所长，是软件建模语言的集大成者。UML 还突破了软件的限制，广泛吸收了其他领域的建模思想，并根据建模的一般原理，结合了软件的特点，因此具有坚实的理论基础和广泛性。UML 不只可以用于软件建模，还可以用于其他领域的建模工作。

UML 立足于对事物实体、事物性质、事物关系、事物结构、事物状态、事物动态变化过程的全程描述和反映。UML 可以从不同角度描述人们所观察到的软件视图，也可以描述在不同开发阶段中的软件形态。UML 可以建立需求模型、设计模型和实现模型等，但 UML 在建立领域模型方面存在不足，需要进行补充。

作为一种建模语言，UML 有严密的语法，语义规范。UML 建立在元模型理论基础上，包括四层元模型结构，分别是基元模型、元模型、模型和用户对象。四层结构层层抽象，下一层是上一层的实例。UML 中的所有概念和要素均有严格的语义规范。

UML 采用一组图形符号来描述软件模型，这些图形符号具有简单、直观、规范的特点，开发人员学习和掌握起来比较简单，所描述的软件模型可以直观地理解和阅读。由于 UML 具有规范性，所以能够保证模型的准确、一致。

4.3.2　UML 的构成

作为一种统一建模语言，UML 由模型元素、图、语义规则和公共机制几方面构成，UML 的结构见图 4.3。

1. 模型元素

UML 的模型元素包括基本元素和关系，基本元素是建立软件模型的基本要素，关系反映模型元素之间的联系。

2. 图

图(diagram)是模型元素及其关系的一种直观的展现形式。根据建模的要求，常常需要从某一个侧面或某一主题，将相关联的一组模型元素及其关系通过图展现出来。模型元素可以根据实际要求灵活地通过图来展现，一个模型元素可以出现在不同的图中，不会因为图的展现而影响和改变模型元素自身的性质。

UML2.0 共定义了 13 种图，分为静态结构图和动态行为图两种类型，其中静态结构图包括类图、对象图、构件图、复合结构图、部署图和包图，动态行为图包括用例图、活动图、状态机图、顺序图、通信图、交互概览图和时序图，见图 4.4。

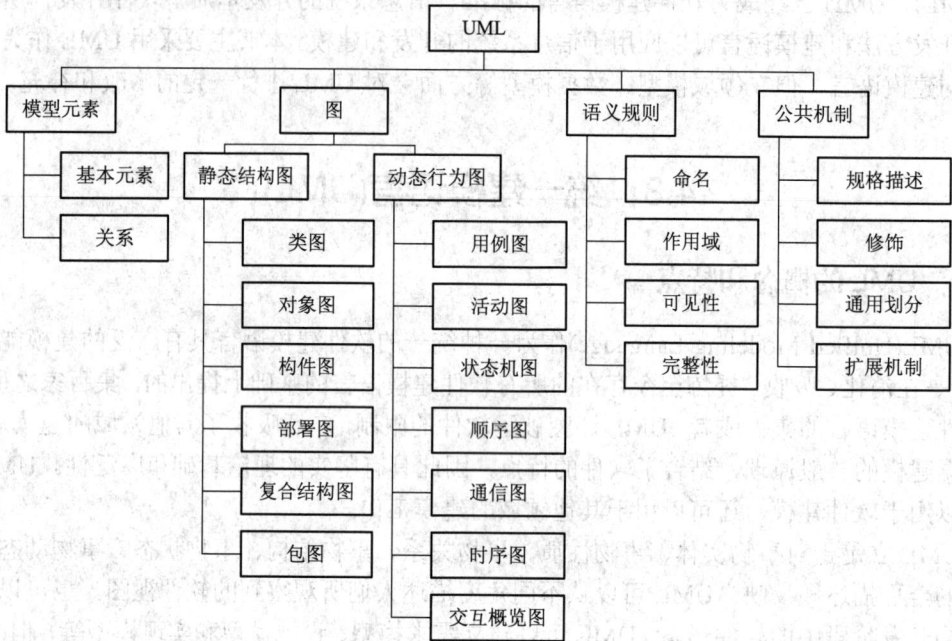

图 4.3　UML 的语言结构

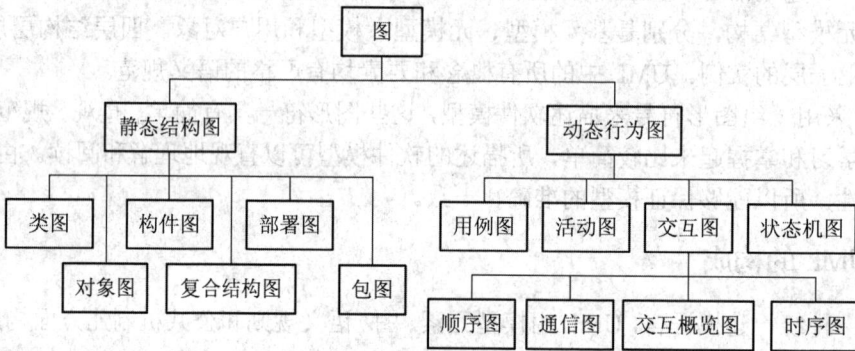

图 4.4　图

3. 语义规则

在构成软件模型过程中，模型元素必须遵循一定的建模语义规则。UML 的建模语义规则包括模型元素的命名规则、模型元素的语义作用域、模型的可见性、模型的完整性等规则。

4. 公共机制

公共机制包括对模型的规格描述、模型的修饰、模型的通用划分和语言的扩展机制等。

4.3.3　基本元素

UML 的基本元素包括结构元素、行为元素和分组元素。

1. 结构元素

结构元素是描述具有结构特征的建模元素，也被称为静态元素。结构元素有类和对象、接口、构件、制品、结点等。

1) 对象与类

在软件中对象(Object)用来表示客观事物的一个实体，它封装了一组属性和操作。类(Class)是具有相同性质的一组对象的集合，这些对象具有相同的属性、操作、关系和约束。对象是类的实例。

类用矩形表示，可以划分为三个区域，类名、类的属性和类的操作。例如，"客户"类可以表示成图 4.5 所示的形式。对象也用矩形来表示，但需要给出对象的名字和对象所在类的名字，并且在名字下面标上下划线以与类区分。例如，张晓是客户类中的一个对象，表示成图 4.6 所示的形式。

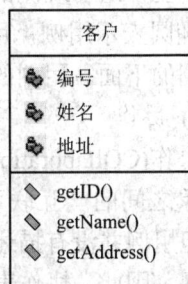

图 4.5　类的表示

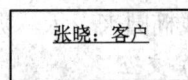

图 4.6　对象的表示

2) 接口

接口(Interface)用来声明一个类或构件对外提供的服务操作。接口只描述服务操作的契约，接口不可以实例化，接口所声明的操作需要通过另外一个类或构件来实现。

一个服务总会被分为需求服务和提供服务两个方面，因此，可以把接口分为需求接口和供应接口两种类型，简称为需口和供口。需口表示类或构件通过这个接口使用其他类或构件所提供的服务，供口表示一个类或构件能够提供的操作。供口和需口的表示如图 4.7 所示。

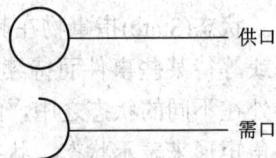

图 4.7　接口

3) 构件

构件(Component)是软件系统中可以独立封装的一个软件逻辑部件，像一个 DLL、一个 JavaBeans，就属于构件。构件把内部的内容隐藏起来，对外提供使用和调用的接口。在 UML 中，构件的表示方法见图 4.8。

图 4.8　构件

4) 制品

制品(Artifact)表示可以在结点上独立部署的软件单元，制品一般以文件的形式呈现。例如，模型文件、源文件、编译文件、执行文件、脚本文件、数据库表等，制品的表示方法见图 4.9。

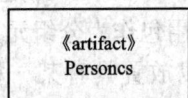

图 4.9　制品

5) 结点

结点(Node)是在物理上可以独立部署的一个硬件设备，如客户机、服务器、扫描仪等。在 UML 中，结点的表示方法见图 4.10。

图 4.10　结点

2. 行为元素

行为元素是用来描述具有动态行为特征的建模元素。行为元素有用例、协作、交互、状态和动作 5 种。

1) 用例

用例(Use Case)表示系统执行的一组动作，它会给系统或者参与者产生一组可观测的结果。用例描述系统的一个功能。UML 用实线椭圆表示用例，用例的名称可以放到椭圆的中间，也可以放到椭圆的下面。用例的表示见图 4.11。

图 4.11　用例的表示

2) 协作

协作(COllaboration)描述为完成一个用例所定义的功能及相关对象之间的交互联系。用例描述了系统能够向用户提供的功能，但用例并没有描述如何实现这个功能，通过协作来描述功能的实现。因此，协作表示为了实现用例定义的功能，系统的一组对象通过一系列交互过程来完成用例的功能。在 UML 中，协作用虚线椭圆来表示。协作的表示见图 4.12。

图 4.12　协作的表示

3) 交互

交互(Interaction)表示一组相关的对象在动作执行中，通过相互交互消息，完成确定的任务。在 UML 中，交互用一条带箭头的直线来表示消息的发送，见图 4.13。

图 4.13　交互的表示

4) 状态

状态(State)指事物在其生命周期中满足某些条件、执行某些操作或等待某些事件而持续的一种稳定的状况。事物在其生命期内会处在不同的状态之中，而且会不同状态之间进行转换。UML 用圆角矩形来表示状态。状态的表示见图 4.14。

图 4.14　状态的表示

5) 动作

动作(Action)是活动的一个基本执行单位。若干个动作按照一定的流程联系起来，就构成一个活动。一个活动通过一组有序动作来表示。UML 用图 4.15 所示的形式表示动作。

图 4.15　动作的表示

3. 分组元素

在建模过程中，对大量的建模元素需要进行分类管理，分组元素(Packet Element)是用来对模型元素进行分类管理的模型元素，UML 用包作为分组元素。包相当于盛放模型元素的一个容器，在包中可以放置具有某一相关主题的一组模型元素和图。包的表示见图 4.16。

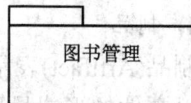

图 4.16　包的表示

4.3.4　类图和对象图

1. 概述

类图(Class Diagram)用来描述系统中的一些要素的静态结构。一个类图由一组类以及它们之间的关系构成。类(Class)描述事物以及事物的静态和动态性质，类的关系反映事物之间的联系，主要有关联关系、泛化关系、依赖关系和实现关系等。图 4.17 是一个书店销售管理类图的例子。

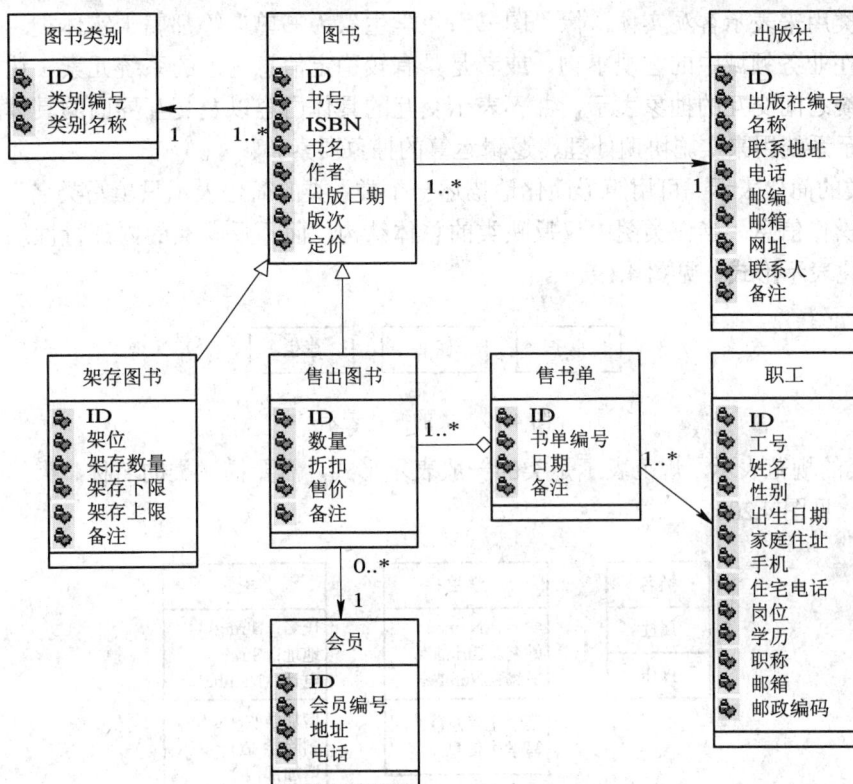

图 4.17 书店销售管理的类图

2. 对象和类

1) 对象的概念

对象是系统中用来描述客观事物的一个实体，它是构成系统的一个基本单位。一个对象由一组属性和操作组成。对象既可以描述一个客观存在的事物，也可以表示一个抽象概念。对象的属性描述它所反映的客观事物的静态性质，对象的操作描述客观事物的动态性质。对象是系统中的一个独立实体，如一张桌子、一辆汽车、一个学生等都是对象。

2) 类的概念

类用来描述具有相同性质的一组对象。例如，桌子就是一个类，所有桌子都具有桌子的性质，都属于这个类中的对象。

3) 类的表示

根据抽象程度，类可以有抽象表示、简化表示和规范表示等多种形式。

(1) 类的抽象表示。在系统开发初期，一般采用抽象形式表示一个类。

类分为实体类、边界类和控制类三种类型，分别表示成如图 4.18 所示的形式。

图 4.18 类的抽象表示

实体类用来表示客观实体，像"图书"、"学生"、"书单"等都属于实体类。实体类一般对应着在业务领域中的客观事物，或者是具有较稳定信息内容的系统元素。边界类是对外界与系统之间交互的抽象表示，并不表示交互的具体内容以及交互界面的具体形式。控制类是表示系统用来实施协调处理、逻辑运算的抽象要素。

(2) 类的简化表示。可用矩形简化地描述一个类。类的简化表示只填写类名，不描述类的属性和操作信息。当在类图中仅反映类的总体结构，而不反映类的内部特性细节时，对类采用简化表示形式，见图 4.19。

桌子	图书	学生

图 4.19　类的简化表示

(3) 类的规范表示。规范表示是类的一般表示形式，需要描述类的名称、类的属性和操作等信息，见图 4.20。

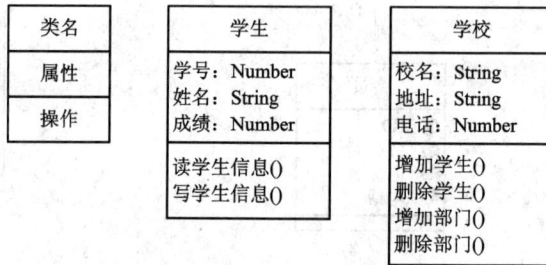

类名	学生	学校
属性	学号：Number 姓名：String 成绩：Number	校名：String 地址：String 电话：Number
操作	读学生信息() 写学生信息()	增加学生() 删除学生() 增加部门() 删除部门()

图 4.20　类的规范表示

4) 属性

(1) 属性的概念。属性一般表示实体的特性。在面向对象方法中，属性用来表示对象的静态特性。每一个属性中的具体值称为属性值。对"人"这个对象来说，姓名、性别、出生年月、家庭住址、电话、职业、毕业院校、所学专业都是该对象的属性；赵晓，男，1966.10.12，西安石油大学 11 楼 103 号，8216381 等则是属性值。

(2) 属性的描述。在需求分析阶段，一般在类中仅给出属性名，但到设计阶段，需要详细描述，属性的完整描述形式为

可见性 属性名 [范围]：类型=值

其次，属性名用字符串表示，如果用英文字符串，则第一个字的首字符用小写，其余单词首字母大写，如 name、studentSex；类型为属性值所取的数据类型，一般有整型、实型、字符型、布尔型、日期型等类型；等号后面如果有值，表示赋予新建立的对象这个属性的初始值，如性别：String=男；范围为可选项，指出本属性取值的范围或可选的值，如 0..*，1..7 等；可见性一般放在属性前面，表示该属性可以被其他对象访问的受限性。可见性一般分为下述三种形式：

+：公用(public)，表示该属性可以被其他外部对象访问。

#：保护(protected)，表示该属性仅能被本类以及它所有子类的对象访问。

-：私有(private)，表示该属性不能被其他对象访问。

例如，#sex[男，女]：String=男。

5) 操作

操作用来表示对象的行为或动态特性。操作的一般描述形式为

可见性 操作名（参数列表）：返回列表

其中，操作名用字符串表示，如果用英文字符串，第一个字的首字符用小写；参数列表为可选项，参数之间用逗号隔开；可见性的含义与属性中的可见性含义相同。例如：

#openfile(fileID:Number)

3. 关联

1) 关联的概念

关联本指事物之间存在的固有的角色牵连关系，但在 UML 中，关联是对具有共同结构特征、关系和语义的不同模型元素中实例之间的链接描述。例如，张老师给计 2002-1 班上课。"教师"类中的对象"张老师"就和"班级"类中的对象"计 2002-1 班"之间存在链接关系。关联是对对象之间链接关系的一种抽象称谓。

2) 关联的要素

类之间通过一条连线表示关联。例如，图 4.21 中，"公司"与"职员"之间存在雇佣的关联关系。关联关系涉及多个关联的要素。

图 4.21　关联的表示

(1) 关联名。关联名就是关联的名称，表示两个模型元素之间存在的具体的关联关系。关联名标在关联关系的上方。例如，图 4.21 中，"公司"与"职员"之间存在"雇佣"的关联关系。如果两个类之间的关联关系十分清楚，可以省略关联名。例如，"教师"和"学生"之间存在"教学"关联关系，因为这个关系十分明确，就可以省略"教学"关联名。

(2) 关联的角色。角色是模型元素参与关联的特征。例如，在"公司"与"职员"之间的"雇佣"关联关系中，"公司"在关联中承担"雇主"的角色，而"职员"承担"雇员"的角色。在关联关系中，如果角色名和模型元素名相同，可以省略角色名。例如，"教师"和"学生"之间的教学关联关系，"教师"和"学生"在关联中的角色名也就是它的类名，可以在表示时省略角色名。

(3) 关联的多重性。多重性描述关联中对象之间的链接数目。例如，图 4.21 中，"公司"与"职员"之间的多重性为一对多的关系。一个公司可以雇佣多个职员，一个职员只能被一个公司所雇佣。

关联的多重性有以下几种表示形式：

1	1
*	0 到多
1..*	1 到多
0..1	0 或 1

(4) 导航。导航表示关联的链接方向，用箭头来表示导航。一个类到另外一个类存在导航关系，表示从源类中的一个对象可以直接找到与该对象存在链接关系的目标类中对应的

对象。在关联线上标有一个箭头表示单向导航，标有两个箭头表示双向导航，不标箭头表示双向导航或导航关系还没有确定。例如，图 4.21 中"职员"到"公司"之间存在单向导航关系。

(5) 关联类。在关联关系中，有时类和类之间的关联信息需要通过类的形式表现出来，用来表示关联信息的类被称为关联类。例如，图 4.22 中，"公司"与"职员"之间存在雇佣关联关系，而雇佣关系中的雇佣期、雇佣协定等信息是雇佣关联信息，把这些信息通过"雇佣"关联类描述出来。

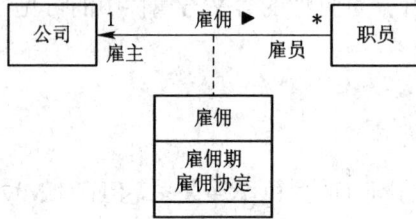

图 4.22　关联类的表示

3) 关联的种类

根据参与关联的类的数目，可以把关联划分为一元关联、二元关联和多元关联三种类型。

(1) 一元关联。一元关联表示一个类中的不同对象或同一对象之间存在的链接关系，也被称为自返关联。例如，图 4.23 中"学生"类中存在班长对其他学生管理的关联关系，"教师"类中存在系主任对一般教师领导的关联关系。

(2) 二元关联。两个类之间存在的关联关系为二元关联。图 4.21 表示两个类之间的关联关系。

(3) 多元关联。三个或三个以上类之间存在关联关系时被称为多元关联。多元关联用菱形符号连接相互关联的类，如图 4.24 所示。

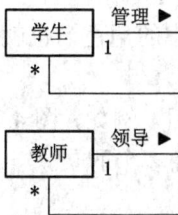

图 4.23　一元关联　　　　　　　　图 4.24　多元关联

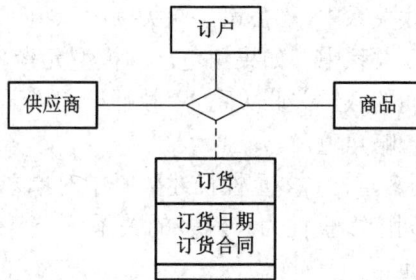

4. 聚集合与组合

1) 整体与部分的组成关系

由部分构成整体的组成关系是客观世界事物之间普遍存在的一种关系。例如，计算机由主机、键盘、显示器、打印机等部件组成，汽车由发动机、车轮、车厢、驾驶室等部分构成。UML 用聚集和组合来描述事物之间的组成关系。组成关系是关联关系的一种特例。

2) 聚集

聚集表示多个部分以聚集的方式构成整体。聚集表示事物之间相对松散的组成关系，在没有整体时，部分也可能存在，但这时部分的存在并不是以整体的部分的身份存在的，它可能作为一个独立整体而存在，也可能作为另外一个整体的部分而存在。例如，班级是由学生聚集而成的，如果新招来的学生还没有编排班级，学生仍然是存在的。但是，学校和学生之间就不是聚集关系。如果没有学校，也就不会有学生。从另一方面看，如果没有学生，也就不会有学校。聚集由直线在整体端增加小空心菱形来表示，见图 4.25。

3) 组合

组合表示整体与部分同存同亡的紧密组成关系。部分因整体而存在，如果整体不存在，部分就没有存在的必要。例如，人与心脏之间就是组合关系。心脏这个部分是因人这个整体而存在的，如果没有人，心脏就不会存在，也没有存在的意义。

组合由直线在整体端增加小实心菱形来表示，见图 4.26。

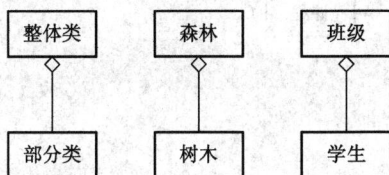

图 4.25 聚集合的表示

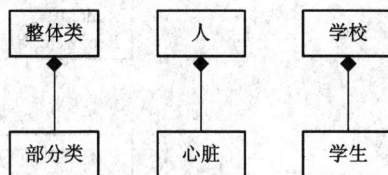

图 4.26 组合的表示

5. 泛化

1) 泛化关系的概念

泛化具有抽象、概括和超越的含义。泛化指抽取事物的共性特征，形成超越特殊事物而具有普遍意义的一般事物的方法。泛化反映事物之间的特殊与一般关系。例如，"家具"是对"桌子"、"椅子"、"沙发"等特殊事物的泛化。"交通工具"是对"汽车"、"轮船"和"飞机"等事物的泛化。

在泛化关系中，把表示一般特性的实体称为超类，把表示特殊特性的实体称为子类。泛化与继承描述事物的同一种关系。继承是一类事物拥有或承接另一类事物的某些特性，成为自己所具有的特性。这样，这类事物除了具有自己独特的特性之外，还具有所承接的另一事物的特性。这类事物属于具有特殊特性的事物，而具有被承接的特性的那类事物肯定属于具有一般特性的事物。

2) 泛化关系的表示

泛化关系用三角符号表示，三角符号指向超类，表示对子类的泛化，如图 4.27 所示。

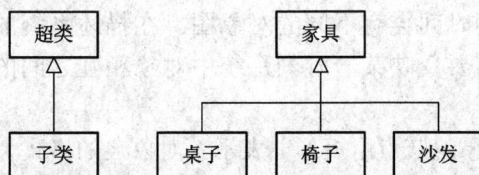

图 4.27 泛化的表示

6. 依赖

1) 依赖关系的含义

依赖表示两个模型元素之间，一个模型元素的变化必然影响到另外一个模型元素时的两种模型元素之间的关系。例如，在教学管理系统中，课表依赖于课程，课程发生改变，课表也必须跟着改变；任课教师依赖于课表，课表改变，任课教师上课就要调整。

依赖关系可以表示两个类之间的关系，也可以表示两个包或组件之间的关系，因此，它是描述两个模型元素之间的语义联系的。

2) 依赖关系的表示

依赖关系用虚箭头来表示。箭头由依赖的模型元素指向被依赖的模型元素。例如，图4.28 表示任课教师依赖课表，课表依赖课程。

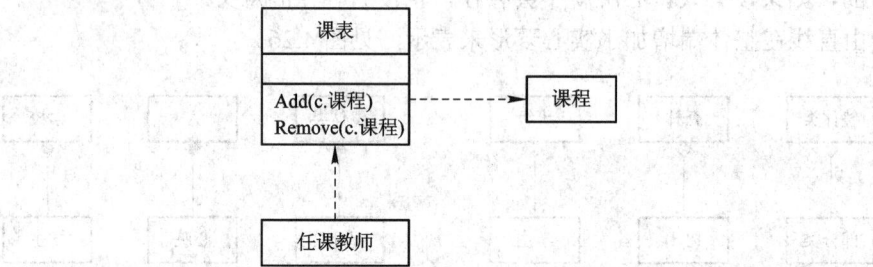

图 4.28　依赖关系的表示

7. 实现

1) 实现关系的含义

实现描述两个模型元素之间存在的一种语义关系，一个模型元素描述要实现的契约或规则，另外一个模型元素表示对契约的实现。一般情况下，用实现关系描述接口与类或构件之间的实现关系，接口描述操作的规则，类或构件表示对接口的实现。

2) 实现关系的表示

实现关系用带虚线的三角箭头来表示，由实现的模型元素指向表示所要实现的规则或契约的模型元素。图4.29 表示由"账户代理"类来实现"账户代理"接口。

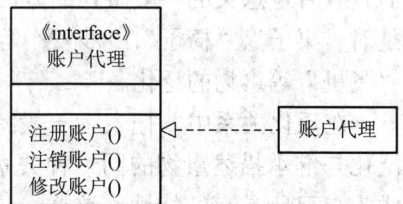

图 4.29　实现关系的表示

8. 对象图

对象图描述类图在某一时刻，类中对象相互之间的链接关系，相当于对类图在某时刻的一个快照。因为对象具有生命周期，不同时刻类图中的对象数目并不相同，所以对应着同一幅类图，在不同时间会有不同的对象图。在描述系统的静态结构时，并不一定要绘制对象图，只有当需要反映某一时刻系统中对象相互之间的链接关系时，才需要画出对象图。

对象图中的节点是对象，节点用矩形框表示。对象名的格式为：对象名：类名，例如，C1：订单，省略对象名的对象被称为匿名对象，例如，：订单。图4.30 是作者和图书类图的对象图。

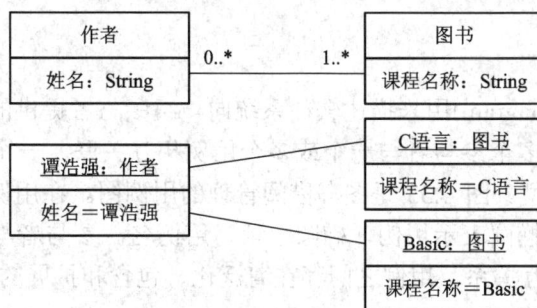

图 4.30　对象图

4.3.5　用例图

1. 用例的概念

用例(Use Case)是外部参与者与系统之间为达到确定目的所进行的一次交互活动。参与者向系统提供某些交互要求，系统向参与者反馈所要的结果。在信息系统模型中，用例被用在需求分析中，用来描述系统的功能。

可以用一段自然语言描述一个用例。例如："顾客网上购物"的用例可以描述为如图 4.31 所示。

> 　　顾客通过网络浏览商品目录，找出所要的商品。需要用信用卡与商店结算。顾客给出自己的信用卡的信息和送货地址，商店检查信用卡的有效性。当信用卡通过检查后，商店确定购货业务成交，商店确定发货时间，并给销售部发出发货通知。然后商店把发货信息通过电子邮件发送给顾客。

图 4.31　"顾客网上购物"用例描述

上面这个用例包含图 4.32 所述的信息。

> **参与者**: 顾客
> **系统**：网络交易系统
> **购物过程**:
> 　　1. 顾客浏览商品目录，选择所需商品;
> 　　2. 顾客结账;
> 　　3. 顾客填写送货信息（产品信息，数量，送货地址，送货时间等）;
> 　　4. 系统把购货的相关信息给顾客;
> 　　5. 顾客填写信用卡信息;
> 　　6. 系统检查信用卡的有效性，以确认本次交易的有效性;
> 　　7. 系统确定发货时间，并给销售部发出发货通知;
> 　　8. 系统向顾客发出确定成交的电子邮件。
> **异常处理**: 信用卡失效
> 　　当第 6 步检查信用卡发现其失效时，允许顾客重新输入信用卡信息，并重复第 7、8 两步。

图 4.32　"顾客网上购物"用例所包含的信息

2. 用例图

1) 用例图

用例图(Use Case Diagram)用来描述软件系统向一组参与者提供的一组相关功能。在一个用例图中，有一个或多个参与者与一个或多个用例相互关联。一个系统的全部用例图构成该系统的功能需求模型。图 4.33 是图书借阅管理的用例图。在用例图中，小人表示与系统进行交互的参与者；椭圆表示用例，椭圆中填写用例名。参与者与用例之间的连线表示参与者与系统之间的交互关系。用例之间存在着泛化、包含和扩展的关系。

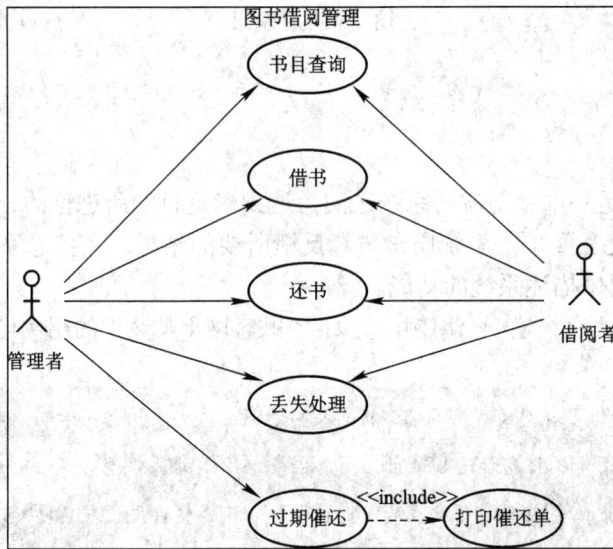

图 4.33　图书借阅管理用例图

用例图反映参与者和系统的交互过程。参与者处于系统边界之外，用例图描述系统能够给参与者提供的功能，由系统边界把系统和参与者划分开来。

2) 参与者

参与者(Actor)也称为活动者，表示与系统进行交互的外部实体。参与者通过系统的用例来获得系统所提供的一项服务。参与者用小人来表示，下面标上参与者的名称。例如，图 4.33 中的"管理者"和"借阅者"等。

参与者可以是外部使用系统的用户或外部与系统存在信息交换关系的设备，也可以是与系统交互信息的外部其他系统。

3) 用例的关系

除了用例与参与者存在关联关系之外，用例之间也存在着泛化关系、包含关系和扩展关系。

(1) 泛化关系。当两个用例之间存在着一般与特殊关系时用泛化关系来表示。例如，图 4.34 中的"收费"和"道路收费"之间是一般和特殊的关系，这两个用例之间存在泛化关系。泛化关系用空心三角表示。

除了用例之间存在泛化关系外，参与者之间也可能存在泛化关系。例如，"客户"中的"团体客户"和"个体客户"之间就存在泛化关系，见图 4.35。

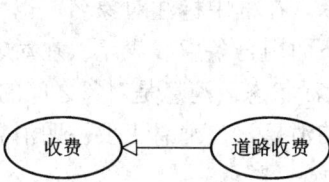

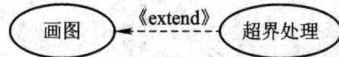

图 4.34　用例之间的泛化关系　　　　　　　图 4.35　参与者之间的泛化关系

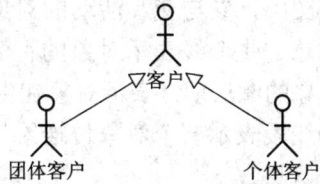

(2) 包含关系。包含关系描述一个用例的行为包含另外一个用例的行为。包含关系属于依赖关系，用带箭头的虚线来表示。图 4.36 描述了"售货"与"收款"两个用例之间存在包含关系，在虚线上标注有《include》字样。

(3) 扩展关系。扩展关系描述一个用例的行为可能有条件地使用到另外一个用例的行为。扩展关系用带箭头的虚线来表示，在虚线上标注有《extend》字样。图 4.37 描述了"画图"与"超界处理"两个用例之间存在扩展关系。只有出现超界时，才用到超界处理。

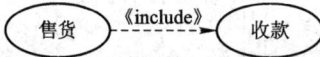

图 4.36　用例之间的包含关系　　　　　　　图 4.37　用例之间的扩展关系

4.3.6　交互图

1. 概述

交互图描述一组对象合作完成一项工作时，相互之间的消息交互关系。交互图反映系统运行过程中对象之间的动态联系活动，以帮助人们理解和把握系统内部各对象之间的动态协作关系。

交互图分为顺序图、通信图、交互概览图和时序图四种类型。

2. 顺序图

顺序图反映各对象之间消息传送的时序关系。顺序图由对象、对象生命线、对象激活期和对象之间传输的消息等图形要素构成。图 4.38 是一个描述订货管理工作的顺序图。

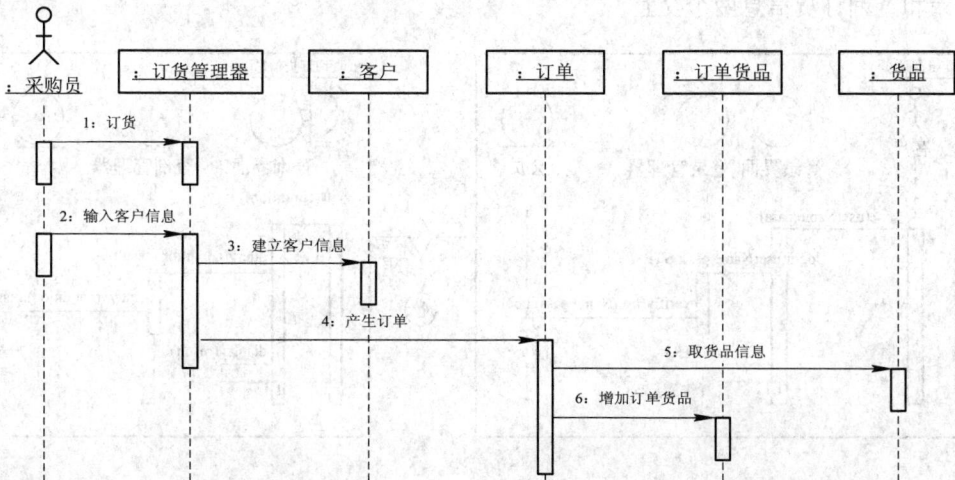

图 4.38　订货管理的顺序图

在顺序图中，参与交互活动的对象用矩形框表示。在框中标注对象名，也可以采用匿名对象。对象的生命线表示对象的存活期，在对象下面用一条虚线表示。在对象生命线上的窄条为对象的激活期，表示对象在生存期内处在激活状态。消息是对象之间的通信信息，用带箭头的线段表示一个对象传送给另外一个对象的消息。在消息上要注明消息名。虚线表示消息的返回。

3. 通信图

通信图描述一组对象之间消息交互关系的协作结构。在通信图中，对象作为结点。存在消息交互关系的对象之间用直线连接，并在直线上标注交互的消息名。图 4.39 是订货管理的通信图。

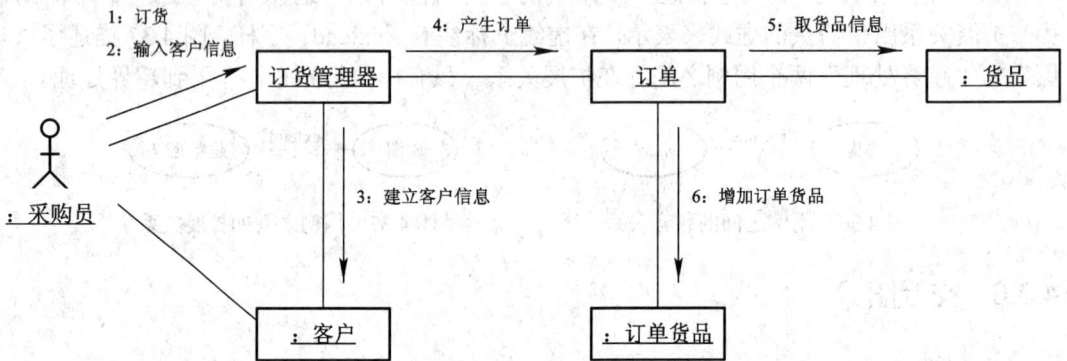

图 4.39　订货管理的通信图

通信图与顺序图是等价的，包含的信息量相同，其差别是描述的角度不同。顺序图侧重于反映对象之间的消息交互时序，通信图重点描述对象之间的消息交互结构。

4. 交互概览图

交互概览图是把顺序图和活动图结合起来描述交互流程和交互细节的一种图。图 4.40 是一个交互概览图的例子，该图总体上是一个活动图，但每一项活动又是一个交互图，表示登录和查询订货信息两个交互。

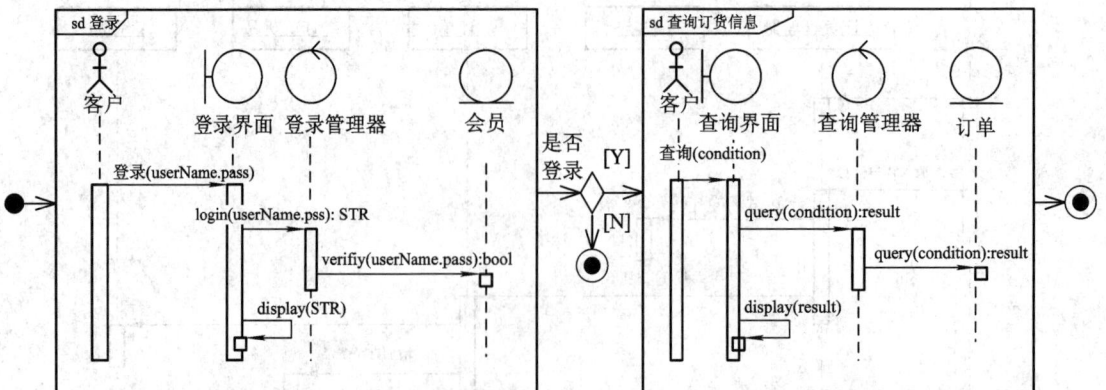

图 4.40　交互概览图的例子

5. 时序图

时序图用来描述在一个交互中，参与交互的各对象实体状态变化的时序关系。时序图主要用于有时序要求的交互建模。图 4.41 是一个时序图的例子。

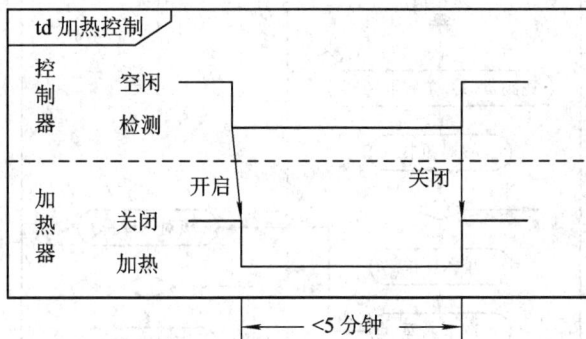

图 4.41 时序图的例子

4.3.7 状态机图

状态机图描述事物对象在其生存周期中所具有的各种状态以及因事件激发状态的变化和相互关系。图 4.42 是书店图书的状态机图。书店的图书要经过订购、库存、待售、售出或报废等状态。

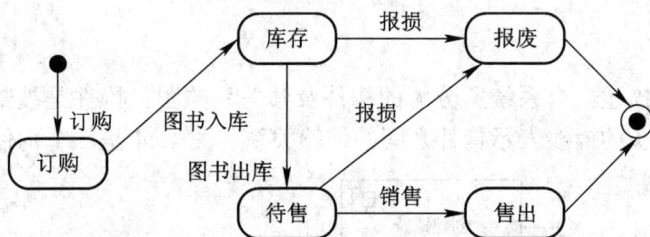

图 4.42 书店图书状态机图

状态机图中的结点是事物所处的状态。实心圆表示初始状态，带圆圈的实心圆表示结束状态。一幅状态机图中一般有一个初始状态。箭头表示状态的切换，在箭头上标注状态切换的激发条件。例如，图 4.42 通过图书入库这个激发条件把图书从订购状态转换为库存状态。

4.3.8 活动图

活动图用来描述事物发展变化的过程。活动图可以描述业务流程、工作流程、类中的操作流程等。图 4.43 是反映书店图书入库业务流程的活动图。

采购员凭到货通知单到车站或邮局领取图书，并把到货的图书与到货通知单进行核对，检查是否存在偏差。如果有偏差，则与运输部门或邮局进行联系；如果没有偏差，则领回图书。采购员领回图书之后，填写图书入库单，然后持入库单到书库入库。库管员把图书与入库单进行核对，如果发现有误，则请采购员修改入库单；如果核对无误，则库管员登记入库账，并把入库图书收库，入库过程结束。

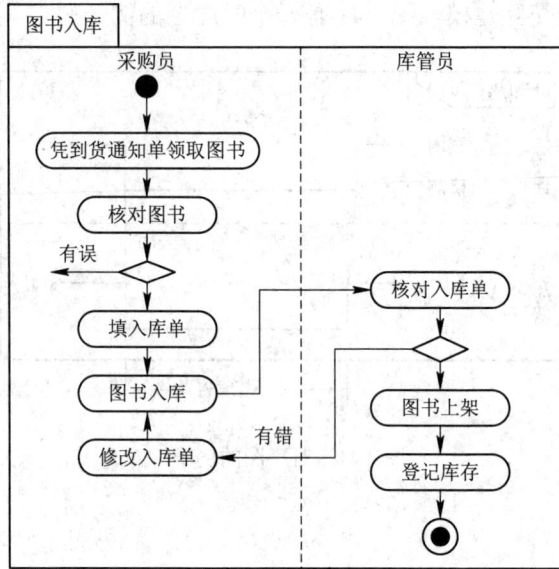

图 4.43　图书入库的活动图

在活动图中，要表示出活动的开始和结束。圆形框表示活动，菱形框表示选择。用虚线隔开的两个部分称为泳道，表示两个实体所进行的活动。

4.3.9　构件图

构件图是用来描述一个系统所分解的构件及其关系的图。构件是被封装起来的软件部件。构件之间带箭头的虚线表示构件之间的依赖关系。图 4.44 是一个构件图的例子。

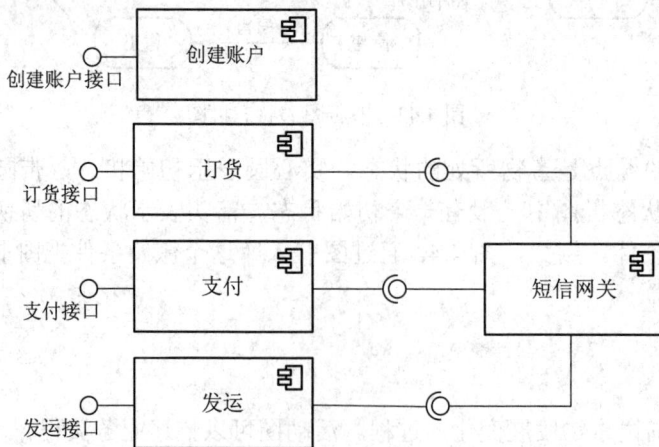

图 4.44　构件图的例子

4.3.10　部署图

部署图(Deployment Diagram)描述软件制品在处理器、设备等结点上部署的系统结构。

图 4.45 是一个部署图的例子。

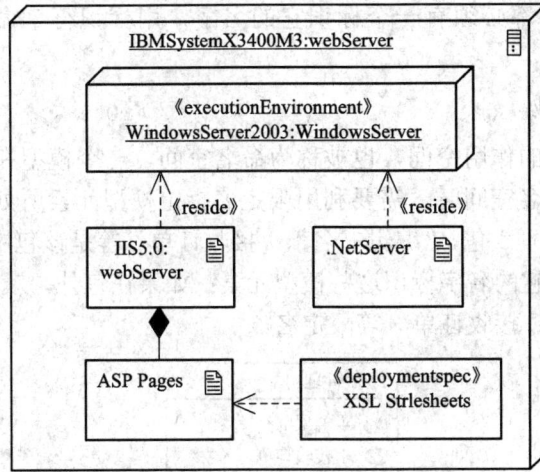

图 4.45　部署图的例子

4.3.11　包图

一个复杂的系统模型需要分解成为多个部分，每一部分可以通过包来表示。包图用来展示包的成员以及包与包之间的关系。包表示为图 4.46 的形式，图 4.47 是包图的例子。

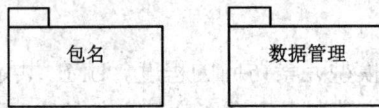

图 4.46　包的表示

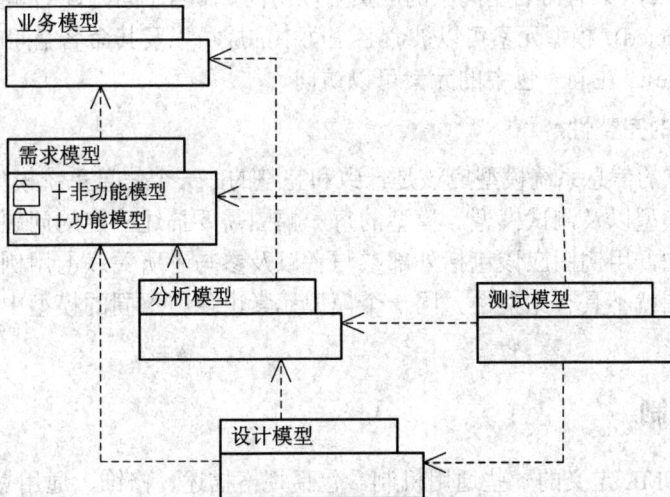

图 4.47　包图的例子

4.3.12　语义规则

作为一种建模语言，UML 的模型元素需要遵循一定的语义规则，UML 定义的语义规则有模型元素的命名规则、模型元素的作用域、模型元素的可见性和完整性等。

1．模型元素命名规则

任何一个模型元素都必须有一个标识它的名字，用标识符来命名名字，如 Order、Student、用户、存款等。

2．模型元素作用域

作用域是模型元素的作用空间，也被称为命名空间，一个模型在其命名空间中可以被唯一识别，超出名字命名空间时，需要利用限定名指定模型元素所处的命名空间。例如，图 4.48 是一个"库存管理"包，"编辑书名"、"接收订单"等是该包中的模型元素，在"库存管理"包内，直接用它的名字标识这些模型元素；如果在包外，就需要用"库存管理：：编辑书名"，"库存管理：接收订单"等限定名。

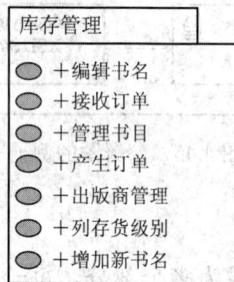

```
┌─────────────┐
│ 库存管理      │────────────┐
├─────────────┴─────────────┤
│  ● ＋编辑书名               │
│  ● ＋接收订单               │
│  ● ＋管理书目               │
│  ● ＋产生订单               │
│  ● ＋出版商管理             │
│  ● ＋列存货级别             │
│  ● ＋增加新书名             │
└───────────────────────────┘
```

图 4.48　模型元素作用域

3．模型元素的可见性

可见性是模型元素被其他模型元素访问的程度。UML 共定义了四种可见性，分别是

(1) 公开(public)：可以被该模型元素命名空间之外的成员访问；

(2) 私有(private)：只有命名空间中的成员可以访问，命名空间之外的模型成员不能访问；

(3) 保护(protected)：模型元素可以被命名空间中的成员以及其命名空间的子类成员访问；

(4) 包(package)：在同一包中的元素可以访问。

4．模型元素的完整性

在工程中建立的信息系统模型应该是一致和完整的。一个信息系统模型包括领域模型、需求模型、设计模型以及测试模型。模型的每一幅图需要描述确定的问题，图的要素应该具有完整性，例如，用例图应该包括外部参与者以及参与者所关联的用例，一个没有参与者或用例的用例图就不具有完整性。同一个模型元素出现在不同的模型中，它的名字和符号应该具有一致性。

4.3.13　公共机制

公共机制是 UML 定义的一些通用机制，包括规格描述、修饰、通用划分和扩展机制。

1．规格描述

UML 的模型元素用图形符号来表示，为了清楚地描述模型元素的语义含义，UML 规定可以对定义的模型元素给出详细的文字说明，文字说明被称为规格描述。例如，对会员"订购图书"的用例给出规格描述见图 4.49。

用例：订购图书

事件流程：

1. 当会员选择订购图书时，这个用例就会启动。

2. 会员输入欲购买图书的书号。

3. 系统给出这个图书的简介与售价。

4. 会员把图书加入到购物车内。

5. 系统累加订购金额。

6. 会员输入收件人的姓名与地址，以及信用卡付款信息，并且将订购交易提交系统。

7. 系统核对信息，保存订购信息，并且把付款信息转交给会计系统。

8. 当付款信息确认后，订购交易会标记为"已结账"，交易代号回传给会员，用例结束。

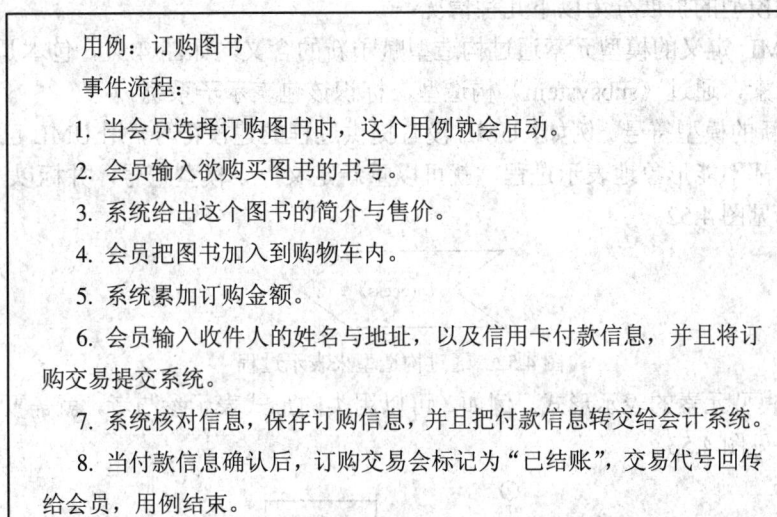

图 4.49 "订购图书"用例的规格描述

2．修饰

为了描述模型元素的细节，UML 提供了对模型元素的修饰机制。例如，对类的属性和操作的可见性一般用"+"表示公开，用"-"表示私有，也可以用图形符号来进行修饰类属性和操作的可见性。图 4.50 用锁型的符号表示属性和操作的可见性为私有。

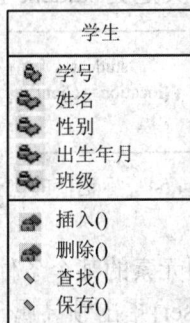

图 4.50 修饰

3．扩展机制

一个具有生命力的语言，必须具有扩展能力。UML 所提供的语言符号并不能对所有客观事物进行建模，因此，UML 提供了语言的扩展机制，主要包括构造型、标记值和约束。

1）构造型

构造型(stereotype)是 UML 提供的一种基本语言扩展机制，它用来扩展 UML 词汇，增加模型元素。UML 规定，通过书名号"《》"来对模型符号进行标记，以赋予该符号特定的含义。例如，UML 定义了包，但没有提供描述子系统的模型元素，可以用包来表示子系统，见图 4.51。

图 4.51 通过构造型来表示子系统

构造型对模型的扩展分为以下几种情况：

(1) 给 UML 定义的模型元素通过构造型赋予新的含义，如图 4.51。包本是 UML 已经定义的模型元素，通过《subsystem》构造型，标识该包表示子系统。

(2) 定义新的模型符号。例如，UML 没有提供过程的建模符号，用 UML 已有的模型元素通过构造型都不能形象地表示过程，就可以重新定义一个模型符号，并标以《process》，来表示过程，见图 4.52。

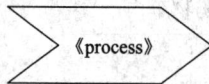

图 4.52　通过构造型来表示过程

(3) 改换模型元素的表示形式。例如，可以用类的形式表示参与者，就需要通过构造型来给以标注，见图 4.53。

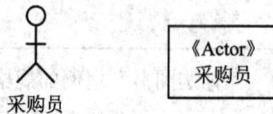

图 4.53　改换模型符号形式

2) 标记值

标记值用来规定模型元素的特性。通常把标记与值用等号相连，放在花括号中。例如，{location = client}是一个标记值，其含义是类 student 驻留在客户机结点上，见图 4.54。

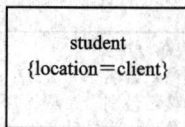

图 4.54　标记值的例子

3) 约束

约束(constraint)规定所约束的模型元素的某个条件或命题必须为真，否则模型无效。约束用{ }描述。例如，图 4.55 中，{subset}指出领导属于成员的子集。

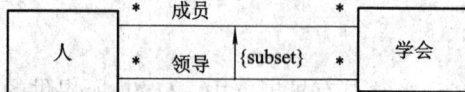

图 4.55　约束的例子

本 章 小 结

模型是对现实的抽象或模拟，是对现实系统的本质特征的一种抽象、直观和简化描述。模型不包括现实系统的全部特征，但它反映现实系统的本质特征。信息系统模型是对信息系统在各开发阶段本质特性的描述，它要反映信息系统的形成过程。信息系统模型是由一组子模型构成的，从表现的方面分，有体系结构模型、功能模型、非功能模型、对象模型、数据模型、过程模型、状态模型、交互模型和界面模型等；从表现的开发工作分，包括领域模型、需求模型、设计模型和测试模型等。信息系统建模过程是伴随着信息系统的开发，自顶向下、由粗到细、逐步求精的过程。

　　信息系统建模语言是描述信息系统模型的规则符号集。UML 是统一软件建模语言，具有严密的语法，语义规范。UML 的建模元素包括基本建模元素、关系元素和图三大类。基本建模元素可以分为结构、行为、分组、注释四类。结构类建模元素用来反映事物和描述性实体，包括用例、类、接口、构件、协作和结点等；行为类建模元素反映事物之间的交互过程和状态变化，这类建模元素有交互和状态机；分组类建模元素用来描述通过一组模型元素所反映的模型、子系统、框架等的组织；注释类建模元素用来在建模过程中对模型进行注释说明。关系元素用来反映模型元素之间的关系，包括关联、泛化、依赖等关系。UML 提供静态结构图和动态行为图两种类型的图，静态结构图有类图、对象图、构件图、部署图、组合结构图和包图，动态行为图有用例图、活动图、状态机图、顺序图、通信图、交互概览图、时序图等。

习　题

一、简答题

1. 什么叫模型？模型的基本特征是什么？

2. 信息系统模型包括哪些基本内容？

3. 什么是信息系统建模语言？UML 是一种什么语言？

4. UML 包括哪些图？这些图分别有什么作用？

5. 什么叫类？什么叫对象？两者有什么区别？

6. 为什么说聚集和组合关系是一种特殊的关联关系？聚集与组合有什么区别？

二、填空题

1. 模型的抽象程度越高，距现实系统的距离就越(　　　　)，模型所考虑的因素也就越(　　　　)。

2. 模型的特征有反映性、(　　　　)、简化性和(　　　　)。

3. 从抽象程度，可以把模型分为(　　　　)、逻辑模型、(　　　　)三种类型。

4. 信息系统建模方法包括(　　　　)、面向数据的建模方法和(　　　　)。

5. 用例是参与者与(　　　　)之间，为达到确定目的所进行的一次(　　　　)活动。

6. 类可以分为(　　　　)、(　　　　)和(　　　　)三种类型。

7. 类之间存在关联、(　　　　)、依赖和(　　　　)四种关系。

三、选择题

1. 下面哪一种方法不属于信息系统建模方法？(　　　)

A　面向功能　　　　　　　　　B　面向数据

C　面向对象　　　　　　　　　D　面向测试

2. 下面描述不正确的是(　　　)。

A　信息系统模型包括需求模型　　　B　领域模型包括信息系统愿景

C　需求模型包括信息系统功能　　　D　设计模型包括信息系统性能

3．下面描述不正确的是(　　)。

A　类是具有相同属性和操作的对象的集合

B　对象是类的实例

C　类中一定包括对象

D　对象肯定在一个类中

4．下面说法错误的是(　　)。

A　参与者是指与所建立系统交互的人或物

B　参与者可以是人，也可以是其他系统

C　参与者是系统的一部分，是用例图的重要组成部分

D　参与者之间存在泛化关系

5．下面说法错误的是(　　)。

A　泛化表示一般和特殊的关系　　　B　用例之间存在泛化关系

C　参与者之间存在泛化关系　　　　D　参与者和用例之间存在泛化关系

四、练习题

1．假设某教学系统抽取了系、教师、学生、课程、教材五个类，试根据你的理解给出各类的属性和基本操作，并画出该教学系统的类图。

2．画出进程状态变化的状态机图。

3．画出学生在图书馆借书过程的活动图。

第 5 章　信息系统规划

本章导读

信息系统规划是指通过对组织的目标、战略、现状面临的挑战和机遇、经营管理、资源、技术等因素的分析和预测，对组织信息系统未来做出的长远谋划和展望。信息系统规划包括信息系统的目标和战略、信息系统的构成和结构，以及信息系统项目实施和资源分配计划等内容。本章介绍信息系统规划的概念、特点、基本内容和制定的步骤，以及制定信息系统规划的几种主要方法，风险分析与控制方法，最后讨论可行性研究的有关内容。

主要知识点

- ■ 信息系统规划的概念
- ■ 信息系统规划的内容
- ■ 制定信息系统规划的步骤
- ■ 可行性研究报告

- ■ 制定信息系统规划的方法
- ■ 可行性研究的概念和内容
- ■ 风险分析与控制

5.1　概　　述

5.1.1　信息系统规划的意义

规划是对复杂工程或重大活动作出的长期的、宏观的、全面的谋划。信息系统规划是指通过对组织的目标、战略、现状面临的挑战和机遇、经营管理、资源、技术等因素的分析和预测，对组织信息系统未来做出的长远谋划和展望。

信息系统建设是一个复杂的社会过程，涉及组织的目标、战略、资源、环境等多种复杂的因素。在信息系统建设之初，应该对这些因素进行全面、宏观的分析，根据组织发展的战略目标，制定出能够有效地为组织目标服务的信息系统规划。

信息系统建设是一个复杂的系统工程，涉及人员、技术、资金、设备、管理等要素，为了能够有效地开展建设工作，需要对信息系统建设做出总体规划，确定信息系统的目标、功能、结构以及实施计划等，使信息系统建设工作能够有条不紊地进行。

信息系统建设也是一个渐进的过程，大型信息系统一般都需要分步骤、分阶段建设。

对于涉及因素多、时间跨度大的信息系统，必须在建设之初做出总体规划，否则信息系统建设工作将会陷入无计划、无头绪的混乱状态。

5.1.2　信息系统规划的目标和任务

信息系统规划的任务是通过对组织目标、战略、现状及其发展的分析，制定指导信息系统建设的规划。信息系统规划主要包括下述任务：

(1) 根据组织的发展目标和组织的发展战略，制定信息系统的目标和战略；

(2) 根据组织目标和信息系统的目标，确定信息系统的构成和结构；

(3) 根据信息系统规划的要求，制定项目实施和资源分配计划。

信息系统规划的三项任务如图 5.1 所示。

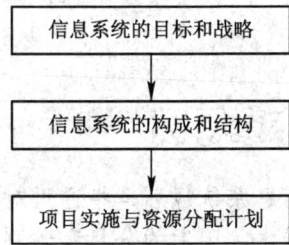

图 5.1　信息系统规划的内容

5.1.3　信息系统规划的特点

信息系统的复杂性和长期性决定了要成功建设信息系统必须制定切实可行的规划，而要制定出有效的信息系统规划，就需要充分认识信息系统规划的特点。信息系统规划具有以下特点：

(1) 信息系统是为组织目标服务的，因此，信息系统规划必须以组织战略规划为依据，而且信息系统规划应该成为组织战略规划的有机组成部分。

(2) 信息系统规划面向长远、未来和全局性问题，着眼于组织信息系统的长远建设，对信息系统长远发展具有宏观指导性，规划工作应立足于宏观和长远，宜粗不宜细。

(3) 信息系统规划涉及组织宏观和长远决策，要确定信息系统的目标、战略、总体结构和资源需求，因此，信息系统规划应该以高层管理人员为制定规划的主体。

(4) 信息系统建设以信息技术为基础，信息系统规划人员需要对信息技术的现状和发展有清楚的理解，掌握有效的规划方法。

(5) 企业所赖以存在的市场环境是变化的，企业目标也会动态调整，信息系统规划应该适应企业目标的变化，滚动发展。

5.2　信息系统规划的内容

5.2.1　信息系统的目标和战略

信息系统的目标和战略规划包括 3～5 年的长期规划和 1～2 年的短期规划。长期规划确定信息系统发展的总体方向，短期规划作为信息系统近期建设的指导依据。信息系统目标和战略包括以下主要内容。

1. 信息系统的建设目标

信息系统的建设目标应根据组织的总体发展目标、组织信息系统建设的客观条件和信息技术的发展来确定。信息系统的发展目标是由总目标和多层次子目标构成的目标体系，子目标是对总目标的分解和细化，总目标是对子目标的概括和综合。

2. 信息系统的发展战略

信息系统的发展战略是实现信息系统建设目标的全局性谋划。信息系统的发展战略包括保证信息系统目标实现的方针、政策、制度、措施、技术、业务等内容。信息系统的发展战略应依据企业发展战略和企业信息系统建设目标来确定。

3. 企业现状评价和业务重组规划

信息系统的建设目标和战略的确定是在对企业现状进行深入分析，对企业发展前景进行科学预测和正确评价的基础上做出来的。在规划中需要对企业的自身发展能力，企业的市场定位，企业在同行中所处的地位，企业的管理、技术、工艺、业务流程、生产能力、人力资源等进行深入分析和评价。

在对企业现状进行深入分析的基础上，需要根据企业目标和战略、信息系统建设的目标和战略，找出企业当前职能设置和业务流程中不适应信息系统建设的部分，并对这些职能和流程进行改革和重组，提出业务重组的具体规划。

4. 相关信息技术发展预测

信息系统是建立在现代信息技术基础上的，信息系统建设的水平要受到信息技术的制约。因此，需要清楚地把握信息系统建设涉及的信息技术，并对其发展进行科学预测。需要考虑的信息技术包括计算机技术、网络技术、数据库技术、数据仓库技术、智能技术、信息系统开发方法等。

5.2.2　信息系统的构成和结构

信息系统构成和结构是信息系统规划的核心内容。信息系统构成和结构规划是为了实现信息系统的目标和战略，通过对企业能力和发展的分析确定信息系统功能、信息系统的构成、信息资源结构和配置等内容。信息系统构成和结构规划是在确定了信息目标和战略的基础上制定出来的，主要包括以下内容。

1. 信息需求分析

组织的目标、战略、机构、制度、业务、技术、设备和人力资源等人流和物流都要通过信息流来体现和描述，信息是对组织运作和发展的反映。在信息系统构成和结构规划中需要对组织的信息需求进行认真分析，这些信息将是信息系统加工处理的对象，并作为信息资源成为信息系统的主要要素。

信息系统规划中需要确定信息系统所容纳的信息资源，以及信息资源的结构和布局。信息资源的结构将是在信息系统开发中，信息的采集和输入及设计数据库结构的主要依据。

2. 信息系统功能规划

信息系统向组织提供的所有服务均反映为信息系统所具有的功能，亦即，信息系统的功能是由信息系统建设目标和需求确定的。在信息系统构成和结构规划中，只需要确定信息系统的总体功能，比如资源计划、生产调度管理、财务管理等，功能的分解不宜太细，详细具体的功能分析需要到各信息系统项目开发的需求分析阶段再确定。

3. 信息系统构成规划

大型复杂的信息系统需要分解为多个相关的子系统，子系统又可以划分成若干个更细的构成要素。在信息系统规划中，需要确定所建设的信息系统是由哪些子系统构成，各个子系统相互之间的关系如何，每一个子系统的基本构成是什么。

4. 信息系统建设的技术路线

技术路线是信息系统建设的技术保障。技术路线需要考虑企业信息系统建设所涉及的计算机、网络、信息设备、软件、方法等方面的技术，以及各种技术在信息系统建设中的作用、来源和应用方式。

5.2.3　项目实施与资源分配计划

信息系统建设需要各种资源，而组织的资源是有限的，另外，信息系统建设中各项目、各子系统在企业发展中的作用并不平衡，各部分的基础条件和成熟程度也不尽相同。因此，在信息系统规划中就需要根据项目的轻重缓急，安排开发次序，制定出项目实施计划，并对项目开发所需资源进行合理分配，使得信息系统建设能够有条不紊地进行。

1. 项目计划

信息系统规划需要把信息系统建设划分为若干个项目，根据各个项目在组织运作和发展中的作用，以及项目基础条件的成熟程度，安排开发的先后顺序。在确定一个项目开发的优先顺序时，主要依据以下几个方面：

(1) 该项目对组织改革与发展所起的作用。

(2) 该项目对明显增加利润或节省费用，提高企业效益的作用。

(3) 该项目对增加社会效益，比如提高管理水平、增强企业的知名度、改善企业形象的作用。

(4) 对于那些与必须保证开发的重点项目有内在联系的相关项目，也需要安排实施，这些项目也应列为实施项目。

项目计划包括信息系统项目实施计划、企业业务流程重组计划、技术和设备的引进和采购计划、人力资源需求计划、资金需求计划等。项目实施计划可以利用甘特图或网络图等工具来描述。

2. 资源分配方案

根据项目实施计划，把每一个项目所需要的资源进行合理有效的分配，使得有限的开发资源能够得到有效、合理的利用。项目开发所需要的资源包括计算机软硬件、计算机网络、相关设备、人员、技术、资金、场地等。

3. 信息系统建设概算和成本/效益估算

在制定系统规划时需要对信息系统建设做出宏观估算。在估算中，除了给出总的资金需求之外，还应该分年度、分项目、分子系统列出估算细目。另外，还要对信息系统建设所能够获取的效益和成本进行概要估算，以分析信息系统建设的投入/产出比。

4. 风险评估

在制定系统规划时需要对信息系统建设所面临的重大风险做出概要分析和评估，主要应从组织发展所面临的挑战、技术风险、资金风险、管理风险等方面做出分析，还应该给出排除风险的措施，并对整个风险给信息系统建设所带来的影响做出评估。

5.3　制定信息系统规划的基本步骤

不同领域和不同规模的信息系统，制定其规划需要做的工作会有差别。图 5.2 给出了制定信息系统规划的基本步骤。

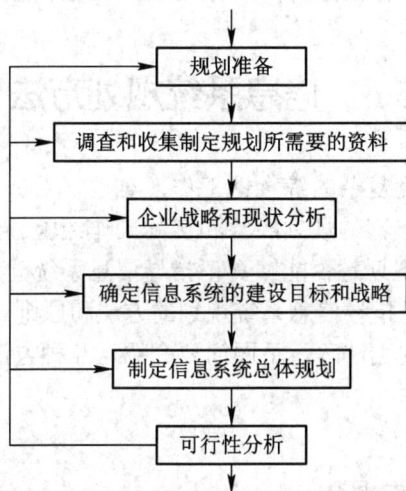

图 5.2　信息系统规划的基本步骤

在制定信息系统规划之初，首先需要做详细的准备工作。制定规划的准备工作包括确定规划问题、聘请规划专家、组织规划小组、落实规划工作环境、启动规划等工作。

为了制定出有效、可行的规划，需要进行必要的调查研究工作。为制定信息系统规划所进行的调查被称为初步调查，在领域分析和需求分析中还要做详细调查。初步调查应围绕着规划工作进行，立足于宏观和全面，不需要过于具体和细致。初步调查的主要调查内容包括：

(1) 企业发展规划和战略；

(2) 企业的产品和市场，以及其在国内国际同行中所处的位置；

(3) 企业技术、设备和生产能力；

(4) 企业综合实力；

(5) 组织机构和管理情况；

(6) 企业人才和员工素质；

(7) 企业面临的机遇和挑战；

(8) 企业现行信息系统建设水平和信息技术现状。

在初步调查的基础上，需要对企业战略和现状进行分析。信息系统是为企业目标和战略服务的，因此企业目标和战略是制定信息系统规划的主要依据。在制定信息系统战略规划之前，需要对企业目标和战略进行认真分析。企业总体发展战略包括企业市场战略、产品战略、技术战略、人才战略、经营战略、企业文化战略等，需要认真分析企业战略，以便制定出能够切实为企业战略服务的信息系统总体规划。

企业现状是实现企业战略的基本条件，也是企业战略的制约因素，同时还是信息系统建设的基础。在制定信息系统规划之前需要对企业的市场、产品、规模、技术、人才、资金、地理环境、企业文化、员工素质、领导观念、组织管理等现状进行认真分析。

通过初步调查，并进行了企业战略和现状分析之后，就可以制定企业信息系统总体规划了，包括信息系统目标和战略、信息系统构成和结构、项目实施和资源分配计划等。最后还要对所制定的规划进行可行性分析，只有可行的规划才能指导信息系统建设工作。

5.4　信息系统规划方法

信息系统规划是一项高度复杂的综合性工作，对规划人员有很高的要求，要求规划人员有多方面的知识素养，有丰富的规划经验和实际工作经验。规划人员的素养和水平常常决定着所制定出的信息系统规划是否能够真正指导信息系统建设工作。经过人们的实践总结，提出了许多有效的、可以指导信息系统规划的方法和原则。典型的有战略目标转移法、关键成功因素法、企业系统规划法等。下面简要介绍这几种方法。

5.4.1　战略目标转移法

1．战略目标转移法的基本思想

信息系统规划的一个重要任务是确定信息系统的战略目标，而信息系统战略目标的确定必须以企业战略目标为依据，与企业战略目标基本保持一致，为企业战略目标服务，并成为企业战略目标的有机构成部分。战略目标转移(Strategy Set Transition，SST)法是 1978年由 William King 提出的一种确定信息系统战略目标的方法。这个方法把组织的整体战略目标看成一个"信息集合"，并认为它是由组织中的使命、目标、战略和其他影响战略的相关因素组成的。其中，其他影响战略的因素有发展趋势、组织面临的机遇和挑战、管理的复杂性、改革所面临的阻力、环境对组织目标的制约因素等。战略目标转移法的基本思想是识别组织的战略目标，并把组织的战略目标转化为信息系统的战略目标。

2．战略目标转移法的步骤

(1) 识别组织战略目标。组织战略目标是组织发展的宏观构架，它分为组织使命、目标、战略、支撑因素等四个方面。其中，使命是组织的存在价值和长远发展设想，它是组织最本质、最总体、最宏观的"内核"。例如，微软公司的使命是："领导计算机软件新潮流，向全世界提供一流的计算机软件平台和工具。"目标是根据使命，组织在确定时限内应达到的境地和标准。目标呈树型层次结构，由总目标、分目标和子目标构成。战略则是为了实现既定目标所确定的对策和举措。支撑因素包括发展趋势、机遇和挑战、管理复杂性、环境对组织的制约等。需要认真分析组织战略目标，用书面的形式条理地描述出来，并请组织的决策人进行认定。

(2) 将组织战略目标转化成信息系统战略目标。战略目标转移法的第二步工作是把组织战略目标转化为信息系统战略目标。信息系统是为组织战略目标服务的,所以制定信息系统战略目标必须以组织战略目标为依据。信息系统有其目标、战略和约束条件。在确定信息系统目标、战略和约束条件的过程中,要逐一检查它是否对实现组织战略目标有利,并且要找出对组织战略目标有重大影响的因素重点予以考虑。战略目标转移过程见图 5.3。

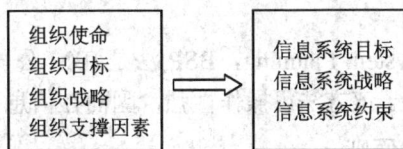

```
┌──────────┐        ┌──────────┐
│ 组织使命  │        │ 信息系统目标 │
│ 组织目标  │   ⇒    │ 信息系统战略 │
│ 组织战略  │        │ 信息系统约束 │
│ 组织支撑因素│        └──────────┘
└──────────┘
```

图 5.3　战略目标转移过程

5.4.2　关键成功因素法

关键成功因素法是 1970 年由哈佛大学 Zani 教授提出来,1980 年被 Rochart 教授用于确定信息系统战略的一种方法。该方法并不是一个制定信息系统规划的完整方法,而是从企业目标中找出关键因素,并且在信息系统战略中予以重点考虑,是制定信息系统规划的辅助方法。

1. 关键成功因素法的基本概念

关键成功因素是指在一个组织中的若干能够决定组织成功运作和发展的一些重要因素,这些因素决定着一个组织的兴衰和成败。关键成功因素法即在企业中找出关键成功因素,并对这些因素予以高度关注,通过重点解决这些因素中存在的问题,以提高企业的整体水平,保证信息系统成功建设。关键成功因素法反映了抓主要矛盾的思想。

2. 关键成功因素法的步骤

关键成功因素法有四个步骤:

(1) 了解企业目标。调查和了解组织的战略目标,确定信息系统的战略目标。

(2) 识别成功因素。找出决定和影响实现组织信息系统建设战略目标的成功因素。成功因素可以采用树枝因果图来表示。例如,影响企业目标"提高产品竞争力"的因素有"降低成本"、"提高质量"、"加强市场服务"等,而"降低成本"又与"减少人员"、"降低消耗"、"降低原材料价格"等因素有关,见图 5.4。

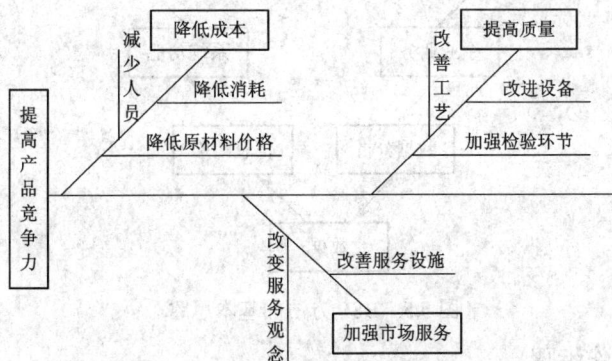

图 5.4　成功因素

(3) 确定关键成功因素。对识别出来的成功因素进行评价，并根据企业或信息系统的现状及目标确定其关键成功因素。

(4) 明确各关键成功因素的性能指标和评估标准。

5.4.3　企业系统规划法

企业系统规划(Business System Planning，BSP)法是 IBM 公司在 20 世纪 70 年代开始采用的一种信息系统规划方法。由于该方法可操作性强，因而在信息系统规划中得到了广泛应用。

1. BSP 法的基本思想和原则

企业系统规划法的基本思想是：信息系统是为企业目标服务的，信息系统应该能够满足企业各个管理层次的信息要求，并向企业提供一致的信息。信息系统由多个互有联系又相对独立的子系统以集成的方式构成，并且应该具有相对稳定的系统结构。

BSP 法基于以下基本原则：

(1) 信息系统必须支持企业目标。信息系统是企业系统的有机构成部分，信息系统必须支持企业目标。在信息系统规划过程中确定的信息系统目标应该以企业的战略目标为依据，并且使信息系统的战略目标与企业战略目标保持一致。

(2) 信息系统规划应该反映企业各管理层次的需求。企业管理被划分为战略决策、管理控制和事务处理三个层次，信息系统规划应该反映企业管理的各个层次的管理需求。信息系统的战略目标反映企业管理的战略决策层的需求，信息系统的二级目标反映管理控制层的需求。在信息系统规划中一般不会详细到事务处理层，但规划必须反映事务处理的基本需求。

(3) 信息系统具有适应性。企业的组织机构和管理体制是经常变化的，信息系统应该独立于企业的组织机构和管理体制并具有普遍适应性。企业组织机构的调整和管理体制的变化不应该对信息系统造成影响。信息系统应该能够适应企业的发展变化。

(4) 总体规划，分步实施。信息系统建设是一项复杂持久的系统工程，一个宏大的信息系统不可能在短期内一步完成。因此，信息系统建设需要总体规划、分步实施。在信息系统建设之初，需要制定出能够指导信息系统长期建设的总体规划，然后在规划的指导下，分段、分步实施建设。可以称为自上而下规划，自下而上开发，见图 5.5。

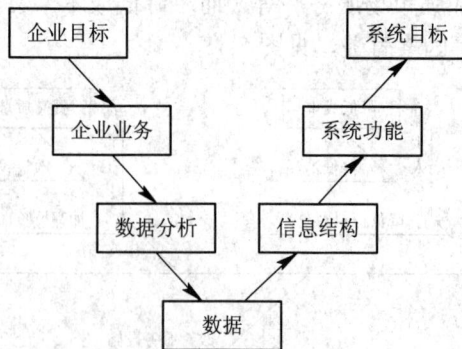

图 5.5　BSP 方法的基本思路

2. BSP 法的工作步骤

根据 BSP 法的基本思想，BSP 法的工作步骤可以分解为图 5.6 所示的步骤。

```
                        ┌──────────┐
                        │  规划准备  │
                        └────┬─────┘
                             ↓
                        ┌──────────┐
                        │ 目标战略分析 │
                        └────┬─────┘
                             ↓
                        ┌──────────┐
                        │ 业务过程分析 │
                        └────┬─────┘
                             ↓
                        ┌──────────┐
                        │ 主题数据分析 │
                        └────┬─────┘
               ┌─────────────┴──────────────┐
               ↓                            ↓
      ┌──────────────┐          ┌────────────────┐
      │ 现行信息系统分析 │          │ 定义信息系统总体结构 │
      └──────┬───────┘          └────────┬───────┘
             └──────────────┬────────────┘
                            ↓
                     ┌──────────┐
                     │ 确定建设计划 │
                     └────┬─────┘
                          ↓
                   ┌────────────┐
                   │ 编制信息系统规划 │
                   └─────┬──────┘
                         ↓
                    ┌──────────┐
                    │  可行性分析  │
                    └──────────┘
```

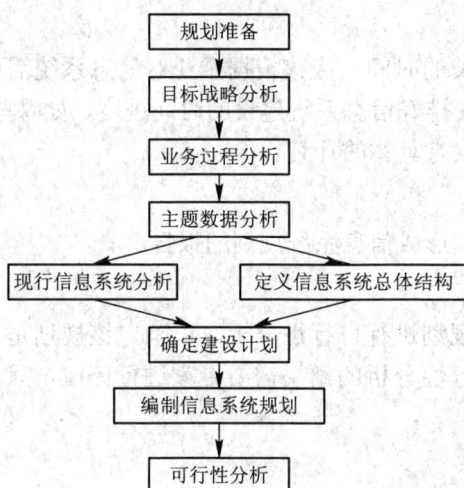

图 5.6　信息系统规划的基本步骤

1) 规划准备

信息系统规划的准备工作应该包括成立信息系统规划小组、制订信息系统规划计划、启动规划工作等。信息系统规划是涉及企业总体发展战略的重大问题，企业高层领导必须高度重视，应该坚持"一把手原则"，由企业最高领导担任规划小组组长。另外，信息系统规划涉及企业各级管理，因此，需要进行广泛动员和大力宣传。

2) 目标战略分析

制定信息系统规划之初，应该分析企业总体发展规划，搞清楚企业的发展目标和总体战略。首先需要调研企业的目标和战略，在初步调研的基础上，对企业目标、战略、现状、制约因素、面临的重大问题等进行认真分析。

3) 业务过程分析

业务过程是组织中在逻辑上相关的一组业务活动的集合。业务过程分析需要识别组织中存在的主要业务过程，并确定每一个业务过程对组织目标及管理的作用和意义。

4) 主题数据分析

主题数据是按照主题划分的企业实体集，像工资、人员、雇员等都是主题数据。在整理主题数据时，应该注明产生、使用、引用各主题数据的业务。

5) 定义信息系统总体结构

信息系统总体结构是指构成信息系统的子系统，以及各子系统相互之间的联系模式。企业系统规划方法将利用 U/C 矩阵(见本节后续内容)，通过对业务过程与主题数据之间关系的分析，得出信息系统总体结构。

6) 现行信息系统分析

每一个企业信息系统建设都需要一个十分漫长的过程，信息系统规划也不是一次制定好后，再不做任何变化，而是根据变化进行及时修改。在制定信息系统规划或修订信息系统规划时，需要考虑企业已经建立的信息系统的现状，以及所存在的问题。这样在规划新信息系统过程中，既要能够纠正和弥补现存信息系统的不足，又要充分地继承现行信息系统，让它在新建立的信息系统中发挥应有的作用。

7) 确定建设计划

信息系统建设需要较长的时间，应该根据企业对信息系统需要的急迫程度、企业的基础条件和企业实力，统筹安排好信息系统建设的时间进度，如哪些子系统在什么时间完成、完成到什么程度等，都应该有具体的计划。

8) 编制信息系统规划

在以上工作的基础上，形成信息系统规划的报告。

9) 可行性分析

对所制定的信息系统规划进行可行性分析，以确定该规划是否可行，还需要做哪些方面的修正和完善工作。可行性分析的结果需要专家进行评审，只有可行的信息系统规划才能正式批准执行。

3. 业务过程分析

1) 业务过程的含义

业务过程是组织中在逻辑上相关的一组业务活动的集合。一个业务过程具有特定的目标、特定的输入和特定的输出，并使用组织资源。一组活动以一定的顺序进行。一个组织中存在多种业务过程，通过业务过程的有序运行，完成组织的目标。

组织的业务过程有以下几个特点：

(1) 每一个业务过程都有输入和输出；

(2) 每一个业务过程都有一个核心的处理对象，这个处理对象常常伴随着这个业务过程的整个生命周期；

(3) 业务过程往往是跨职能部门的；

(4) 业务过程是围绕着组织目标设定的，业务过程独立于组织机构，与组织机构没有必然联系。

2) 业务过程的类型

组织中存在各种各样的业务过程，根据其作用可以划分为三种类型：

(1) 产品与服务过程。现代企业可以分为生产类企业和服务类企业，生产类企业主要承担产品的生产加工，服务类企业向社会提供各种可能的服务。生产类企业中的业务过程主要围绕着产品生产而设置，服务类企业中的业务过程则根据服务类企业的服务性质来确定。但是，在生产类企业中也有服务，在服务类企业中可能也有生产加工。

(2) 计划与控制过程。企业运作，需要进行有效的计划、控制和管理。计划与控制过程是所有企业必须存在的业务过程。对这类业务过程的识别、改进和重组，是有效整合企业资源、提高企业管理水平、增强企业竞争力的有效途径。

(3) 支持资源过程。支持性资源是企业为实现其目标的消耗和使用物，其基本资源有四类：材料、资金、设备、人员，还包括市场、厂商、文档等辅助性资源。伴随着支持性资源有一系列企业过程，这些过程在企业中起着十分重要的作用。

3) 业务过程的识别

业务过程来源于企业，要正确识别业务过程，就需要深入到企业内部，通过对企业的目标、管理、生产和服务的全面分析，正确识别出存在的企业业务过程。几种不同类型的业务过程的识别步骤见图 5.7。

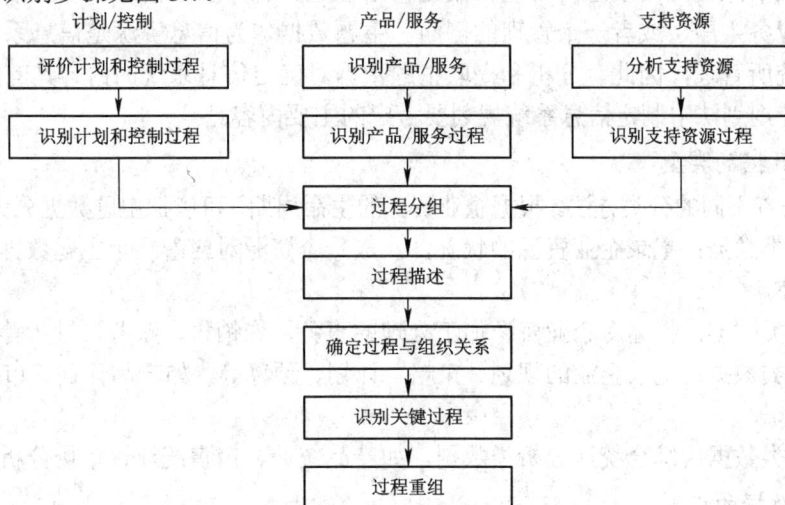

图 5.7　BSP 法识别过程

表 5.1～表 5.3 是从某企业识别出的一组业务过程的示例。

表 5.1　计划/控制过程

经济预测	市场/产品预测	预测管理	预算
组织计划	资金计划	目标开发	评价
政策制定	员工培训计划	营运计划	营运管理

表 5.2　产品/服务过程

市场计划	工程设计开发	库存控制	销售
市场研究	产品说明	材料入库	订货服务
市场预测	工程记录	质量控制	运输
产品定价	生产调度	包装储存	运输管理
材料需求	生产运行	能力计划	购买设备

表 5.3　支持资源过程

财务计划	资金筹措	账务管理	会计支付
成本计划	成本记录	成本控制	成本结算
人事计划	员工招聘	员工管理	员工辞退
工资计划	工资核算	工资管理	工资发放
设备计划	设备采购	设备管理	设备报废

4. 主题数据分析

1) 主题数据的概念和作用

主题数据是支持企业业务过程所必需的逻辑上相关的数据。一个主题数据是指满足一个或多个业务过程信息需求的一类数据，这些数据可以用来表示各类业务主题的内容。主题数据是对企业资源和业务过程的表征，因此，主题数据的提取和识别来源于企业资源和业务过程。从信息资源角度看，主题数据是一组在逻辑上关联的信息，这组信息能够反映企业的一个业务主题，或者一个管理的侧面。主题数据作为信息资源是信息系统的要素，并被信息系统所管理，因此，分析和提取主题数据对确定信息系统的内容具有重要作用，也是企业系统规划法中制定信息系统规划要考虑的主要内容。

2) 主题数据的类型

主题数据有不同的分类方法。根据企业资源的生命周期，可以把主题数据分为以下四类：

(1) 存档类数据：记录企业资源的状况，一般一个资源对应着一个主题数据，如工资、设备、人员等。

(2) 事务类数据：描述对企业资源加工处理的事务，像销售、账务、进货等。

(3) 计划类数据：记录企业的规划、策略、计划、预算等，如产品计划、市场规划、材料预算等。

(4) 统计类数据：综合统计分析类数据，如产品统计、销售统计、市场分析等。

3) 主题数据的识别

因为主题数据是描述企业资源的，所以可以通过企业资源的不同生命周期的分析，提取出相应的主题数据。可以用企业资源/主题数据矩阵来帮助分析。表 5.4 是识别主题数据的企业资源/主题数据矩阵。

表5.4　　识别主题数据的企业资源/主题数据矩阵

企业资源＼数据类型	产品	顾客	设备	材料	供应商	资金	人事	…
存档	产品零部件	顾客	设备工艺流程	材料清单材料库存	供货厂家	财务报表	职工工资岗位	…
事务	订购	交易	设备运行设备维护	订购采购	材料进货	收款付款记账	职工培训	…
计划	产品计划	销售计划市场计划	设备计划检修计划	材料需求计划	需求计划	财务计划财务预算	人员计划	…
统计	产品统计	顾客统计销售统计	设备利用率设备运行记录	材料统计表	厂家信誉厂家购货统计	财务统计	人员业绩记录	…

5. 定义信息系统总体结构

定义信息系统总体结构是信息系统规划的主要任务。信息系统总体结构包括信息系统的概念结构、信息系统基础设施结构、信息资源结构和信息系统软件构架等内容。但在 BSP 方法中，并没有把信息系统总体结构划分得这么详细，BSP 认为信息系统总体结构是由若干相互关联的子系统构成的总体信息系统，各子系统则是在功能、数据和逻辑上相互联系比较紧密的一个系统单元。

由 U/C 矩阵来定义信息系统总体结构的步骤如下：

(1) 建立业务过程与主题数据的关系矩阵。业务过程与主题数据的关系矩阵也被称为 U/C 矩阵。U/C 矩阵是一个二维表，纵向为业务过程，横向为主题数据。在表中的纵横交叉的栏格中填写 U 或者 C(当这个栏格所对应的主题数据是由所在行的业务过程产生时，在这个位置填写 C(Create)。如果这个主题数据被该业务过程所使用，则在栏格中填写 U(Use)；如果没有关系，则什么都不填)。

(2) U/C 矩阵的调整和子系统划分。在 U/C 矩阵中，U 和 C 表示业务过程和主题数据之间的关系。把业务过程和主题数据之间关系密切的部分进行聚类，以便得出信息系统的结构。聚类的具体方法是对矩阵中的行或列进行移动和调整，把矩阵中所有 C 调整到对角线的位置，移动之后的 U/C 矩阵仍然能够正确反映业务过程和主题数据之间的关系。

之后，沿矩阵对角线把相互联系密切的业务过程和主题数据划分成多个小部分，每一个部分用粗线框起来，这一部分中的业务过程和主题数据关系比较密切，可以把这部分划归为信息系统中的一个子系统。每一个子系统中包括一定的业务过程和主题数据，一个业务过程必须也只能包含在一个子系统之中，这些业务过程就是这个子系统应该具有的功能。每一个子系统中所包括的主题数据则是这个子系统应该产生(Create)的主题数据，其他子系统可能要使用(Use)这个子系统中的主题数据。这样，通过 U/C 矩阵就确定了信息系统所具有的子系统以及各个子系统之间的关系。图 5.8～图 5.11 反映了通过提取主题数据和业务过程，并利用聚类方法得到信息系统结构的基本过程。

业务过程 ＼ 主题数据	客户	产品	订货	成本	操作顺序	材料表	零件规格	材料库存	职工	成品库存	销售区域	财务	设备负荷	计划	工作令	材料供应
经营计划				U								U		C		
财务计划				U					U			U		C		
资产规模												C				
产品预测	U	U										U		U		
产品设计	U	C				U	C									
产品工艺		U					C	C	U							
库存控制								C		C					U	U
调度		U											U		C	
生产能力计划					U								C			U
材料需求		U						U								C
操作顺序					C								U		U	U
销售区域管理	C	U	U													
销售	U	U	U								C					
订货服务	U	U	C													
运输		U	U							U						
财务会计	U	U							U							
成本会计				U	C											
人员计划									C							
人员考核									U							

图 5.8　业务过程/主题数据矩阵

业务过程	主题数据	计划	财务	产品	零件规格	材料表	材料库存	成品库存	工作令	设备负荷	材料供应	操作顺序	客户	销售区域	订货	成本	职工
经营计划	经营计划	C	U													U	
	财务计划	C	U													U	U
	资产规模		C														
技术准备	产品预测	U		U									U	U			
	产品设计			C	C	U							U				
	产品工艺			U	C	C	U										
生产制造	库存控制						C	C	U		U						
	调度			U					C	U							
	生产能力计划								C	U	U						
	材料需求			U		U					C						
	操作顺序									U	U	U	C				
销售	销售区域管理			U									C	U			
	销售			U									U	C	U		
	订货服务			U									U		C		
	运输			U				U							U		
财务	财务会计			U									U				U
	成本会计														U	C	
人事	人员计划																C
	人员考核																U

图 5.9　聚类并划分子系统

业务过程	主题数据	计划	财务	产品	零件规格	材料表	材料库存	成品库存	工作令	设备负荷	材料供应	操作顺序	客户	销售区域	订货	成本	职工
经营计划	经营计划	C	U													U	
	财务计划	C	U													U	U
	资产规模		C														
技术准备	产品预测	U		U									U	U			
	产品设计			C	C	U							U				
	产品工艺			U	C	C	U										
生产制造	库存控制						C	C	U		U						
	调度			U					C	U							
	生产能力计划								C	U	U						
	材料需求			U		U					C						
	操作顺序									U	U	U	C				
销售	销售区域管理			U									C	U			
	销售			U									U	C	U		
	订货服务			U									U		C		
	运输			U				U							U		
财务	财务会计			U									U				U
	成本会计														U	C	
人事	人员计划																C
	人员考核																U

图 5.10　子系统之间的关系

业务过程＼主题数据		计划	财务	产品	零件规格	材料表	材料库存	成品库存	工作令	设备负荷	材料供应	操作顺序	客户	销售区域	订货	成本	职工
经营计划	经营计划	计划子系统															
	财务计划																
	资产规模																
技术准备	产品预测			技术子系统													
	产品设计																
	产品工艺																
生产制造	库存控制						生产子系统										
	调度																
	生产能力计划																
	材料需求																
	操作顺序																
销售	销售区域管理												销售子系统				
	销售																
	订货服务																
	运输																
财务	财务会计															财会	
	成本会计																
人事	人员计划																人事
	人员考核																

图 5.11　确定的信息系统结构

6．现行信息系统分析

企业信息系统建设是一个十分漫长的过程，信息系统规划也不是一次制定好后就再不做任何变化，而是需要根据变化进行及时修改。在制定信息系统规划或修订信息系统规划时，需要考虑企业已经建立的信息系统的现状，以及所存在的问题。这样，在规划新信息系统的过程中，既要能够纠正和弥补现存信息系统的不足，又要充分地继承现行信息系统，让它在新建立的信息系统中发挥应有的作用。

企业当前已经运行的信息系统应该具有比较齐全的资料和文档，应主要分析现行信息系统在企业管理中所发挥的作用，以及系统目前所存在的不足。在制定信息系统规划时，应该充分考虑新建立的信息系统如何有效地利用已有信息系统的现成资源，把旧系统有机地纳入到新系统之中，不要造成资源的浪费。

7．制定建设计划

信息系统建设需要较长的时间，应该根据企业对信息系统需要的急迫程度、企业的基础条件和企业实力，统筹安排好信息系统建设的时间进度。哪些子系统在什么时间完成，完成到什么程度，需要制定出具体的实施计划。

8．编制信息系统规划

以上步骤完成之后，下来就可以把分析和规划的结果，用书面的形式描述出来，编制出信息系统规划文档。信息系统规划的编写没有固定的格式，但应该完整地反映规划的基本内容。

9．可行性分析

对所制定的信息系统规划进行可行性分析，以确定该规划是否可行，以及还需要做哪些方面的修改和完善工作。可行性分析的结果需要经过专家评审，只有可行的信息系统规划才能正式批准执行。

5.5　风险分析与控制

5.5.1　概述

1．风险的概念

风险是可能给信息系统的成功带来威胁或损失的各种潜在的问题。在未来信息系统开发或运行过程中，这些潜在的问题将可能发生或暴露出来，从而给信息系统开发和应用带来障碍。因此，及早发现信息系统中存在的各种风险，并采取应对措施，对成功开发信息系统具有十分重要的意义。

2．风险的类型

在信息系统中存在各种各样的风险，可以从不同方面对其进行分类。从风险对信息系统可能造成的危害程度，可以将其分成高危害性风险、中危害性风险和低危害性风险三种类型。高危害性风险是信息系统中潜在的重大风险，这类风险会给信息系统造成重大伤害，甚至会使信息系统瘫痪或失败；中危害性风险比高危害性风险的危害程度要低，它可能会造成信息系统方案的较大改动、开发时间延期、功能或性能发生较大变化等影响；低危害性风险的影响程度最低，可能会造成方案的部分调整、功能或性能减弱等影响。风险分析的目的就是要消除高危害性风险，限制或减轻中危害性风险，控制低危害性风险。

按照风险的类属，可以将其分为技术性风险、工程性风险和环境性风险三种类型。技术性风险是由于信息系统开发所采用的理论、方法、技术、设备等技术性因素存在的缺陷和问题给信息系统所带来的风险。技术性风险是信息系统潜在的最多的一类风险，也是最容易给信息系统造成问题的风险。工程性风险是由于信息系统工程的组织、管理、保障等因素存在问题给信息系统开发造成的一类风险。工程组织不规范、工程管理混乱、在工程中使用了不称职的管理人员或工程技术人员等都是工程性风险。环境性风险是信息系统所存在的社会和组织环境可能给信息系统开发和使用带来潜在问题的一类风险。例如，所开发的信息系统与社会的法律、政策、道德规范相冲突；组织管理没有实现科学化，人员文化知识素养达不到建设信息系统的需要；企业不能保证信息系统建设所需要的足够资金等等，这些因素都是环境性风险。在信息系统中有些风险可能会同时具有多种类型的特征。

3．风险的处理方法

有多种处理风险的方法，常用的有避免风险、限制风险、减轻风险和监控风险四种方法。避免风险是通过更改需求或方案以摒弃造成风险原因的一种风险处理策略。例如，在书务信息系统中，为了保证图书不被盗窃，或盗窃之后能够有效地追回，开发人员开始准备采用对读者的指纹识别技术，每一个读者进出书店都需要留下自己的指纹。但是，指纹识别技术一方面成本昂贵，会给书店带来很大的业务工作量，另一方面，这种技术还存在一定的误识率。通过上面的分析，说明采用指纹识别技术存在技术风险。开发人员最后决定放弃这种方案，另外选择对图书进行加磁和消磁的识别技术，这种技术既能够达到防止图书被盗的效果，同时因为技术已经十分成熟，避免了原方案所存在的技术风险。有些风险不能够通过更改需求或方案来避免，但可以采用一定的技术策略把风险所造成的危害和影响限制在尽可能小的范围之内，这种风险处理策略被称为限制风险。对于重大灾难性风险，一般不能采用限制性策略，采用限制性策略的风险一般不会给信息系统造成致命灾害，它出现之后所造成的影响和后果不会太大。而且如果这种风险出现，也有比较成熟的应对策略。第三种处理风险的方法是减轻风险，就是通过修改需求或方案，或者采用相应的应对性措施，把风险所造成的危害和损失减轻到可以应对或承受的范围之内。最后一种风险处理办法是监控风险。有些风险一旦出现，因为系统具有有效的应对策略，此时就可以采用有效的监控策略，即严密地诊测风险出现的环境和条件，一旦呈现风险出现的征兆或苗头，就马上报告，并启动应对措施。对信息系统中所存在的各种风险，开发人员要认真分析，有针对性地采用相应的处理措施，把风险减少到最低程度。

5.5.2 风险分析

为了成功地开发信息系统，需要对信息系统中所存在的各种风险进行有效的识别和深入的分析，确定风险处理的策略，并对风险实施有效管理。

1. 风险识别

风险识别是由开发人员根据需求调查和分析的结果，找出信息系统可能存在的各种风险的过程。风险识别对开发人员有很高的要求。它首先要求开发人员具有广博的知识，包括社会、法律、政策、技术、工程、管理、心理等方面的知识。因为其中的每一个方面都会成为信息系统的潜在风险。比如，一个企业的信息系统要提供向外发布企业信息的功能，开发人员就必须了解社会对公众发布信息都有哪些法规、政策及标准规定，只有符合这些规定，企业信息才允许向社会公开发布。如果开发者开始不了解这些规定，采用了与社会法规、政策、标准相抵触的信息发布方案，等系统开发出来之后对外发布企业信息，公众信息管理机构发现违反规定的信息在公开发布，就会出面制止。其次，要求开发人员具有丰富的经验。信息系统建设存在大量的共性问题，如果开发人员具有十分丰富的开发经验，这些问题就会在前期得到避免。最后，要求开发人员对业务和需求进行深入和详细的调研与分析。只有深入地了解现行组织业务和新系统的需求，才能清楚地知道哪些会是潜在的问题，在哪些方面将来可能会出现问题。

风险识别需要开发人员凭借自己所具有的知识，根据业务和需求，找出信息系统开发和将来运行可能存在的问题。在识别风险的过程中，可以把范围放得宽一些，尽量找出潜在的风险，尤其是要找出高危害性风险。对找出的风险要详细记录。

需要注意的是，信息系统的风险不是在信息系统开发的前期就能够完全识别出来的，许多风险是在信息系统建设过程中才会出现或显露出来。因此，我们不要期望在信息系统规划中就能够把信息系统所潜在的所有风险都找出来。要尽可能地找出潜在的风险，尤其是高危害性风险。由于风险的随机性和隐蔽性，需要建立风险管理的有效机制，以应对各个时期、不同阶段可能出现的各种风险。

2．风险分析

在识别出信息系统所存在的风险之后，分析人员需要对识别出来的风险进行认真分析，以确定风险的类型、出现的可能性、产生的原因以及可能造成的危害。

风险分析的第一项工作是分析风险的类型，确定该风险是属于高危害性风险、中危害性风险，还是低危害性风险，是属于技术性风险、工程性风险，还是环境性风险。确定风险类型的目的是为了知道风险可能造成的危害性，以及风险的类属，以便能够更有针对性地对风险进行分析。

风险分析的第二项工作是分析风险出现的可能性。由于风险是人们对未来可能出现问题的潜在隐患的认识和预测，这就存在两种情况。一种是各种隐患将来真正暴露成为问题的可能性是不同的，有些隐患肯定会暴露，有些隐患如果条件发生变化可能会自动消除或不暴露。这就需要分析人员对风险转变成为问题的可能程度做出估计。另外一种情况是人们对未来系统隐患的估计可能是正确的或错误的问题。有些估计可能是正确的，但有些估计可能本身就是错误的，把不是风险的事情当成风险。对这种情况唯一的办法就是提高分析人员自身的水平，并对具体情况进行深入分析，把工作做得更为细致，以提高估计的准确性。

风险分析的第三项工作是分析风险产生的原因，以及这种原因在什么环境和条件下可能引发问题。只有对风险产生的原因及引发问题的环境和条件充分地认识清楚了，才可能对风险采取有效的应对措施。

风险分析的第四项工作是分析风险可能对信息系统所造成的危害，以及这些危害对信息系统会造成哪些影响。了解清楚风险对信息系统所能造成的危害以及危害的程度，以便于分析人员能够分轻重缓急对风险实施有效的管理，并对风险处理采取有针对性的应对措施。对于会对系统造成致命伤害的高危害性风险，要高度重视，严加杜绝；而对低危害性风险的重视程度可以相对降低。

5.5.3　风险处理策略

识别出风险并对风险进行分析之后，就需要根据风险分析的结果，确定对风险处理的方法和策略。可选择的风险处理策略有风险避免、风险限制、风险减轻和风险监控四种。风险处理策略的选择，应根据各个风险的具体情况而定。一般来说，对于高危害性风险应该采取避免策略；对中、低危害性的风险适宜采用限制、减轻或监控策略。但是对于中、低危害性的风险，如果避免之后对信息系统的功能和性能不会造成根本性影响，也可以采用避免策略；而对于高危害性风险，如果避免之后会严重影响信息系统的功能和性能，或者高危害性风险产生的可能性并不大，而且我们在事发之前可以对它采取有效的应对措施进行减轻或化解，那么也可以采用监控和减轻策略。风险处理策略应该辨证地根据具体情况而定，不能一概而论。

确定风险处理策略，并不等于实施风险处理。风险处理实施起来要复杂得多。风险处理是整个信息系统开发过程的工作，有些风险要在信息系统开发的前期处理，有些风险要在信息系统开发中期处理，还有一些可能需要到开发结束时才进行处理。但是，所有风险处理都应该根据已经选择的处理策略有计划地实施。

5.6　可行性研究

5.6.1　概述

可行性研究又叫可行性分析，它是所有工程项目在开始阶段必须进行的一项工作。可行性研究是指在项目正式开发之前，先投入一定的精力，通过一套准则，从经济、技术、社会等方面对项目的必要性、可能性、合理性，以及项目所面临的重大风险进行分析和评价，得出项目是否可行的结论。可行性研究的结果无非是三种情况：

(1) 可行，按计划进行即可；

(2) 基本可行，需要对项目要求或方案做必要修改；

(3) 不可行，不立项或终止项目。

可行性研究一般需要从经济、技术、社会等方面进行综合分析，把这三个方面的分析工作称为经济可行性分析、技术可行性分析和社会可行性分析。经济可行性分析一般要对项目进行成本和效益估算，要求效益大于成本。需要综合进行比较，对一个项目应该提出几种方案，选择其中投入最小而收益最大的方案(注意，对信息系统项目进行效益分析时应该注意它的社会效益)。除了经济可行之外，还需要从技术上进行论证。要论证项目所涉及的关键技术是否已经成熟，是否还存在重大的技术风险，只有排除了重大技术风险的项目才能够立项开发。最后还要从社会角度论证项目的可行性。社会可行性包括的范围比较广泛，例如，项目所要求的社会环境是否具备，项目的开发对社会公益是否会带来负面影响，是否存在与社会道德、法律、制度等相抵触的地方。对于信息系统来讲，还需要考虑企业员工的信息知识素养、企业管理水平、人们的社会生活习惯等方面的因素。经济、技术和社会三方面互有联系，需要综合考虑，不可偏执一面。

信息系统可行性研究工作更为重要和复杂。首先对制定的信息系统总体规划要进行可行性论证。此外，还要对在信息系统建设过程中各次投入开发的信息系统项目进行可行性分析。另外，随着环境、需求和技术的发展变化，还要及时根据变化对信息系统建设带来的影响进行可行性分析。

信息系统规划的可行性研究主要分析所制定的信息系统规划是否符合企业发展的实际。信息系统规划的可行性研究也是从经济、技术和社会等方面进行分析，但更多需要考虑所制定的信息系统规划是否符合企业战略目标的需要，是否存在近期无法排除的重大风险，规划的安排是否符合企业现状等方面的问题。由于信息系统规划是企业信息系统建设的总纲领，它要指导企业信息系统长远建设，因此，对信息系统规划的可行性研究必须慎之又慎。

信息系统建设是一个漫长的过程，需要分阶段、分步骤完成。对每一个时期计划开发的信息系统项目，也需要进行可行性分析。因为，信息系统规划的可行性研究是立足于长远和宏观的信息系统总体建设。每一时期所要开发的信息系统项目则比较具体，需要对本项目的可行性进行深入细致的分析。对于不可行的项目就要提前改换目标、需求或方案，以至于终止项目开发，不要造成无谓损失。

5.6.2　可行性研究的内容

1. 经济可行性

经济可行性分析(Economic Feasibility)也叫投资/效益分析或成本/效益分析，它是指分析开发信息系统项目所需要的花费和项目开发成功之后所能带来的经济效益。通俗地讲，分析信息系统的经济可行性，就是分析该信息系统是否值得开发。显然，在可行性分析中，经济可行性应该是最重要的。企业所追求的目的就是效益和利润，如果收益小于支出，企业显然不会干这种亏本的生意。

投资/效益分析需要确定出所要开发的信息系统的总成本和总收益。然后对成本和收益进行比较，当收益大于成本时，这个项目才值得开发。信息系统的总成本包括开发总成本和运行管理总成本。信息系统的效益包括直接经济效益和间接社会效益。

信息系统开发成本是指从立项到投入运行所花费的所有费用，而运行成本则是指信息系统投入使用之后，系统运行、管理和维护所花费的费用。例如，新建一个图书馆，需要规划、设计和施工，还需要购买所有的建筑材料。图书馆一旦建成投入使用，就要保证日常运行，还需要管理、操作和维护费用，像水电费、管理费、维护费和人员费用等。每年图书馆的运行管理费用也可能只是整个开发成本的一个零头，但在图书馆的使用期中，每年都需要操作管理费，所以累计的操作管理费不一定比建设费用少。

直接经济效益是信息系统能够直接获取的，并且能够用资金度量的效益。像降低的成本、提高的资金周转率、减少的人员成本以及减少的消耗等都是信息系统的直接经济效益，它们可以用资金进行计算。间接社会效益是指能够整体地提高企业信誉和形象，提高企业的管理水平，但不能简单地用资金或无法用资金计算的那部分效益。间接社会效益常常需要系统分析员根据本企业的状况和不同企业之间的类比进行概括估计。

通过比较成本和效益，就可以决定将要立项的信息系统是不是值得开发。一般比较的结论有三个：

(1) 效益大于成本，开发对企业有价值；

(2) 成本大于效益，不值得开发；

(3) 效益和成本基本持平。

在进行成本/效益分析时不要忽视信息系统给企业所带来的间接社会效益，对于信息系统开发尤其要注意间接社会效益。简单地从经济角度看，有些信息系统可能投入大于直接效益，但是它对企业带来的间接效益很大，这类系统仍然要立项开发。

2. 技术可行性

技术可行性(Technical Feasibility)是分析在特定条件下，技术资源的可用性和这些技术资源用于解决信息系统问题的可能性和现实性。在进行技术可行性分析时一定要做到以下几方面：

(1) 应该全面考虑信息系统开发过程所涉及的所有技术问题。信息系统开发过程涉及多方面的技术，如开发方法、软硬件平台、网络结构、系统布局和结构、输入输出技术等。应该全面和客观地分析信息系统开发所涉及的技术以及这些技术的成熟度和现实性。

(2) 应尽可能采用成熟技术。成熟技术是被多人采用并被反复证明行之有效的技术，因此采用成熟技术一般具有较高的成功率。另外，成熟技术经过长时间、大范围使用、补充和优化，其精细程度、优化程度、可操作性、经济性要比新技术好。鉴于以上原因，在开发信息系统过程中，在可以满足系统开发需要，能够适应系统发展，保证开发成本的条件下，应该尽量采用成熟技术。

(3) 要慎重引入先进技术。在信息系统开发过程中，有时为了解决系统的一些特定问题，为了使所开发的信息系统具有更好的适应性，也需要采用某些先进或前沿技术。在选用先进技术时，需要全面分析所选技术的成熟程度。有许多报道的先进技术和科研成果实际上仍处在实验室阶段，其实用性和适应性并没有得到完全解决，也没有经过大量实践验证，在选择这种技术时必须慎重。

(4) 应着眼于具体的开发环境和开发人员。许多技术从总的来看可能是成熟和可行的，但是在自己的开发队伍中如果没有人掌握这种技术，而项目组中又没有引进具有这种技术的人员，那么这种技术对本系统的开发仍然是不可行的。例如，Web Services 是 SOA 的一种基本技术，但是如果在你的开发队伍中没有人掌握这种技术，那么从技术可行性上看就是不可行的。

3. 社会可行性

社会可行性(Society Feasibility)具有比较广泛的内容，它需要从政策、法律、道德、制度、管理、人员等社会因素论证信息系统开发的可能性和现实性。例如，对信息系统所服务的行业以及应用领域，国家和地方已经颁布的法律和行政法规是否与所开发的信息系统相抵触？企业的管理制度与信息系统开发是否存在矛盾的地方？人员的素质和人员的心理是否为信息系统开发和运行提供了准备？诸如此类的问题都属于社会可行性需要研究的问题。

社会可行性还需要考虑操作可行性 (Operational Feasibility)。操作可行性是指分析和测定给定信息系统在确定环境中能够有效地从事工作并被用户方便使用的程度和能力。操作可行性需要考虑以下方面：

(1) 问题域的手工业务流程、新系统的流程以及两种流程的相近程度和差距；

(2) 系统业务的专业化程度；

(3) 系统对用户的使用要求；

(4) 系统界面的友好程度以及操作的方便程度；

(5) 用户的实际能力。

分析操作可行性必须立足于实际操作和使用信息系统的用户环境。例如 A 公司的全体收款员都能够熟练地运用收款电脑进行收款业务，并不意味着 B 公司的收款员也就必然能做同样的事情。可行性研究的内容之一就是要判断 B 公司收款员当前所具有的能力，以便于下一步为他们的改变做出适当的决定。

5.6.3　可行性研究报告

信息系统可行性报告是描述信息系统可行性的正式文档。目前还没有形成信息系统可行性报告的统一规范。信息系统的规模不同，应用面向不同，采取的技术不同，其可行性研究的内容和侧重也会有所差异。下面我们给出信息系统可行性报告应包括的主要内容。

1) 国内外研发现状和发展趋势

要详细描述信息系统尤其是同行、同类信息系统的技术、管理和应用的现状和发展趋势。信息系统的基础技术虽然已经达到了实用的程度，而且也相对成熟，但是信息系统所依赖的信息技术仍然处在快速发展过程之中，尤其是不同领域、不同行业的信息系统的工作方式、处理流程、系统架构差异很大，国内与国外差异很大，不同系统的差异也很大，所以需要详细描述国内外相关信息系统的现状和发展的趋势。

2) 项目研发内容、关键技术和目标

明确介绍本信息系统项目的研发目标、项目的主要内容和所采取的关键技术。

3) 主要技术路线

项目研发的主要技术路线包括项目采用的主要技术、方法和工具，项目的研发过程和步骤，要解决的重大技术问题，项目的创新点等。

4) 项目研发基础及技术支撑条件

项目研发的基础包括企业的管理基础条件，企业在市场和同行业中的地位与影响，客户对企业的评价和认同度，企业对项目研发的投资能力，企业现有信息系统的水平评估，研发队伍的水平和团队精神等。

5) 工作进度安排和阶段目标

制定详细的项目开发进度计划，并明确各阶段的工作目标。

6) 项目可行性分析

从经济、技术、社会等方面对本项目进行可行性研究，并给出研究结论。

本 章 小 结

信息系统规划是指通过对组织的目标、战略、现状面临的挑战和机遇、经营管理、资源、技术等因素的分析和预测，对组织信息系统未来做出的长远谋划和展望。信息系统规划一般包括信息系统的目标和战略、信息系统的构成和结构以及信息系统项目实施和资源分配计划等内容。信息系统规划应该遵循确定的步骤。有许多信息系统规划方法，比较实用的有战略目标转移法、关键成功因素法和企业系统规划法。

风险是可能给信息系统的成功带来威胁或损失的各种潜在的问题。从风险对信息系统可能造成的危害程度，可以将其分成高危害性风险、中危害性风险和低危害性风险三种类型。按照风险的类属，可以将其分为技术性风险、工程性风险和环境性风险三种类型。从风险的处理方法来看，常用的有避免风险、限制风险、减轻风险和监控风险四种方法。

可行性研究是指在项目正式开发之前，先投入一定的精力，通过一套准则，从经济、技术、社会等方面对项目的必要性、可能性、合理性，以及项目所面临的重大风险进行分析和评价，得出项目是否可行的结论，最后给出可行性研究报告。

习　题

一、简答题

1. 什么叫信息系统规划？
2. 信息系统规划的主要任务是什么？
3. 信息系统规划有什么特点？
4. 信息系统规划包括哪几方面的内容？
5. 简述信息系统规划的基本步骤。
6. 有哪几种信息系统规划方法？
7. 在 BSP 方法中，简述 U/C 矩阵的基本思想。
8. 为什么要进行可行性分析？
9. 什么叫信息系统风险？信息系统风险有哪几种类型？
10. 简述可行性分析的基本内容。

二、填空题

1. 规划是对复杂工程或重大活动作出的(　　　)、宏观的和(　　　)的谋划。
2. 信息系统规划的基本内容包括(　　　)、(　　　) 和项目实施与资源分配计划。
3. 信息系统的建设目标应根据(　　　)、组织信息系统建设的客观条件，以及(　　　)来确定。
4. 战略目标转移法的基本思想是识别(　　　)的战略目标，并转化为(　　　)的战略目标。
5. 关键成功因素反映了(　　　)的思想。
6. BSP 法是(　　　)，在(　　　)开始采用。
7. 在 BSP 法中，U/C 矩阵基于(　　　)的思想，用来确定(　　　)。
8. 风险分析要(　　　)高危害性风险，(　　　)中危害性风险，(　　　)低危害性风险。
9. 可行性研究的基本内容包括(　　　)、技术可行性和(　　　)几个方面。
10. 经济可行性研究中的效益包括(　　　)和(　　　)。

三、选择题

1. 下面说法正确的是(　　)。

A 规划是短期计划　　　　　　B 规划是综合总结
C 规划是长远谋划　　　　　　D 规划是发展策略

2. 下面哪一项不属于信息系统规划的内容？(　　)

A 信息系统目标　　　　　　B 信息系统战略
C 信息系统结构　　　　　　D 信息系统类图

3. 下面哪一个不是信息系统规划方法？(　　)

A 企业资源平衡法　　　　　　B 关键成功因素法

C 战略目标转移法　　　　　　D 企业系统规划法

4. 下面列的哪一个不属于业务过程的三种类型之一?(　　)

A 产品与服务过程　　　　　　B 计划与控制过程

C 支持资源过程　　　　　　　D 供应与采购过程

5. 下面哪一种不属于主题数据?(　　)

A 控制类型　　　　　　　　　B 计划类型

C 存档类型　　　　　　　　　D 事务类型

6. U/C 矩阵的思想是(　　)。

A 聚类　　　B 抽象　　　　C 关联　　　　D 综合

7. 信息系统建设(　　)。

A 效益一定要大于成本　　　　B 更看重它的经济效益

C 更看重它的社会效益　　　　D 应综合考虑

四、思考题

1. 为什么把信息系统规划放到与信息系统开发同等重要的位置?谈谈信息系统规划对信息系统建设的意义。

2. 信息系统规划与信息系统开发计划有什么区别?

3. 总结本章所介绍的三种信息系统规划方法的要点。

4. 总结处理信息系统风险的各种方法的特点。

5. 为什么在信息系统开发之前要进行可行性研究?可行性研究都包括哪几方面的内容?

6. 调研一个系统,并对该系统进行可行性研究。

第 6 章　领 域 分 析

本章导读

信息系统服务于确定的组织及环境，这些组织及环境就是信息系统的应用领域。在信息系统开发之初，需要对信息系统服务的应用领域进行深入分析。领域分析也被称为业务分析，其目的是分析和认识现行组织系统。领域分析包括领域调查、组织目标分析、组织机构分析、组织职能分析、涉众分析和业务过程分析等内容。其中业务过程分析又包括提取业务过程分析、业务流程分析、业务对象分析和业务规则分析等工作。领域分析还需要重视业务流程重组工作。

主要知识点

- ■ 领域调查
- ■ 组织目标分析
- ■ 组织机构分析
- ■ 组织职能分析
- ■ 涉众分析
- ■ 业务流程重组

6.1　概　　述

6.1.1　领域分析的目的和任务

信息系统服务于确定的组织，组织存在于一定的社会和经济环境之中，组织及其环境构成了信息系统服务的应用领域。在信息系统开发之初，需要对信息系统服务的应用领域进行深入分析。领域分析也被称为业务分析，其目的是分析和认识现行组织系统及其所依赖的环境。信息系统是为现行组织系统服务的，现行组织系统也是信息系统的基础和赖以存在的环境，只有对现行组织系统做到全面解剖和分析，才能够开发出符合组织需要的信息系统。因此，在信息系统开发之初，对现行组织系统进行全面、认真的分析，对开发成功的信息系统具有十分重要的意义。

领域分析的任务是：在系统分析员的主持下，由用户和开发人员一起，对现行组织的目标、机构、职能，以及业务流程、业务对象和业务规则等进行深入分析，为信息系统的开发奠定基础。

6.1.2　领域分析的主要工作

1. 领域调查

通过对组织现状和发展过程的调查，以认识组织系统，并为领域分析提供充足材料。调查的内容包括：组织目标、规模、机构、职能、产品、市场、技术、设备、业务、信息、企业管理、人员素质、企业文化、组织信息系统建设现状等。

2. 组织目标分析

通过对组织的使命、目标、策略和制约条件的分析，全面地认识组织系统，为下一步确定信息系统目标奠定基础。在信息系统规划阶段已经对组织目标进行了分析，本阶段主要针对本项目确定的开发范围之内的任务，有针对性地、更细致地对组织目标进行分析。

3. 组织机构分析

组织机构是组织行政管理的基本框架，是对完成组织目标的人员、工作、技术和信息所做出的制度性安排。组织机构受组织目标、职能、环境等因素的制约，具有一定的动态适应性。组织机构也是组织的骨架和主脉，是进行领域分析的切入点。

4. 组织职能分析

组织职能是为实现组织目标，组织应该具有的功能和作用。组织职能由组织目标确定，具有相对稳定性。组织职能总是通过一定的组织机构来实现，与组织机构有密切联系。需要认真分析组织职能与组织机构相互之间的关系。

5. 涉众分析

涉众是与建设的信息系统相关的人和事。常见的涉众类别有用户、客户、开发者、管理者、领域专家、政府和社会等。可以用 UML 中的业务参与者来表示涉众，并为涉众建模。

6. 业务过程分析

业务是组织资源的有序活动过程。组织通过各种业务活动的执行来实现组织目标。业务是对组织职能的分解和过程化。组织职能可以分解成多个业务，业务的执行是组织职能的实现和体现。业务的活动过程被称为业务流程，业务流程中交织着物流、人流、资金流和信息流，交织着各种组织资源。要认识组织活动过程，必须认真分析组织中存在的各个业务以及业务流程。

7. 业务流程重组

企业为了适应市场的快速变化，需要提高企业的核心竞争力，重组企业业务流程。业务流程重组的基本思想是，为了提高企业在市场中的应变能力，需要分析企业业务流程，对企业形成的传统业务流程进行合理化改造。在社会经济的全背景下，从企业目标和核心竞争力出发，全面改组和重新设计企业业务流程，以使企业的成本、质量、服务、效率等关键绩效指标获得巨大提高。

6.1.3　领域分析的基本原则

领域分析的目的是在开发信息系统之前，先清楚地认识信息系统为之服务和赖以存在的现行组织系统。领域分析是一件复杂、工作量大而又十分重要的工作，需要认真对待。领域分析应该遵循以下基本原则。

1. 客观原则

领域分析是对现行组织系统的调查、分析、认识和描述。在分析过程中，要求分析人员既要有实事求是的工作态度，还要做深入、细致的调查和分析工作，充分尊重客观现实，认真调查业务实际。

2. 宏观与微观的辨证统一原则

领域分析是整个开发工作的前奏和基础，只有对现行组织系统形成客观正确的认识，才有可能开发出满足组织需要，符合客观实际的信息系统。领域分析又是一项庞杂、细碎的工作。在领域分析过程中，既需要分析人员从决策者的角度宏观把握现行组织系统的使命、目标、战略和发展趋势，又需要分析人员从管理者的角度全面客观地认识组织的机构、职能、管理和业务，还需要分析人员从执行者的角度细致地了解组织各项业务和实体活动的具体过程。因此，必须坚持宏观与微观的辨证统一原则，能粗能细，粗细得当。既能够高屋建瓴地宏观把握组织总体目标和战略，又能够细致入微地深入到各个具体的业务过程之中；既能够从宏观上把握各个部分在总体中的作用与地位，又能够从微观角度对每一个部分和细节进行深入分析。

3. 全面与重点的辨证统一原则

领域分析虽然要求分析人员把握宏观、深入细节，但仍要辨证地处理全面与重点的关系。虽然整个分析工作需要全面铺开，并要重视每一个必要的细节，但是各个部分对现行组织系统以及要开发的信息系统的重要性也并不是同等的。有些部分在组织系统中起着关键作用，另一部分则处于从属位置。这就需要我们对在系统中起着关键作用的部分给予更大的关注，投入更多的精力，而对于处于从属位置的内容，则可以少花精力。尤其对于与组织业务有关，但又属于组织系统之外的内容，只限于关注它与现行系统有联系的部分，其他可以不予关心，这样才能保证把注意力集中于现行组织系统本身。

6.2 领 域 调 查

领域调查是指对组织的目标、规模、机构、职能、产品、市场、设备、业务、管理、决策、人员等方面所做出的调查研究。领域调查是一项十分艰苦、细致的工作，需要高度重视，精心组织，细致工作。

6.2.1 领域调查的原则

(1) 客观原则。领域调查必须从客观实际出发，坚持实事求是的原则。领域调查的结果将作为现行组织系统分析和信息系统开发的依据，任何虚假和不客观的调查内容都会给将要开发的信息系统积下恶因，因此，绝对不能凭调查人员自己的猜想和臆断对组织的业务过程进行曲解或歪曲。

(2) 全面细致原则。领域调查应该全面、细致、认真，不能片面、粗糙。

(3) 调查、分析、记录相结合的原则。调查的过程是学习的过程，也是分析的过程。如果不加分析，我们将无法搞清楚所调查的内容，因此，我们强调调查与分析相结合。另外，对调查的结果应该采用规范的形式及时记录下来。

6.2.2　领域调查的内容

领域调查应该涵盖组织的全部内容，包括的范围十分广泛，涉及组织的内部和外部，组织的业务、管理、决策的各个方面。领域调查的具体范围应该根据信息系统项目开发的具体任务而定。概括起来，领域调查主要应该包括以下内容：

(1) 组织的使命、目标和策略。

(2) 组织的机构和职能。

(3) 业务及业务流程。

(4) 组织资源。

(5) 现行组织系统的不足。

6.2.3　领域调查的方法

领域调查存在许多有效的方法，在实际调查过程中应该根据调查对象有选择地使用。

(1) 周密计划、精心安排。大型信息系统开发的领域调查工作面广量大，需要成立调查组，由多人同时展开调查。因此，要预先进行周密计划、精心安排。第一，应该明确调查的任务、范围以及调查的对象，并对调查的工作做出基本估计；第二，成立调查小组，并对参加人员进行必要的培训，明确分工，落实任务，责任到人；第三，确定调查采用的方法、工作规程、描述规范，以及所采用的工具；第四，制订详细的调查计划。

(2) 自顶向下逐步展开。对于大型复杂的组织系统进行调查，原则上应该采用自上而下、由粗到细、步步深入的调查策略。可以采用以组织目标为基准，以组织机构为脉络，以业务流程为主线的调查路线。

(3) 面谈。面谈是调查的一种基本方法，是指调查人员和调查对象面对面沟通和交流，直接了解业务活动和业务过程。

(4) 走访。走访是指由调查人员到所要调查的实际业务现场中了解业务过程。例如，调查人员可以直接到工厂的生产线上观察产品的生产过程，这样比其他人介绍或看书面材料更为直观。通过这种方式可以获得第一手资料。

(5) 问卷调查。对于许多共性的问题，可以向相关人员发放调查表，通过调查表了解所需要的信息，这比逐一面谈效率要高。

(6) 召开座谈会。有些带有共性的问题或有争议的问题，通过召开座谈会是一种较好的调查方法。在座谈会上大家集思广益，不同观点发生碰撞，可以面对面地澄清许多问题，并使问题的探讨相对深入。

6.3　组织目标分析

6.3.1　组织目标分析的意义和任务

组织目标是组织的奋斗方向，组织的一切工作将围绕着组织目标展开。信息系统是直接为组织目标服务的，信息系统建设的目标和规模都应该根据组织目标而定。因此，在领域分析时，首先应该分析组织目标。

在信息系统规划阶段，我们对组织目标已经做了分析。但当时的分析工作主要围绕着信息系统建设的长远规划而展开，目标分析立足于宏观与长远，对组织近期目标和详细的目标体系分析不够。在本阶段，应该在信息系统规划阶段目标分析的基础上，对组织近期目标和目标体系进行详细分析。

6.3.2 组织目标分析的基本内容

组织目标分析主要包括组织的使命分析、组织目标的结构分析和组织目标的实现策略分析等内容。组织的使命、目标和策略是组织自身存在的东西，组织目标分析的工作重点是了解和认识组织的使命、目标和策略，这些内容只能通过调查得到。组织的目标虽然是组织的根本，但有些组织领导未必对这些内容有清楚的认识，有些组织虽然也按照既定的目标在发展，但是并不一定有成文的材料。这就要求分析者通过与组织高层领导进行深入的交谈，对组织的各种资料和文件进行分析归纳，确定出组织的使命和方向、目标以及组织策略。组织目标的层次结构见图 6.1。

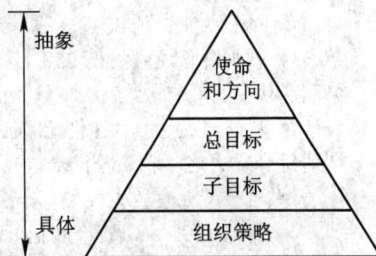

图 6.1　组织目标的层次结构

组织使命是组织存在的意义和价值，组织方向是组织发展的长远路向和趋势。组织的使命和方向是组织的根本之所在，认识一个组织，首先要认识组织的使命和方向。组织总目标是为了实现组织的使命，在一段时间内组织所要达到的总体目的和结果。组织子目标是对总目标的分解，子目标可以逐层分解，形成目标树。组织策略是为了实现组织目标所采取的对策和举措，是实现组织目标的运筹和保证。例如，图 6.2 是某书店的目标分析，图 6.3 是某高校的目标分析。

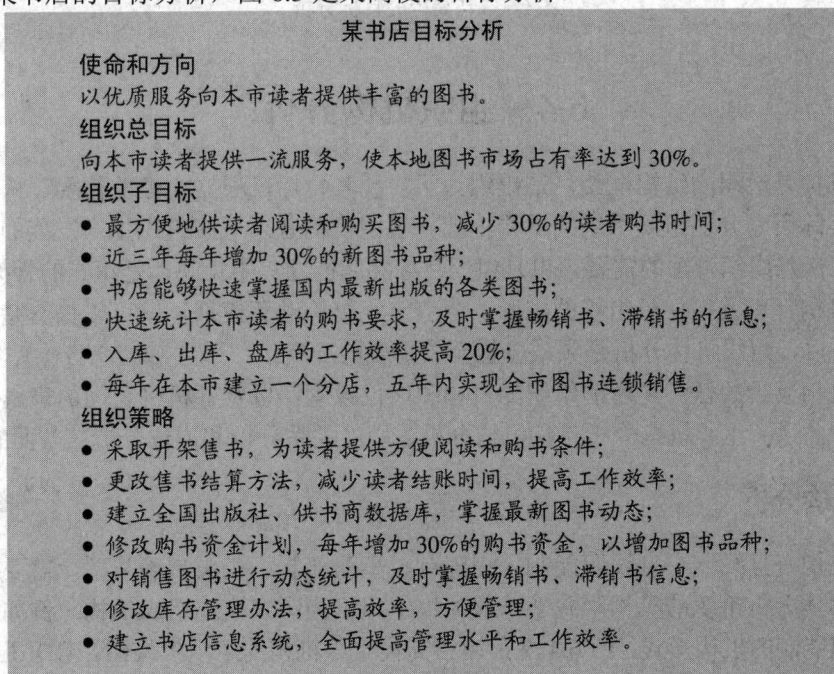

某书店目标分析

使命和方向
以优质服务向本市读者提供丰富的图书。

组织总目标
向本市读者提供一流服务，使本地图书市场占有率达到 30%。

组织子目标
- 最方便地供读者阅读和购买图书，减少 30% 的读者购书时间；
- 近三年每年增加 30% 的新图书品种；
- 书店能够快速掌握国内最新出版的各类图书；
- 快速统计本市读者的购书要求，及时掌握畅销书、滞销书的信息；
- 入库、出库、盘库的工作效率提高 20%；
- 每年在本市建立一个分店，五年内实现全市图书连锁销售。

组织策略
- 采取开架售书，为读者提供方便阅读和购书条件；
- 更改售书结算方法，减少读者结账时间，提高工作效率；
- 建立全国出版社、供书商数据库，掌握最新图书动态；
- 修改购书资金计划，每年增加 30% 的购书资金，以增加图书品种；
- 对销售图书进行动态统计，及时掌握畅销书、滞销书信息；
- 修改库存管理办法，提高效率，方便管理；
- 建立书店信息系统，全面提高管理水平和工作效率。

图 6.2　某书店的目标分析

某高校目标分析

使命和方向

为我国石油工业和社会培养应用型高级专门人才。

组织总目标

力争在 5~10 年的时间，把本校建设成为以理、工、经、管、文等学科为主，省内一流，国内知名，国际有一定影响的多学科性大学。

组织子目标

- 每年招生 4000 名本科生，600 名研究生，学院规模达到本科生 15000~18000 人，研究生 1500~2000 人；
- 在近 5 年内，增设 10 个本科专业，10 个硕士专业，2 个博士专业，使学校的本科专业达到 45 个，硕士专业达到 20 个，博士专业达到 3 个，并覆盖理、工、经、管、文等学科大类；
- 教师队伍达到博士 250 名，教授 200 名，副教授 600 名，有 5~10 名在国内处于领先水平的学科带头人，1~2 名院士；
- 科研经费达到 1.5 亿元(人民币)，2 个国家级研究中心，4~6 个研究方向在国内处于领先水平，科研综合实力达本省高校前 5 名；
- 科技产业有较大发展，产业产值达 3 亿，有 2 个以上骨干企业和拳头产品；
- 占地 1500 亩，资产 8 亿元，有国内一流的实验设备。

组织策略

- 更新传统办学观念，尊重教育规律，走多元化办学的路子；
- 加强内部管理体制改革，改变学校办学的传统模式；
- 引进竞争机制，实行教师岗位聘任制，优胜劣汰，强化岗位管理，提高师资水平；
- 实行学分制管理，放宽课程限制，尊重学生的专业选择；
- 扩大国际、省际和校际交流；
- 改革学生管理办法，以人为本，尊重个性。

图 6.3　某高校的目标分析

6.4　组织机构分析

　　组织机构是组织的结构框架，是组织为了实现其目标，根据管理的需要，依据组织职能和组织实际所划分的组织系统的结构框架。组织机构必须适应组织生产发展的需要。组织机构既要满足组织管理的需要，也是组织目标和职能的集中反映，是组织的骨架和纲线。抓住组织机构，也就抓住了组织的主脉，顺着组织机构顺藤摸瓜，就可以搞清楚组织的其他问题。所以，组织机构分析是领域分析至关重要的一步。

　　组织机构分析的任务是厘清组织的机构和岗位设置，以及各机构之间的隶属领导关系和职能指导关系。组织机构分析包括机构分析、职能关系分析和岗位分析三方面的工作。

6.4.1　机构分析

　　组织机构有直线制、直线职能制、矩阵制、事业部制、多头制等类型，需要根据组织的性质来具体分析组织的机构形式，一般通过组织机构图来描述组织机构。例如，某高校采用直线职能制的机构形式，图 6.4 是反映该高校组织机构的组织机构图。组织机构图仅能够反映组织的部门设置，以及各部门之间的行政隶属关系。由图 6.4 可见，隶属关系是线性层次关系。例如，图 6.4 中的大学、行政、财务处和会计科就是层次型的隶属关系。

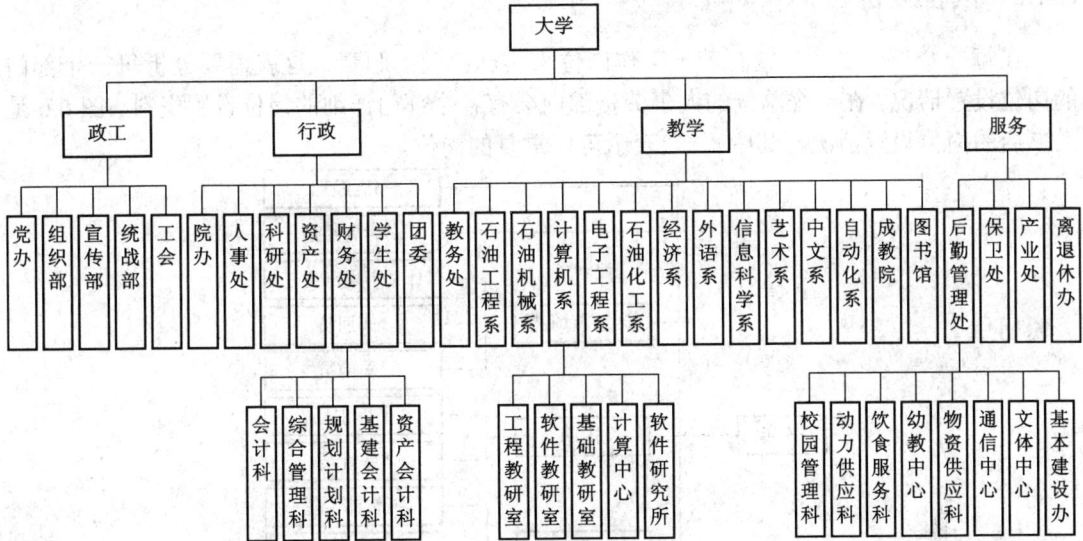

图 6.4 某高校的组织机构图

6.4.2 职能关系分析

除在各部门之间存在行政隶属关系之外，还存在着职能指导关系，而且职能指导关系纵横交织在各部门之间。要全面厘清组织管理，就需要厘清这些关系。例如在高校的各个部门之间存在着教学管理、科研管理、人事管理、财务管理、物资管理等复杂的职能指导关系。图 6.5 反映了某高校的教学管理的职能指导关系。

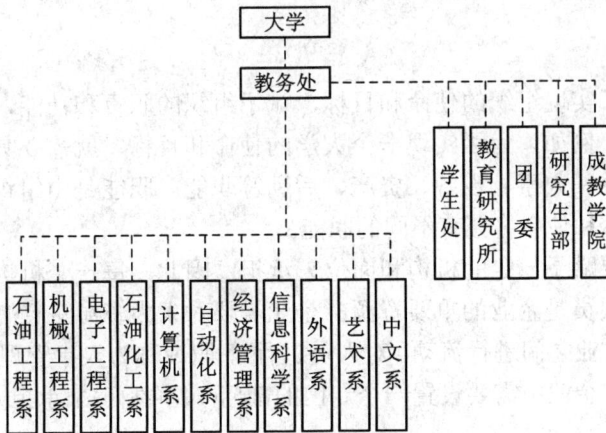

图 6.5 某高校的教学管理关系

职能指导关系不同于行政领导关系，它只是行使某一方面的职能指导职责。例如，教务处代表学校向全校行使教学管理职能。各个系部都要接受教务处的教学管理，学生处、教育研究所、团委、研究生部和成教学院与教务处在教学管理上存在密切协作关系。部门之间存在的职能指导关系可在图中用虚线标注。

6.4.3　岗位分析

在每一个部门中均设置有若干工作岗位来实施部门的职责，这就需要分析每一个部门的岗位设置情况。在一个单位的人事劳资部门会有各个部门详细的岗位设置资料。图 6.6 是某书店的岗位设置情况，其中"*"表示可以重复的岗位。

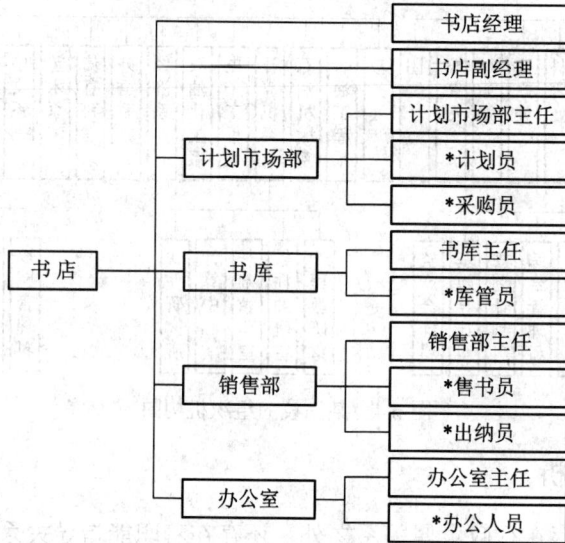

书店		
		书店经理
		书店副经理
	计划市场部	计划市场部主任
		*计划员
		*采购员
	书库	书库主任
		*库管员
	销售部	销售部主任
		*售书员
		*出纳员
	办公室	办公室主任
		*办公人员

图 6.6　某书店的岗位设置

6.5　组织职能分析

6.5.1　概述

组织职能是为了实现组织的使命和目标，赋予组织的职责和功能，有时我们把组织职能也称为组织功能。例如，为了实现一个大学的使命和目标，就需要具有招生、教学、科研、学生管理、财务、人事、设备、资产、后勤等职能。职能是由组织的目标和使命确定的，不同的组织目标和使命将会有不同的职能。

组织的职能需要赋予一定的机构和岗位来承担，因此，每一个机构和岗位应该具有明确的职能。例如，人员是企业的重要资源，企业需要对人力资源进行有效的管理和调配。人员在企业内部和企业之间进行流动，对人员进行管理(或称为人事管理)就是企业应该具备的一个基本职能。在企业中需要设置一个专门的部门(人事部门)来承担人员管理的职责。

6.5.2　职能分析

1. 职能分析方法

职能分析的第一种方法是从组织使命和目标出发进行分析。组织职能是根据组织的使命和目标而设置的，具有相对的稳定性。组织职能分析应该牢牢地抓住组织的使命和目标这个基准点。为了实现组织的使命和目标，组织应该具备哪些职能？确定的组织职能与组织使命和目标是否存在相互抵触的地方？确定的职能是否一定必要？诸如此类的问题必须要解决。因此，组织使命和目标就成为分析和筛选组织职能的准则。

职能分析的第二种方法是从组织的机构和岗位入手进行分析。因为，组织职能总是要落实到确定的机构及岗位来承担，而组织机构和所设置的岗位总是具有确定的职责，这些职责也就构成了组织的职能。由于组织机构是组织管理的核心要素，而且在组织中十分显见，因此，从组织机构入手分析组织职能，比直接从组织使命和目标出发进行分析更具有操作性。

2. 机构与职能的区别

组织职能具有相对稳定性，而组织机构则具有多变性。职能由目标和使命确定，而机构除了考虑目标和使命之外，还需要顾及人事、管理、社会及其变化等其他因素。因此，我们在前面分析机构的目的也就是想从中理出其职能。

由于组织机构的设置除了考虑组织目标和使命之外，还需要顾及人事、管理、社会及其组织临时性需要等因素，因此相对于组织职能来说，组织机构具有易变性。组织机构的职责绝大部分是根据组织使命和目标的需要而设置的，但也存在一部分职责是为组织的临时需要而设置的。另外，由于组织机构具有相对的分立性，它会把一些本该统一的组织职能因组织机构的划分而强硬地分解成多个彼此独立的条块。因此，采用这种方法分析组织职能时，需要把组织机构作为分析的入手点和手段，还需要以组织使命和目标为基准，从组织机构中抽取和归纳出为组织使命和目标所确定的组织职能。

3. 职能域分析

职能分析不宜过细。对于职能可以分析到职能域，一个职能域描述组织的一方面的职能。确定了职能域之后，可以对各职能域中的业务及其流程再进行深入分析。图 6.7 是某书店的职能域。图 6.8 是某高校教务管理的职能域。

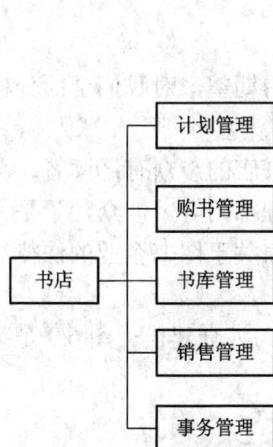

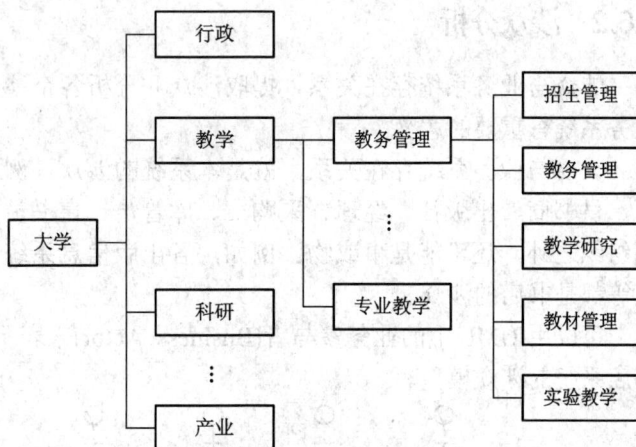

图 6.7　某书店职能域　　　　　　　　　　图 6.8　某高校教学管理职能域

职能分析需要遵循客观原则，抽取出确实反映组织实际的职能。在分析过程中，也需要根据优化管理的原则，把在组织中存在的某些重叠、交叉或对组织目标没有直接关系的不合理职能，以及组织目标确实需要，但实际又不具备的职能梳理出来，作为向企业领导改进组织管理的建议。信息系统的建设过程，也是对组织管理的促进过程。

6.6　涉众分析

6.6.1　涉众的概念和类型

涉众(stakeholder)是与建设的信息系统相关的人和事。涉众不等同于用户,用户是信息系统的使用者,是涉众的一部分。涉众可以是企业内部人员,也可能是与企业发生关系的外部组织或实体。例如一个房地产项目,使用它的是业主和住户,建设者是房地产公司,审批方有土地局和规划局,设计者是设计院,承建者是建筑开发公司,监理是监理公司,这些都是涉众,包括被拆迁的居民也是涉众。

常见的涉众类别有以下几种:

(1) 用户:最终使用和操作信息系统的人。业务员、领导都可能是信息系统的用户,用户是最重要的一种涉众类型。

(2) 客户:信息系统业务的服务对象,例如超市管理系统的顾客,股票管理系统的股民等都属于客户。对开发者而言,信息系统项目的建设单位也被称为客户。有些客户本身可能就是用户,但有些客户并不直接使用信息系统。

(3) 开发者:承担信息系统开发的企业和人员,包括需求分析员、设计人员、程序员、测试人员、集成人员等。

(4) 管理者:承担信息系统开发和应用管理的人,主要有项目管理者、投资方管理者等。

(5) 领域专家:对信息系统所服务的企业具有丰富知识的管理专家和业务专家。

(6) 政府和社会:企业的上级主管部门,与本企业联系的社会组织,政府的行政法规都会影响企业和信息系统建设,这部分是不能忽视的一类涉众。

6.6.2　涉众分析

涉众与业务系统存在关系,提取涉众并分析各个涉众对系统的期望,对我们全面分析业务系统有重要的意义。

只要与业务系统存在关系,就是本系统的涉众。例如,一个书店的涉众有:读者、会员、供书商、出版社、经理、采购员、库管员、售书员、工商管理部门等。涉众除了是人或组织之外,还可能是事或物。例如,各出版信息系统,以及国家关于图书企业的法律法规等都是书店的涉众。

可以用 UML 中的业务参与者(Business Actor)来表示涉众,并为涉众建模。图 6.9 是某书店系统的涉众模型。

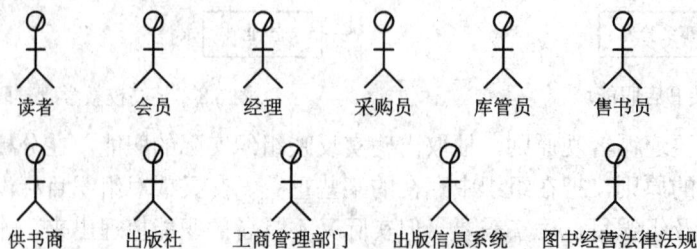

图 6.9　某书店的涉众模型

为了更进一步明确各涉众对业务系统的期望，可以建立涉众报告，涉众报告将给出每一个涉众的说明和对系统的期望信息。表 6.1 是书店系统的涉众报告。

表 6.1 书店系统涉众报告

编号	名称	描 述	期 望
SH001	读者	在书店购买图书的一般客户	① 在书店方便购买图书 ② 通过网络方便购买图书 ③ 通过网银进行支付
SH002	会员	经常在书店购买图书的客户，可享受优惠	① 在书店方便购买图书 ② 通过网络方便购买图书 ③ 通过网银进行支付 ④ 享受购书优惠 ⑤ 及时获取各种图书信息
SH003	经理	书店的法定负责人	① 高效经营 ② 全面科学管理 ③ 及时获得图书经营和管理的各种信息 ④ 决策支持
SH004	采购员	图书采购人员	① 图书采购的全面管理 ② 及时获取图书市场信息
SH005	库管员	图书库房管理人员	① 图书入库、出库、盘库等业务的全面管理 ② 图书库存信息及分析
SH006	售书员	图书销售人员	① 图书销售管理 ② 图书销售信息及分析
SH007	供书商	图书供应企业	① 及时发布图书供应信息 ② 及时了解书店图书需求信息 ③ 通过网络实现图书销售管理 ④ 通过网络进行资金结算
SH008	出版社	图书出版企业	① 及时发布图书出版信息 ② 及时了解书店图书需求信息 ③ 通过网络实现图书销售管理 ④ 通过网络进行资金结算
SH009	工商管理部门	政府对市场的监管部门	① 及时了解书店经营信息 ② 通过网络上报经营报表
SH010	银行	与书店发生金融业务的金融企业	通过网络进行资金结算
SH011	出版信息系统	国家或各出版社的图书出版信息系统	与书店业务管理系统有机衔接
SH012	法律法规	国家和地区的图书经营法律法规	

6.7　业务过程分析

6.7.1　概述

在一个组织中存在许多能够实现组织目标的业务过程。例如，银行的贷款、存款、取款、转账等业务过程，医院的挂号、看病、取药、化验等业务过程，销售企业的订货、采购、入库、出库、销售等业务过程。

业务过程(Business Process)是为了实现业务目标，组织实体的有序活动过程。组织通过实体的有序活动来完成赋予组织的职能，可以把业务过程简称为业务。像书店中的订购图书、图书入库、出库、盘库、报损，以及图书销售都是书店的业务过程。业务过程交织着组织的人流、物流、资金流和信息流。有简单业务，也有复杂业务。一个业务可能涉及几个组织资源，也可能会涉及众多的组织资源；可能涉及一个部门，也可能涉及多个部门。有些业务还可能涉及组织外部。业务也呈现出一定的结构和层次。有些复杂的业务可以分解成多个子业务。例如账务处理业务可以分解成凭证处理、记账、汇总、出账等子业务。各业务相互之间还会存在重叠或交叉的过程或活动。业务的复杂性增加了业务分析的难度。

管理是通过信息的获取、决策、计划、组织、领导、控制和创新等职能的发挥来分配、协调包括人力资源在内的一切可以调用的资源，以实现单独个人无法实现的组织目标的活动或过程。管理和业务都是由组织目标衍生出来的组织过程，业务是组织职能的实现过程，而管理是组织资源的调配过程。业务是管理的对象，许多管理又体现为业务过程。

组织职能是组织的职责、功能和作用，业务是实现组织职能的实体的活动过程。职能规定了业务存在的必要性，以及为了完成组织职能应该具有的业务；业务是实现组织职能的动态过程。没有职能，业务没有根据；没有业务，职能无从落实，职能也将成为空设。

组织的职能域中存在着诸多业务，可以从职能域中寻找组织业务。

业务过程分析的工作包括确定业务过程并建模、业务过程与机构分析、业务流程分析、业务对象分析、业务规则分析等工作。

6.7.2　业务过程模型

业务过程模型(Business Process Model)是用来描述业务领域中各业务过程及其相互关系的模型。业务过程模型应该反映业务领域存在哪些业务过程，各业务过程之间存在哪些关系，以及每一个业务过程的业务目标、业务流程、过程输入、过程输出、过程控制和过程支持等要素。图 6.10 为 Eriksson-Penker 的业务过程模型的一般表示。

Eriksson-Penker 规定用一个箭型符号来形象表示业务过程，并在业务过程图符中通过《process》构造型来特别标注业务过程，如图 6.11 所示。Enterprise Architect 认为箭型符号本身就可以唯一表示业务过程，因此省略了《process》构造型，见图 6.10。

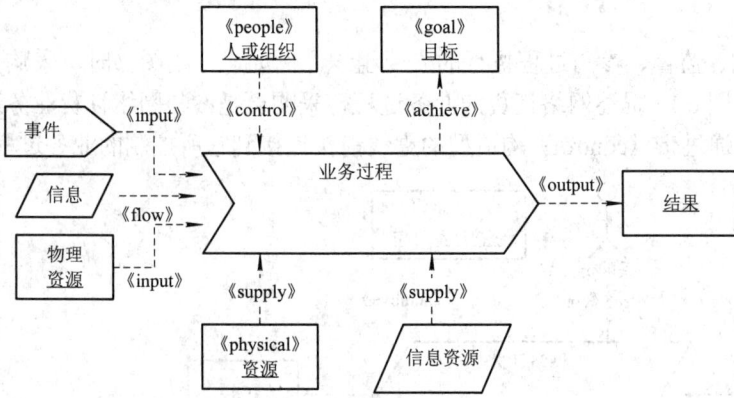

图 6.10　一般业务过程模型　　　　图 6.11　Eriksson-Penker 定义的业务

1. 业务目标

任何一个业务过程都为确定的业务目标服务。例如"图书订购"业务过程的目标是"获取图书订单"。Eriksson-Penker 用带构造型《goal》的对象来表示业务目标，把目标指标作为业务目标对象的属性。业务目标是业务过程要追求的结果，因此业务过程通过《achieve》构造型的依赖关系指向业务目标，见图 6.10。

业务目标分为定性目标和定量目标两种类型。例如"本企业在五年内成为引领手机市场的领军企业"就属于定性目标；而"本年度企业利润达到 5000 万人民币"，"企业产值比去年增加 30%"属于定量目标。图 6.12 给出定性和定量两种目标的例子。

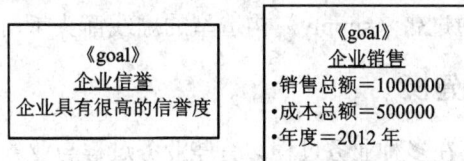

图 6.12　定性和定量目标

2. 过程输入

过程输入是指业务过程要消耗或加工的资源。例如，"产品生产"业务过程的输入是原材料。业务过程的输入存在三种类型：事件、信息和物理资源，见图 6.10。事件用来激发业务过程的执行。例如，插卡事件会激发取款或查询业务过程，产生订购单事件将激发一个商品订购业务过程。信息是指业务过程要加工的信息资源。例如，取款需要银行卡号和密码信息。物理资源是指业务过程要加工或消耗的资源。例如，产品生产需要原材料，产品组装需要产品元件。过程输入事件、信息和物理资源与业务过程通过带《input》或《flow》构造型的虚线箭头连接，表示业务过程的输入。

3. 过程输出

过程输出是指业务过程产出的结果。例如，"产品生产"业务过程的输出是产品，"图书订购"业务过程的输出是图书订单和图书订购合同。业务过程的输出表示为对象。例如，"订货"的输出是订单，"产品开发"的输出是产品。业务过程通过带《output》构造型的虚线箭头连接到输出。

4. 过程控制

过程控制是指用来控制、监督、参与过程执行的人或组织。例如，订购图书时，采购员和供书商要参与过程执行。图 6.13 描述网络订货的业务过程，采购员是参与网络订货业务过程的控制者。过程控制对象通过带《control》构造型的虚线箭头连接到它所控制的业务过程。

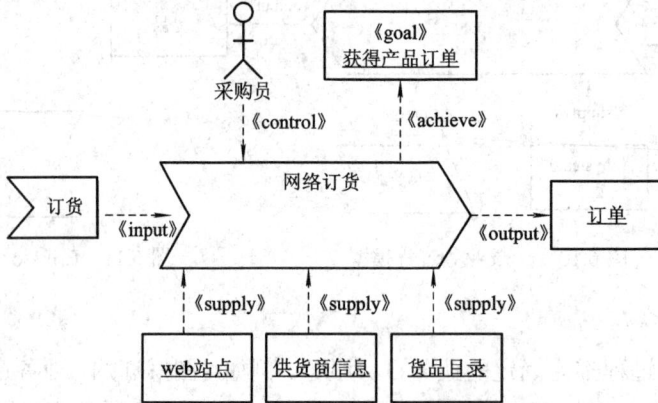

图 6.13　网络订货业务过程

5. 过程支持

业务过程需要辅助支持业务过程的资源。例如，采购员需要登录 web 站点才能完成网络订货，订货时还要查看供货商提供的货品目录，因此 web 站点、供货商信息和货品目录是三个支持网络订货业务过程的企业资源。过程支持一般是指企业资源，用对象表示过程支持资源，过程支持对象通过带《supply》构造型的虚线箭头指向它所支持的业务过程。

6.7.3　确定业务过程并建模

每一个业务领域都会存在多种业务过程。有些业务过程与业务目标有直接关系，容易被发现。当然，也存在与业务目标没有直接关系的业务过程，例如，在医院中，挂号、看病、检查、交费、取药等业务过程与业务目标存在直接关系，也十分容易被发现，但在医院中也存在设备检修、安全检查等业务过程，这些业务过程与业务目标的关系并不直接，也不容易被发现。

业务过程分析的目的是为了开发信息系统服务，因此，在业务过程分析中，并不需要找出企业中存在的所有业务过程，只需要找出与所开发信息系统的业务目标存在直接关系的业务过程。另外，业务过程分析是一个逐步完善的过程，随着对企业业务认识的深入，有些潜藏的业务过程可能会逐步被发现。

1. 寻找业务主线

每一个企业都会存在一条或多条与业务关系最为密切，涉及企业核心业务的业务主线，企业的关键业务活动都是围绕着业务主线进行的，找到业务主线就找到了企业业务的核心。在业务主线上的业务过程被称为核心业务过程，它们将是我们重点关注的业务过程。

业务主线是围绕着企业的关键产品或服务形成的一条完整的业务链，该业务链处在企业业务的显著位置。例如，书店的关键产品是图书，书店的业务主线将是围绕着图书展开的一条业务链，包括图书订购、图书入库、图书出库和图书销售等核心业务过程。医院为病人提供医疗服务，围绕着病人的医疗救治，医院存在门诊和住院两条业务主线，其中医院门诊的业务主线应该包括挂号、看病、检查、交费、取药等业务过程。

业务主线是围绕着企业核心产品和服务所形成的一条业务链，可以通过 UML 的活动图对业务主线建模。图 6.14 是书店的业务主线模型，图 6.15 是医院门诊的业务主线模型。

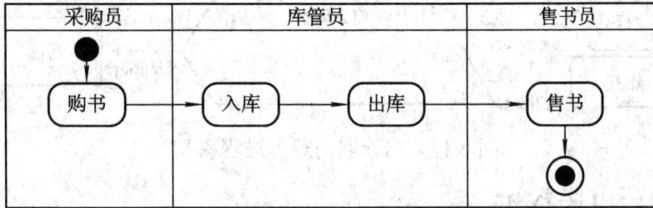

图 6.14　书店的业务主线模型

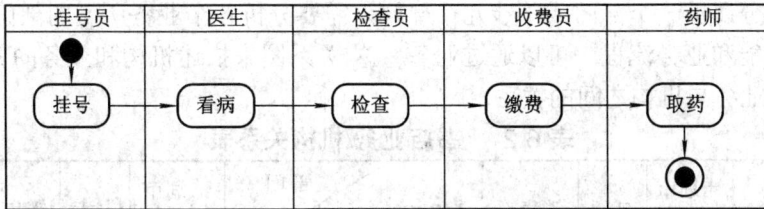

图 6.15　医院门诊的业务主线模型

业务主线活动图中的泳道表示承担该业务的业务主体，例如采购员进行购书，库管员负责入库和出库业务，售书员负责图书销售。业务主线活动图中的每一项活动都是企业的核心业务过程。

2. 业务过程建模

业务主线活动图中的一项活动，就是企业的一个核心业务过程，可以逐一对这些核心业务过程进行分析建模。下来我们以书店的购书和医院门诊的取药为例，讨论业务过程的建模。

图 6.16 是订购图书业务过程模型。该业务过程的目标是订购图书，由采购员具体负责图书采购工作。订购图书的依据是图书订购计划，通过订购图书事件启动该过程，该过程将产生购进图书。供书商参与订购过程，并根据供书商的图书目录选择订购的图书。银行和物流也要参与到订购图书的业务过程之中。

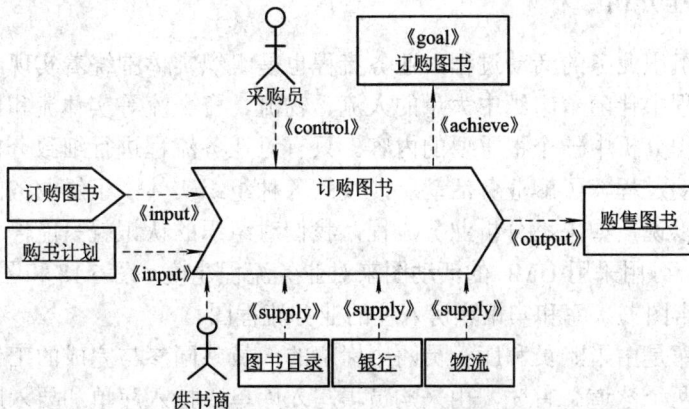

图 6.16　订购图书业务过程模型

图 6.17 是医院门诊取药业务过程模型。

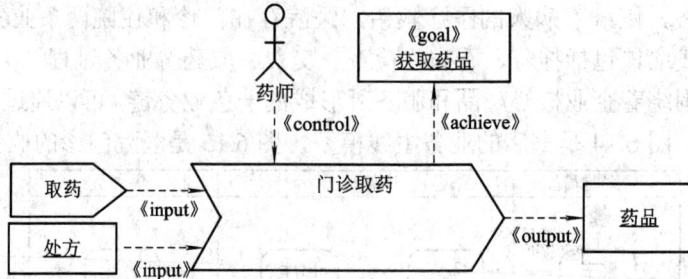

图 6.17　门诊取药业务过程模型

6.7.4　业务过程与机构分析

业务一般分属于一个部门或跨涉几个部门，需要分析各个业务所属的部门，便于我们分析业务的功能和业务流程。可以通过业务/机构关系图来描述机构和业务的关系。表 6.2 描述了书店各业务与机构之间的关系。

表 6.2　　书店业务/机构关系表

部门 业务名称	计划市场部	书库	销售部	办公室	部门 业务名称	计划市场部	书库	销售部	办公室
图书市场分析	★				图书报损		★		
编制图书计划	★				图书上架			★	
图书订购	★				图书销售			★	
合同管理	★				盘架清查			★	
到货管理	★				结算			★	
图书入库	√	★			员工工资管理	√	√	√	★
图书出库		★	√		员工信息管理	√	√	√	★
图书盘库		★			员工勤绩管理	√	√	√	★

说明：★表示该部门的主要业务；√表示与该部门有关系的业务。

6.7.5　业务流程分析

业务流程是组织业务的活动过程，业务流程也是组织实体围绕着实现组织目标的活动过程。在业务流程中伴随着组织中大量的人流、物流、资金流等实体流和信息流。业务流程分析是业务过程分析中一个很重要的内容。只有对业务流程进行细致分析，才能够深入地理解业务的活动过程，了解业务活动所涉及的各种组织实体，了解业务的过程、步骤、规则和方法。可以说，如果不分析业务流程，我们对组织的认识就只能停留在表层，没有真正地认识组织。可用采用 UML 的活动图来对业务流程建模，图 6.18 和图 6.19 是用 UML 活动图描述的书店图书入库和宾馆客房入住的业务流程图。

由于图书入库是由采购员和库管员两个岗位的人员共同参与完成的工作，所以采用了采购员和库管员两个泳道。首先，由采购员填写入库单，持入库单和要入库的图书到书库入库。然后库管员核对入库图书、入库单和订单，如果发现入库单填写有错误，则要求采购员修改或重新填写；如果正确，则接收图书，把图书放到书库的书架上，登记库存账，入库业务结束。

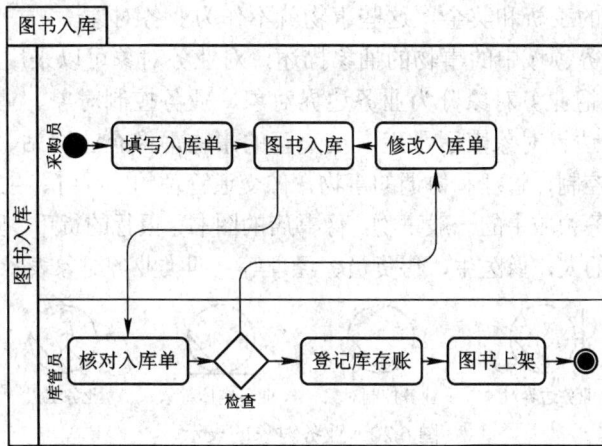

图 6.18 书店图书入库业务流程图

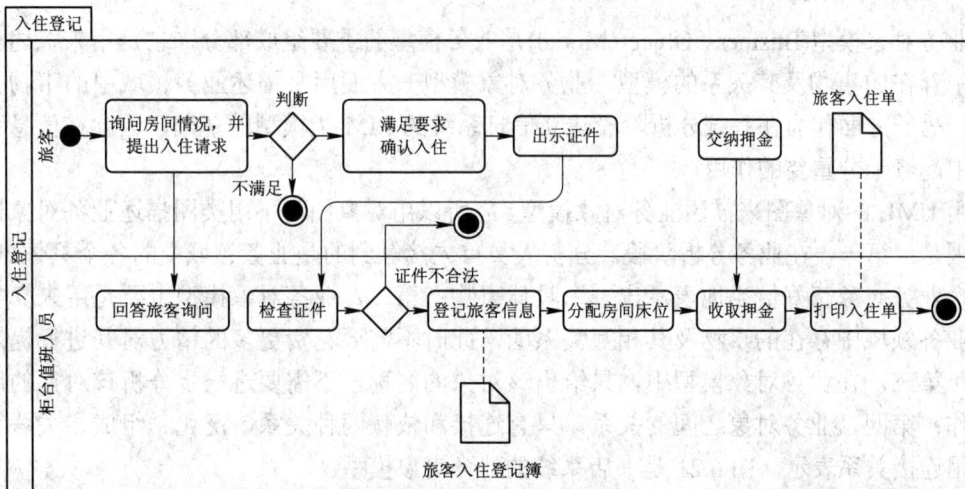

图 6.19 宾馆客房入住业务流程图

旅客进入宾馆首先要询问住房情况，并提出入住请求，柜台值班人员给予回答。如果旅客感觉该宾馆不能满足自己的入住要求，则不入住；如果旅客感觉该宾馆能够满足入住要求，则确认入住，并出示证件。柜台值班人员检查证件，如果证件不合法，则拒绝客人入住要求；证件合法则把旅客信息登记到旅客入住登记簿上。然后给旅客分配房间，并收取押金。在打印入住单后，结束本业务。

6.7.6 业务对象分析

1. 业务对象的概念和分类

业务对象(Business Object)是在业务分析时，所提取到的业务领域中存在的各种事物，它是企业的基本资源。需要注意的是，并不是所有业务领域中的所有事物都可以作为业务对象，业务对象是与我们所开发的信息系统相关的事物。例如，书店存在图书、职工、会员、书库、售书大厅、工资、奖金、架存图书、售书单等事物，但我们所开发的书店书务管理系统可能只关注图书、职工、会员、架存图书、售书单等事物，这些将作为我们提取的业务对象。而书务管理系统对书库、售书大厅、工资、奖金等事物并不关心，因为书务管理系统不管理职工的工资和奖金，这些事物就不作为业务对象。

业务对象是对业务领域中的事物的抽象描述，对业务对象可以采用对象的缩略表示。

按事物特性可以把业务对象分为业务边界对象、业务控制对象、业务实体对象和业务工人四种类型。业务边界对象表示承担人机交互的事物，像企业网站、信息发布屏等；业务控制对象表示承担控制、管理和协调的事物，像交通管理的红绿灯、生产过程的调度员等；业务实体对象表示业务领域中的一般事物，像书店的图书、银行的货币、医院的病历等；业务工人表示业务领域中的人，像医生、售货员、经理等。四类业务对象表示成图 6.20 的形式。

图 6.20 业务对象的表示

2. 业务对象建模

业务对象模型(Business Object Model)是业务模型的重要组成部分，它是用来描述业务领域中存在的事物及其关系的模型。业务对象模型一方面用来描述业务领域中的事物及其关系，另一方面作为在系统分析阶段建立信息系统的 PIM 类模型的基础，因此在信息系统模型中起着十分重要的作用。

用 UML 的对象图来描述业务对象模型。之所以用对象图而不用类图描述业务对象模型的原因是：第一，在业务分析阶段，分析人员首先接触到的是业务领域中的各个具体事物，用一个业务对象正好恰当地表示出一个具体事物；第二，业务对象模型主要是用来真实地表示业务领域中存在的事物及其相互关系的，此时不需要花费更多的精力对其进行提炼和抽象；第三，在业务对象模型中，只给出该对象的名称，不需要进一步分析该对象的属性和操作；第四，业务对象之间的关系，只有连接和依赖两种关系，泛化、组成、关联等关系均用连接关系表示。图 6.21 是书店系统的业务对象模型。

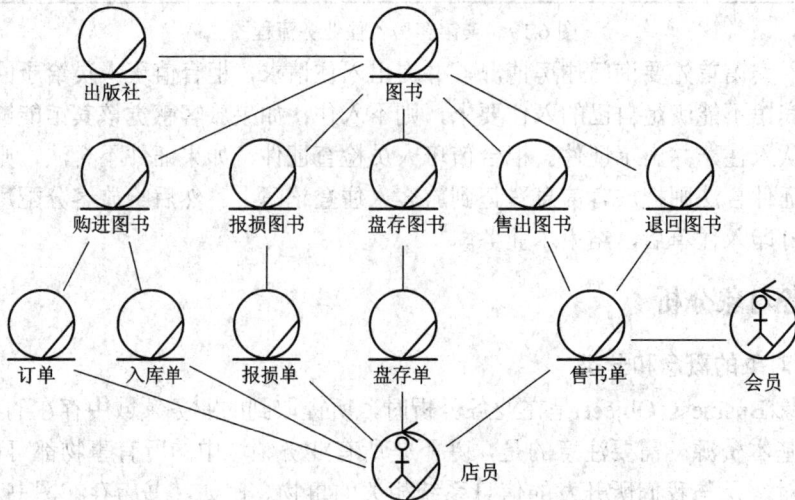

图 6.21 书店系统的业务对象模型

6.7.7 业务规则分析

业务规则(Business Rule)是保证业务过程正常运作的约束条件。保证业务正常运作必须遵循确定的业务规则。例如，在财务记账系统中，如果采取复式记账法，则要求借方和贷方必须平衡；公司与员工签订招聘合同，合同规定应聘者必须年龄在 18 岁以上；在库存管理业务中，入库必须增加库存，出库需要减少库存。这些都是业务规则。

业务规则决定一个系统按照怎么样的规则来运行，分析业务规则是一件十分重要的工作。另外，随着业务的发展，业务规则可能会发生变化，一个系统除了需要遵循确定的业务规则之外，还应该能够适应业务规则的变化。

1. 业务规则的分类

业务规则可以分为全局规则和局部规则两种类型。

1) 全局规则

全局规则是对系统具有普遍约束力的业务规则。例如，所有使用系统的用户必须先登录，并获得系统的授权；用户只能使用系统中被授权的功能。这些是对所有用户都普遍适应的规则，因此是全局规则。

2) 局部规则

局部规则是约束系统某些局部行为的业务规则。例如，用户登录时，需要检查用户身份的合法性；用户注册时，不能缺少必填的数据，否则提交不成功；手机号码必须满 11 位，并且只能是数字；设备状态只能是良好、维修和报废三种类型等。

2. 业务规则的描述

业务规则可以用多种方式来描述。

1) 自然语言描述

业务规则可以用自然语言来描述。例如，所有处科级领导干部到 58 岁必须退居二线；独生子女家庭每月补助 10 元独生子女费；只有会员才能享受折扣优惠；在网上发帖要求实名登录等。

2) OCL 描述

OCL(Object Constraint Language)对象约束语言，是由 IBM 公司于 1995 年提出来的一种用来描述约束的规范语言，该语言被 UML 吸收为描述约束和规则的说明性语言，用于软件模型中。OCL 是一种说明性语言，不会改变模型语义。OCL 的基本语言要素是类型、操作和表达式，并由语言要素构成语句来描述约束和规则。例如：

{context 订单 inv: 订单和 > 10 }表示订单类中所有订单对象的订单和必须大于 10；

{context 订单 inv: 酬金 = 0.01 * 订单和}的含义是订单类中所有对象的酬金为该订单的订单和的 1%；

{context 订单 inv: 订单客户.age >= 18}描述所有签订订单的客户的年龄应该达到 18 岁，具有独立承担法律责任的资格。

上面这三个业务规则在模型中可以表示为图 6.22 的形式。

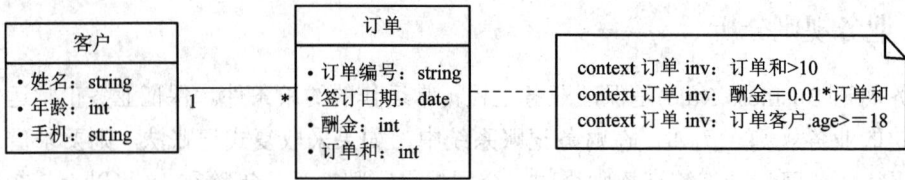

图 6.22　业务规则的表示

3) EA 描述

在 Enterprise Architect 中，一方面可以把业务规则用注释的形式标注到模型图中，也可以用条目的形式把提取的业务规则罗列在业务规则模型中。图 6.23 是一个汽车租赁系统的业务规则模型。

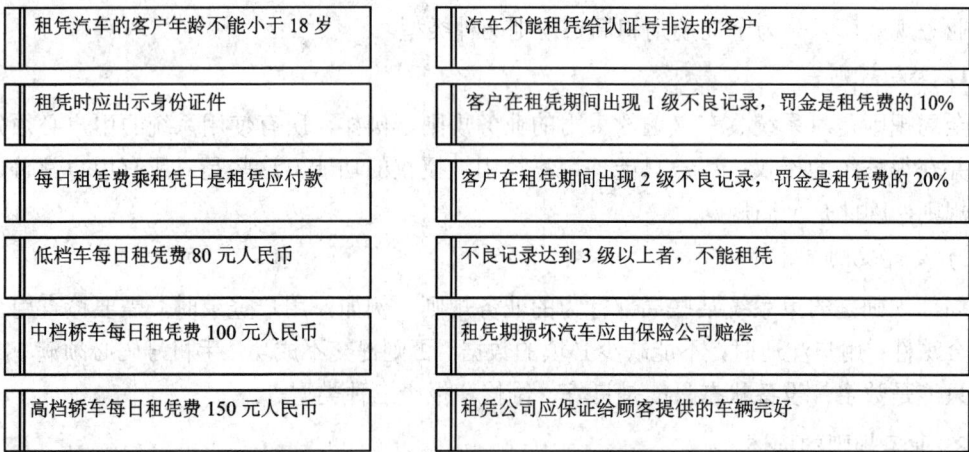

图 6.23　汽车租赁系统的业务规则模型

6.8　业务流程重组

6.8.1　业务流程重组的概念

随着经济全球化、市场国际化、需求个性化和社会信息化的发展，工业经济时代形成的传统的企业管理模式已经难以适应多变的新需求，迫切需要进行变革和更新。美国经济学家 M·哈默在 20 世纪 90 年代提出了业务流程重组(Business Process Reengineering，BPR)的新的企业管理理念。这个思想一经提出，就得到经济学界的普遍关注，并被认为是现代管理的一场革命。M·哈默的基本思想是，企业业务流程是企业完成其使命、实现其目标的核心能力，为了提高企业在市场中的应变能力，需要全面分析企业业务流程，在社会经济的大背景下，从企业目标和核心竞争力出发，全面改组和重新设计企业业务流程，以使企业的成本、质量、服务、效率等关键绩效指标获得巨大提高。

业务流程重组应该遵循的基本原则是：有一个明确的、具有启发性的目标；充分考虑顾客的价值；协调一致、统一指挥；做好横向和纵向沟通；充分认识信息技术和人员组织管理两大要素；整体规划、逐步推进。

6.8.2 业务流程重组的内容与步骤

业务流程重组需要重点做好以下几方面的工作：

(1) 培养企业核心竞争力，围绕企业核心竞争力重组业务流程。企业的理念、产品、服务、技术和管理等要素形成企业在激烈市场竞争中存在的基础和发展优势，并成为企业的核心竞争力。一个企业只有逐步培养起自己的核心竞争力，才能在市场中找到自己的地位。企业业务流程应该围绕着企业核心竞争力来进行设计和重组。企业需要改革不适应核心竞争力的传统业务流程，使整个业务流程能够顺畅地表达企业核心竞争能力。

(2) 从市场和顾客的需要整合企业业务流程。业务流程重组应该反映市场的需要，并充分考虑顾客的需求，尤其是顾客存在的潜在需求。业务流程只有充分重视顾客的需要，并人性化、个性化全面考虑顾客的需要，才能争得市场。

(3) 整体规划，分步实施，措施配套。业务流程重组是一项系统工程，直接关系到企业未来的发展，需要进行整体规划。业务流程重组涉及面广，重组过程会牵动企业的方方面面，为了使企业能够有序运作，需要分步实施，不能急于求成。

(4) 重视人力资源管理与信息系统建设在业务流程重组中的作用。企业的竞争根本上是人才的竞争，因此企业必须重视人力资源的优化管理。需要引进高水平的管理和技术人才，重视人员培训，加强人员管理。信息技术是提高企业核心竞争力的有效手段，企业应该重视信息系统建设。

6.8.3 业务流程重组的工作阶段

业务流程重组需要经历三个阶段：

(1) 准备阶段。把企业流程重组纳入企业整体规划，确定重组业务流程的目标、范围和基本要求。落实人员，展开工作。

(2) 设计阶段。针对要重组的业务流程，分析流程中存在的问题，理清流程相互之间的关系，提出重组方案，对方案进行评价，最终确定可行的优化方案。

(3) 实施阶段。根据方案设计要求，具体实施新的业务流程，对实施的情况进行跟踪分析，并根据适应程度和磨合程度，对不适应部分进行调整，直到业务流程稳定、可行为止。

6.8.4 医院门诊业务流程重组案例

某三甲医院采用传统手工门诊管理，管理效率低下，医务服务不能满足医院管理的现代化要求，通过建立该医院的信息系统，并重组业务流程来改进传统手工门诊管理模式，提高管理水平。

1. 医院门诊手工管理业务流程

门诊手工管理方式下，计算机没有参与到业务管理过程之中，整个业务由人工进行管理，门诊手工管理的业务主线见图 6.24。该业务主线反映了病人看病的完整过程。病人首先到挂号处挂号，然后找医生诊病。医生在诊病过程中，如果认为需要进行化验，则开化验单，病人持化验单到化验室划价，再到收费处交费，然后到化验室检查，并把检查结果拿回给医生，医生根据化验结果诊断病情后开处方。病人持处方到药房划价，先到收费处交费，然后到药房取药。在医院门诊手工管理的业务主线中，有挂号、诊病、划价、交费、检查化验、开处方和取药等业务过程。

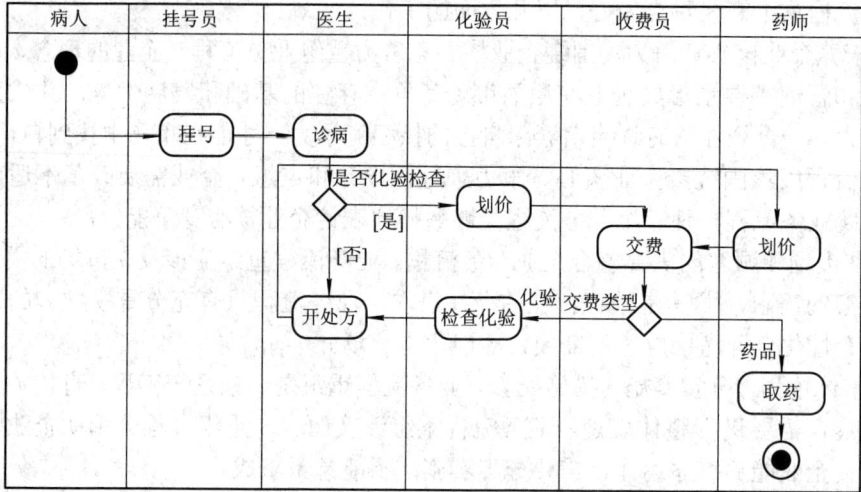

图 6.24　医院门诊手工管理的业务主线

1) 挂号业务流程

图 6.25 是手工挂号的业务流程。挂号人须填写病历的封面信息，并到挂号窗口排队挂号。排到后把病历提交给挂号员，挂号员询问要挂号的科室和专家，然后收取挂号费，并填写挂号单，挂号人拿到挂号单结束挂号过程。

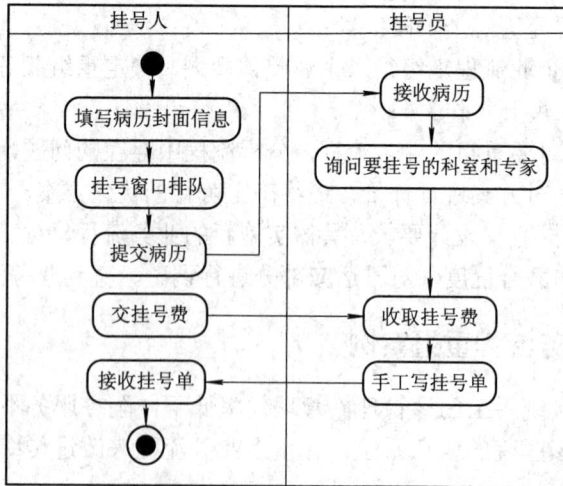

图 6.25　手工挂号业务流程

2) 诊病业务流程

手工诊病的业务流程见图 6.26。病人持病历和挂号单到相应科室门台前排队，门台叫到号后，把挂号单和病历交给医生。医生询问病情，如果需要化验检查，医生开化验单。病人持化验单划价、交费和化验检查。然后取化验结果给医生，医生根据化验结果写病历并开处方，病人拿到处方诊病过程结束。

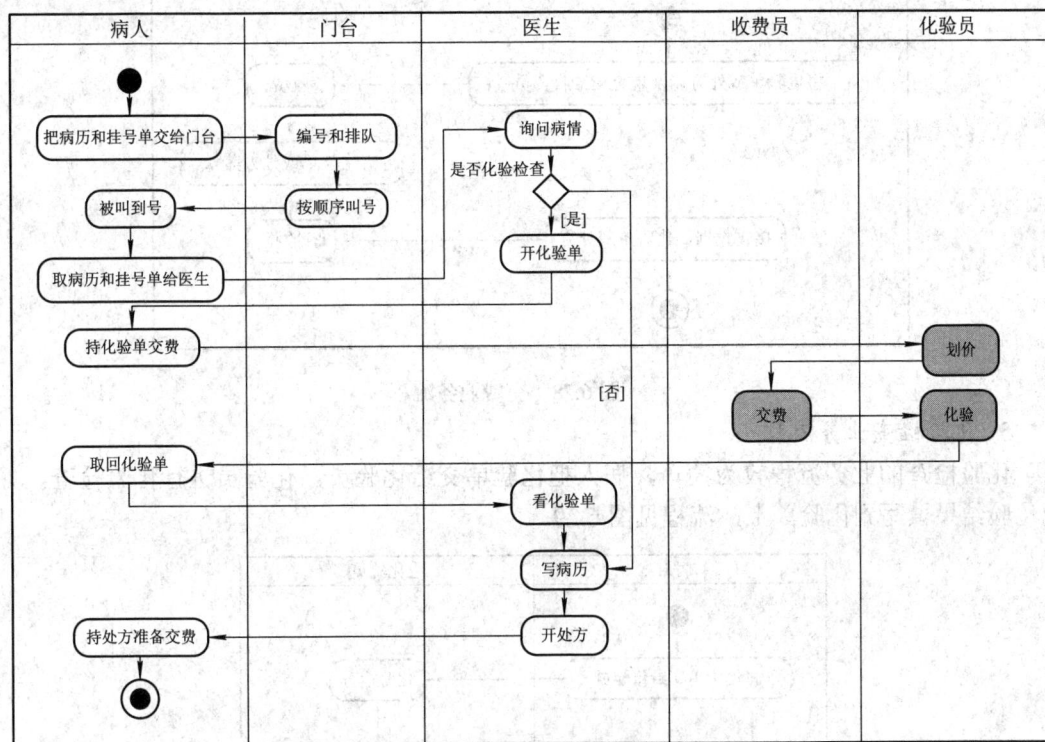

图 6.26 手工诊病业务流程

3) 划价业务流程

划价的业务流程见图 6.27。病人持化验单或处方到化验室或药房划价，划价后持化验单到交费处交费。

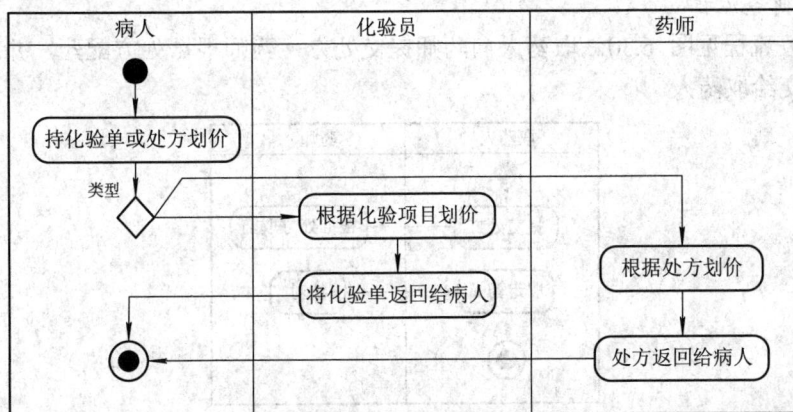

图 6.27 划价业务流程

4) 交费业务流程

手工交费业务流程见图 6.28。交费人将化验单或处方，以及现金交给收费员，收费员收费后，给处方或化验单盖章，并开收据。

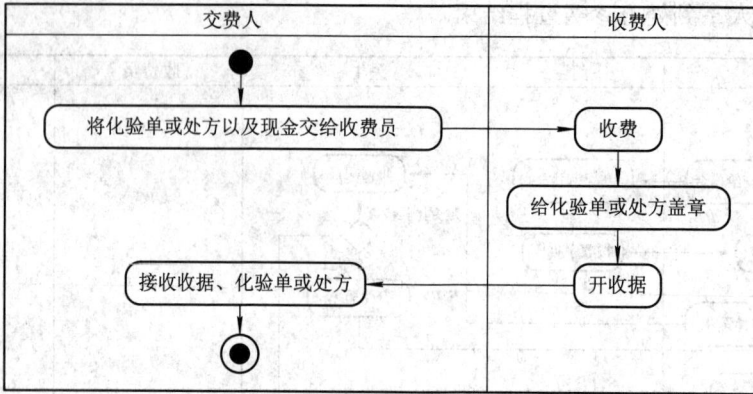

图 6.28　交费业务流程

5) 化验检查业务流程

化验检查的业务流程较为简单，病人把化验单交给化验员，化验员进行化验检查，并把化验结果填写到化验单上，流程见图 6.29。

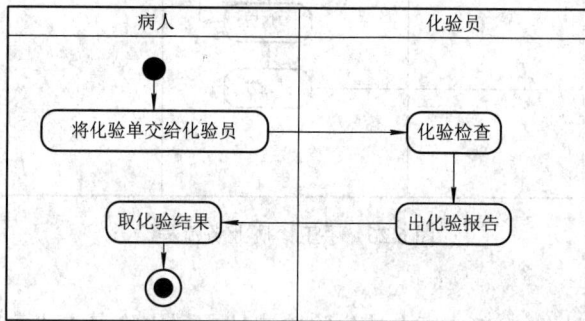

图 6.29　化验检查业务流程

6) 取药业务流程

取药业务流程见图 6.30。取药人向药师提交处方，药师根据处方配药，并对药品进行核对，然后交给取药人。

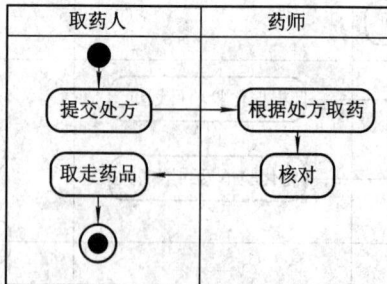

图 6.30　取药业务流程

2. 医院门诊业务流程重组方案

为了全面提高医院管理水平，该医院计划对门诊、住院、药房、收费等业务全面采用计算机管理。计算机全面参与医院管理之后，需要对业务流程进行重新设计。为了方便病人诊病、交费、取药、查询，给每一个病人办一张医疗卡。医疗卡存放病人的基本信息，并可充值交费。病人首次在医院就诊时需要首先办理医疗卡，并给医疗卡充一定金额。

有了医疗卡之后，可以取消挂号业务，病人可以持卡直接到相应科室登记就诊。药品和化验信息采用计算机管理，根据药品名称和化验项目就可以查询到药品和化验项目的价格，可以取消划价业务。新设计的医院门诊管理的业务主线见图 6.31。业务流程重组之后的业务主线除了减少了挂号和划价两个业务之外，诊病、交费、化验等业务流程也做了改变。

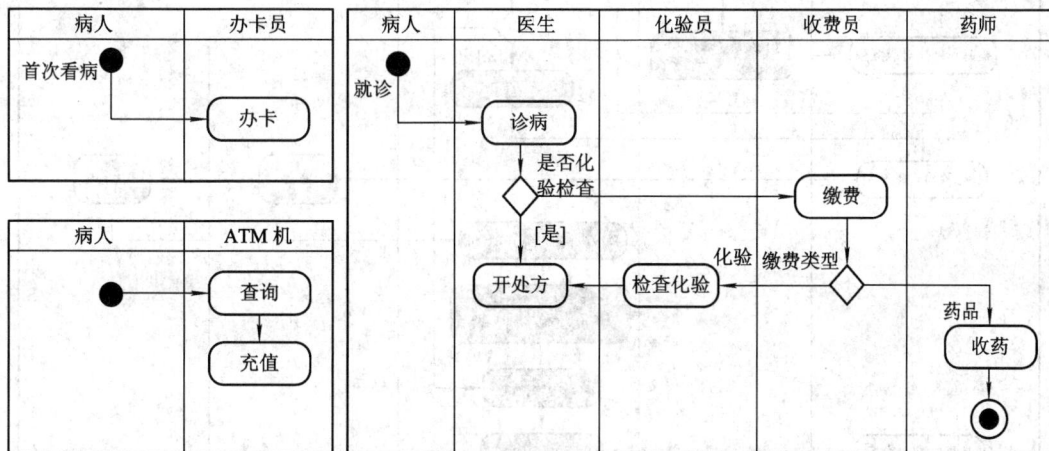

图 6.31 业务重组后的医院门诊管理的业务主线

1) 办卡业务流程

病人办卡的业务流程见图 6.32，其中灰色部分表示计算机参与的部分。首次看病的病人向办卡员提供自己的身份信息，如身份证，办卡员在电脑上建立病人的基本档案，制作医疗卡，要求病人给医疗卡充基本就诊值，办卡业务结束。

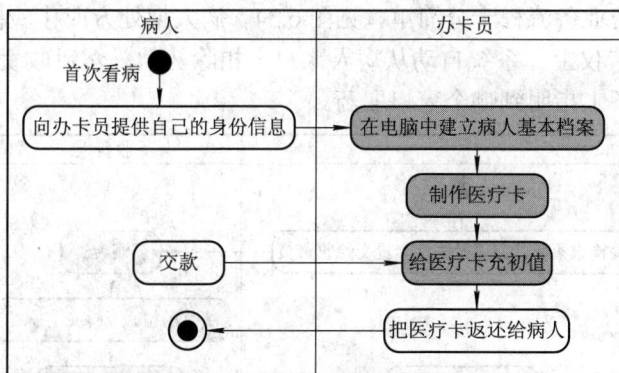

图 6.32 办卡业务流程

2) 诊病业务流程

诊病业务流程如图 6.33 所示。

业务重组之后，病人诊病首先到相应科室的门台前，刷卡并选择诊病类型和专家，然后由电脑登记排队。系统在大屏幕上显示病人的就诊号和顺序，病人等待就诊。被叫到号后，病人在医生的读卡仪上刷卡登记，医生询问病情，如果医生认为需要化验检查，则打印化验检查条，病人持化验检查条去交费和化验。化验结果出来后，可以打印化验单，也可以不打印，医生直接在自己电脑上调出该病人的化验结果。医生根据化验结果编写电子病历并生成处方，然后打印处方，病人持处方可以交费取药。

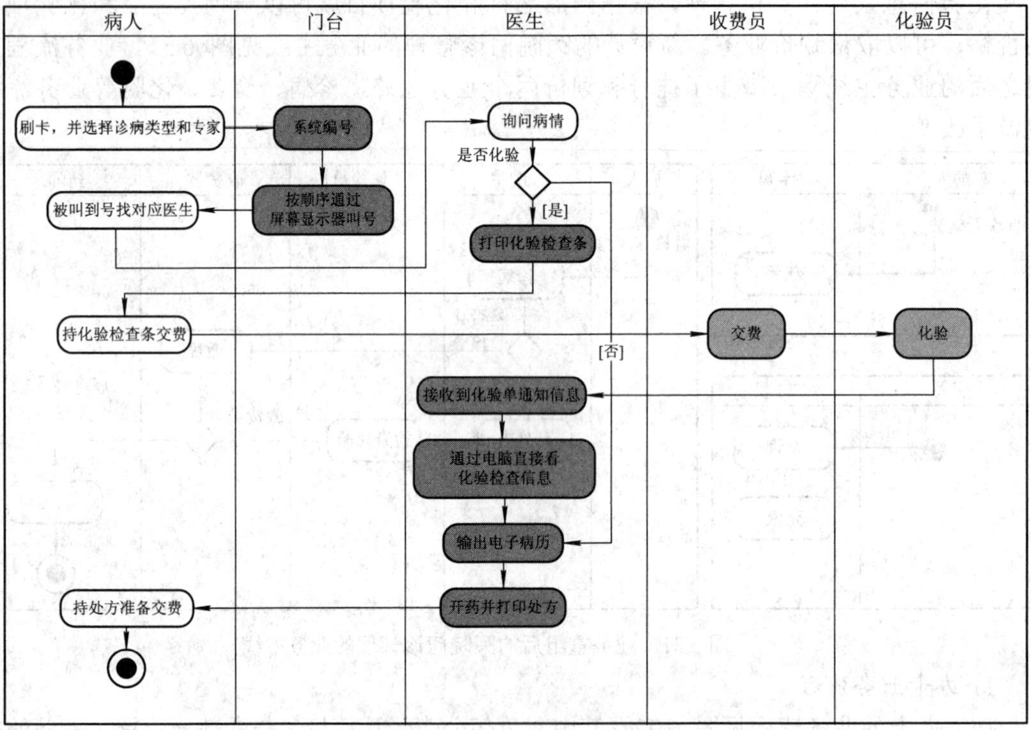

图 6.33　诊病业务流程

3) 交费业务流程

重组之后的交费业务流程十分简单，见图 6.34。病人把处方或化验检查条交给收费员，并把医疗卡放到读卡仪上，系统自动从病人账户上扣除药款，然后收费员给处方盖章，并打印收费条，收费条上指明到哪个窗口取药。

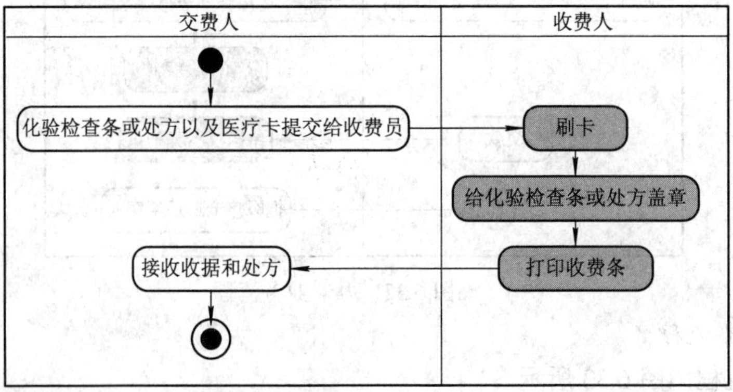

图 6.34　交费业务流程

4) 化验检查业务流程

化验检查业务流程见图 6.35。病人把化验检查条交给化验员，化验员进行化验检查，并通过手机短信通知病人和医生检查结果已经出来。

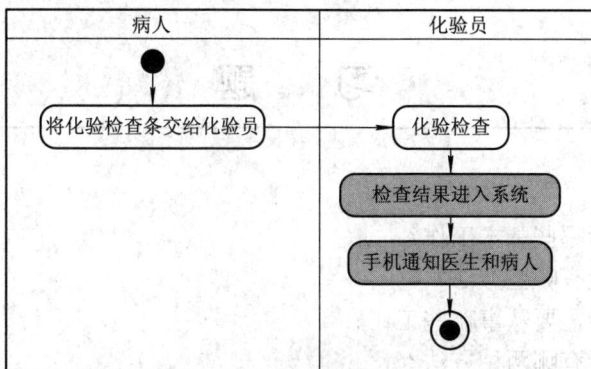

图 6.35　化验检查业务流程

5) 取药业务流程

重组之后的取药业务流程与手工取药变化不大,增加了打印取药条业务,流程见图6.36。

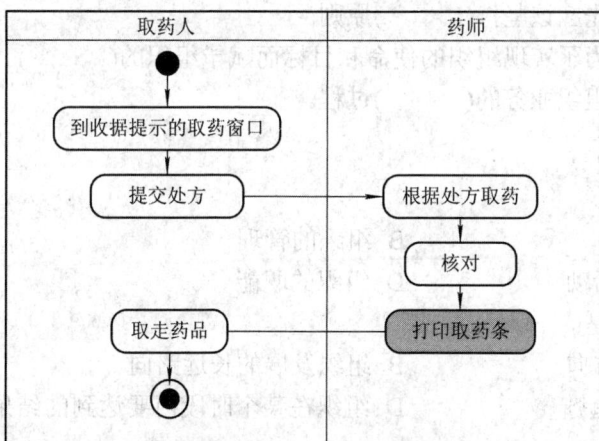

图 6.36　取药业务流程

本 章 小 结

　　信息系统服务于确定的组织环境,即信息系统的应用领域。在信息系统开发之初,需要对信息系统的服务领域进行深入分析。领域分析也被称为业务分析,其目的是分析和认识现行组织系统。领域分析包括领域调查、组织目标分析、组织机构分析、组织职能分析、涉众分析、业务分析和业务过程重组等工作。领域调查是对组织现状和发展过程的调查,调查的内容包括组织目标、规模、机构、职能、产品、市场、技术、设备、业务、信息、管理、人员素养、企业文化等内容。组织目标是组织的发展方向,包括组织使命、目标体系和组织策略等。组织机构是组织的基本框架,是领域分析的切入点。组织职能是为实现组织目标的组织功能和作用,组织职能具有相对稳定性。组织业务过程是组织实体的有序活动过程。业务过程分析又包括业务流程分析、业务对象分析和业务规则分析等工作。经过领域分析，需要对组织中不合理的业务过程进行重新设计，以适应组织目标和发展的需要。

习　　题

一、简答题

1. 领域分析包括哪些基本工作？
2. 领域调查一般有哪些方法？
3. 组织机构分析需要从事哪些工作？
4. 组织职能分析有哪两种方法？
5. 业务过程分析的主要工作是什么？

二、填空题

1. 领域分析的目的是分析和认识(　　　)系统。
2. 领域调查首先应该坚持(　　　)原则。
3. 组织职能是为了实现组织的使命和目标而赋予组织的(　　　)。
4. 业务流程是组织业务的(　　　)过程。

三、选择题

1. 业务是(　　)。
A 组织　　　　　　　　　　B 组织的管理
C 组织实体的活动　　　　　D 组织的职能
2. 组织的目标是(　　)。
A 组织的发展方向　　　　　B 组织发展的长远路向
C 组织的发展趋势　　　　　D 组织在某个时段内要达到的结果
3. 组织职能(　　)。
A 由组织目标所决定　　　　B 由组织机构所确定
C 由组织业务来确定　　　　D 由组织领导所决定
4. 实体是(　　)。
A 概念　　　　　　　　　　B 对象
C 事物　　　　　　　　　　D 主体
5. 业务过程分析是指(　　)。
A 分析组织系统　　　　　　B 分析用户需求
C 分析业务需求　　　　　　D 分析设计方案

四、思考题

1. 为什么说组织机构分析是领域分析中重要的一步？
2. 谈谈组织机构与组织职能的关系。
3. 试述领域分析在信息系统开发中的作用。
4. 谈谈业务流程重组的意义和作用。

第 7 章 需 求 分 析

本章导读

需求是对信息系统应该具备的目标、功能、性能等要素的综合描述。需求分析是指对信息系统需求的获取、分析、描述、验证和管理工作。需求分析应该包括信息系统目标分析、需求结构分析、功能需求分析、性能需求分析等内容。对需求还要进行验证和实施有效管理。

主要知识点

- ■ 需求获取
- ■ 目标分析
- ■ 需求结构分析
- ■ 功能需求分析

- ■ 性能需求分析
- ■ 需求规格说明
- ■ 需求验证
- ■ 需求管理

7.1 概　　述

7.1.1 需求分析的概念及意义

需求分析(Requirement Analysis)是调查用户对信息系统的需要和要求,结合组织的目标、现状、实力和技术等因素,通过深入细致的分析,确定出合理可行的信息系统需求,并通过规范的形式描述需求的过程。

从需求分析开始,开发人员需要把注意力转移到要开发的信息系统上来。在开发信息系统之初,分析人员需要先了解用户希望建立怎样一个信息系统,这个系统能够为用户解决哪些问题,信息系统应该具备哪些功能,用户与信息系统可能交互哪些信息,用户通过怎样的方式来使用信息系统等问题。

用户是站在信息系统使用者的角度提出需求的,用户一般不会细致考虑自己所提出的需求与组织的目标是否吻合,与组织的业务模式是否一致,组织目前的经济能力是否能够承担所提出的系统要求,新系统给组织所带来的效益是否一定高于所花费的成本,这些需求从技术上是否能够实现和便于实现,需求是否完全,是否存在疏漏等问题。以上这些问题都需要系统分析员综合组织的目标、业务现状、技术条件和投资能力等因素进行分析,以便确定出合理、可行的信息系统需求。

7.1.2　需求分析的工作内容

1．需求获取

需求获取 (Requirement Elicitation)也被称为需求调查，是由分析人员通过座谈、走访、问卷、召开座谈会等形式，深入了解用户对新建立信息系统的需要和要求，获取用户需求。

2．需求分析

需求分析是对获取的用户需求，通过综合考虑组织目标、现状、技术条件、投资能力等因素，从信息系统目标、结构、功能、性能等方面进行深入分析，最终确定出合理、可行的信息系统需求的过程。

3．需求描述

需求描述(Requirement Description)是建立信息系统的需求说明文档，把需求分析的结果采用规范的形式描述出来，形成需求规格说明，作为下面开发工作的依据。

4．需求验证

需求验证(Requirement Validation)是由中介机构、用户或分析人员通过一定手段对初步确定的信息系统需求的正确性和可行性进行检验，以确定出正确和可行的需求，排除不可行的需求。

5．需求管理

需求管理(Requirement Management)是在需求分析过程中以及需求分析完成后对需求工程所实施的管理活动，包括需求基线管理、需求跟踪管理、需求变更管理等。

7.1.3　需求分析时应注意的要点

1．充分认识需求分析的重要性和复杂性

需求是所要开发的信息系统的依据和准绳。如果需求出现缺陷和漏洞，开发出来的信息系统肯定满足不了应用的要求。另外，信息系统开发具有错误放大效应。前期存在的问题如果留到后续阶段解决，所要花费的气力和代价会成数倍到数十倍增大。因此，分析人员需要高度重视需求分析工作，把需求分析工作做细致、做扎实，保证能够得出合理、可行的需求，不要把前期能够确定的需求问题遗留给后续阶段。

需求分析是一项高度复杂的工作，它需要分析人员对信息系统的各个方面有充分的理解，掌握大量的信息，洞悉组织管理的深层需要和关键问题，调整和梳理各方面的需求和关系，最后才能确定出合理、可行的信息系统需求。这就要求分析人员具有高度的责任心和扎实、细致的工作作风，否则将难以做好此项工作。

2．充分尊重用户的意见

用户是信息系统的使用者，也是信息系统的投资者，用户对信息系统的需求具有决定权。在需求分析中，开发人员应该充分了解用户的意图和想法，尽可能地满足用户的要求。如果因为技术、环境、投资等方面的原因不能满足或不能完全满足用户要求时，必须给用户讲清楚，征得用户的理解和认可。最后形成的信息系统需求分析结论也必须征得用户的同意。

7.2　需求获取

7.2.1　引言

　　需求获取是在需求工程中调查和收集需求的一系列活动。在需求获取过程中，需求分析人员通过一定方法从用户和信息系统环境中获得信息系统的各种需求。需求获取是需求分析首先要从事的一项重要工作，只有获得全面的用户需求，才能够在此基础上进行深入分析，得到合理、可行的信息系统需求。

　　由于用户和开发人员的背景不同，双方所站的立场不同，大部分信息系统用户属于组织中从事各项具体工作的业务人员，缺乏对企业的宏观全面把握，不能够概括和综合性地表达用户需求；部分用户还会站在开发者的角度，不是提出用户需求，而是给出系统开发方案，更严重地还会对开发者指手画脚。因此需求获取是一件十分困难的工作，需要需求分析人员高度重视。

7.2.2　需求获取的方法

　　需求获取的方法与现行组织系统的调查方法很类似，需要通过面谈、走访、问卷、座谈会等形式进行。一般用户在开发之初，对所要开发的信息系统应该具有的功能和所能达到的结果并没有清楚的认识，因此，需求获取比对现行组织系统的调查难度更大，除了采用一般调查方法之外，还需要采用以下辅助方法。

1．启发法

　　由于用户对所要开发的信息系统应该具有的功能和能够达到的效果并不十分清楚，这就需要调查人员在需求调查过程中，能够对用户进行引导和启发，向用户详细介绍信息技术对人们工作和生活方式所带来的变化、信息技术的巨大能力、信息技术对现行组织管理和业务过程能够进行的革新和改造、信息技术在本领域中的应用范例等，让用户产生对信息系统的感性认识，启发和引导用户发现现行组织管理和业务处理中所存在的问题，发现潜在的需求。

2．观摩法

　　在系统开发之初，可以让用户参观同行业或同类型成功的信息系统。用户看到这些具体系统，将会对信息系统的功能、作用、外在效果、人机交互方式等产生直观印象，这样会引导和启发用户的联想，通过类比思维，提出对信息系统的需求。对信息系统没有直观感觉的用户采用观摩法是一种十分有效的方法。

3．原型法

　　原型法是通过原型生成系统，根据用户的初步需求，构造出信息系统的初步原型。用户和调查人员针对所生成的原型进行讨论，分析原型是否准确地反映了用户的初衷，哪些方面还应该改进和加强。原型给用户和开发人员的交流与讨论提供了一个具体的参照物，有原型作为基础，需求调查就有针对性，可以澄清和纠正许多模糊和矛盾的用户需求。

7.2.3　需求获取的内容

1．总体需求

总体需求是用户对所建立的信息系统的总体要求，包括信息系统应该达到的总目标、信息系统的范围、信息系统的构成和结构、信息系统应该具备的核心功能等。

2．功能需求

功能需求是信息系统应该提供的功能和能够达到的效用。功能需求是对总体需求的分解和细化。信息系统的功能具有层次性。按不同的划分标准，有信息系统总体功能、子系统功能和明细功能；有核心功能和辅助功能。

3．性能需求

性能需求包括信息系统的效率、处理方式、可靠性、安全性、适应性等技术要求。不同系统具有不同的性能需求。例如，联机事务处理型信息系统要求具有较快的响应速度，而一般事务处理系统对响应速度的要求则可以相对低一些。

4．环境与约束性需求

除了以上三方面的需求之外，还应该调查用户的投资能力、开发时间、开发队伍、社会法律等方面的环境与约束性需求。

7.2.4　需求获取的工作

需求获取是一项重要而又复杂的工作，需要需求获取人员高度重视。需求获取一般包括以下几个方面的工作：

(1) 根据在信息系统规划中确定的目标和范围，明确获取需求的范围、内容和任务，明确需求调查的对象，并在此基础上制订详细的需求调查计划。

(2) 根据需求调查计划，组织需求调查人员，任务分工。

(3) 确定需求调查所要收集的文档规范、需求记录规范，并对需求调查人员进行培训。

(4) 需求调查人员深入业务领域调查和获取需求。

(5) 需求获取过程的协调、调度和控制。

(6) 需求资料的整理和归档。

7.3　需　求　分　析

7.3.1　引言

需求分析的任务是在需求获取的基础上，结合组织目标、业务现状、技术水平、投资能力等因素，对用户提出的需求从信息系统目标、宏观结构、业务功能、技术性能等方面进行深入分析，最后确定出全面、合理、可行的信息系统需求。

用户所提出的需求一般具有模糊、片面、脱离实际等问题。需求分析过程就是对用户需求的合理化过程。通过对用户需求的修改、补充、细化、删减、重整等工作，最后得出全面、合理、可行的信息系统需求。在需求分析过程中，一定要实事求是，从用户利益出发，根据组织业务的实际要求进行需求分析工作。要杜绝不尊重用户利益、好大喜功、避重就轻、不深入实际的错误态度和作风。需求分析应该有用户参加，随时与用户沟通思想，了解情况，最终所确定的需求分析结果应该征得用户的认可。

应该准确把握需求分析工作的尺度。需求分析主要从信息系统的外在角度确定信息系统的目标、宏观结构、系统功能和性能，不应该深入到信息系统内部，考虑信息系统的设计方案、技术实现等具体技术问题。

7.3.2　需求建模

需求建模是需求分析的一项重要工作，需求建模是在需求调查的基础上，在需求分析的过程中，采用建模工具建立信息系统需求模型的过程。需求模型是通过建模语言描述信息系统需求的模型。在需求模型中，需要对系统需求结构、系统功能、系统性能等内容进行建模。需求模型建立在领域模型基础上，它又是信息系统其他模型的基础。

需求模型的形式与采用的需求分析方法有关，不同的需求分析方法规定了相应的模型语言表示法。例如，在结构化方法中采用数据流图和数据字典来建立需求模型；在信息工程方法中采用实体联系图、功能实体矩阵、过程依赖图来建立需求模型；在面向对象方法中一般采用用例图、交互图、活动图和对象约束语言来建立需求模型。

采用面向对象方法所建立的需求模型主要包括需求结构模型、功能模型和性能模型等内容。其中，需求结构模型用 UML 的包图来描述信息系统的需求结构；功能模型采用 UML 的用例图、活动图等描述信息系统的功能；性能模型描述约束和支持信息系统功能实现的相关需求，包括信息系统的效率、可靠性、安全性、可用性、适应性等。

7.3.3　目标分析

目标分析是对信息系统所要达到的目标的分析。信息系统的目标应该服从于组织的目标，并且是组织目标的有机组成部分。按照 Kozar 的观点，信息系统目标应该由组织目标导出，并与组织使命、目标、策略构成塔形结构，见图 7.1。

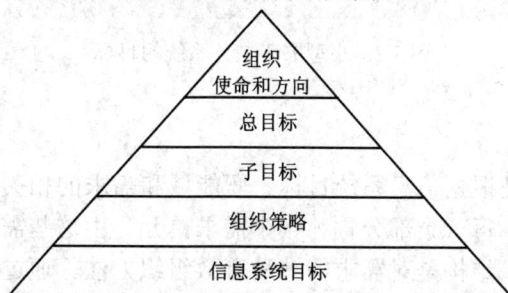

图 7.1　目标层次结构

信息系统目标分析应该首先调查高层领导和各级用户对信息系统目标的考虑，并认真分析组织的使命、方向、目标和策略，组织的环境、技术、资金等制约条件，在此基础上，确定出可行的信息系统目标。

与组织目标相类似，信息系统目标也呈现出一定的结构性，包括信息系统总目标、功能目标、性能目标等。下面通过对一个小型书店书务系统的分析，确定出该系统的目标，见图 7.2。

小型书店书务系统的目标

总目标

- 对书店的图书、架存、销售、会员、出版社提供全面管理；
- 对图书业务提供全面、一致、快速的处理；
- 系统安全、友好、可靠。

功能目标

1) 书目管理
- 编辑查询书目：提供书目的输入、修改、存储、输出、浏览等功能。
- 图书类别管理：提供图书类别的增加、删除、修改、打印、浏览功能。

2) 架存管理
- 进书处理　　● 盘架处理　　● 报损处理
- 架存处理　　● 架存查询

3) 销售管理
- 售书处理　　● 退书处理　　● 售书查询

4) 会员管理
提供会员的增加、删除、修改、打印、浏览等功能。

5) 出版社管理
提供出版社的增加、删除、修改、打印、浏览等功能。

性能目标

(1) 系统处理效率要比手工处理效率提高 30%；

(2) 一般职工通过简单培训就可以使用系统；

(3) 具有较高的可靠性，不会丢失信息；

(4) 具有安全检查机制，非法用户不能使用。

图 7.2　小型书店书务系统的目标

7.3.4　需求结构分析

信息系统需求结构是根据信息系统目标、职能域和需求的相关性，从总体上把信息系统需求划分成多个部分，每一个部分称为一个需求单元，由这些需求单元构成信息系统的需求框架。信息系统需求结构是对需求的一种有效组织方法。通过需求结构对信息系统需求框架的展现，以便于开发人员把握、组织和管理信息系统的需求。

需求结构是对一个复杂系统进行需求分析之前，先对需求进行的一种宏观划分，然后对每一个部分进行需求分析。确定需求结构并没有唯一标准，但应该遵循一些基本原则。

1) 主题原则

根据某一个主题来划分需求单元。例如，在小型宾馆客房管理中，客房信息、客房设备和客房业务是三个相对独立的主题，针对这三个主题建立三个需求单元，就得到小型宾馆客房管理的需求结构。

2) 合理原则

在建立需求结构中，划分的需求单元应该具有合理性。需求结构合理性着重应考虑三个方面。第一，需求结构应该与业务架构具有一定的对应性。信息系统是为企业业务服务的，建立的需求结构应该与业务架构具有一定的对应性。业务系统经过长时间磨合调整，已经具有相对合理性，因此，建立的需求结构应该与业务架构对应。第二，需求结构应该符合用户需求的实际。需求用来反映用户对系统的合理期望，需求的结构首先需要与用户期望相一致，既要把用户需要的需求合理地表现出来，又不能存在用户不需要的需求。第三，需求单元应该具有合适的规模。在需求结构中划分的需求单元的规模应该适中，不能存在某些需求单元过于复杂和庞大，而有些需求单元又过于简单的现象。

3) 相关原则

相关原则是指在建立需求单元时，需求单元内部的需求应该具有紧密的相关性，不能把彼此无关的需求放到同一个需求单元中，而把关联密切的需求放到不同的需求单元中。

4) 完整原则

需求结构应该完整反映用户需求，不存在遗漏或冗余的需求。

需求结构的确定是一个逐步抽象、逐步完善的过程。对一个复杂系统，在需求建模之初，可以先建立一个初步的需求结构，然后在建模过程中，随着建模工作深入和对需求理解的深入，逐步调整需求结构。

每一个需求单元用 UML 中的包来表示，这样就可用包图来描述信息系统的需求结构。图 7.3 是经过分析确定的书务系统的需求结构。图 7.4 是小型宾馆客房管理系统的需求结构，分为客房信息管理、客房设备管理、客房业务管理三个需求单元。

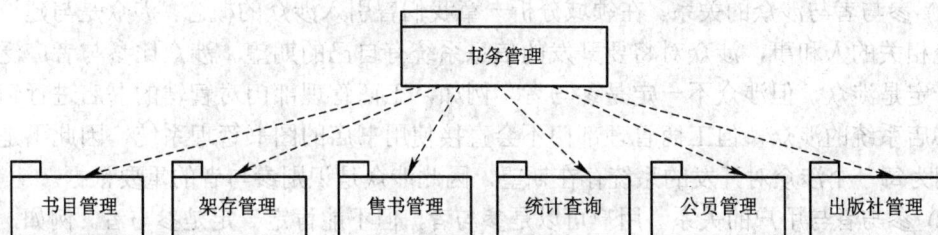

图 7.3　小型书店书务系统的需求结构

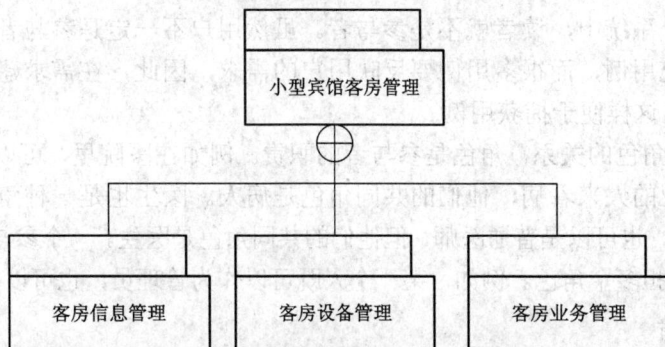

图 7.4　小型宾馆客房管理系统的需求结构

7.3.5　功能需求分析

信息系统功能是信息系统具有的效能和作用。信息系统的目标通过信息系统的功能来体现。信息系统功能也是信息系统呈现给用户的外观效果，用户通过信息系统所提供的功能来认识、使用和评价信息系统，通过对信息系统功能的使用来完成自己的业务工作。功能分析是需求分析的重要内容，需求分析除了要确定信息系统的目标、结构和性能之外，一个重要工作就是确定信息系统的功能。

信息系统目标是功能分析的依据。信息系统功能是信息系统目标的体现，信息系统中每一个功能都直接或间接地与信息系统目标有关系。信息系统目标也是检验信息系统软件功能设置正确与否的依据。

用户需求是信息系统功能的主要来源。用户是信息系统的使用者，用户的业务处理需要表现为用户对信息系统的功能需求。用例是进行功能需求分析和功能需求建模的主要手段。信息系统的功能需求将通过用户在使用信息系统的过程中表现出来，这就给我们提供了获取信息系统功能需求的一种有效方法，就是通过参与者与信息系统的交互活动来确定信息系统的功能需求。

功能需求分析的结果可以用功能用例图来描述，它通过参与者与信息系统的交互过程，反映信息应该具有的功能。

1．参与者分析

在需求分析之初，识别出与系统有关系的参与者是发现需求的基础。

1) 对参与者的理解

参与者是与信息系统直接发生交互关系的外部实体。

(1) 参与者与涉众的关系。在领域分析一章我们曾引入涉众的概念，涉众是与建设的信息系统相关的人和事，涉众对将要开发的信息系统有自己的期望。涉众比参与者广泛，参与者一定是涉众，但涉众不一定是参与者。例如，工商管理部门对管辖的书店进行管理，其是书店系统的涉众，但工商管理部门不会直接使用书店的图书管理系统，因此不是参与者。因为每一个涉众对开发的系统存在期望，因此涉众是识别参与者的重要依据。

(2) 参与者与用户的关系。用户可以是参与者，但不能肯定一定是参与者。例如，读者可以直接通过网络书城购买图书，读者就是网络书城的参与者。而在一个书店的图书管理系统中，读者在购买图书时，通过售书员操作图书管理系统完成购书业务，读者并不直接使用系统，在这个系统中，读者就不是参与者。虽然用户不一定是参与者，但识别参与者的目的是发现系统用例，而很多用例要反映用户的需求，因此，在需求建模初期，可以把用户作为参与者，这样便于捕获用例。

(3) 参与者与角色的关系。角色是参与者的职责。例如在医院里，可以有不同性别、不同身份、不同职业的人来看病，他们的共同角色是病人。医生也是一种角色，可以是主任医师、副主任医师，也可以是普通医师，但他们的共同角色是医生。一个参与者可以赋予多个职责，因此可以承担多个角色。例如，某一个人既可以作为管理员，也可以作为业务员。

2) 识别参与者

为了识别参与者，需要分析哪些外部实体会与系统有联系。下面给出了寻找参与者的线索。

(1) 谁会使用这个系统的功能？

(2) 谁会来启动或关闭这个系统，或启动系统的某些特定功能？

(3) 谁会来维护和管理这个系统？

(4) 谁会从这个系统获取信息，或者给这个系统提供信息？

(5) 哪些系统会与这个系统联网，或者发生信息交互？

(6) 有哪些硬件设备会与这个系统联通，并交互信息？

(7) 在某些时间到达时，会自动发生什么事件？

(8) 当特定的时间或事件发生时，这个系统需要自动通知什么人或其他系统吗？

上面给出了识别参与者的一些可能的选择，参与者有下面两个特征。第一，参与者是系统外部的实体，它不是系统的要素。在这一问题上要根据具体问题辨证分析，确实存在有些角色，既是与系统发生交互关系的参与者，又是系统的成员。例如，在书店管理系统中，售书员既要作为参与者的身份操作和使用系统，同时系统内部要记录和保存售书员的相关信息，他又是系统的一个成员。第二，参与者一定会与系统发生交互关系，或者使用系统的某些功能，或者与系统发生信息交互。

3) 参与者的类型

从形式上看，参与者是人、设备，或者外部系统。但有时，系统会执行一些与时间有关的操作。例如，银行贷款系统到每月十五日给贷款客户发送"还款提示"；员工信息管理系统每日定期给当天生日的员工发送"生日祝福"短信等。对于这类需求，可以抽象出来一个"时间"参与者，利用该参与者来触发这些定时事件，见图 7.5。

通过对网络书店系统的分析，我们识别出订阅者、读者、会员、会计系统、库存系统和周末等参与者，见图 7.6。其中订阅者是订阅周日书讯的客户，会员是能够在网络上订购图书的客户，一般读者可以订阅周日书讯，也可以浏览网站，但不能订购图书。会计系统和库存系统是已经投入运行的两个系统，属于网络书店系统的外部参与者。周末是一个时间类型的参与者，每到周末，网络书店系统会启动给订阅者的邮箱发送周日书讯事件。

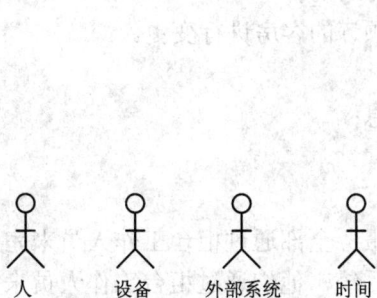

图 7.5 参与者的四种类型   图 7.6 网络书店系统的参与者

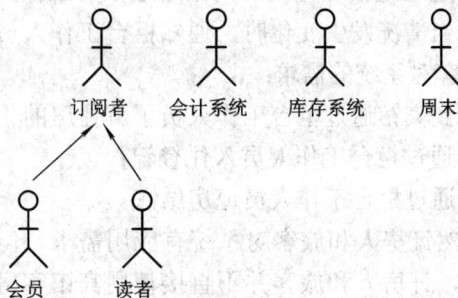

2. 用例分析

1) 提取用例

提取用例是功能需求分析的核心。下面我们给出常用的一些提取用例的方法。

(1) 从参与者入手提取用例。参与者有多种类型，每一种类型的参与者都需要与系统发生一定的交互关系。从系统角度看，这些交互关系都需要系统通过一定工作和服务来满足与参与者交互的需要，这些服务就是用例，因此，从参与者入手是提取用例的一种最直接和最有效的方法。

① 根据使用者提取用例。系统的使用者是最重要的一类参与者，系统的使用者又存在多种类型，有企业经理、业务主管、业务人员、操作员、管理员、维护人员等。从系统的使用者角度可以启发出大量的系统用例。一般我们可以从以下几个方面来考察他们对系统的需求：

a. 希望系统提供什么服务？

b. 会启动系统什么功能？

c. 会为系统提供什么信息？系统是如何接收这些信息的？系统接收到这些信息又该怎么处理？

d. 会从系统获取什么信息？系统应该怎么样提供这些信息？

上面这些问题可以引导我们按照使用者的需要发现系统的用例。使用者所启动的系统功能，就应该是系统的用例；使用者请求系统提供的服务自然应该作为系统的功能，也就是系统的用例；在系统为使用者提供信息时，可能就需要某一个用例来实现对信息的准备；当使用者为系统提供信息时，系统需要对接收到的信息进行处理，或者这个信息正好是系统某一个功能所需要的信息，因此，就可以发现系统的用例。

例如，在小型宾馆客房管理系统中，我们发现了订房人、旅客和柜台工作人员这三个参与者，见图 7.7。

订房人　　旅客　　柜台工作人员

图 7.7　小型宾馆客房管理中的几个参与者

订房人对系统的需求：

a. 通过电话或直接到宾馆了解宾馆的客房情况；

b. 通过电话或直接到宾馆通过柜台工作人员预订客房；

c. 当情况发生变化时，通知柜台工作人员，对预订的客房进行变更。

旅客对系统的需求：

a. 到宾馆通过柜台工作人员了解住房的相关信息；

b. 通过柜台工作人员入住登记；

c. 通过柜台工作人员退房结账。

虽然订房人和旅客对系统有应用需求，但这些服务全部通过柜台工作人员来完成，也就是说，订房人和旅客并不直接使用宾馆客房管理系统，他们通过柜台工作人员来完成他们的应用需求。那么柜台工作人员对系统有哪些方面的需求呢？

柜台工作人员对系统的需求：

a. 了解房间入住和预订情况；

b. 根据订房人的要求，预订客房；

c. 在预订发生变化时，对预订的客房进行变更处理；

d. 旅客入住登记；

e. 旅客退房结账；

f. 旅客信息的维护和查询。

根据柜台工作人员对系统的需求，提取出图 7.8 所示的功能用例。

图 7.8 根据柜台人员的要求抽取的功能用例

② 根据与系统存在交互关系的外部设备提取用例。有些系统会连接一些外部设备，例如，计算机等级考试管理系统要通过数码相机给报名的学生拍照，从数码相机传过来的照片应作为学生信息存档，由此就提取出"照片存档"用例，见图 7.9。

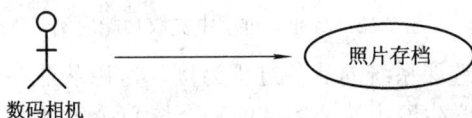

图 7.9 从外部设备启发功能用例

③ 根据外部系统提取用例。一个系统会与一些外部系统发生联系，通过联系的外部系统，可以找出必要的功能用例。例如，某学校已经存在学生学籍管理系统，现在要开发一个学生考试管理系统，在考试管理系统中，可以直接从学籍管理系统中获取学生基本信息，也可以把考试成绩发送给学籍管理系统，以更新学生成绩，见图 7.10。

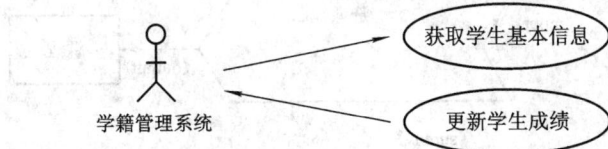

图 7.10 根据学籍管理系统启发出的在考试管理系统中的功能用例

④ 根据定时启动的事件提取用例。根据定时启动的事件能够启发出系统中必要的功能用例。例如，员工管理系统每日定时给当天生日的员工发送生日祝福信息，见图 7.11。

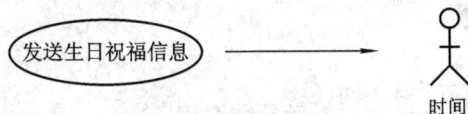

图 7.11 从定时启动的事件提取功能用例

(2) 从业务过程中提取用例。在领域分析一章我们曾分析过业务过程，并建立了业务过程模型。一个企业系统总存在一些对业务起关键作用的核心业务过程，从这些业务过程中可以提取必要的用例。针对业务过程提取用例的方法主要通过对业务过程的流程分析来进行。一个业务过程的流程包括若干个要执行的活动，在这些活动中，有些活动需要通过手工完成，有些活动则需要系统完成，需要系统完成的活动就可能作为一个备选用例。从业务过程中提取功能用例见图 7.12。

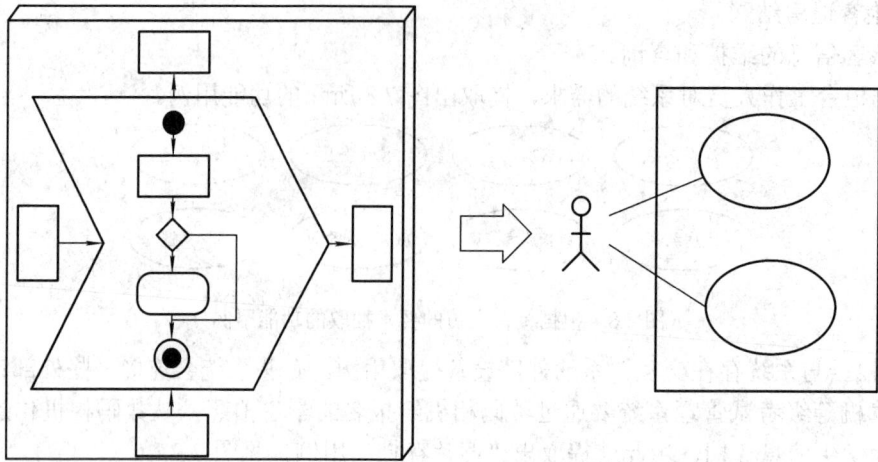

图 7.12　从业务过程中提取功能用例

下面我们以学生网上选课系统的业务过程为例，讨论从业务过程的流程中提取功能需求用例的方法。"选课"是学生网上选课系统的一个核心业务过程，该过程的模型见图 7.13。网上选课的流程见图 7.14。

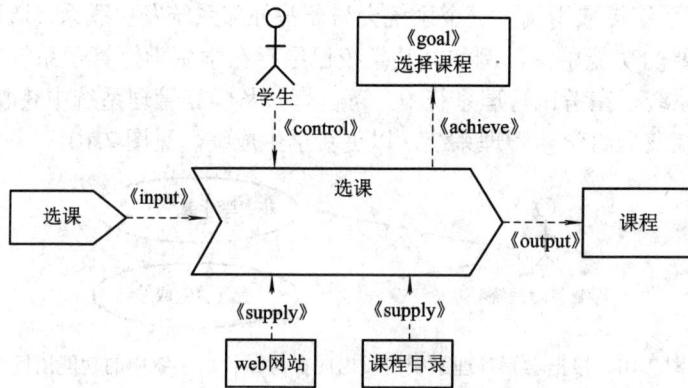

图 7.13　选课业务过程模型

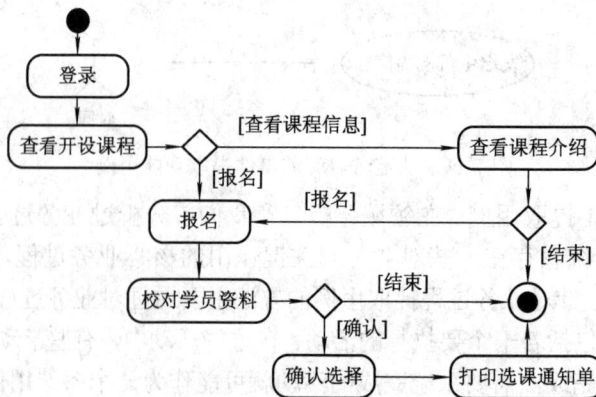

图 7.14　学生选课的业务流程

在这个业务流程中，学生首先登录网上选课系统，然后查看所开设的课程。如果希望进一步了解课程的信息，可查看课程介绍，也可以直接在网上报名。系统接收到学生的报名请求，先核对学生的资料，如果学生的资料不符合选课要求，则退出系统；如果满足选课要求，则系统确认该学生的选课，并打印选课通知单，然后结束选课。

从这个业务流程中，首先可以提取出"登录"用例，因为学生登录系统后方能选择课程。"查看开设课程"实际上是学生通过网络查看课程目录，查看课程目录虽然是在选课之前需要的动作，但也可能本次学生进入系统就仅是查看学校都开设哪些课程，因此，可以提取"查看课程目录"用例。同样道理，可以提取"查看课程介绍"用例。"报名"应该作为一个独立用例，但核对学员资料是报名过程中的一个必要步骤，它不能作为一个独立用例。"打印选课通知单"是报名时的一个步骤，但在报名时也可以不打印，因此"打印选课通知单"可作为"报名"用例的扩展用例。图 7.15 是根据对选课流程的分析，提取的功能用例。

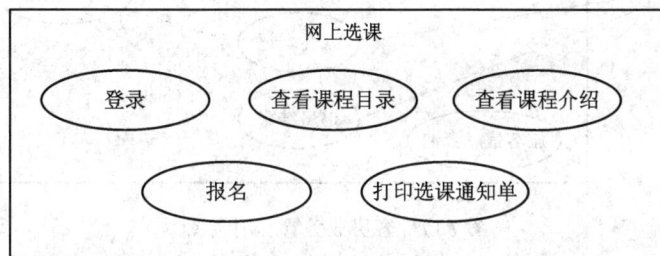

图 7.15　提取的学生选课系统的功能用例

2) 绘制用例图

在确定了系统的参与者，并提取出用例之后，下来需要绘制系统的用例图。用例图是用例建模的重要内容，一般情况下针对一个需求单元建立一幅用例图，表示参与者与一组用例之间的关系，以及用例相互之间的关系。例如，图 7.16 是学生网上选课的用例图。

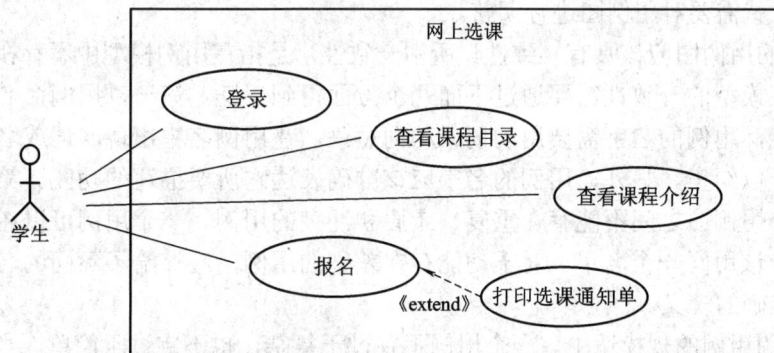

图 7.16　学生网上选课系统用例图

在图 7.4 小型宾馆客房管理系统的需求结构中，共划分了客房信息管理，客房设备管理和客房业务管理三个需求单元，图 7.17 是其中客房业务管理的用例图。

在绘制用例图时，需要注意下面几方面的工作：

(1) 认真确定已经提取的各用例之间的关系。提取的大部分用例都与参与者有关系，但有些用例之间也会存在一定的关系。用例之间可能存在泛化、包含和扩展三种关系，可以根据用例自身的特性确定它们之间是否存在关系，并存在哪种关系。例如，在图 7.17 客房业务管理用例图中，"客房预订"、"预订变更"、"入住登记"和"退房结账"几个用例在执行过程均要打印对应的凭据，"客房预订"用例需要打印客房预订单，"预订变更"用例要打印客房预订变更单，"入住登记"用例要打印客房入住单，"退房结账"用例要打印结账单。它们几个用例要共同启动"打印凭据"用例，因此，这些用例与"打印凭据"用例之间就存在包含关系。

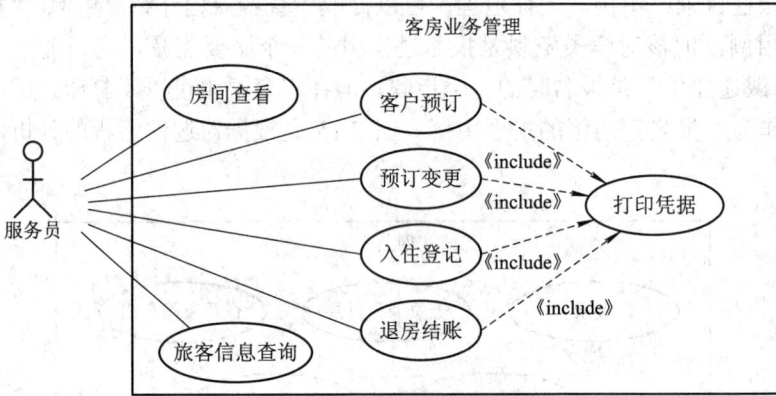

图 7.17 客房业务管理用例图

除了包含关系之外，用例之间还可能存在泛化和扩展关系，用例之间存在的关系需要根据用例自身的特征来确定。

(2) 调整和优化用例图。对初步建立的用例图还需要进行调整和优化。对用例图调整和优化的基本原则是：

① 应真实反映应用需求。真实反映应用需求是检验用例模型的一个基本原则，也是最重要的原则。建立的用例图一定要反映实际需求，当用例模型和需求相矛盾，或没有反映应用需求时，就需要对用例图进行调整。

② 建立的用例图应该具有一致性。所谓一致性，是指在用例模型中不存在相互冲突和矛盾的地方。模型的一致性需要通过下面几个方面得到保证。第一，用例命名准确。用例表示一个功能，用例的名字需要用动词或动词短语，在用例名中出现名词或名词短语的情况，一定要予以纠正。另外，用例的名字应该准确表达它所要描述的功能。第二，一个用例图中或多个用例图之间不能存在重复、矛盾和冲突的用例。一个用例可以在多张用例图中出现，但应该用同一个名字。对于功能存在差别的用例，应该给予不同的名字，每一个用例必须有准确的含义。

③ 建立的用例的规模适中。一个用例不宜过于复杂，也不宜过于简单。当一个用例过于复杂时，就需要考虑这个用例所表示的功能是否可以分解成为多个有联系但又独立的功能；当一个用例过于简单时，就需要考虑这个用例所表示的功能是不是分解得太细致。当多个用例中存在相同或相似的功能时，可以考虑把其中的相同部分提取出来作为一个独立用例，其他用例作为这个用例的基用例，它作为子用例，和这个用例形成包含关系。当一个用例所表示的功能可能扩展时，它就需要考虑可扩展的用例。

3) 用例场景分析

每一个用例总是在确定的环境和条件下存在，用例所存在的条件和环境被称为用例场景(Usecase Scene)。一个完整的用例场景包括下面几个方面的内容：

(1) 需求单元。需求单元是一个用例存在的环境，一个用例总是存在于某一个需求单元之中。需求单元规定了一个用例的参与者，以及该用例与其他用例的关系。例如，图 7.18 是图书馆图书借阅管理的需求结构，划分为借书证管理、图书信息管理和图书借阅管理三个需求单元。

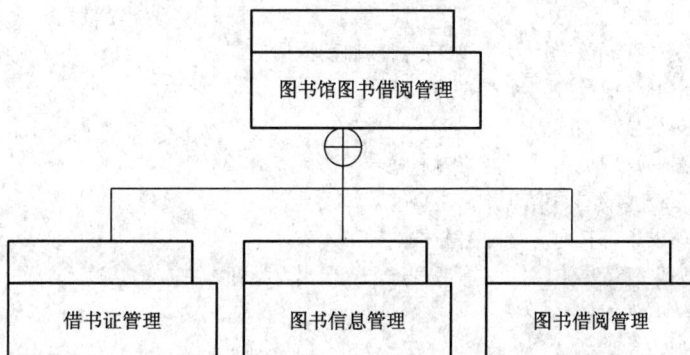

图 7.18 图书馆图书借阅管理需求结构

图 7.19 是图书借阅管理需求单元的用例图。从该用例图中我们能够看到"借书"用例的参与者是图书管理员，该用例和其他用例没有关系，而"过期催还"用例包含"打印催还单"用例。

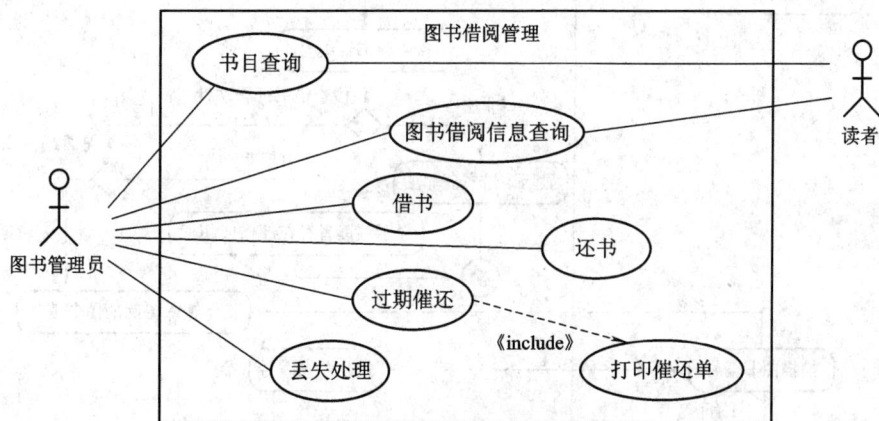

图 7.19 图书馆借阅管理的用例图

(2) 用例叙述。用例叙述是对用例采用规范格式的文字说明，描述一个用例的名称、参与者、前置条件、后置条件和事件流等信息。准确讲用例叙述不应该是用例场景，但因为用它来描述用例信息，因此也作为用例场景的内容。图 7.20 是借书用例的用例叙述。

(3) 用例执行流程。用例的执行流程是用例场景的重要内容，它描述一个用例的完整执行过程。用例执行流程可以用活动图描述。用例执行流程来自于用例叙述中的事件流，但在用例叙述中给出的事件流用文字描述不如用活动图看起来直观。另外，用例叙述也可能存在对用例执行流程描述不够完整和细致的地方，需要我们进一步分析用例执行的流程，并用活动图给出规范描述。经过我们对图书馆借书过程的详细分析，给出图 7.21 所示的借书用例的执行流程。这个图对图书馆借书用例执行流程描述得更为详细，考虑了如果存在已借的图书超期或者超借情况，则本次拒借，并给出提示信息。

借书

用例名：借书
参与者：图书管理员
前置条件：读者把要借图书交给图书管理员，点击借书功能。
事件流程：
1. 图书管理员选择"借书"功能，启动该用例。
2. 图书管理员扫描读者的借书证。
3. 系统显示该读者信息。
4. 图书管理员扫描要借的图书编号。
5. 系统显示图书信息。
6. 如果还有其他需借阅图书，则转第 4 步。
7. 如果确认借出，图书管理员点击"借出"按钮。
8. 结束本次借书。

图 7.20　借书用例的用例叙述

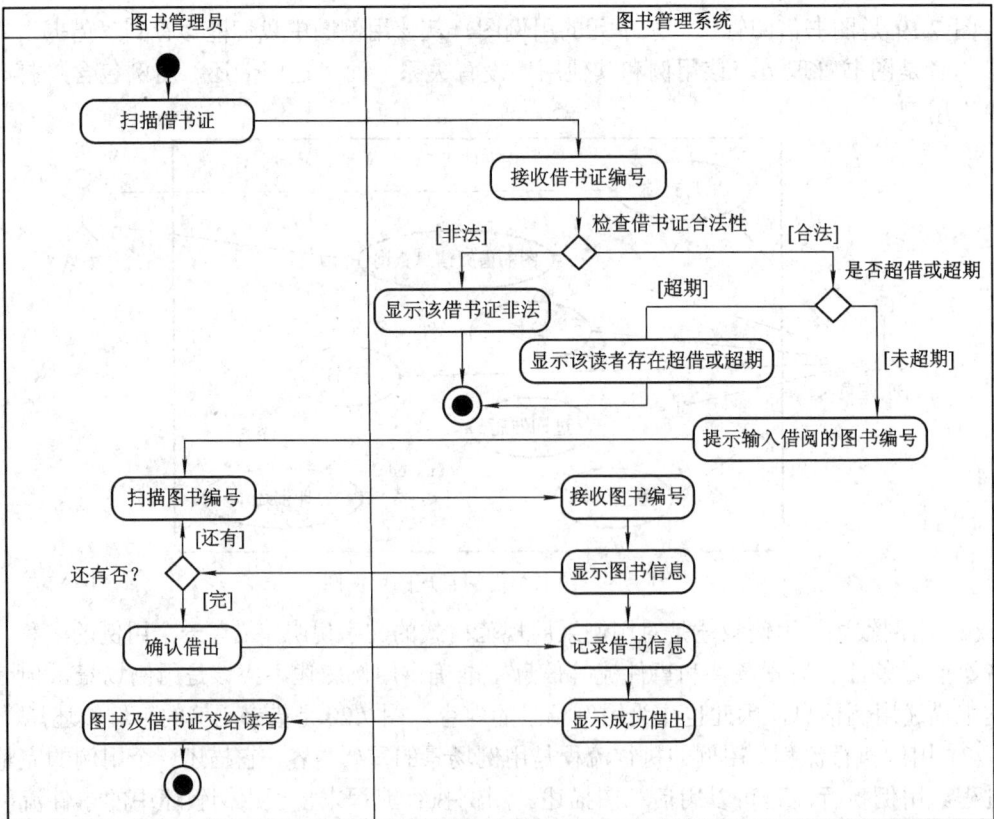

图 7.21　借书用例的执行流程

(4) 用例交互信息界面。在用例执行过程中，参与者与系统之间要交互大量信息，可以建立用例交互信息界面。图 7.22 中给出了借书用例的交互信息界面，通过该界面能够让用户直观了解借书功能的使用方式和所交互的信息。需要注意的是，界面设计本应该属于系统设计的工作，但在需求分析阶段如果能够建立必要的界面模型，将有助于理解需求，同时也便于与用户进行沟通和交流。UML 没有提供界面建模规范，但有部分建模工具提供界面建模能力，Enterprise Architect 提供了界面建模功能，图 7.22 就是用 Enterprise Architect 建立的用例交互信息界面。

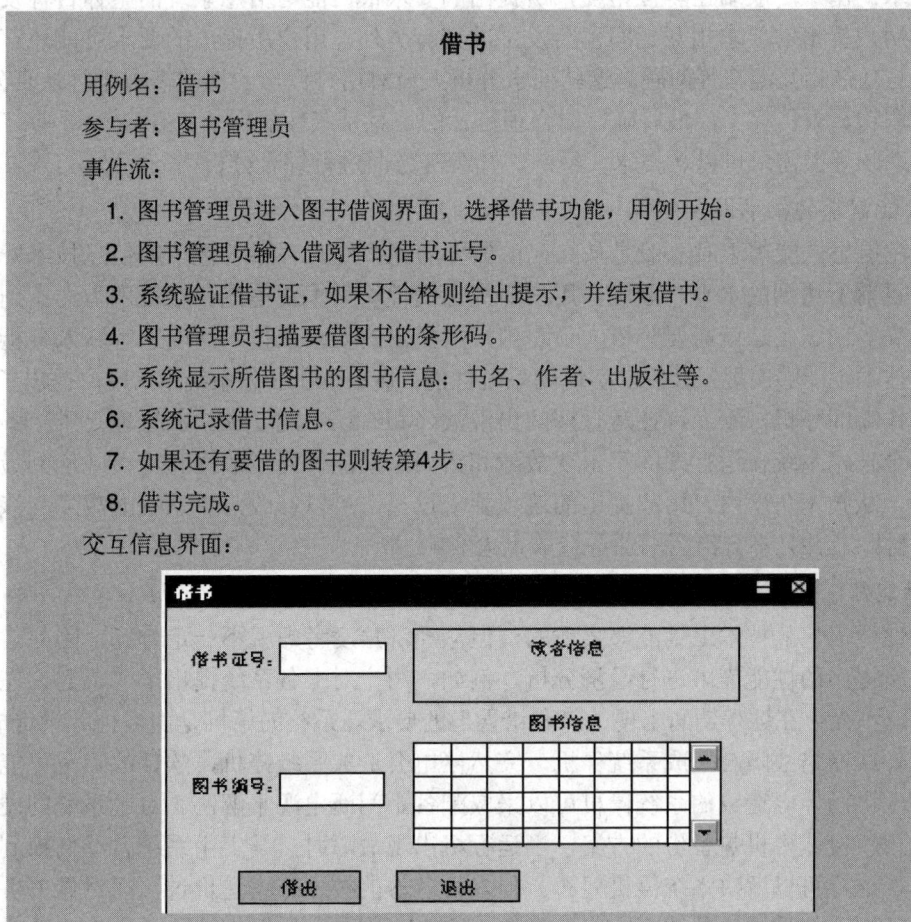

借书

用例名：借书

参与者：图书管理员

事件流：

1. 图书管理员进入图书借阅界面，选择借书功能，用例开始。

2. 图书管理员输入借阅者的借书证号。

3. 系统验证借书证，如果不合格则给出提示，并结束借书。

4. 图书管理员扫描要借图书的条形码。

5. 系统显示所借图书的图书信息：书名、作者、出版社等。

6. 系统记录借书信息。

7. 如果还有要借的图书则转第4步。

8. 借书完成。

交互信息界面：

图 7.22　借书用例的交互界面

7.3.6　性能需求分析

1．性能需求的含义

信息系统性能需求是约束系统、支持功能实现的相关需求，包括信息系统的效率、处理方式、可靠性、安全性、适应性等内容。信息系统性能需求是信息系统需求的重要组成部分。效率是信息系统的处理能力、处理速度、吞吐量、响应时间等与系统处理时间有关的性能要素。处理方式涉及的范围比较宽，包括信息系统的结构和分布模式、交互方式、业务处理方式等。可靠性包括保证系统正常工作的能力，对系统故障的预防、检测以及自动纠错的能力，出现故障时，保证系统不发生崩溃，并使系统重新恢复、重新启动的能力等；安全性是保证合法用户能够正确使用信息系统，并防止非法用户访问信息系统的能力；适应性是信息系统对外部环境和需求变化的适应能力。

2. 性能需求分析

信息系统性能需求分析是对用户提出的各种性能要求进行综合分析，确定出合理、可行的信息系统性能需求的工作。在需求调查过程中，用户会对信息系统性能需求提出各种各样的要求。用户一般站在本位角度，所提出的要求很可能与信息系统的整体目标发生矛盾，各个用户提出的要求相互之间也会发生冲突。另外，用户所提出的要求可能还存在含糊不清，与功能相互混杂等问题。这就要求分析人员对用户提出的性能需求进行认真分析，通过去粗取精、去伪存真，最后确定出合理可行的信息系统性能需求。

信息系统性能需求可以从技术、经济、社会等方面进行综合分析。

1) 性能需求的技术因素分析

用户在提出性能需求时一般是从自己的需要考虑，用户并不一定了解信息技术发展的动态以及目前所达到的水平。因此，用户所提出的性能需求就可能存在技术上达不到，或者代价太高等问题。这就需要分析人员对用户所提出的要求从技术角度进行深入分析，最后确定出技术上能够实现，且便于实现的系统性能。例如，在书务系统中，用户提出了"不允许在工作期间停机，不允许在运行期间出现故障和错误"的要求。从原理上讲，不能保证任何一个技术系统在运行期间不出现故障和错误，只能做到把故障和错误降低到最小限度。因此，从技术角度看，用户提出的这项要求过高，可以修改为"系统的故障应该能够得到及时排除，并且不会给图书业务造成重大影响。"

2) 性能需求的经济因素分析

有些性能需求从技术上是能够实现的，但从经济角度考虑就不一定合算，因此，有必要对用户所提出的性能需求进行经济分析。例如，用户对书务系统提出了"不允许在工作期间停机，不允许在运行期间出现故障和错误"的要求。系统的停机是由多种因素造成的，系统的硬件或网络故障会造成系统停机，突然停电会造成系统停机，软件故障也可能造成停机。对于电网停电造成的系统停机可以采取配备不间断电源来解决。对于系统的硬件故障可以采用双机或多机热备份的方案，当运行机出现故障时，马上由系统自动切换到备份机上工作，这样可以解决系统停机问题。但多机备份的技术方案造价过高，对像书务系统这样的事务型系统采用这种技术方案的必要性不大。因此，可以把这一条需求修改为"系统具有一定的容错能力，工作期间的停机不会给系统造成致命影响，并可以尽快切换到手工工作方式"。

3) 性能需求的社会因素分析

用户提出的有些性能需求可能会与社会道德、公益等规范相冲突，也可能社会环境对这种需求的实现还不提供支持。这就需要对性能需求进行社会因素分析。例如，在书务系统中，用户提出了"书务系统与社会图书出版、发行、销售系统连通，可以方便查询图书的出版、发行和销售信息"的要求。因为目前社会上还没有形成完整的图书出版、发行和销售体系，还不具备对这一项性能的社会支持条件，因此，这项要求无法实现。可以把这一条修改为"书务系统与社会已经运行的图书出版、发行和销售系统连通，以方便查询相关信息"。

除了以上三个方面之外,还需要分析用户所提出的各个性能需求相互之间是否存在矛盾和冲突,性能需求和系统目标以及系统功能是否存在矛盾。通过性能需求分析,最后确定出逻辑一致、合理可行的信息系统性能需求。

信息系统性能需求一般表现为一组指标,信息系统性能需求可以采用 Enterprise Architect 中的条目表示方法来表示。

图 7.23 是图书订购系统的性能需求模型。该模型描述了图书订购系统的效率、可靠性、安全性、可用性和适应性几个方面的需求。效率包括四个方面的指标:REQ101——访问站点不能超过 2 秒的时间延迟;REQ102——数据访问速度最大延时为 1 秒;REQ103——导入数据表时间不能超过 3 秒;REQ104——允许多个任务并行。REQ 表示非性能需求,后面的数字是该条目的编号。

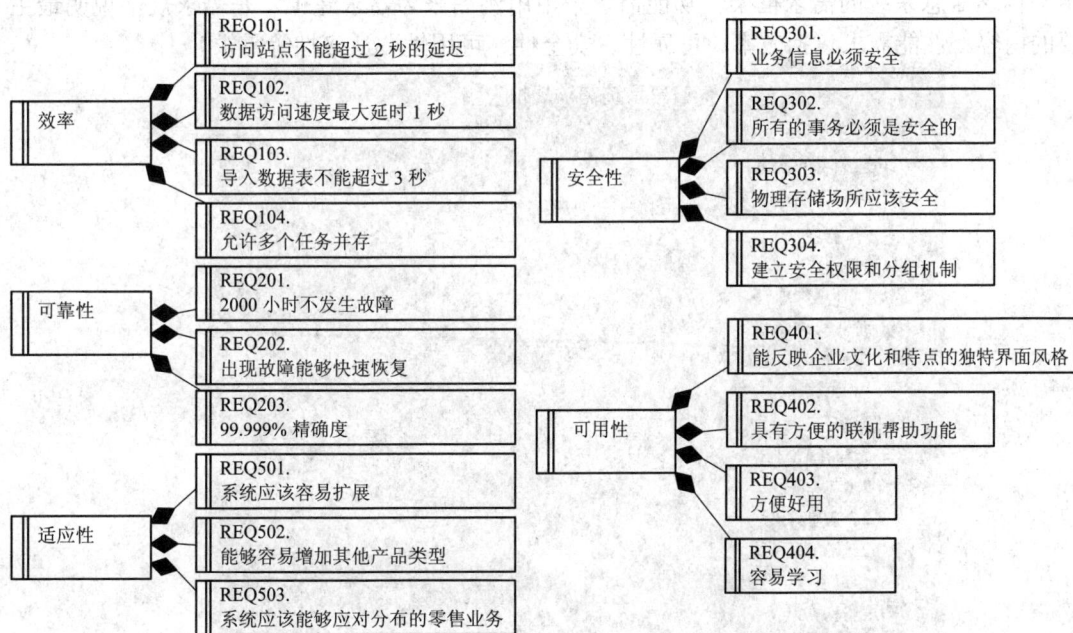

图 7.23 图书订购系统性能需求模型

7.4 需求规格说明

7.4.1 引言

在对信息系统的需求进行调查和分析之后,需要把分析的结果用文档完整地描述出来。描述信息系统需求的文档被称为信息系统需求规格说明或信息系统需求说明书。信息系统需求规格说明将详细、准确地反映最终确定的信息系统需求的内容。

信息系统需求规格说明是整个需求分析工作的总结,是对信息系统需求全面、准确的描述。信息系统需求规格说明所反映的内容必须经过用户认可,并作为信息系统建设方和开发方开发合同的附件。信息系统需求规格说明将作为后续阶段的工作纲领，系统分析、设计、实现和测试都将按照信息系统需求规格说明来进行。

7.4.2　需求规格说明文档

信息系统需求规格说明文档应该包括的内容和采用的格式目前并没有形成统一的规范，尽管许多标准组织也试图制定这方面的标准，但在实际中并没有形成大家自觉遵守的事实规范。在此，图 7.24 给出的是信息系统需求规格说明的一个参考格式。信息系统需求规格说明共分引言、总体描述、目标和范围、需求结构、功能需求、性能需求等六个部分。引言部分主要介绍该规格说明文档的目的、编写说明和参考的资料。总体描述部分介绍信息系统项目概述、企业业务概况和企业信息系统现状等内容。目标和范围主要包括信息系统目标和信息系统开发范围，其中信息系统目标包括总目标、功能目标和性能目标。需求结构描述信息系统的需求框架。功能需求采用用例图来为需求建模，是需求规格说明最主要的内容。性能需求包括效率、可靠性、安全性、可用性、适应性等需求。

信息系统需求规格说明

1. 引言
　1.1 文档目的
　1.2 编写说明
　1.3 参考资料
2. 总体描述
　2.1 信息系统项目概述
　2.2 企业业务概况
　2.3 企业信息系统现状
3. 目标和范围
　3.1 概述
　3.2 信息系统目标
　　3.2.1 总目标
　　3.2.2 功能目标
　　3.2.3 性能目标
　3.3 信息系统开发范围
4. 需求结构
　4.1 信息系统需求结构
　4.2 需求结构说明
5. 功能需求
　5.1 概述
　5.2 功能用例模型
　5.3 功能需求分析说明
6. 性能需求
　6.1 概述
　6.2 效率需求
　6.3 可靠性需求
　6.4 安全性需求
　6.5 可用性需求
　6.6 适应性需求
　6.7 性能需求分析说明

图 7.24　信息系统需求规格说明参考格式

7.5 需求验证

7.5.1 引言

验证是保证产品质量的活动。包括对产品性能指标和工艺过程的检查、审核、测试、确认等活动。信息系统验证是保证信息系统质量的一系列保证活动，信息系统验证贯穿于信息系统开发的全过程中，包括需求验证、体系结构验证、详细设计验证、代码验证和系统部署验证等。需求验证是指在需求分析阶段，通过一定的途径和手段，对信息系统需求的正确性、可行性进行检查、审核和确认工作。通过需求验证，确定正确和可行的信息系统需求，排除含糊的、不实际和不可行的信息系统需求。

7.5.2 需求验证的方法

1. 需求审核

需求审核的方法很多，在此我们仅介绍几种基本方法。

1) 自查法

自查法是由分析人员对自己所确定的信息系统需求进行审核，纠正需求中存在的问题。自查法又可以分为三种具体方法。第一种方法是小组审查法，即由一名分析人员向开发小组中其他人员介绍信息系统需求，小组中的成员进行提问，由介绍人进行解答。在介绍过程中，可能会发现并澄清许多潜在的需求问题。实践证明这是一种验证需求的十分有效的方法。第二种是参照法，即对本系统中存在的有些可疑性需求，在系统内部无法验证其可行性时，可以参考其他系统，如果发现在其他系统中有相同或相似的需求，并且已经实现，那么就可以证明这种需求是可行的。第三种是逻辑分析法，即由分析人员按照需求与业务、需求与目标、需求相互之间的逻辑关系进行逻辑论证，找出在逻辑上存在矛盾或不一致的需求进行重点分析。

2) 用户审查法

用户是需求的提出者，也是信息系统的最终使用者。因此，用户对需求具有决定权。分析人员可以把信息系统需求规格说明提交给用户，有条件时可以编写一份针对此需求的用户使用说明书同时提交给用户。用户通过对需求文档的阅读找出不符合自己意图或认为不能实现的需求，双方再对这些有争议的需求进行讨论，最后达成一致认识。

3) 专家审查法

专家审查法就是聘请业务领域、信息系统以及政策、法律等方面的专家对信息系统需求进行审查。专家能够对用户和分析人员存在争议的需求以及隐藏着重大问题的需求进行甄别和判断。

4) 评审法

评审法是通过会议对需求进行评审。参加评审的人员可以是技术专家、用户和相关人员，需要在召开评审会之前，把需求文档发给参加评审的人员。在评审会上，可以先由分析员介绍需求的总体情况，然后由评审人员询问相关问题，最后给出评审结果。

2. 原型模拟

需求审核是一种静态需求验证方法，不适宜复杂动态需求的验证。复杂动态的需求可通过原型模拟的方法来验证。所谓原型模拟，是指通过原型生成工具，建立能反映动态需求的系统原型，通过执行原型，来模拟展现需求的动态过程。原型模拟是一种有效的需求验证方法，但它需要原型生成工具的支持。

3. 自动验证

自动验证是通过自动需求验证工具来自动验证需求的一种方法。自动验证是自动化需求分析的组成部分，要求采用形式化需求规格语言来描述需求，通过自动需求验证工具来检查需求的一致性和正确性。

7.6　需求管理

7.6.1　概述

在需求分析阶段确定的信息系统需求将作为系统分析、系统设计和编码的依据，指导后续信息系统开发工作。另外，随着环境的变化和用户对信息系统认识的深化，也会对已经确定的需求进行变更。为了使得信息系统需求既能得到合理变更满足用户需要，又使得开发工作能够有计划进行，就需要实现需求跟踪、控制需求变更、实施版本控制，对需求进行有效管理。需求管理是在需求开发之后，对需求实施的跟踪、版本控制和变更控制的一系列管理活动。

7.6.2　需求基线管理

在需求分析中，经过验证的需求需要被固定下来作为需求规格说明的内容。需求基线是经验证被明确和固定下来的信息系统需求，这些需求将作为需求规格说明的内容，成为后续开发工作的依据和基准。

需求基线除了包括经验证的信息系统需求之外，还包括需求的描述信息，主要有：需求标识、创建日期、创建人、版本号、所属需求单元、验证人和验证时间等。

对确定的需求基线必须实施有效的管理，随着需求变更的增多，必须保持最新的需求基线，并且对需求的变更进行有效的版本控制。需求基线管理工作包括需求基线的信息管理、需求基线的变更管理、需求基线的跟踪管理和需求基线的状态管理等内容。

7.6.3　需求跟踪管理

1. 需求跟踪

需求跟踪是以需求规格说明为基准，对需求的来源、需求对后续开发的影响、需求的变更实施的跟踪活动，以保证需求与开发工作的一致性。

根据需求跟踪的方向，可以分为前向跟踪和后向跟踪两种类型。前向跟踪用于确定需求定义到需求规格说明文档之间的跟踪关系，表示某个需求是根据哪个信息系统目标定义的，与哪些部门及其业务相关，需求是由哪些业务人员提出的，并经过谁的修改和验证等。前向跟踪能够追踪到需求的来源。后向跟踪用于确定对需求规格说明中已经明确的需求与后续开发工作中的系统要素之间的跟踪关系，表示某个需求与哪个子系统的哪个模块中的哪些系统要素存在关系，这些要素可能是组件、类、接口等。

2．需求跟踪的作用

需求跟踪是需求管理的内容之一，是实施需求管理的必须途径。项目管理者通过需求跟踪能够准确了解需求的来源和需求与系统要素的联系，对变更的需求所产生的影响做出合理评估。通过跟踪及时发现可复用的系统要素，并及时掌握需求的实现进度。设计人员通过需求跟踪能够明确需求的来源，明确设计方案对需求的满足程度，以及需求变更对设计的影响程度。配置人员通过需求跟踪能够评估需求变更对其他需求的影响，以及需求变更对后续工作的影响。

3．需求跟踪的方法

需求跟踪的实现方法主要有需求跟踪矩阵、实体联系模型和交叉引用等。在此我们主要介绍需求跟踪矩阵方法。需求跟踪矩阵用来表示需求与后续工作中的设计元素、软件制品和测试用例之间的跟踪关系，详见表 7.1。

表 7.1 需求跟踪矩阵例子

用例	功能描述	设计元素	软件制品	测试用例
3-1	图书维护	类：Book；顺序图：图书维护	Book Bookmaintenance	Testcase3.1.1 Testcase3.1.2 Testcase3.1.3 Testcase3.1.4
3-2	图书信息查询	类：Book；顺序图：图书信息查询	Book BookInformation query	Tsetcase3.2.1 Testcase3.2.2 Testcase3.2.3

7.6.4 需求变更管理

1．引言

在需求分析的后续阶段改变需求会带来开发工作量的成倍增加，因此，要求需求分析人员要高度重视需求分析工作，尽可能在需求分析阶段明确信息系统需求。但由于信息系统环境会发生变化、用户会发生变化、分析人员和用户对信息系统的认识会逐步深化，因此在需求开发完成之后需求出现一定程度的变更是合理的。为了避免因需求变更引起开发过程的混乱和开发成本的提高，就要对需求变更进行有效管理。

2．需求变更管理组织

设立变更控制委员会是实施需求变更管理的有效方法。变更控制委员会是一个管理需求变更的工作小组，可以由项目管理部门、开发部门、测试部门、市场和客户代表组成。变更控制委员会负责制订变更控制政策，并对需求变更申请进行评估和裁决。只有经过变更控制委员会评议批准的需求变更，才能够被允许并纳入需求变更管理。

3. 需求变更管理过程

一般的需求变更管理过程是：

(1) 由变更申请人向变更控制委员会提交需求变更申请。

(2) 变更控制委员会对需求变更申请进行评估，全面评议需求变更的必要性和带来的影响。

(3) 变更控制委员会对需求变更进行表决，以决定需求变更是否被允许。

(4) 通过表决的需求变更，纳入需求基线。

本 章 小 结

需求是对信息系统应该具备的目标、功能、性能等要素的综合描述。需求分析的工作包括需求调查、需求分析、需求描述、需求验证和需求管理几个方面。需求调查也被称为需求获取，是指由分析人员通过座谈、走访、问卷调查、座谈会等形式，了解和获取用户需求。需求分析是指在需求调查的基础上通过综合考虑组织目标、现状、技术条件、投资能力等因素，对信息系统的目标、需求结构、功能需求和性能需求等进行的分析工作。在分析的基础上，把分析的结果用规范的形式描述出来，形成需求规格说明的工作被称为需求描述。对需求分析的结果还需要进行验证，以保证需求的正确性。需求分析之后，为了保证需求的有效性和一致性，需要对需求进行管理。需求管理包括需求基线管理、需求跟踪管理和需求变更管理等。

习 题

一、简答题

1. 需求分析的任务是什么？

2. 需求分析中的目标分析与领域分析中的目标分析有什么区别？两者之间存在什么联系？

3. 什么叫需求结构？需求结构用什么来表示？

4. 什么叫用例说明？它有什么作用？

5. 信息系统性能都包括哪些因素？

6. 为什么要对需求变更实施管理？

二、填空题

1. 需求分析包括目标分析、需求结构分析、(　　　)、(　　　)和(　　　)等内容。

2. 需求调查的方法除了采用一般调查方法之外，还需要采用(　　　)、(　　　)和(　　　)等辅助方法。

3. 一般从(　　　)、(　　　)和(　　　)等方面对信息系统性能进行分析。

三、选择题

1. 下面哪项工作不属于需求分析的工作？(　　)

A 数据库分析　　　　　B 功能分析　　　C 性能分析　　　　　D 需求建模

2. 下面说法不正确的是(　　)。

A 需求调查也被称为需求获取

B 信息系统核心功能属于总体需求的范围

C 需求调查还需要调查用户的投资能力、开发时间等非技术性需求

D 需求调查可以采用启发法、观摩法和原型法等一般调查方法

3. 下面说法正确的是(　　)。

A 信息系统目标等同于企业系统目标

B 信息系统目标包括企业系统目标

C 信息系统目标是企业系统目标的构成部分

D 信息系统目标与企业系统目标没有关系

四、思考题

1. 试以一台电视机为例，谈谈功能与性能的区别。

2. 为什么要进行需求审核？需求审核有哪些基本方法？

3. 对你所选择的信息系统进行需求分析，并写出相应的信息系统需求规格说明。

第 8 章　信息系统体系结构设计

本章导读

信息系统体系结构是信息系统各要素按照确定关系构成的系统框架。信息系统体系结构建立在企业架构的基础上，并充分反映企业架构。信息系统体系结构包括信息系统的基础设施结构、信息系统的信息资源结构和信息系统的软件架构等。信息系统体系结构设计需要考虑信息系统的基础设施、拓扑结构、信息资源结构、体系结构模式和信息系统的软件架构等方面的设计问题。

主要知识点

- 基础设施设计
- 拓扑结构设计
- 信息资源结构设计
- 体系结构模式设计
- 软件架构设计

8.1　概　　述

信息系统体系结构是信息系统各要素按照确定关系构成的系统框架。在第 2 章我们对信息系统体系结构已经做了基础介绍。信息系统体系结构建立在企业架构的基础上，并充分反映企业架构。

1. 信息系统的基础设施设计

信息系统的基础设施是信息系统开发和运行的环境，包括网络、计算机及相关设备、系统软件和支撑软件等。信息系统基础设施设计需要根据信息系统的设计要求，通过对技术和市场的综合分析，确定出网络结构、设备选型和支撑软件平台方案。

2. 信息系统的拓扑结构设计

信息系统的拓扑结构是指由若干结点和结点的联系所构成的信息系统的物理框架。信息系统的拓扑结构设计需要确定信息系统的结点以及结点的联系，包括结点的作用和类型。

3. 信息资源结构设计

信息资源是信息系统的重要要素，信息资源结构是信息系统体系结构的重要组成部分。信息资源结构设计需要考虑信息资源的存储结构和信息资源的分布结构。

4．信息系统的体系结构模式设计

信息系统的体系结构模式有集中模式、文件服务器模式、客户机/服务器模式、浏览器/服务器模式和应用服务器模式等。信息系统的体系结构模式设计就是根据实际需要确定信息系统的体系结构模式。

5．信息系统的软件架构设计

在信息系统的体系结构中，软件架构是软件的各子系统按照确定的关系构成的逻辑框架。信息系统的软件架构设计需要把信息系统的软件分解成多个子系统，并确定各子系统及其相互关系。

8.2 信息系统的基础设施设计

信息系统的基础设施是信息系统开发和运行的支持环境，包括网络、物理设备、操作系统、支撑软件和辅助开发环境等内容。

8.2.1 网络设计

网络是信息系统的主要支撑平台。网络设计主要包括网络结构设计和网络详细设计两部分内容。

1．网络结构设计

网络结构设计的主要任务是根据信息系统对网络的需求，设计出能够满足信息系统需要、结构合理、易于扩充、性能价格比高的网络总体结构。网络总体结构可以采用单级、二级和多级结构。

1) 单级结构

对于规模较小、地域相对集中的小型系统可采用单级网络结构。单级网络结构一般采用一个小型局域网，各部分之间可以采用集线器、网桥连接，如果在局域网中还有异构网络，则可以采用网关。图 8.1 是一个单级网络结构的例子。

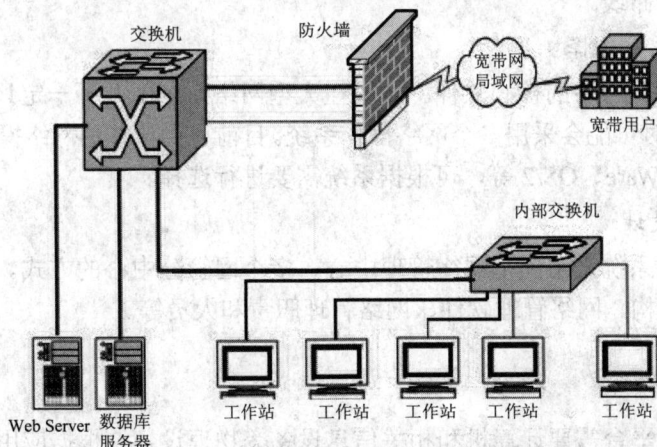

图 8.1 单级网络结构

2) 二级结构

对于分布地域范围较广、管理复杂的中型系统，可以采用二级网络结构。二级网络结构一般由高速主干网和多个局域网构成。主干网可以选择 FDDI、交换网、TAM 或快速以太网等技术。

3) 多级结构

对于跨地区、跨省、跨国的大型或超大型信息系统，则需要采用多级网络结构。在多级网络结构中，一般顶层采用社会公用网或专用广域网，第二级和第三级则为骨干网和主干网，最低一级为局域网。

2. 网络详细设计

网络详细设计包括网络结点设计、网络设备选型、网络布线设计、网络操作系统选择、网络管理设计等内容。

1) 网络结点设计

网络结点设计指通过网络需求分析，详细确定每一个网络结点的具体位置、设备类型和联网设备，并绘制出网络结点分布图，以便根据网络结点分布图进行设备选型和网络布线设计。

2) 网络设备选型

网络设备选型需要详细确定整个网络系统所需要的服务器、路由器、集线器、网关、网桥、网卡、网线等网络设备，还需要根据网络的功能和性能需求，确定各个网络设备的性能指标。例如，服务器需求多大存储容量、多高速度；根据系统的安全性、可靠性要求确定是选择双服务器系统、磁盘镜像技术，还是采用单服务器。

3) 网络布线设计

根据网络结点设计的结果和具体地理分布，要进行细致的网络布线设计。目前，网络布线时一般对网络系统、电话系统、监控系统采用统一布线方式，这种布线方式称作结构化布线。结构化布线设计需要由低层向高层逐层进行布线设计。首先在办公室确定网络设备的位置和插座位置；其次确定每个楼层的水平布线；再次确定楼层之间的垂直布线；最后确定主干网线的布线。

4) 网络操作系统选择

网络操作系统是网络的核心软件。一般在大型网络系统中并不一定只选择一个统一的网络操作系统，有时可能会采用多个网络操作系统。目前可供选择的网络操作系统有 UNIX、Windows NT、NetWare、OS/2 等，可根据系统需要进行选择。

5) 网络管理设计

一般大型网络系统采用一个网络管理中心、多个网管分中心的方式。网络管理设计需要确定网络管理结构、网络管理软件、网络管理职责和人员等。

8.2.2　物理设备

信息系统支撑平台需要计算机和相关信息设备等物理设备。根据应用需求正确地选择物理设备也是信息系统基础设施设计的一项主要内容。

1. 物理设备的基本类型

信息系统基础设施平台中的物理设备一般包括以下类型：

(1) 计算机系统。计算机系统有多种形式，按照规模和性能分有巨型机、大型机、中型机、小型机、工作站和微型机；按照用途分有通用机和专用机。

(2) 存储设备。存储设备指信息系统中存储信息的设备，有磁盘阵列、磁盘柜、网络存储器等。

(3) 相关 I/O 设备。每一个计算机系统都有各自的 I/O 设备，除了计算机系统所配置的 I/O 设备之外，不同类型的软件系统还需要配置一些特殊的 I/O 设备。相关的 I/O 设备有共享打印机、扫描仪、绘图仪、条码阅读器、IC 卡读写器、磁卡读写机、数字照相机、投影仪、专用键盘、声光传感器等。

(4) 多媒体设备。多媒体设备有触摸屏、图像摄取仪、声/视卡、图像处理卡、音箱、功率放大器、摄像机、录像机、解压卡等。

(5) 电源系统。电源系统有不间断电源、稳压器等。

(6) 机房设备。机房设备有电力系统、布线系统、安全系统、消防系统、照明设备、制冷设备、清洁设备等。

图 8.2 示出了信息系统的常用物理设备。

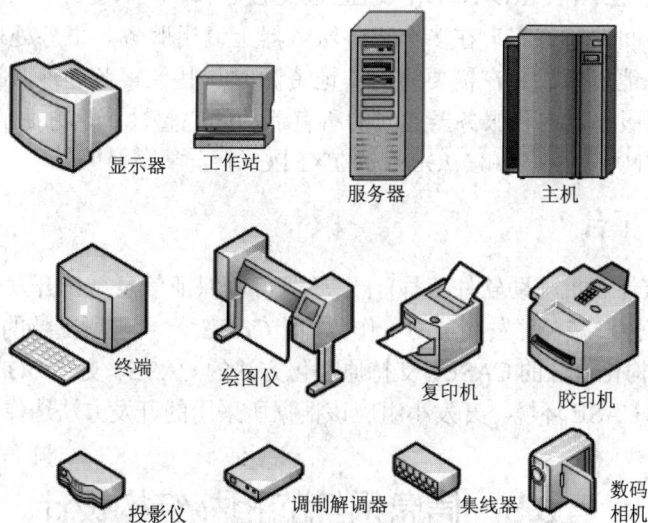

图 8.2　信息系统的常用物理设备

2. 物理设备的设计

物理设备的设计是指根据信息系统的设计要求，确定信息系统支撑平台中的物理设备方案。所设计的物理设备方案在能够充分满足信息系统功能需要的前提下，还应该满足信息系统的效率、可靠性、安全性和适应性等性能要求，并具有较高的性能价格比。

8.2.3　操作系统

操作系统是计算机系统中最重要的系统软件。目前主要的操作系统有 UNIX、Windows NT、OS/2、Macintosh 等。在微机上运行的桌面操作系统有 Windows 2000、Windows XP、

Linux 等。这些操作系统各有其适应面和优缺点，应根据需要进行选择。

8.2.4　支撑软件

支撑软件是协助人们开发和维护软件的工具和环境软件。编辑程序、数据库系统、集成开发环境等都属于支撑软件。支撑软件主要包括以下几个方面。

1) 数据库管理系统(DBMS)

在数据库服务器上的 DBMS 对数据库实施集中管理，可以并发地处理多个客户机发来的数据处理请求。常见的 DBMS 有 SQL-Server、Oralce、Sybase、Informix、DB2 等，开发人员可以根据实际需要进行选择。

2) 客户端开发软件

客户端开发软件十分丰富，系统开发人员可以根据设计需要进行选择。常见的客户端开发软件有 PowerBuilder、Visual Basic、C#、Delphi、Visual Foxpro、Java 等。

3) 中间件协议和软件

软件系统设计需要确定的中间件有数据库中间件和事务处理中间件。

通过数据库中间件允许客户在异构数据库上调用基于 SQL 的服务。数据库中间件有 ODBC、DRDA、IDAPI、RDA、ORACLE-GLUE 等。

事务处理中间件允许客户在多个事务服务器上调用服务。事务处理监视器允许不同的服务器控制其本地资源，并在需要访问本地资源时与其他事务处理监视器进行合作。事务处理监视器保证服务器内和服务器之间的所有活动的完整性。这方面的标准包括 TUXEDO 的 ATMI、ENCINA 的 RPC 和 X/Open 的 TXRPC 等。

8.2.5　CASE 平台

采用 CASE(计算机辅助软件工程)开发环境可以保证信息系统开发质量，提高开发效率，保证文档的一致性，减轻开发人员的工作负担。CASE 平台与所支持的系统开发方法有直接关系，有支持结构化方法的 CASE、支持原型化方法的 CASE、支持 OO 方法的 CASE 和支持多种方法的综合 CASE 环境。开发小组应该根据所采用的开发方法选择合适的 CASE 环境。

8.3　信息系统的拓扑结构设计

信息系统的拓扑结构是指由若干结点和结点的联系所构成的信息系统的物理框架。结点是信息系统中在逻辑分布上相对独立的物理实体。一个结点一般包括一台独立的计算机和外围设备。结点可以是人机交互的客户机，也可以是承担业务管理、数据库管理或 Web 管理的服务器。

信息系统的拓扑结构设计需要确定信息系统的结点以及结点的联系。结点是根据应用需要设置的。在一个地域分布的业务领域中，业务处理将聚集在一些相对集中的业务处理点上。例如，在一个大型企业中，职能科室的各个工作岗位就是该企业的业务处理点。一个大型商场中的销售台、收款台、会计室、采购室就是该商场的业务处理点。

考虑结点设置的同时要考虑结点的作用和类型。结点的作用根据需要而定，例如"图

书销售"、"书目管理"、"数据库管理"等就是书务系统中几个结点的作用。结点的类型一
般需要根据采用的体系结构模式而定，例如，客户机/服务器模式中的结点就有客户机和服
务器两种类型，而采用应用服务器模式的系统中，结点可以分为客户机、应用服务器和数
据库服务器几种类型。

图 8.3 是某书店书务系统的拓扑结构。

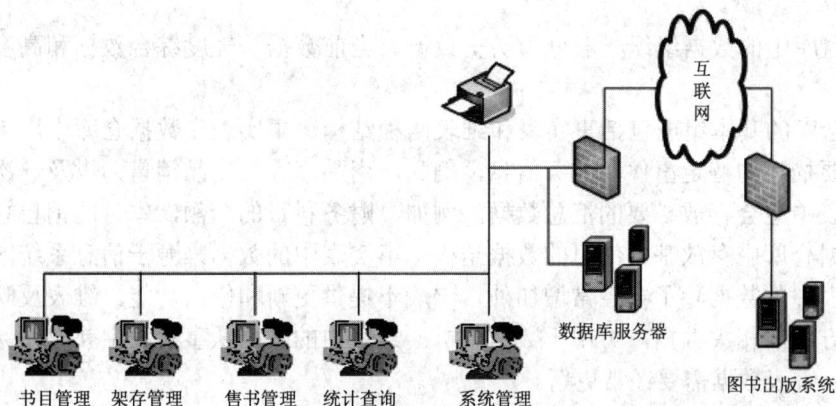

图 8.3　某书店书务系统的拓扑结构

8.4　信息资源结构的设计

信息资源结构设计的主要任务是确定在信息系统中信息资源的存储结构和分布结构。

1. 信息资源的存储结构

在信息系统中，信息资源可以采取文件系统、数据库和数据仓库等存储技术。

1) 文件系统

文件系统是一种传统的数据存储形式，在数据库技术出现之后已经较少采用，但在有
些没有采取通用开发平台，并且对时间或空间有特殊要求的专用信息系统中仍然采用文件
系统来存储数据。

如果采用文件系统，设计人员需要确定有哪些信息资源通过文件来进行组织，这些文
件采取什么类型，并确定文件的逻辑结构和各文件相互之间的逻辑关系等。

2) 数据库

数据库是组织信息资源的一种有效技术，它也是目前在信息系统中存储信息资源采取的一
种最普遍的存储方式。采用数据库存储结构需要对信息资源的存储组织进行概念设计、逻辑设
计和物理设计。概念设计是从业务领域中提取要作为数据库存储的业务实体，通过概念设计来
确定这些业务实体之间的相互关系。逻辑设计则是把概念设计的结果转变为确定的数据模式。
物理设计则是设计具体的数据库表。采用数据库存储结构还需要确定要选择的数据模型和数据
库管理系统。数据模型有网络模型、层次模型、关系模型和对象模型等，目前最为成熟的是关
系模型。数据库管理系统(DBMS)是位于用户与操作系统之间的一层数据管理软件，用户对数
据库中的数据的任何操作，包括数据库定义、数据查询、数据维护、数据库运行控制等都是在

DBMS 管理下进行的，应用程序只有通过 DBMS 才能和数据库打交道。

3) 数据仓库

数据仓库是面向主题的、集成式的数据集合，用来支持组织的决策活动。数据仓库的数据来源于数据库或文件，因此数据仓库需要数据库和文件系统作为基础。在信息系统中并不是为了有效地存储信息资源而引入数据仓库的，而是希望通过数据仓库技术来支持组织的决策分析。

数据仓库中的数据组织一般分为历史数据、当前数据、轻度综合数据和高度综合数据四个级别。

数据仓库的基本组成包括事实表和维表两种结构。事实表在数据仓库中用来存放历史数据、需要描述的特定事件和业务信息，例如，商品库存、商品销售，以及一次订货信息等。事实表中也会存放必要的汇总数据，例如，财务科目的余额，本月的销售总额等。事实表是数据仓库中存放基本信息的数据结构，事实表中的数据来源于信息系统的数据库系统。事实表中的数据除了会经常增加外，一般不提供更新和修改功能。维表反映某一个主题或某一方面的相关数据，可用于数据分析。维表中的数据从事实表中获取，并与事实表形成关联。维表数据需要经常更新。

2. 信息资源的分布结构

信息资源分布在企业的各部门、车间和事务流中。采用分布结构的信息系统，其信息资源的组织模式应该与信息资源的自然分布模式相一致。信息资源分布结构设计需要进行以下工作：

(1) 确定信息系统的数据结点。信息系统的数据结点是在信息系统中用来存储数据的服务器。在一个集成式信息系统中，根据需要可能设计多个数据服务器来存放数据。

(2) 确定数据结点的逻辑关系。信息系统中数据结点通过网络连通，各数据结点之间具有一定的逻辑关系。其逻辑关系表现为纵向的层次关系和横向的共享关系。

(3) 确定各数据结点上应该存放的信息资源。信息资源的分布组织应该遵循逻辑相关原则，根据主题数据来归类。例如，大学信息系统中的学生信息、教学信息、财务信息等是具有特定主题的一群信息资源，这些信息资源就应该分别放置在学生信息服务器、教学信息服务器和财务信息服务器上。

图 8.4 是某大学信息系统的信息资源分布结构。该大学的公共信息和邮件信息存放在校信息中心，学生的学籍信息存放在学生处，教学信息存放在教务处，科研信息存放在科研处，财务信息存放在财务处，产业信息存放在产业处，资产和设备信息存放在国有资产处，

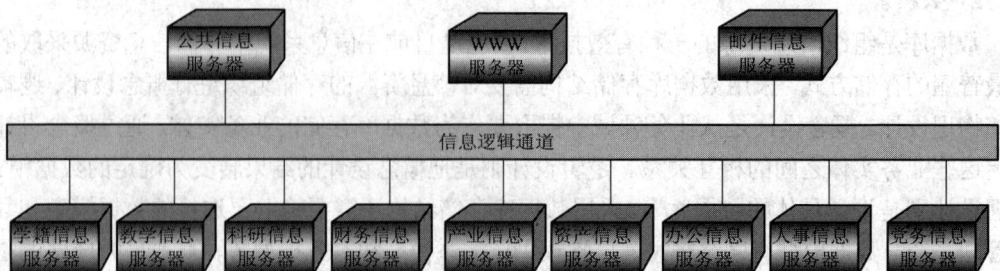

图 8.4　某大学信息资源分布结构

文件和办公信息存放在办公室，人事劳资信息存放在人事处，党务信息存放在组织部、宣传部等。这些信息资源通过信息逻辑通道连通。

8.5　信息系统体系结构模式的设计

常见的信息系统体系结构模式有集中模式、文件服务器模式、客户机/服务器模式、浏览器/服务器模式和应用服务器模式等。信息系统体系结构模式应根据实际系统的需要进行设计。因为文件服务器模式已经不再使用，下面讨论集中模式、客户机/服务器模式、浏览器/服务器模式和混合模式的设计。

1. 集中模式设计

由于信息系统的应用是分布的，因此集中模式并不适用信息系统体系结构，现在开发的信息系统大多已不再采用集中模式。但有些信息系统仍然采用分时式计算机系统作为信息系统的主机设备，系统的资源被集中放置在中心机中，用户通过本地或远程终端访问系统，这些系统的体系结构模式仍然采用集中模式。

如果信息系统属于单一的事务处理系统，例如工资发放、质量检测、税务征收等，这样的应用一般用一台计算机构成一个简单系统，其体系结构模式也属于集中模式。

2. 客户机/服务器模式设计

客户机/服务器模式是目前应用较多的一种系统体系结构模式，被广泛应用在各种类型的信息系统和软件系统之中。如果系统具有以下特征，可考虑选择客户机/服务器模式：

(1) 系统的应用是分布的。

(2) 系统的拓扑结构具有多个结点，其中有些是具体的客户应用结点，还有系统处理和资源结点。

(3) 系统各结点具有明确的任务分工，大部分结点直接面向客户服务，部分结点提供业务处理、事务处理和数据管理服务。

(4) 不需要通过互联网进行信息的交互。

客户机/服务器模式可以由两层扩展为三层或多层的应用服务器模式，除了客户层、服务器层之外，中间独立出业务层以承担业务逻辑处理。

3. 浏览机/服务器模式设计

浏览器/服务器模式是为了适应 Interent 的应用需要而出现的一种体系结构模式，它分为表示层、处理层和数据层三层结构。

如果系统具有以下特征，可选择采用浏览器/服务器模式：

(1) 系统的应用是分布的。

(2) 系统的拓扑结构具有多个结点，其中有些是具体的客户应用结点，还有系统处理和资源结点。

(3) 系统需要通过互联网进行信息的交互，并且采用 Web 模式：

4. 混合模式设计

目前，许多信息系统由于结构的复杂性和应用的多样性，在体系结构模式设计上常采用多种体系结构模式并存的混合结构模式。可以采取集中式与客户机/服务器模式混合使用的方式，也可以采取客户机/服务器与浏览器/服务器模式混合使用等多种混合模式。

8.6　信息系统的软件架构设计

软件架构是信息系统体系结构中软件的各子系统按照确定的关系构成的逻辑框架。子系统是对软件分解的一种中间形式，也是组织和描述软件的一种方法。由多个子系统构成完整的信息系统软件。

8.6.1　软件架构设计的依据和原则

1．软件架构设计的依据

软件架构设计的依据是在需求分析中确定的信息系统需求结构。在软件架构设计的开始，可以直接把信息系统需求结构作为初步软件架构，把信息系统需求结构中的需求单元作为软件架构中的子系统。然后在初步软件架构的基础上，通过对各个子系统的分解和优化，确定出最终的信息系统软件架构。

2．子系统的划分原则

在软件架构中的不同位置，子系统具有不同的抽象度。顶层子系统的抽象度最高，越往下层，抽象度越低。确定软件架构的过程就是从顶层子系统开始，逐层对子系统进行分解，直到分解到底层子系统为止。判断是否达到底层子系统有以下几个准则：

(1) 底层子系统支持一个具体并简单的业务过程的用例。底层子系统应该支持一个具体的业务过程。如果业务还比较复杂就需要对这个业务进行分解，直到业务清楚、简单为止。

(2) 底层子系统支持一个具体使用者的功能。一个底层子系统不要支持多个使用者，如果发现一个子系统所提供的功能可能被多个使用者所使用，则需要对其进行分解。

(3) 底层子系统应该具有较强的内聚性。如果用例之间具有泛化、关联等关系，则将这些用例尽量地放到一个子系统中。

8.6.2　软件架构设计过程

软件架构设计是在信息系统需求结构的基础上，考虑到软件的系统性能、拓扑结构、体系结构模式等，经过分解和细化，确定软件架构的工作。软件的初步架构来自于需求分析阶段确定的信息系统需求结构。软件架构设计需要做以下几方面的工作：

(1) 由信息系统需求结构得到初步软件架构。

(2) 根据业务逻辑需求对子系统进行分解和细化。

(3) 在满足业务逻辑的基础上考虑系统逻辑。

(4) 确定在信息系统拓扑结构的不同结点的软件架构。

下面我们以书务系统为例，讨论软件架构设计过程。

1．初步软件架构

首先把在需求分析阶段得到的信息系统需求结构作为初步的软件架构。图 8.5 是从图

7.3 导出的书务系统的信息系统需求结构，把它作为初步的软件架构。

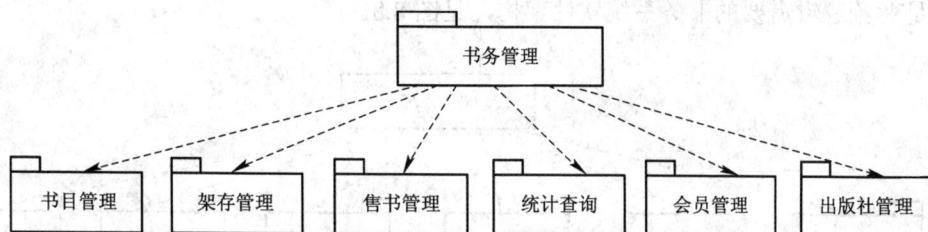

图 8.5 由书务系统的需求结构得到的初步软件架构

2. 子系统分解和细化

初步软件架构比较粗糙，需要进行分解和细化。从顶层子系统开始，逐层对子系统进行分解，直到分解到底层子系统为止。可以按照前面介绍的子系统分解原则从上到下逐层对子系统进行分解。

例如，在"书目管理"用例图中，"书目管理"功能被分解为"编辑书目"、"查询书目"和"图书类别管理"三个子功能。根据子系统的分解原则，子系统应该支持一个简单的业务过程的用例，因此，需要把"书目管理"子系统分解为图 8.6 所示的"编辑书目"、"查询书目"和"图书类别管理"三个子系统。

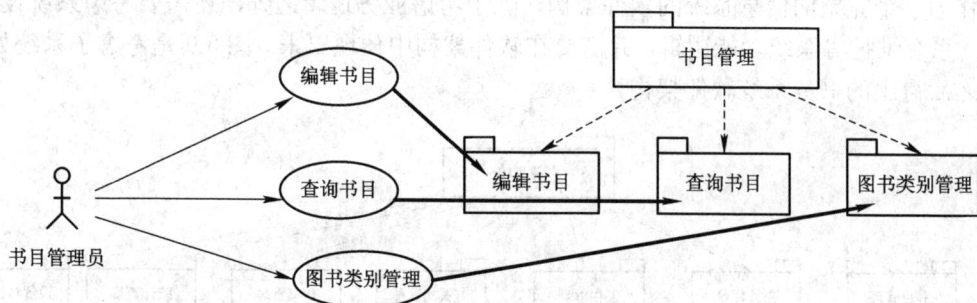

图 8.6 书目管理子系统的分解

同样的道理，根据架存管理的用例图，可以把架存管理分解为图 8.7 所示的进书处理、盘架处理、报损处理、架存处理和架存查询五个子系统。

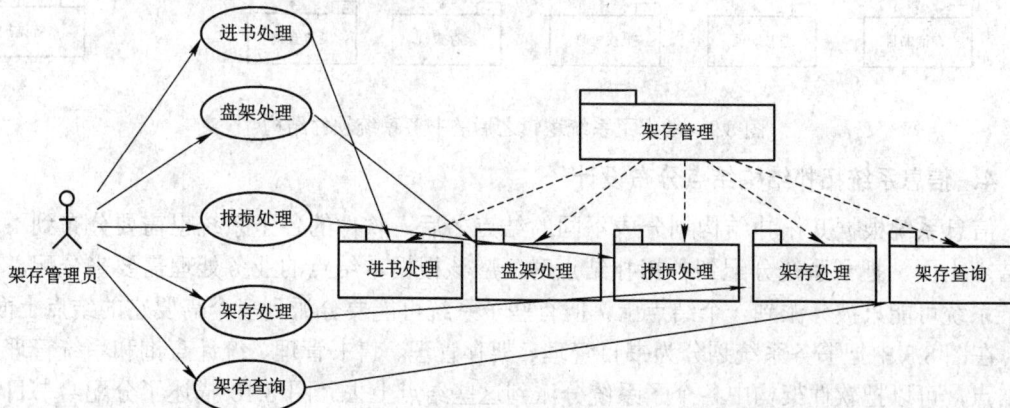

图 8.7 架存管理子系统的分解

如果软件架构中的子系统还比较复杂，可以对它进一步分解。经过分解和细化，得出能够满足业务逻辑需要的书务系统软件架构，见图 8.8。

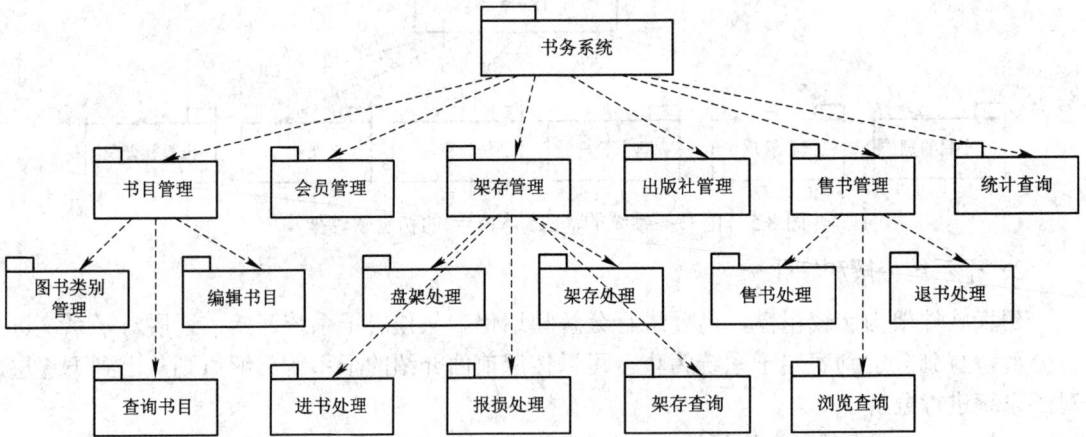

图 8.8　满足业务逻辑需要的书务系统软件结构

3．考虑系统逻辑

作为一个完整的信息系统的软件架构，除了考虑业务逻辑之外，还需要考虑系统设置、备份、系统维护等系统功能逻辑，并需要在软件架构中体现出来。图 8.9 是考虑了系统处理逻辑之后得出的书务系统软件架构。

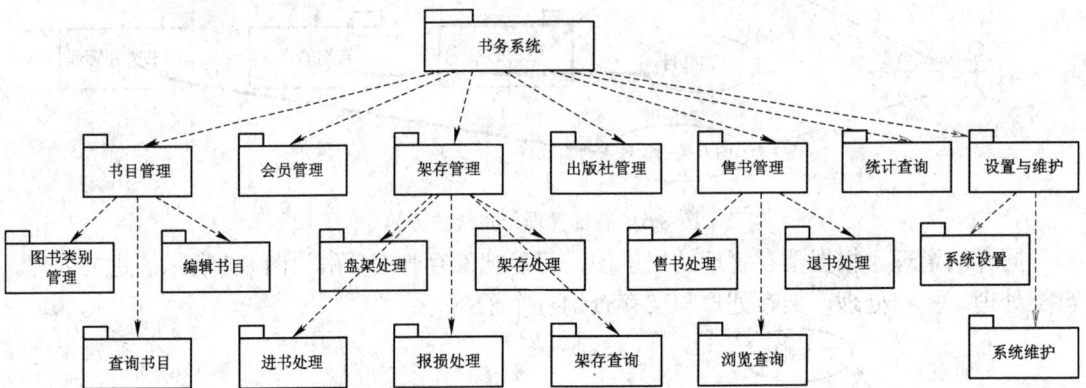

图 8.9　考虑了系统逻辑之后的书务系统软件结构

4．信息系统拓扑结构结点分布设计

信息系统根据其拓扑结构划分成不同的结点之后，软件的各子系统也需要分布到不同的结点上面。把子系统分配到各拓扑结点时，应该根据本结点的业务处理需要来分配，有些子系统可能只被分派到一个结点上，但有些子系统可能要分派到多个需要它的结点上面。

在图 8.3 中把书务系统划分为书目管理、架存管理、售书管理、统计查询和系统管理五个结点，可以把软件架构中各个子系统分派到这些结点上去。图 8.10 描述了分配给书目管理结点的软件子系统，图 8.11 是分派给售书管理结点的子系统。

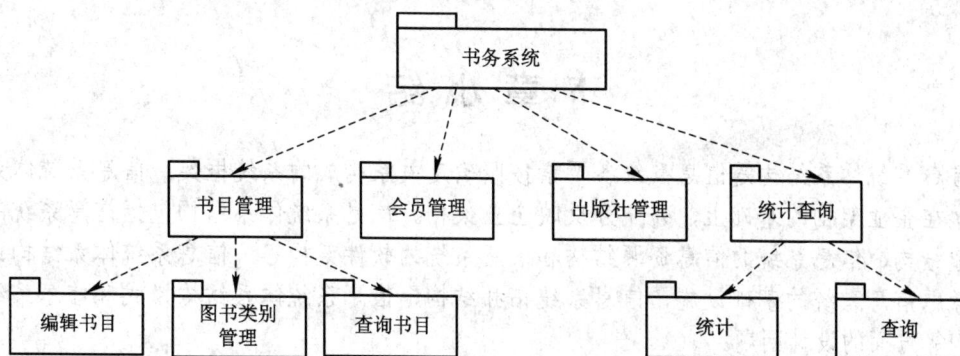

图 8.10　书目管理结点上分派的软件子系统

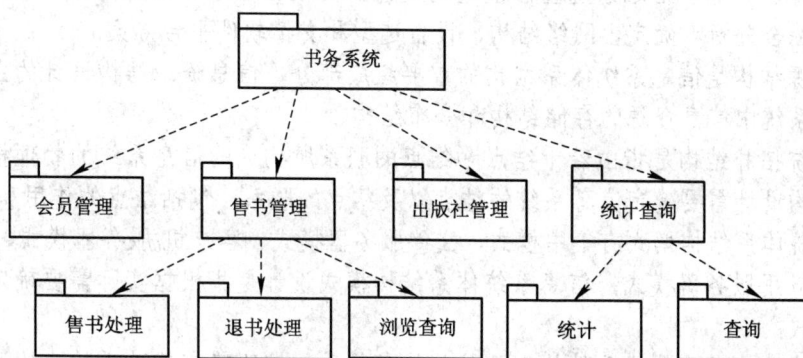

图 8.11　图书销售结点上分派的软件子系统

5．系统层和中间件层的软件结构设计

在软件架构中也需要确定系统层和中间件层的软件架构。在确定系统层和中间件层软件架构时，需要考虑选择的操作系统、中间件软件和开发平台。图 8.12 是书务系统的系统层和中间件层的软件结构。

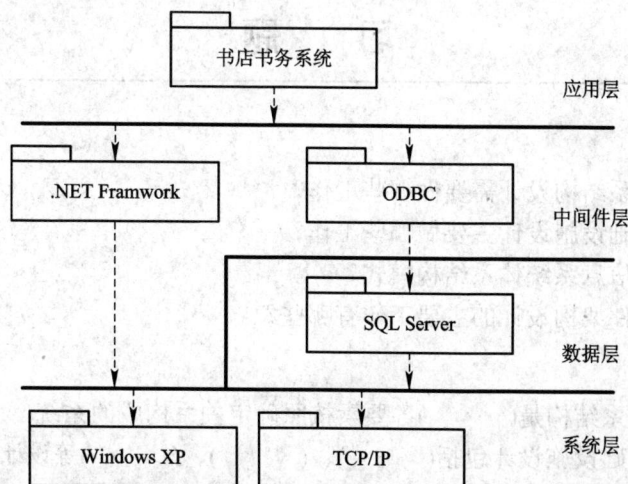

图 8.12　书务系统的系统层和中间件层的软件结构

本 章 小 结

　　信息系统体系结构是信息系统各要素按照确定关系构成的系统框架。信息系统体系结构建立在企业架构的基础上，并充分反映企业架构。信息系统体系结构包括信息系统的基础设施结构、信息系统的信息资源结构和信息系统的软件架构等。信息系统体系结构设计需要考虑信息系统的基础设施、信息系统拓扑结构、信息系统体系结构模式和信息系统软件架构等方面的设计问题。

　　信息系统基础设施是信息系统开发和运行的环境，包括网络、计算机及相关设备、系统软件和支撑软件等。信息系统基础设施的设计需要根据信息系统的设计要求，通过对技术和市场的综合分析，确定出网络结构、设备选型和支撑软件平台方案。

　　信息资源结构是信息系统体系结构的重要组成部分。信息资源结构设计的主要任务是确定在信息系统中信息资源的存储结构和分布结构。

　　信息系统拓扑结构是指由若干结点和结点的联系所构成的信息系统的物理框架。信息系统拓扑结构设计需要确定信息系统的结点以及结点的联系，包括结点的作用和类型。

　　信息系统体系结构模式有集中模式、文件服务器模式、客户机/服务器模式、浏览器/服务器模式和应用服务器模式。信息系统体系结构模式设计是指根据实际需要确定信息系统体系结构模式。

　　软件架构是信息系统体系结构中，软件的各子系统按照确定的关系构成的逻辑框架。信息系统软件架构设计是把信息系统的软件分解成多个子系统，并确定各子系统及其相互关系。软件架构设计需要根据信息系统需求结构得到初步的软件架构，并在此基础上对其进行分解和细化。完整的软件架构还要在满足业务逻辑的基础上考虑系统逻辑，并确定在所选定的信息系统体系结构下不同层面和系统拓扑结构下不同结点的软件架构设计。

习 题

一、简答题

1. 信息系统体系结构设计需要做哪些工作？
2. 信息系统基础设施设计主要做哪些工作？
3. 应如何选择信息系统体系结构模式？
4. 信息系统软件架构设计的主要工作有哪些？

二、填空题

1. 信息系统体系结构是(　　　)各要素按照确定关系构成的系统(　　　)。
2. 信息系统基础设施设计包括(　　)、(　　)、(　　)等设计工作。
3. 网络结构可以分为(　　)、(　　)和(　　)。
4. 信息系统体系结构模式有(　　)、(　　)、浏览器/服务器模式和应用服务器模式。

5. 信息系统软件架构一般呈现为四层，包括(　　　)、中间件层、(　　　)和系统层。

三、选择题

1. 不属于信息系统基础设施设计的是(　　)。

A 网络设计　　　　　　　　B 布线设计
C 物理设备设计　　　　　　D PCI 设计

2. 下面不正确的说法是(　　)。

A DBMS 是 CASE 的一种类型
B 根据信息系统结构设计要求来确定物理设备设计方案
C 操作系统是计算机系统中最重要的应用软件
D 信息系统一般是集成式、综合性系统，所以要进行网络设计

3. (　　)不是确定底层子系统的原则。

A 支持一个具体并简单的业务过程的用例
B 支持一个完整业务逻辑
C 支持一个具体使用者的用例
D 具有较强的内聚性

四、思考题

1. 简述信息系统体系结构设计的任务。
2. 谈谈信息系统体系结构设计在信息系统开发中的作用和意义。

第9章 详 细 设 计

本章导读

　　信息系统体系结构设计之后，需要着手详细设计。详细设计包括类与接口设计、功能逻辑设计、数据库设计和界面设计等工作。详细设计是系统实现的依据，需要考虑所有的设计细节，必须仔细认真。

主要知识点

- 类与接口设计
- 功能逻辑设计
- 数据库设计
- 界面设计

9.1 类与接口设计

9.1.1 概述

　　采用面向对象方法开发信息系统软件，类和对象是信息系统的基本构成要素，接口描述类对外所能提供的服务，因此，类与接口的设计是信息系统设计的一项重要工作。

　　OMG 在 2001 年提出了模型驱动架构(Model Driven Architecture，MDA)。MDA 把软件模型划分为计算无关模型(Computation Independent Model，CIM)、平台无关模型(Platform Independent Model，PIM)和平台相关模型(Platform Specific Model，PSM)三种类型。计算无关模型(CIM)用来建立与软件系统没有关系的业务领域的抽象模型，实际上就是业务领域模型。平台无关模型(PIM)面向业务领域的应用需求，与软件开发语言和环境无关。平台相关模型(PSM)则是考虑某种开发语言和环境的软件模型，通过 MDA 的转换规则，可以把 PIM 转换为 PSM。

　　在领域分析和系统设计中，都涉及类的设计与建模，但在不同阶段对类分析和建模的细致度和抽象程度并不同。在领域分析中建立的业务对象模型属于计算无关模型，它是概念层面的类模型。设计阶段将要建立平台无关类模型和平台相关类模型。

　　平台无关类模型简称为 PIM 类模型(Class Model Platform Independent Model)，该模型独立于系统开发和运行平台。PIM 类模型由用来反映业务领域核心概念及系统静态逻辑结构，并且与实现平台没有关系的一组类构成，这组类及其关系构成了一个信息系统的核心结构，它既是系统设计的核心，也是系统设计的基础。PIM 类模型来源于业务领域模型中的业务对象模型，见图 9.1。

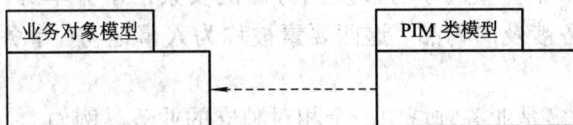

图 9.1 PIM 类模型来源于业务对象模型

平台相关类模型简称为 PSM 类模型(Class Model On Platform Specific Model)，该模型将作为软件编码的依据，要给出类的所有设计细节，包括类的属性、属性的初始值、属性的类型、操作、参数、返回类型、持久化、主键等。PSM 类模型中的类的描述还与编程语言有关。例如，在定义属性类型时，Java 用 boolean 表示布尔型，而 C#则用 bool 表示布尔型。通过支持 MDA 的建模工具可以把 PIM 类模型自动转换为符合某种开发语言的平台相关 PSM 类模型。图 9.2 描述通过 Enterprise Architect 把 PIM 类模型转换为 PSM 类模型的过程，表示基于 C# 和 Java 等环境的平台相关模型可以追溯到抽象平台无关模型。

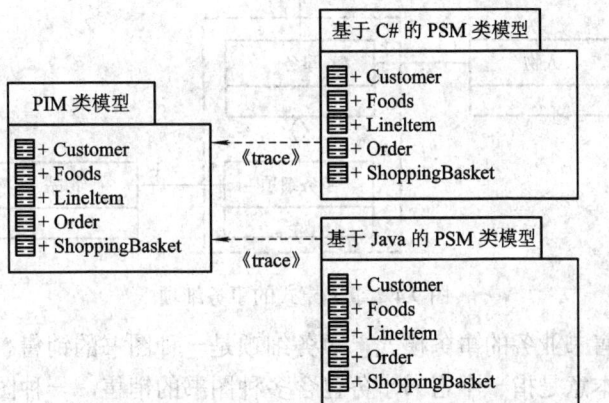

图 9.2 PIM 类模型转换为 PSM 类模型

9.1.2 事务模式

在介绍 PIM 类模型之前，我们先讨论对建立 PIM 类模型有较大帮助的事务模式。

事务模式(Transaction Pattern)由 OO 大师 Peter Coad 提出，是用来反映业务领域中事务构成及其结构的一种业务概念模式。事务模式框架见图 9.3。

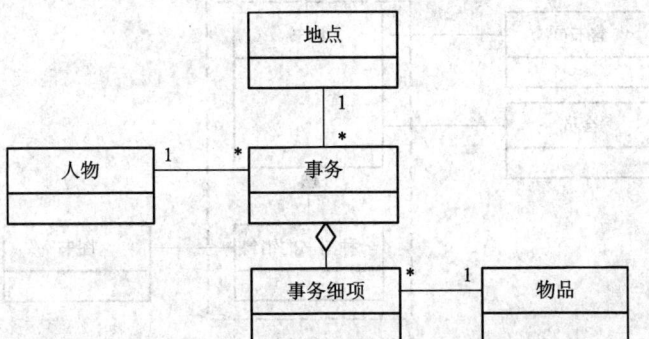

图 9.3 事务模式框架

1. 事务模式的四要素

在业务领域中，一个完整的事务涉及四方面的要素：事务本身、参与事务的人物、事务发生的地点、事务涉及的物品。这四要素被称为人事地物，事务处在四要素的中心位置。

(1) 事务。事务大多是业务领域中一个相对独立的业务。例如，银行的开户、存款、取款，超市的订货、入库、销售，宾馆的预订、入住、结账等业务都是事务。

一个事务常常会包括若干个事务细项。例如，一个订货事务会签订多个订购的货品，在该订货中，对每一种货品的订购就是一个事务细项。在书店的每一个售书事务中，会销售出多种图书，每一种图书的销售，就是一个事务细项。事务与其细项之间是组成关系，一个事务包括多个事务细项，见图9.4。

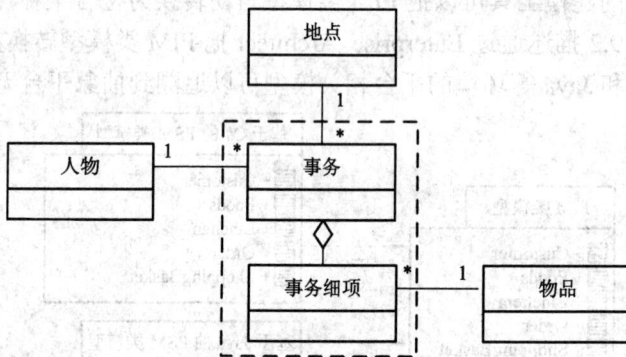

图9.4　事务模式的事务细项

图 9.5 是书店售书业务的事务模式，事务细项是一种图书的销售。一种图书的销售是什么含义呢？它的本意是指一个售书事务包含多种图书的销售，一种图书的销售就是一个事务细项。从销售的实际意义上看，每一个售书事务，都会具体销售出多种图书，我们也可以把售书事务每销售出的一种图书作为一个事务细项，见图9.6。同样道理，可以把订购的每一种货品作为订货事务的事务细项，见图9.7。

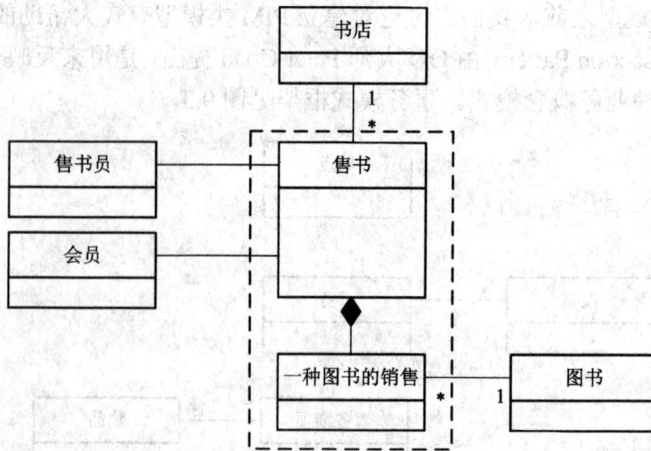

图9.5　书店售书事务模式

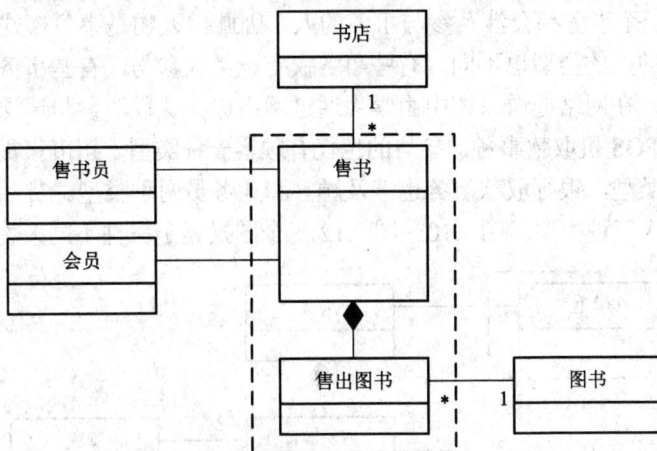

图 9.6 书店售书事务模式

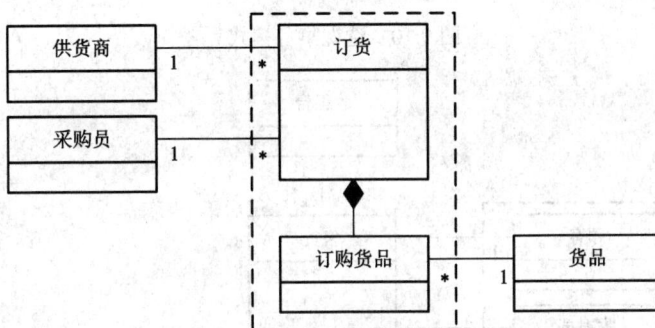

图 9.7 订货事务模式

有些事务可能仅有一个细项。例如，在银行系统中，一个取款事务只能取一笔款，两笔取款被视为两个不同的取款事务；医院的一个挂号事务也只能挂一个专家的号，同时挂两个专家的号，被认为是两个不同的挂号事务。仅有一个细项的事务就没有必要把事务细项独立出来。图 9.8 和图 9.9 分别描述了不分离事务细项的事务模式和举例。

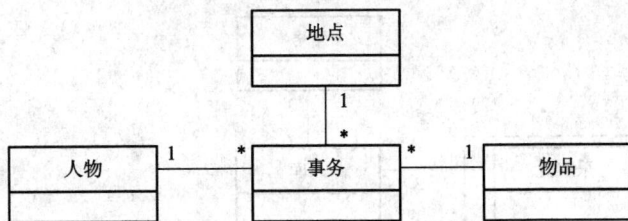

图 9.8 不分离事务细项的事务模式

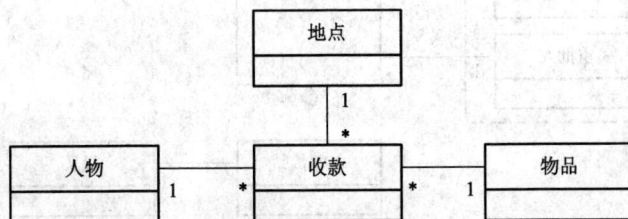

图 9.9 银行收款的事务模式

(2) 人物。每一个事务都会涉及参与事务的人，因此，人物是事务模式中的一个重要要素。不同事务参与的人的类型也不同，有些事务仅有一类人参与，有些事务可能会有两类或多类人参与。例如，在网络选课系统中由学生通过网络选择课程，参与选课事务的人只有学生一种类型。通过 POS 机取款事务，参与的也仅有顾客一种类型。超市售货事务则同时涉及顾客和收银员两种类型，银行取款事务也涉及顾客和业务员两种类型。货品入库则涉及采购员、库管员和审批人三种类型。图 9.10～图 9.12 三个图描述了三种不同人物类型的事务。

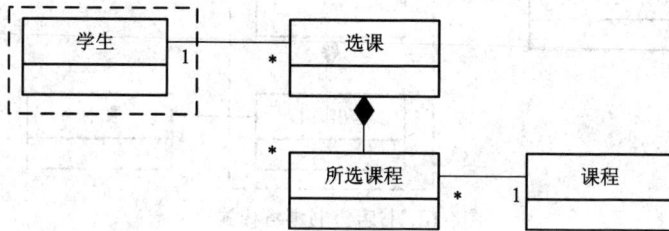

图 9.10　选课事务模式

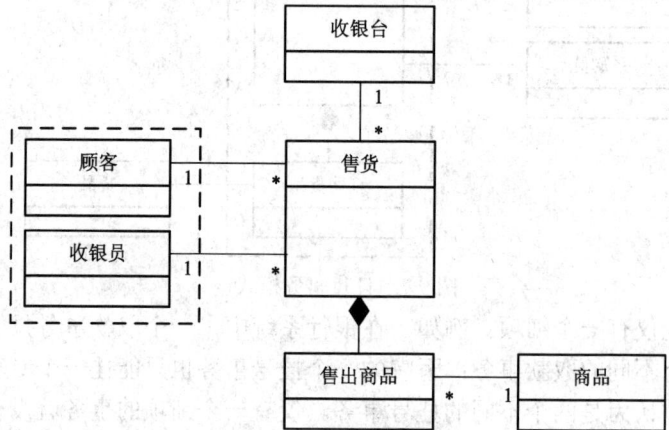

图 9.11　超市售货的事务模式

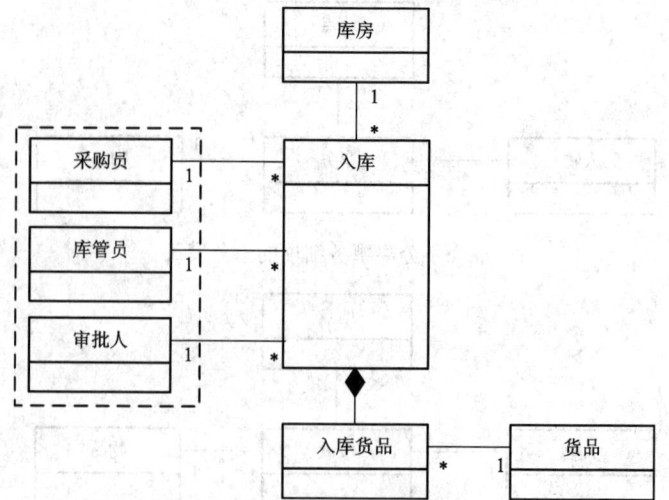

图 9.12　货品入库的事务模式

在现实中也存在不涉及到具体人物的事件。像路灯控制过程中，根据对外界光的感应决定对路灯开还是关；温度控制系统中，根据环境温度的变化，由系统来自动对温度进行调节，这些事件都不涉及到具体的人。这些事件的建模不同于事务模式，一般事务模式都离不开参与的人物。

(3) 地点。在事务模式中，有时也需要记录事务发生的地点。例如，在超市售货的事务模式中，需要记录每一个事务是在哪台收银台上发生的；在货品入库的事务模式中，需要记录本事务是在哪个库房发生的。

有些事务模式不需要记录事务发生的地点。例如，图 9.10 反映学生通过网络选课的事务，就不需要记录学生是通过哪台电脑来选课，或在什么地方选课的；一个职工医院只有一个挂号室，而且也只有一个进行挂号的电脑，那么在该事务模式中，就不需要记录挂号的地点。

(4) 物品。事务会涉及物品。例如订货事务涉及货品，售书事务涉及图书，选课事务涉及课程等。事务涉及的物品有两种类型，一种是一般物品，像订货事务的货品，售书事务的图书；另一种是具体物品，像本次订购的货品，本次售出的图书等。在前面，我们把事务涉及的具体物品作为事务细项，它与事务之间是组成关系，下来我们需要确定一般物品在事务模式中的位置，以及它与事务要素的关系。

图 9.11 描述的是超市售货事务，售出商品是指本次事务所销售出去的商品，它属于具体物品，在售货事务模式中，被作为售货事务的事务细项；商品则作为一般物品，表示商品的一般特性。每一种售出商品一定属于某一种商品，而某一种商品可能会出现在不同的售货事务中，因此，商品与售出商品之间存在一对多的关联关系。

2．事务之间的关系

在确定了业务中存在的各种事务模式之后，下来我们讨论不同事务之间可能存在的关系。事务之间存在顺序、并发和嵌套等关系。

(1) 顺序事务。顺序事务指事务之间是顺序关系，在前一事务完成后才能执行后一事务。例如，在物资进销存系统中，订货和入库两个事务之间存在顺序关系，订货之后，才能入库，一次订货的货品可以一次入库，也可以分次入库，订货事务与入库事务之间存在一对多的关联关系。图 9.7 和图 9.12 分别描述订货和入库两个事务模式，在两图的基础上，图 9.13 给出能够反映两个事务模式顺序关系的类图。

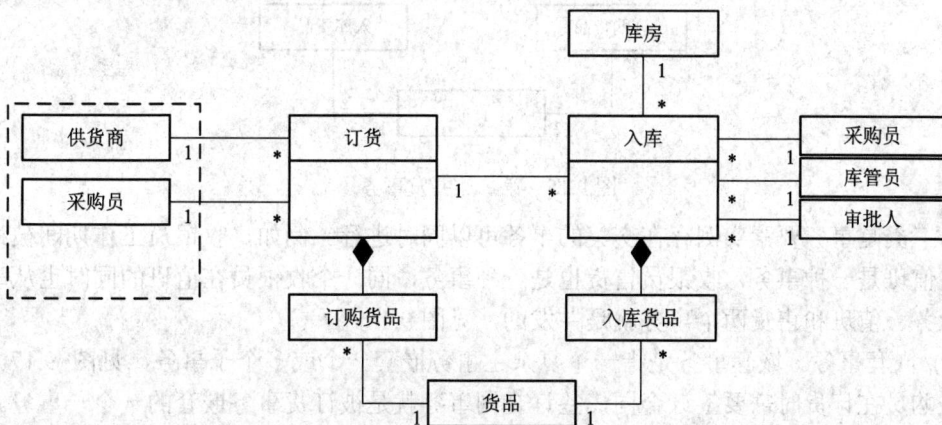

图 9.13　事务的顺序关系

现实中，事务之间存在顺序关系的情况很多。在宾馆业务中，订房和入住两个事务之间是顺序关系，入住和结账也是顺序关系。银行的贷款和还款，网上购物和付款等事务都是顺序关系。

(2) 并发事务。并发事务是指可以同时发生的事务。事务之间存在并发关系有三类情况。第一类是两个事务之间没有任何关系，一个事务的发生不会影响另外一个事务。例如图 9.14 中，学生的选课与就餐两个事务之间没有任何关系，这两个事务就属于并发事务。

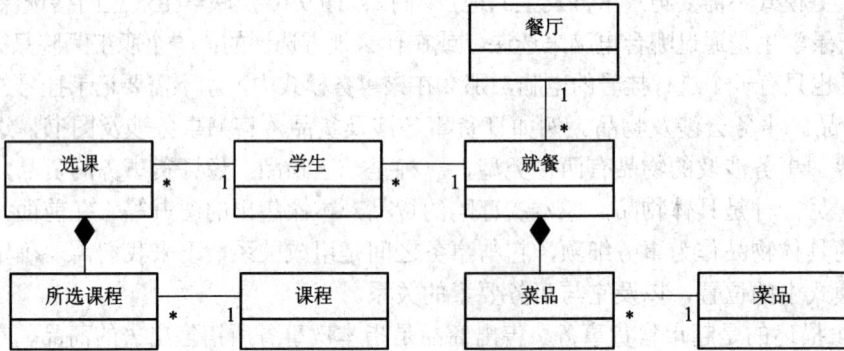

图 9.14　第一类并发事务

第二类是两个事务要素中的实例没有交集。例如，图 9.13 中，一批货品的订货与另外一个订货的入库事务就可以并发，见图 9.15。

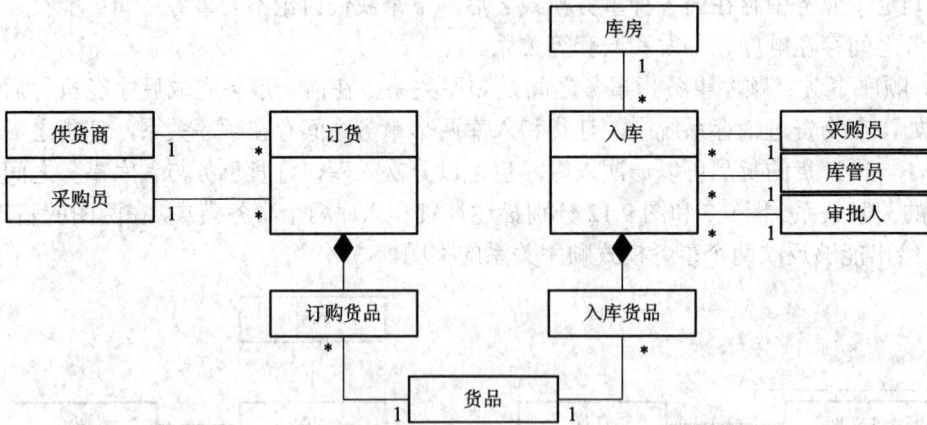

图 9.15　第二类并发事务

第三类是事务要素实例存在交集的事务可以同时进行。例如，收银员工作期间被称为值班，值班是一种事务，收银员售货也是一种事务，同一个收银员在值班的同时也从事着售货业务，值班和售货两个事务就是并发的，见图 9.16。

(3) 嵌套事务。嵌套事务是指一个复杂主事务嵌套一个或多个子事务，见图 9.17。例如，采购员在订货时需要签订合同，签订合同事务就是被订货事务嵌套的一个子事务。主事务和子事务之间存在组成关系。

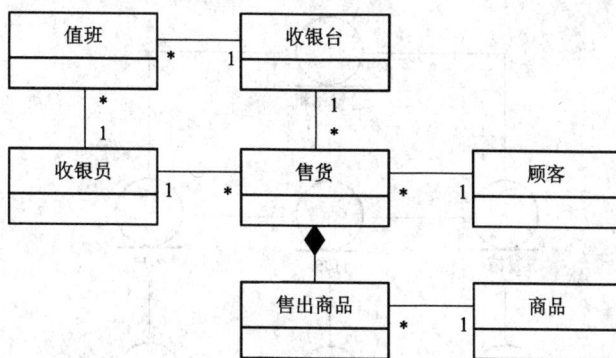

图 9.16　第三类并发事务

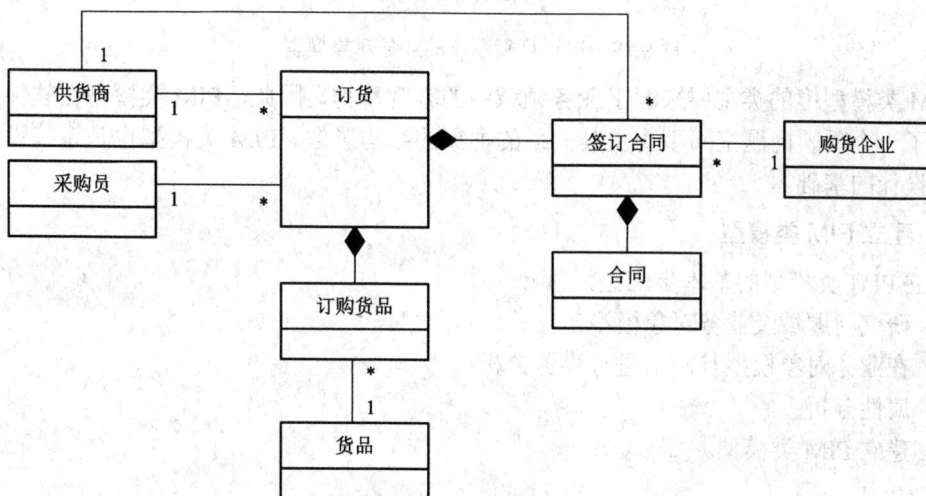

图 9.17　嵌套事务

9.1.3　PIM 类模型

1. PIM 类模型的概念

　　PIM 类模型是描述一个信息系统静态逻辑要素及其结构的一组类图。系统静态逻辑要素来源于业务领域中的事物，是信息系统的基本逻辑要素。PIM 类模型中的类采用类的常规形式表示。

　　PIM 类模型中的类来源于业务领域模型中的业务对象，但与业务对象并不完全对应。第一，两种模型的侧重不同。业务对象模型反映业务领域中存在的事物及其关系，在业务领域中存在的事物，就可能作为业务对象出现在业务对象模型中。PIM 类模型作为信息系统的逻辑要素结构，只选择那些系统需要的业务对象。第二，作为系统的逻辑要素结构必须考虑所建立模型的合理性。PIM 类模型需要在业务对象模型基础上进行深化分析，对于复杂的业务对象需要分解。另外，出于某些功能或性能的需要，可能还需要增加一些类。例如，"菜品种类"类(可参见图 9.42)在图 9.18 的业务对象模型中并不存在，但为了使得开发的电话订餐系统能够灵活适用于各种餐馆的菜品预订业务，把菜品种类独立成为一个类。

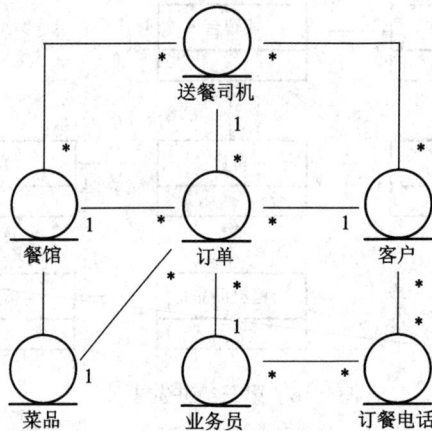

图 9.18　电话订餐系统的业务对象模型

PIM 类模型中的类主要来源于业务领域中的客观事物，因此，PIM 类模型在软件空间中建立了一个反映问题空间事物及其关系的抽象的结构影像。PIM 类模型也是系统设计和数据库设计的基础。

2. 建立 PIM 类模型

建立 PIM 类模型的基本步骤是：

(1) 研究问题域及业务对象模型；

(2) 在业务对象模型基础上进行事务分析；

(3) 属性分析；

(4) 建立 PIM 类模型。

3. 实例

下面以电话订餐系统和小型书店书务系统的 PIM 类模型为例，介绍建立 PIM 类模型的过程。

电话订餐系统

问题：赵丹大学毕业之后没有找工作，而是选择了自主创业之路。他在上大学期间就发现餐饮送货是一件具有广泛需求的服务，于是在自己创办的公司开展电话订餐业务。他和全市各知名餐馆建立联系，得到客户订单并负责将客户需要的饭菜送货上门。餐馆把订餐价格以批发价提供给他，他以零售价提供给客户。公司配置了几部订餐电话，业务员根据客户的电话订餐信息形成订单，并把订单信息转给一个餐馆，由餐馆准备饭菜。然后把餐馆地址、送餐时间、客户联系方式、送餐地址等信息提供给送餐司机，由司机负责送餐。有时客户可能打电话来，要求更改订单内容或取消订单，对这些信息需要及时通知餐馆。随着业务的发展，手工管理电话订餐业务已经不能满足业务需要，赵丹计划委托一家软件公司给他开发电话订餐系统。

1) 研究问题域及业务对象模型

业务对象模型是在领域分析中建立的反映问题领域事物及其关系的简单模型，该模型用来描述问题领域中所存在的客观事物及其关系，它是我们建立 PIM 类模型的基础。通过对电话订餐业务的分析，我们能够提取餐馆、菜品、客户、订单、业务员、送餐司机和订餐电话等业务对象，并通过对这些对象关系的分析，建立图 9.18 的电话订餐系统业务对象模型。

2) 在业务对象模型基础上进行事务分析

事务模式是一种具有普遍适应性的事物结构模式，能够反映业务对象之间的相互联系和内在结构，是建立 PIM 类图的基础。事务分析重点分析所在领域中以事务为中心的人事地物的相互关系，提取事务是事务分析的关键。

经过分析，电话订餐系统有订餐和送餐两大核心事务。

★ 订餐事务

按照人事地物四要素分析，订餐事务的事务细项是订餐菜品，参与订餐的人物是客户和接听电话并登记订餐的业务员，地点是所订餐馆，物品是菜品。图 9.19 给出订餐事务的类图。

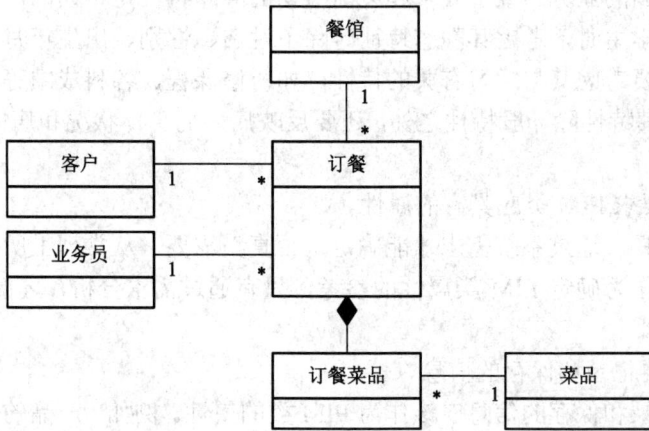

图 9.19　订餐事务类图

★ 送餐事务

送餐事务是订餐事务的后续事务。送餐事务的事务细项是订餐事务中所订的菜品，参与送餐事务的人物是客户和送餐司机，地点也是餐馆，因为司机需要从餐馆领到饭菜，再送给客户，送餐事务涉及的物品是菜品。图 9.20 是送餐事务的类图。

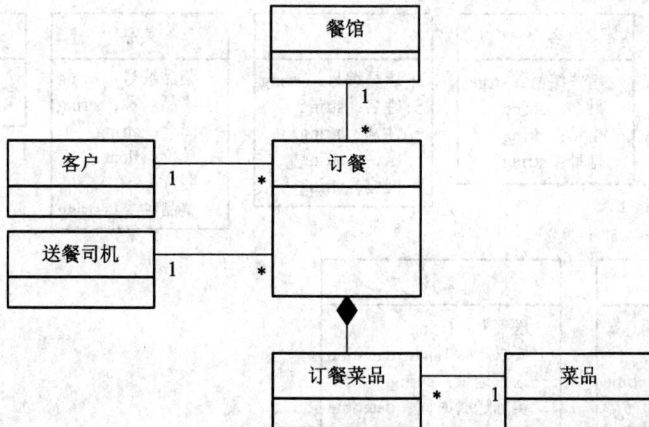

图 9.20　送餐事务类图

3) 属性设计

需要认真分析业务领域中的事物的性质，确定从业务对象来的 PIM 类的合适属性。属性分析的一般方法有下述几种：

(1) 从常理上看，业务对象所表示的事物有哪些静态特性？

绝大部分业务对象，尤其是实体型业务对象是用来直接反映业务领域中具体事物的，分析人员首先可以从常理上理解该业务对象所反映的事物应该有哪些静态特征，以便确定 PIM 类的属性。例如，学生的静态特性有学生的身份证号、姓名、性别、住址、邮政编码、电话、所学课程平均成绩、爱好、体重、身高、健康状况等。事物的静态特性可以作为 PIM 类的候选属性，但不能不加分析就直接作为 PIM 类的属性，因为信息系统也许并不需要某些特性。

(2) 在具体领域中 PIM 类所具有的属性。

同一事物在不同的业务领域中要求和突出事物的静态特性是不同的。例如，同一个人，当其在学校中作为学生时，考虑其静态特征时除了姓名、性别、出生年月、住址、电话等一般特性之外，还要考虑其与学习有关的特性，如所修课程、各科成绩等。但当此人在医院中作为病人时，其特性除一般特性之外，还要反映病人的身体状况和病情状况，如血压、脉搏、体温、体重等。

(3) 信息系统要求 PIM 类应具有的属性。

PIM 类的属性只有通过系统需求才能确定是否真正需要。从常理上所提出的属性和业务领域的属性只能作为确定 PIM 类属性的参考，只有通过需求分析，才能确定 PIM 类所需要的属性。

(4) PIM 类需要记录和保存的信息。

PIM 类需要记录和保存的信息应该作为 PIM 类的属性。例如，产品的生产量是需要记录和保存的产品信息，就可以把产品生产量作为产品类的一个属性。学生所修课程的成绩是需要保存的信息，学生所修课程成绩就可以作为学生类的属性。

图 9.21 给出初步确定的电话订餐系统 PIM 类模型中各个类的属性。需要说明的是，在业务对象模型中的业务员和送餐司机都是店员，因此设置店员类来代替业务员和送餐司机，并通过店员的岗位属性来区分店员的身份。另外，菜品类中包括菜品的全部信息，在订餐菜品中仅列出菜品编号和份数，没有给出菜品的其他信息。

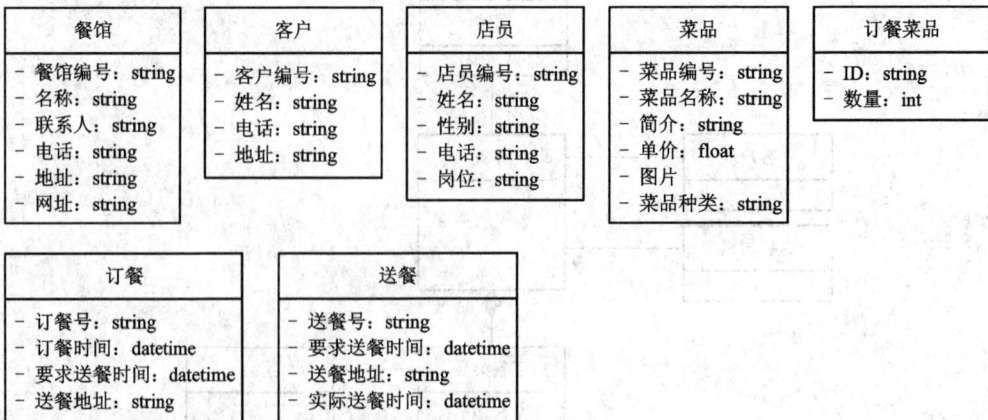

餐馆
- 餐馆编号：string - 名称：string - 联系人：string - 电话：string - 地址：string - 网址：string

客户
- 客户编号：string - 姓名：string - 电话：string - 地址：string

店员
- 店员编号：string - 姓名：string - 性别：string - 电话：string - 岗位：string

菜品
- 菜品编号：string - 菜品名称：string - 简介：string - 单价：float - 图片 - 菜品种类：string

订餐菜品
- ID：string - 数量：int

订餐
- 订餐号：string - 订餐时间：datetime - 要求送餐时间：datetime - 送餐地址：string

送餐
- 送餐号：string - 要求送餐时间：datetime - 送餐地址：string - 实际送餐时间：datetime

图 9.21　PIM 类的属性

4) 建立 PIM 类模型

在业务对象模型的基础上,通过各个事务及事务之间关系的分析,可以建立初步的 PIM 类模型。经过对电话订餐系统事务分析,合并订餐和送餐两个事务,得出图 9.22 描述的初步的电话订餐系统的 PIM 类模型。

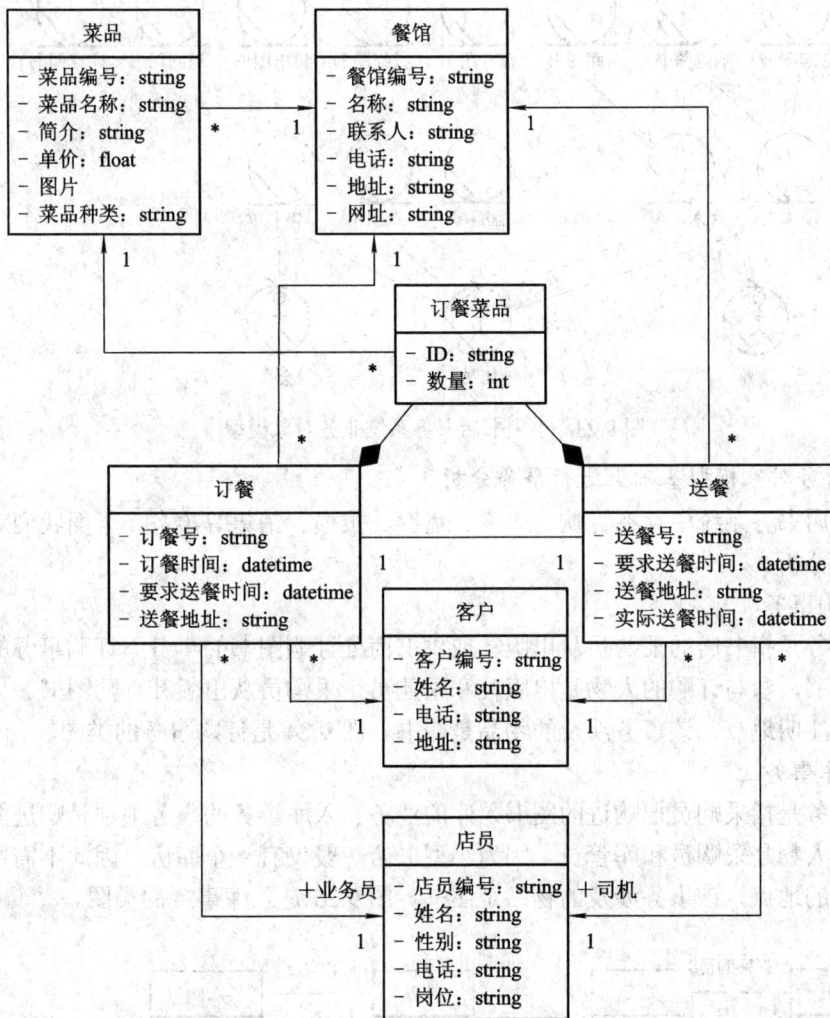

图 9.22 电话订餐系统初步的 PIM 类模型

小型书店书务系统

在需求分析一章我们已经介绍了小型书店书务系统的基本功能,在此我们分析小型书店书务系统 PIM 类模型的提取过程。

1) 研究问题域及业务对象模型

通过对小型书店书务业务的分析,我们能够提取图书、订购图书、购进图书、入库图书、盘存图书、报损图书、售出图书、退回图书、库存图书、订单、入库单、盘存单、报损单、售书单、读者、店员和会员等业务对象,并通过对这些对象关系的分析,建立图 9.23 所示的小型书店书务系统业务对象模型。

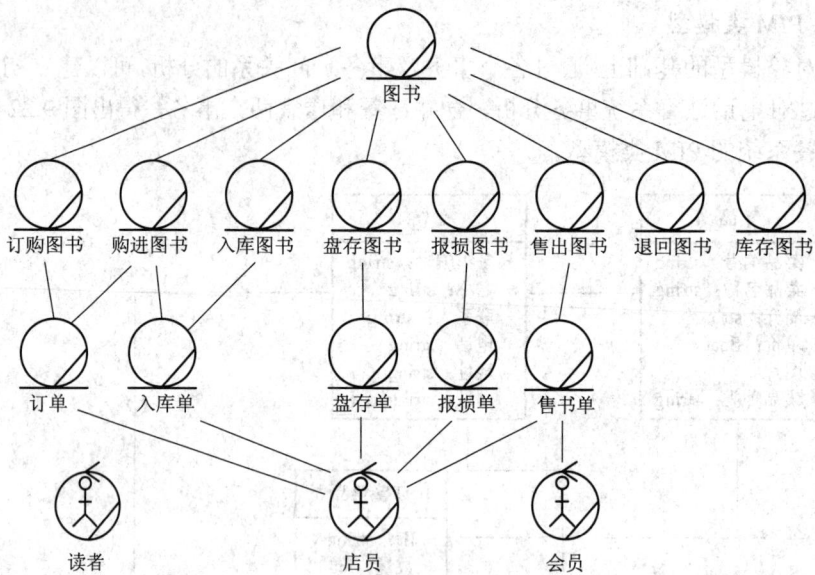

图 9.23　小型书店书务系统业务对象模型

2) 在业务对象模型基础上进行事务分析

小型书店书务系统中存在订购、入库、盘存、报损、销售等事务，下面我们对这些事务逐一进行分析。

★ 订购事务

订购事务是指书店的采购员从出版社或供书商处订购图书的事务。订购事务的事务细项是订购图书，参与订购的人物是出版社和采购员，采购员从出版社订购图书。订购图书不需要专门注明地点。该事务涉及的物品是图书。图 9.24 是订购事务的类图。

★ 入库事务

入库事务是指采购员把购进的图书入库的业务。入库事务的事务细项是购进图书。该事务涉及的人物是采购员和库管员。因为小型书店一般仅有一个库房，因此不需要专门指定事务发生的地点。该事务涉及的物品是图书。图 9.25 是入库事务的类图。

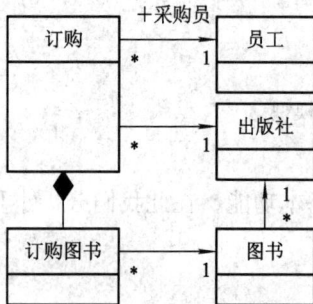

图 9.24　订购事务类图

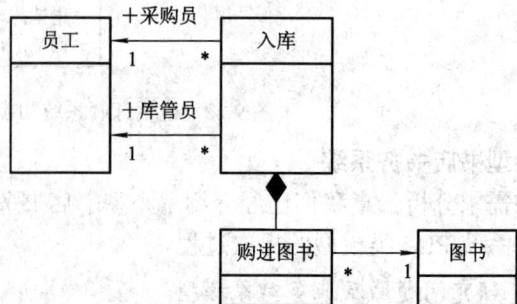

图 9.25　入库事务类图

★ 盘存事务

盘存事务是指库管员盘点图书的业务。盘存事务的事务细项是盘存图书。该事务涉的人物是盘存人和批准人。与入库事务相同，不需要专门指定事务发生的地点。该事务涉及的物品是图书。图 9.26 是盘存事务的类图。

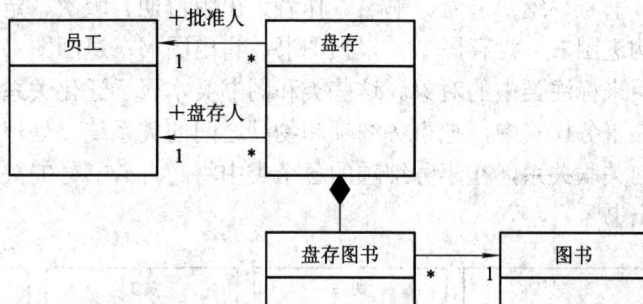

图 9.26　盘存事务类图

★ 报损事务

报损事务是指库管员报废过期和损坏图书的业务。报损事务的事务细项是报废图书。该事务涉及的人物是报损人和批准人。不需要专门指定事务发生的地点。该事务涉及的物品是图书。图 9.27 是报损事务的类图。

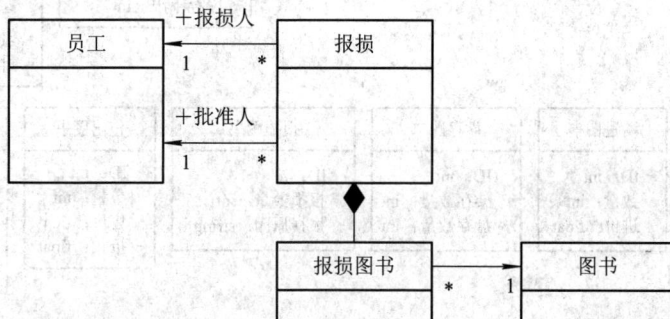

图 9.27　报损事务类图

★ 销售事务

销售事务是指业务员销售图书的业务。销售事务的事务细项是售出图书。该事务涉及的人物是业务员和会员。不需要专门指定事务发生的地点。该事务涉及的物品是图书。退回的图书也会与销售有关。图 9.28 是销售事务的类图。

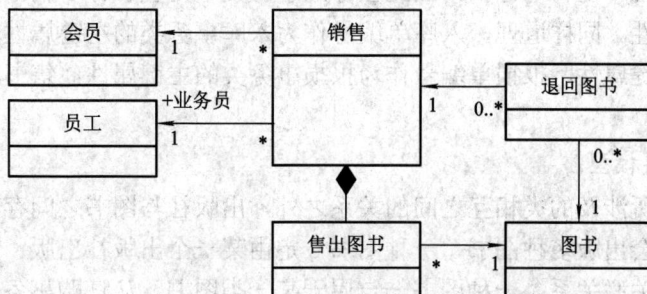

图 9.28　销售事务类图

3) 属性设计

图 9.29 给出初步确定的小型书店书务系统 PIM 类模型中各个类的属性。需要说明的是，图书类的属性，书号、统一书号、书名、作者、出版日期、版次、定价是图书的基本信息。订购图书、购进图书、盘存图书、报损图书、售出图书、退回图书和库存图书这几个类中设置的 ID 用来标注类中的对象。这些类和图书类本属于泛化关系，它们可以继承图书类的属性。但在事务模式中，把事务细项和物品之间的关系统一处理成由事务细项导航到物品的多对一的关联关系，在事务细项的各个类中将隐含着书号的关联属性，因此在此对这些类没有给出书号。

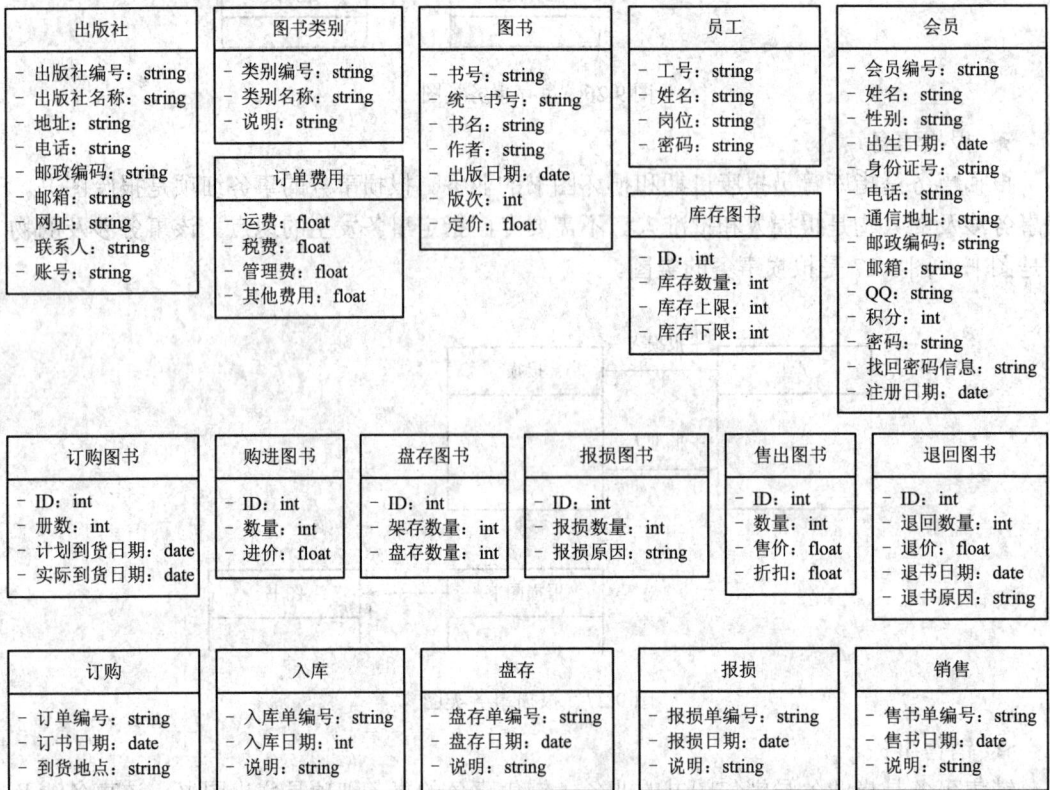

出版社
- 出版社编号：string
- 出版社名称：string
- 地址：string
- 电话：string
- 邮政编码：string
- 邮箱：string
- 网址：string
- 联系人：string
- 账号：string

图书类别
- 类别编号：string
- 类别名称：string
- 说明：string

订单费用
- 运费：float
- 税费：float
- 管理费：float
- 其他费用：float

图书
- 书号：string
- 统一书号：string
- 书名：string
- 作者：string
- 出版日期：date
- 版次：int
- 定价：float

员工
- 工号：string
- 姓名：string
- 岗位：string
- 密码：string

库存图书
- ID：int
- 库存数量：int
- 库存上限：int
- 库存下限：int

会员
- 会员编号：string
- 姓名：string
- 性别：string
- 出生日期：date
- 身份证号：string
- 电话：string
- 通信地址：string
- 邮政编码：string
- 邮箱：string
- QQ：string
- 积分：int
- 密码：string
- 找回密码信息：string
- 注册日期：date

订购图书
- ID：int
- 册数：int
- 计划到货日期：date
- 实际到货日期：date

购进图书
- ID：int
- 数量：int
- 进价：float

盘存图书
- ID：int
- 架存数量：int
- 盘存数量：int

报损图书
- ID：int
- 报损数量：int
- 报损原因：string

售出图书
- ID：int
- 数量：int
- 售价：float
- 折扣：float

退回图书
- ID：int
- 退回数量：int
- 退价：float
- 退书日期：date
- 退书原因：string

订购
- 订单编号：string
- 订书日期：date
- 到货地点：string

入库
- 入库单编号：string
- 入库日期：int
- 说明：string

盘存
- 盘存单编号：string
- 盘存日期：date
- 说明：string

报损
- 报损单编号：string
- 报损日期：date
- 说明：string

销售
- 售书单编号：string
- 售书日期：date
- 说明：string

图 9.29　小型书店书务系统 PIM 类模型中类的属性

一个订购事务会产生一个订单，因此在订购事务类中设置了订单编号属性，该属性作为订购类的主键属性。同样道理，入库单编号作为入库事务类的主键属性，盘存单编号作为盘存事务类的主键属性，报损单编号作为报损事务类的主键属性，售书单编号作为售书事务的主键属性。

4) 建立 PIM 类模型

除了这些事务所涉及的类相互之间的关系之外，出版社与图书之间存在一对多的关联关系，一个出版社会出版多种图书，一种图书一定由某一个出版社出版。图书类别和图书之间存在一对多的关联关系，一种图书一定属于某一类图书。从订购事务中提取订单费用类，以反映该订单的各项费用，订购事务与订单费用属于组成关系。库存图书反映图书的库存，它与图书之间是一对一的关系。

　　入库是订购的后续事务，并且一次订购的图书可能会分多次入库。其他事务之间没有必然联系。经过分析给出图 9.30 所示的小型书店书务系统的 PIM 类模型。

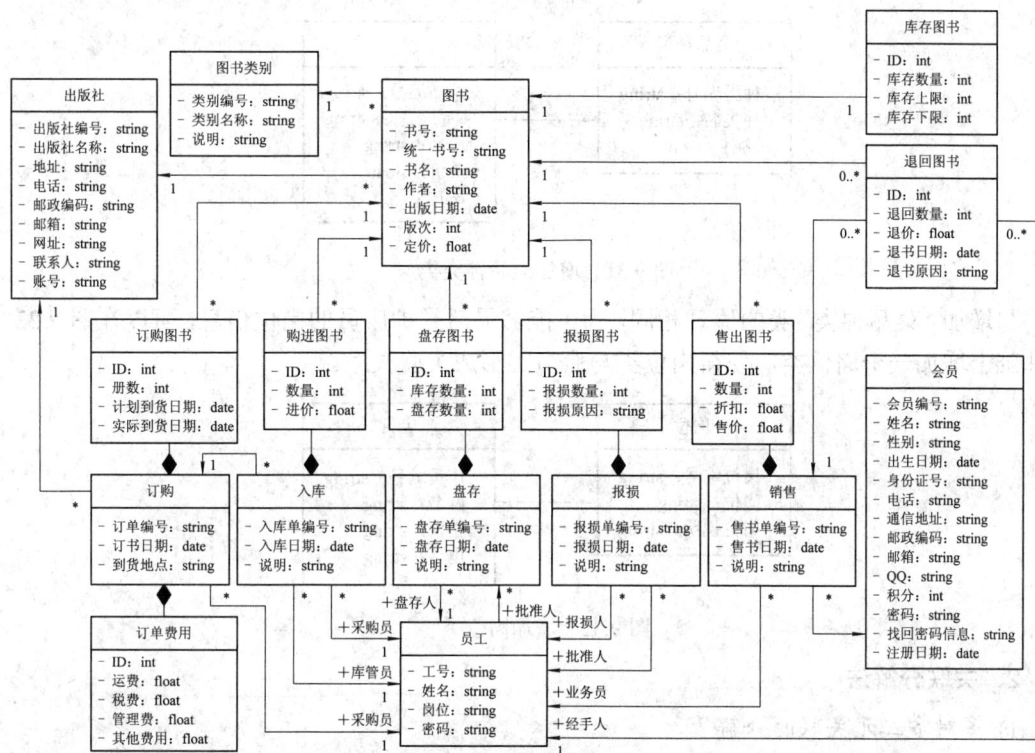

图 9.30　小型书店书务系统 PIM 类模型

9.1.4　PIM 类模型的优化

　　为了保证设计的合理性，对初步建立的 PIM 类模型需要进行优化。优化 PIM 类模型的原则是使 PIM 类模型能够准确地表示事物实体之间的自然结构，建立的类具有相对独立性、一致性和适中的规模。下面我们介绍几种常用的类模型优化方法。

1. 数据字典法

　　图 9.22 中的菜品类中有一个菜品种类属性，用这个属性来存放某个菜品所属的种类。对一个餐馆而言，菜品种类的分类方法是确定的，而且种类数目不会太多。例如，经营川菜为主的餐馆中对菜品按照味型可以分为麻辣类、辛香类和咸鲜酸甜类三种类型。在系统增加菜品信息时，对菜品种类可以弹出一个下拉列表，给出已有的菜品种类的选项，让用户从中选择其中一个，这样既方便又不易出错。如果仅仅给出一个文本条让用户输入菜品种类，一方面输入速度慢，而且对于菜品种类不熟悉的人，可能在输入时出现错误。要让系统能够给出菜品种类的选项，就需要在系统中预先存有该餐馆所经营的菜品的种类。为了解决这个问题，可以采用数据字典法，专门设置一个"菜品种类"类，该类和菜品类保持关联关系，见图 9.31。"菜品种类"与"菜品"两个类之间是一对多的关联关系，由于在

"菜品"类中存在关联属性，可以把"菜品"中的菜品种类属性去掉。这样系统提供对菜品种类的维护功能，就可以适应不同订餐系统的菜品种类的要求了。

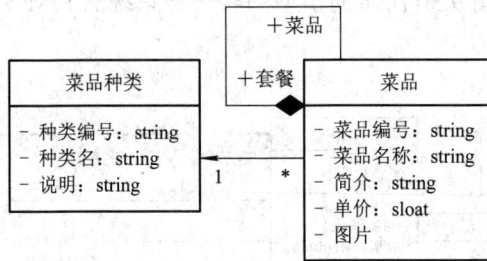

图 9.31　增加菜品种类类

与增加"菜品种类"类的原理相同，为了能够灵活维护店员的岗位信息，可以在图 9.22 的基础上增加一个岗位类，使得岗位类与店员类形成关联关系。

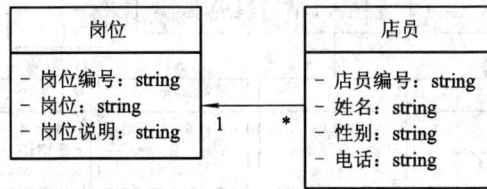

图 9.32　增加岗位类

2．关联分解法

1）多对多二元关联的分解

如果在 PIM 类模型中，两个类之间存在多对多二元关联，则需要在两个类之间增加一个新类，用这两个类中的关键属性作为这个类的属性。例如，图 9.33(a)中，"课程"和"教师"两个类之间存在多对多的关联关系，为了实现这两个类之间的双向关联，需要在它们之间增加一个"授课"类。由于"授课"类和"课程"及"教师"两个类之间存在多对一

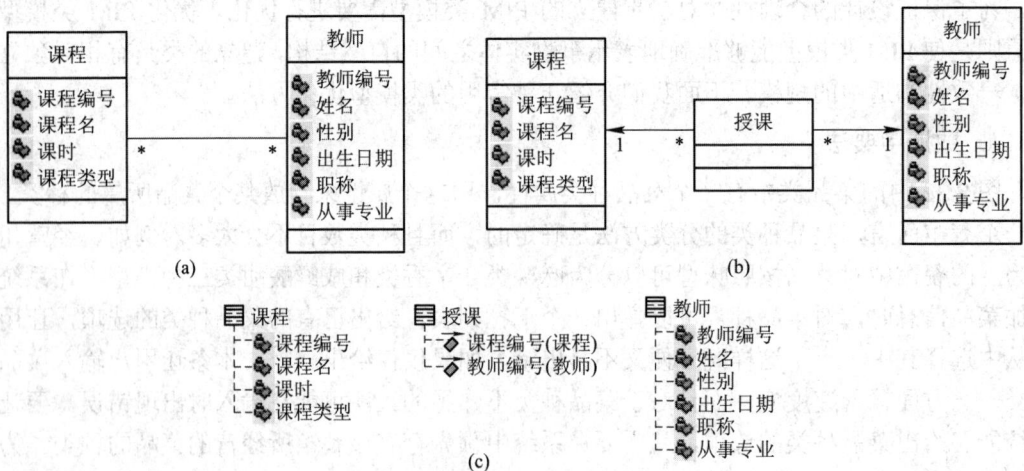

图 9.33　多对多关联的实现

的关联，因此在"授课"类中就隐含存在"课程"和"教师"两个类的关联属性"课程编号"和"教师编号"。这样把两个多对多的二元关联就转化成三个类中两两之间的一对多的关联，其导航关系分别是从"授课"类到另外两个类，见图 9.33(b) 和图 9.33(c)。

2) 三元关联转化为多个二元关联

如果 PIM 类模型中存在带关联类的三元关联，可以通过维持法来分解三元关联。该方法的基本思想是维持三个存在关联关系的类不变，由原来的关联类变为这三个类之间单向导航的二元关联关系，并且三个关联关系的多重性都是多对一的关系。例如，图 9.34(a) 中，"教师"、"班级"、"课程"存在"授课"的三元关联，图 9.34(b) 是对(a)中这种关系的优化。

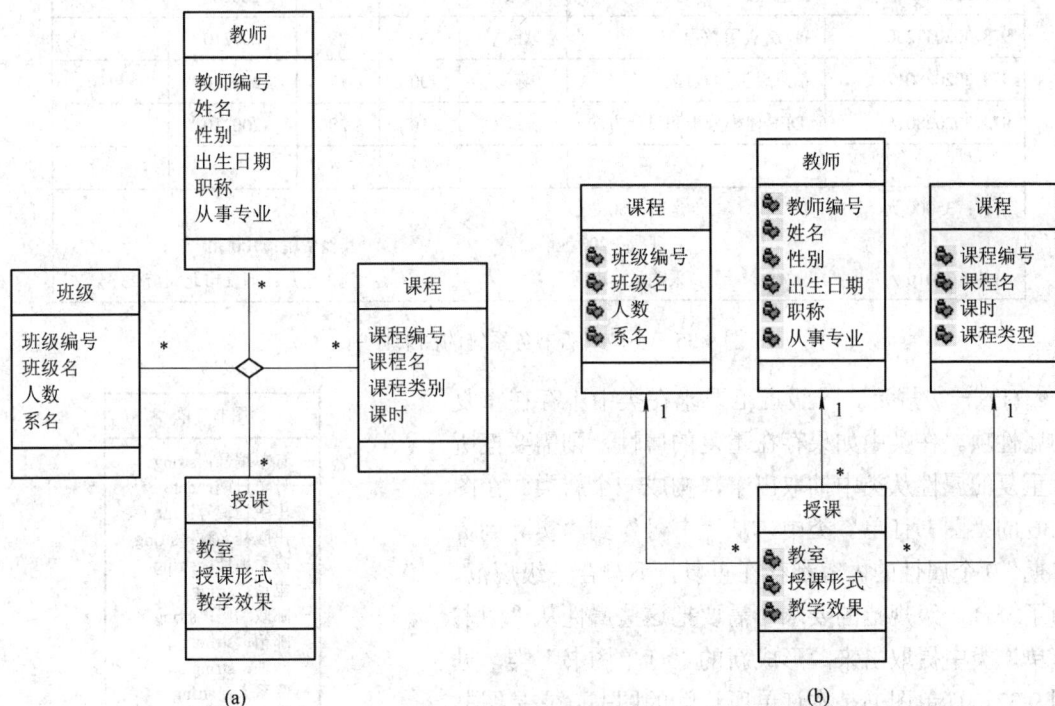

图 9.34 三元关联转变为多个二元关联

3. 规范化法

可以采用数据库设计中的规范化理论来对类进行优化。在数据库设计中，一般根据规范原则检查关系的优劣。如果一个关系符合范式规约，则可以说该关系是规范的；否则就需要对该关系进行优化处理，通过对关系进行分解，使其满足范式要求。实体类具有属性，关系也具有属性，因此，我们可以采用规范化方法来对实体类进行优化。关于规范化理论和方法读者可以参考有关数据库的书籍。在此，我们将以"图书订单"类的规范过程为例，讨论对实体类的优化过程。规范类满足三级规范要求。一级规范要求在类中所有属性是不可再分的基本属性项；二级规范要求在满足一级规范的基础上，类中不存在对主键属性部分依赖的属性；三级规范要求在满足二级规范的基础上，在类中不存在传递依赖关系。下面我们分四步对由图 9.35 "图书订单"所产生的"图书订单"类(见图 9.36)进行优化。

首先，不加分析地建立一个如图 9.36 所示的"图书订单"类图。"图书订单"类完全是根据订单中包含的项目提取该类的属性的。

图书订单

订单编号：100001　　　　　　　　　填订日期：2012.4

出版社编号：0100111　　　　　　　出版社名称：清华大学出版社　　　　联系人：　赵正

电话：010　87821671　　　　　　　账号：83996587423

地址：北京清华大学学研大厦　　　　邮政编码：100084

书　号	书　名	作　者	册数	订价	计划到货日期	实际到货日期
9787302038061	C 程序设计	谭浩强	100	26	200206	
9787302046507	信息组织	马张华	10	28	200205	
9787302047230	Java2 实用教程	耿跃平	30	29	200210	
9787302028017	信息经济学教程	陈禹	30	17	200210	
9787302028016	IDEF 建模分析和设计方法	陈禹六	10	28	200210	
	…		…	…		

合计：35000 元　　　　　运费：500 元　　　　　　　税费：218 元

　　　　　　　　　　　　管理费：200 元　　　　　　其他费用：100 元

总计：36010 元　　　　　采购员：李明　　　　　　　到货地点：西安市北大街 23 号

图 9.35　小型书店书务系统的图书订单

(1) 一级规范。一级规范要求在类中不存在重复的属性项。在类中如果存在重复的属性，则需要把所有重复的属性从类中抽取出来，构成一个新类。在图 9.36 的"图书订单"类中，从"书号"到"实际到货日期"9 个属性的内容都存在重复，不符合一级规范。为了符合一级规范的要求，需要把这些属性从"图书订单"类中提取出来，形成新的"订单图书"类，见图 9.37。订单图书是本订单所订购的图书，它是图书订单的有机构成部分，因此，"订单图书"类与"图书订单"类是组成关系，在一个订单中可以有多种订单图书。

(2) 二级规范。二级规范要求在类中不存在部分依赖关系的属性，要把不完全依赖关键属性的非关键属性从类中提取出来。在图 9.37 中，"订单图书"类的主键属性是"订单编号"和"书号"，但是"ISBN"、"书名"、"作者"、"出版日期"、"版次"、"定价"等六个属性仅依赖"书号"属性，因此存在部分依赖关系。独立出一个单独的"图书"类，"订单图书"类与"图书"类形成关联关系，分解之后见图 9.38。

图书订单
- 订单编号：string
- 订单日期：date
- 出版社编号：int
- 出版社名称：string
- 联系地址：string
- 电话：string
- 邮政编码：string
- 邮箱：string
- 网址：string
- 联系人：string
- 账号：string
- 书号：string
- ISBN：string
- 书名：string
- 作者：string
- 出版日期：date
- 版次：int
- 定价：float
- 计划到货日期：date
- 实际到货日期：date
- 册数：int
- 合计：float
- 运费：float
- 税费：float
- 管理费：float
- 其他费用：float
- 总计：float
- 采购员：string
- 到货地点：string

图 9.36　初步的"图书订单"类图

图书订单

- 订单编号：string
- 订单日期：date
- 出版社编号：int
- 出版社名称：string
- 联系地址：string
- 电话：string
- 邮政编码：string
- 邮箱：string
- 网址：string
- 联系人：string
- 账号：string
- 合计：float
- 运费：float
- 税费：float
- 管理费：float
- 其他费用：float
- 总计：float
- 采购员：string
- 到货地点：string

订单图书

- 书号：string
- 书名：string
- ISBN：string
- 作者：string
- 出版日期：date
- 版次：int
- 定价：float
- 册数：int
- 计划到货日期：date
- 实际到货日期：date

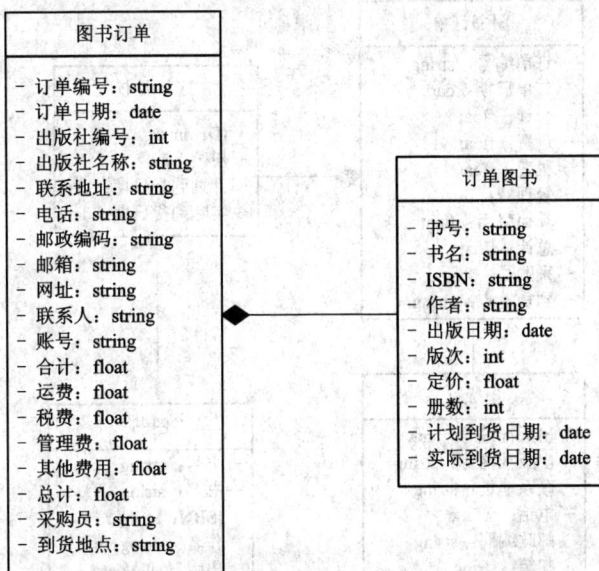

图 9.37　一级规范后的"图书订单"类图

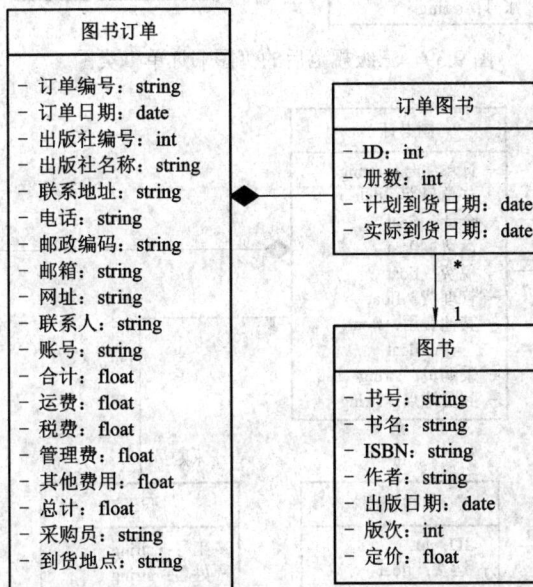

图书订单

- 订单编号：string
- 订单日期：date
- 出版社编号：int
- 出版社名称：string
- 联系地址：string
- 电话：string
- 邮政编码：string
- 邮箱：string
- 网址：string
- 联系人：string
- 账号：string
- 合计：float
- 运费：float
- 税费：float
- 管理费：float
- 其他费用：float
- 总计：float
- 采购员：string
- 到货地点：string

订单图书

- ID：int
- 册数：int
- 计划到货日期：date
- 实际到货日期：date

*

1

图书

- 书号：string
- 书名：string
- ISBN：string
- 作者：string
- 出版日期：date
- 版次：int
- 定价：float

图 9.38　二级规范后的"图书订单"类图

　　(3) 三级规范。三级规范要求消除在类的属性中存在的传递依赖关系。在"图书订单"类中，"出版社编号"依赖"订单编号"，但是从"出版社名称"到"账号"8 个属性仅依赖"出版社编号"，并不直接依赖"订单编号"，这是典型的传递依赖关系，需要消除。"图书"与"出版社"之间存在单向导航关系。规范之后的类图见图 9.39。

　　(4) 进一步优化。图 9.39 中"图书订单"的"合计"和"总计"两个属性属于派生属性，可以去掉。把几个费用属性独立出来形成一个新的"订单费用"类，作为"图书订单"类的部分类。"采购员"属于职工，可以生成一个"职工"类，采购员作为"图书订单"与"职工"类关联的角色名。这样优化之后的类图见图 9.40。

图书订单

- 订单编号：string
- 订单日期：date
- 合计：float
- 运费：float
- 税费：float
- 管理费：float
- 其他费用：float
- 总计：float
- 采购员：string
- 到货地点：string

订单图书

- ID：int
- 册数：int
- 计划到货日期：date
- 实际到货日期：date

出版社

- 出版社编号：int
- 出版社名称：string
- 联系地址：string
- 电话：string
- 邮政编码：string
- 邮箱：string
- 网址：string
- 联系人：string
- 账号：string

图书

- 书号：string
- 书名：string
- ISBN：string
- 作者：string
- 出版日期：date
- 版次：int
- 定价：float

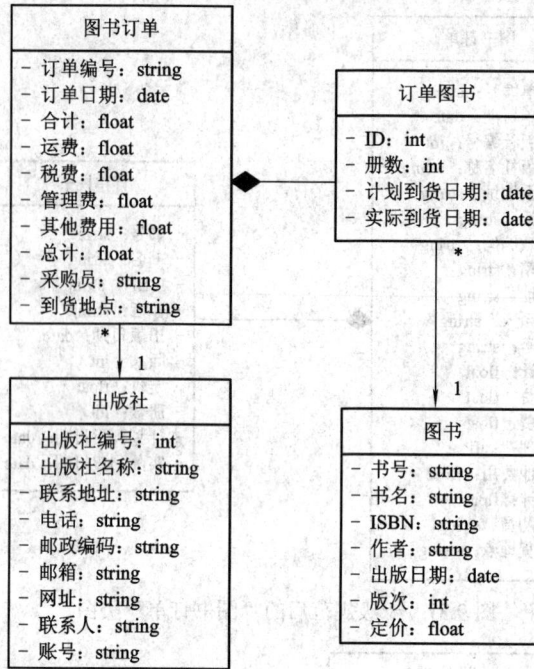

图 9.39　三级规范后的"图书订单"类图

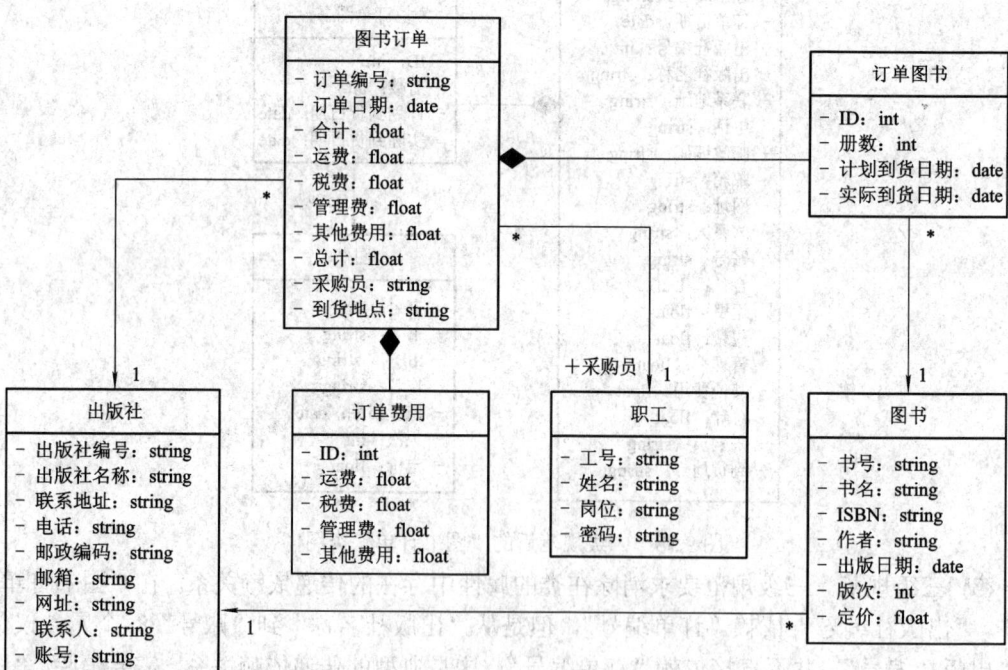

图书订单

- 订单编号：string
- 订单日期：date
- 合计：float
- 运费：float
- 税费：float
- 管理费：float
- 其他费用：float
- 总计：float
- 采购员：string
- 到货地点：string

订单图书

- ID：int
- 册数：int
- 计划到货日期：date
- 实际到货日期：date

出版社

- 出版社编号：string
- 出版社名称：string
- 联系地址：string
- 电话：string
- 邮政编码：string
- 邮箱：string
- 网址：string
- 联系人：string
- 账号：string

订单费用

- ID：int
- 运费：float
- 税费：float
- 管理费：float
- 其他费用：float

职工

- 工号：string
- 姓名：string
- 岗位：string
- 密码：string

图书

- 书号：string
- 书名：string
- ISBN：string
- 作者：string
- 出版日期：date
- 版次：int
- 定价：float

＋采购员

图 9.40　"图书订单"优化类图

　　对上面这个例子我们可以按事务模式来进行分析。对图书订单而言，它是用来表示订购图书事务的，因此我们首先可以提取订购事务。订购事务的事务细项是订单图书，也就是所订购的"图书"，涉及的人员有"出版社"和"员工"。"图书"是该事务涉及的事物，这个事务没有地点。如果从订购事务中把订单的费用专门提取出来，按照事务模式就可以构建出图 9.41 所示的类图，该图与图 9.40 所示类图的结构完全一样。这个例子也说明了技术的科学本质是相通的，都能够达到优化结果。

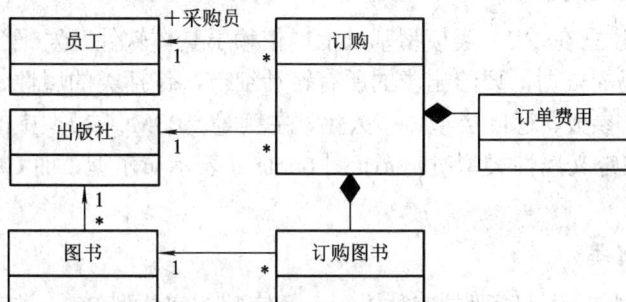

图 9.41　按事务模式构建的"订购"事务的类图

可以采用优化方法对图 9.22 所示的电话订餐系统初步的 PIM 类模型进行优化，得到图 9.42 所示的优化的电话订餐系统 PIM 类模型。在这个图中，除了增加"菜品种类"和"岗位"两个类之外，还表示了由多个菜品构成一份套餐。

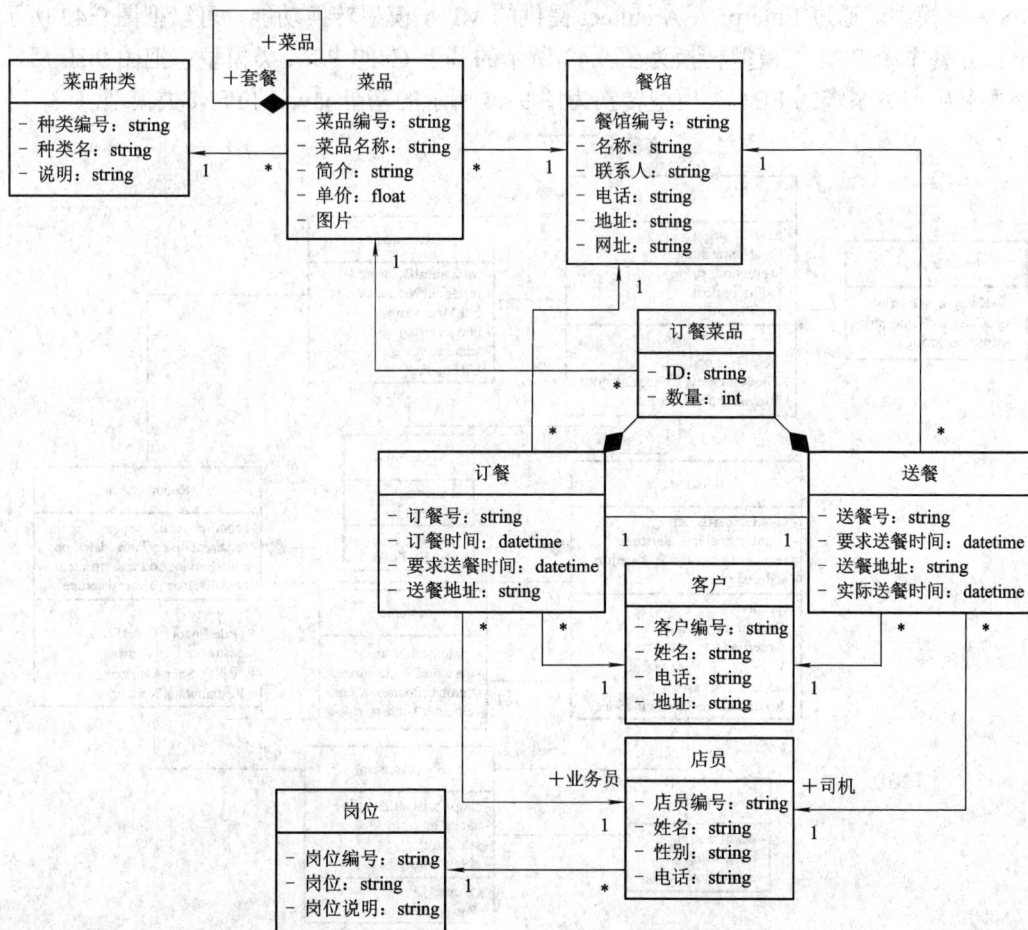

图 9.42　优化的电话订餐系统 PIM 类模型

9.1.5　PSM 类模型

1. PSM 类模型的概念

PSM 类模型是建立在 PIM 类模型基础上，依赖于具体软件开发平台的一组类图。该模型将作为软件编码的依据，要给出类的所有设计细节，包括类的属性、属性的初始值、属性的类型、操作、参数、返回类型、持久化、主键等。PSM 类模型中的类的描述与编程语言有关。例如，在定义属性类型时，java 用 boolean 表示布尔型，而 C#则用 bool 表示布尔型。

2. 实体型 PSM 类

实体型 PSM 类指在设计阶段的实体类。一个完整的实体型 PSM 类需要具备类的所有性质，具体包括：

(1) 类属性：包括属性名、可见性、类型，以及多重性和缺省值等。

(2) 类操作：包括操作名、可见性、操作参数、参数的类型、操作返回类型等。

通过支持 MDA 的建模工具，可以直接把与平台无关的 PIM 类模型转换为与平台相关的 PSM 类模型。通过 Enterprise Architect 提供的 MDA 模型转换功能，可以把图 9.42 所示的电话订餐系统 PIM 类模型转换为图 9.43 所示的基于 C#的 PSM 类模型；把图 9.30 所示的小型书店书务系统的 PIM 类模型转换为图 9.44 所示的基于 java 的 PSM 类模型。

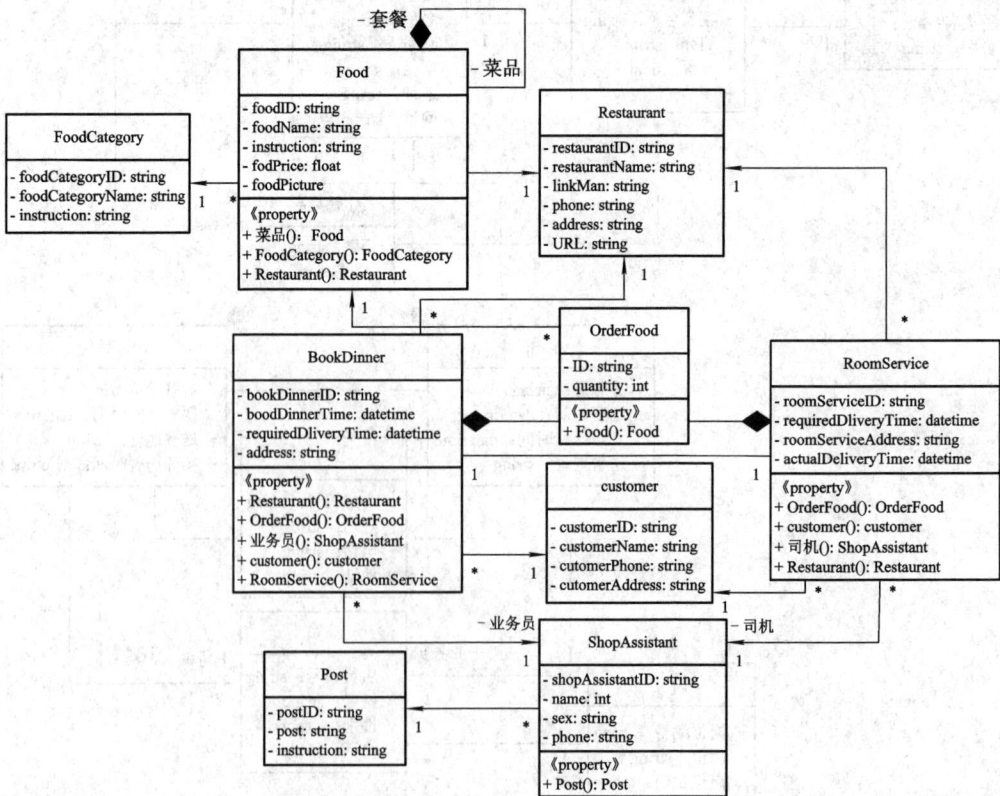

图 9.43　基于 C#的电话订餐系统 PSM 类模型

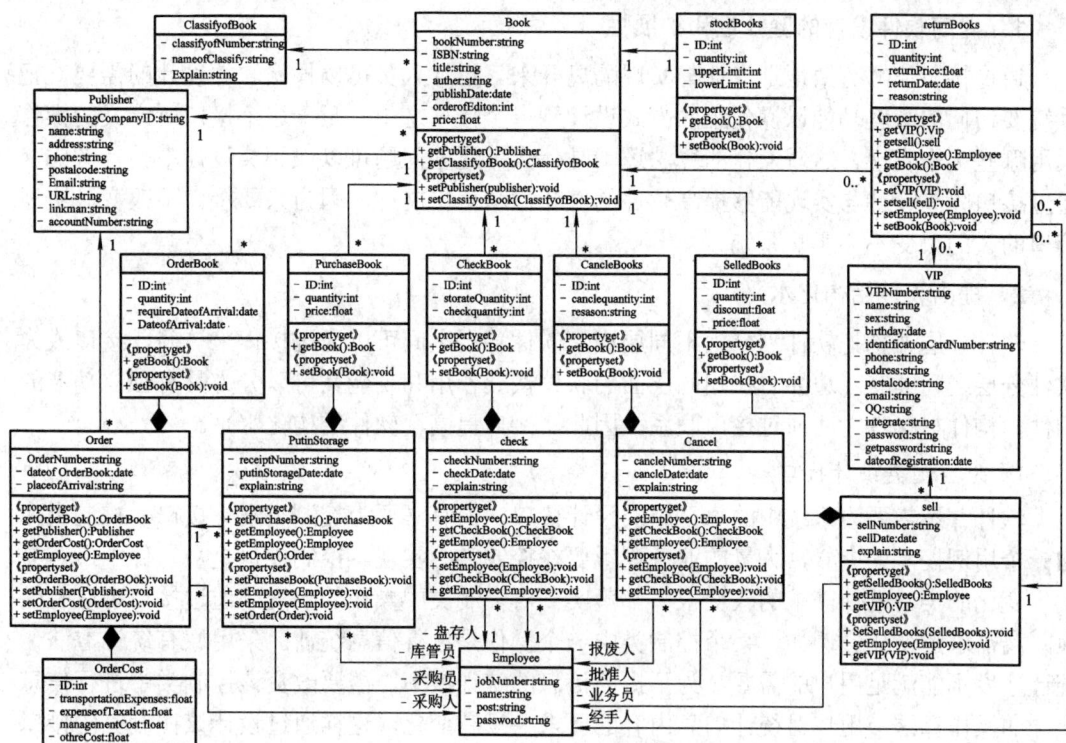

图 9.44 基于 java 的小型书店书务系统 PSM 类模型

3. 控制型 PSM 类

因为控制类一般不涉及属性，也不需要持久化，因此控制型 PSM 类的建模只需要给出类操作的操作名、可见性、操作参数、参数的类型以及操作返回类型等信息。可以通过支持 MDA 的建模工具直接转换得到控制型 PSM 类模型。例如，某图书借阅系统中有图 9.45 所示的登录控制器和借书控制器两个控制类，通过 Enterprise Architect 提供的 MDA 模型转换功能，可以得到图 9.46 所示的基于 C# 的图书借阅的控制型 PSM 类模型。

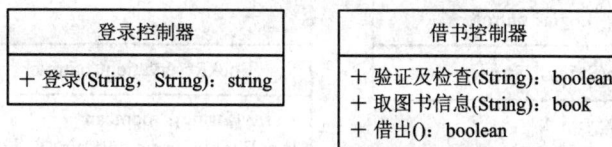

图 9.45 图书借阅的控制型 PIM 类模型

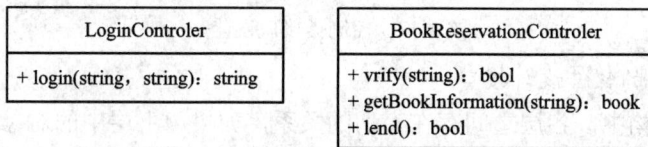

图 9.46 基于 C#的图书借阅的控制型 PSM 类模型

9.1.6 接口设计

接口在软件设计中的作用体现在以下几个方面。

1．提高软件设计的健壮性和扩展性

通过接口能够有效地把设计与实现隔离开来。设计人员可以根据软件设计的需要，把系统要访问的某些功能以操作集的方式设计到一个接口之中。至于这个接口所定义的操作采用哪些类来实现，这些操作的算法逻辑是什么，这些问题可以放到类设计中另行考虑。通过接口隔离设计与实现能够提高软件的健壮性和可扩展性，因为只要接口不改变，实现接口的类的改变不会影响系统。

2．提高软件结构化水平

软件分层架构把软件划分为不同层次，软件各层之间可以通过接口来访问，接口成为软件分层之间的交互边界。在相同层面的软件按其作用和功能又可以分为具有独立功能的构件，构件与构件之间通过接口联系。因此，接口提高了软件结构化水平。

1) 为控制类设计接口

软件并不需要为系统中的每一个类设计接口，但有必要为控制类设计接口。控制类作为一个用例控制的中心，大量的业务逻辑要在控制类中实现。控制类也是在软件中最容易发生变化的类，软件需求的改变很多都落实到对控制类中操作的改变。通过接口可以有效地隔离需求的变化。例如，某个控制类中一个操作是进行信息统计。采用原有统计方法，统计速度不能满足用户的需要，为了提高信息的统计效率，需要改变该控制类中进行信息统计的操作算法。用户对统计信息内容的要求并没有变化，这样通过设计该控制类的接口就能够隔离对该控制类的访问，虽然控制类发生了改变，但因为接口没有改变，访问接口的所有类和构件并不需要改变。图 9.47 是我们为图 9.46 的登录控制器 LoginControler 和借书控制器 BookReservationControler 两个控制类设计的两个接口。

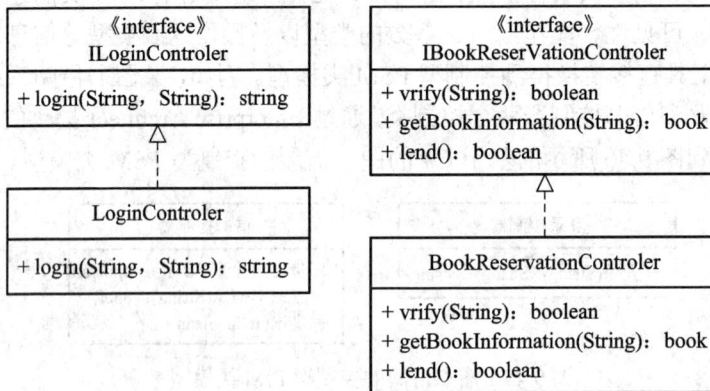

图 9.47　控制类接口设计

2) 为不同层面的软件设计接口

在分层软件架构中，各层之间存在密切的关系，如果由上层中的对象直接访问下层中的对象，会使得各层的对象之间的关系变得错综复杂。为了简化各层之间的访问，可以在每一层上建立提供上层访问的统一的抽象接口，上层对象只能通过该层提供的接口访问下层，不能直接访问下层中的对象。下面我们介绍三种建立抽象接口的方法。

(1) 覆盖法。所谓覆盖法，是指所设计的接口需要覆盖软件在该层所能够提供的所有服务操作，不能因为提取了抽象接口，而遗漏掉在该层中某些类能够提供的操作功能。

(2) 归类法。为了提高接口清晰性，在为每层设计接口时，可以使得一个接口对应多个类，也可以使一个类中的不同操作出现在不同接口中。把一组相同或相近的操作放到同一个接口中。例如，图 9.48 描述了在业务逻辑层提供会员管理、订单管理和销售管理三个方面的业务处理逻辑，可以在业务逻辑层设置会员管理接口、订单管理接口和销售管理接口三个接口，分别放置会员管理、订单管理和销售管理的所对应的操作。

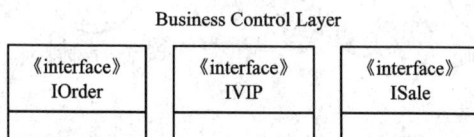

Business Control Layer

《interface》 IOrder	《interface》 IVIP	《interface》 ISale

图 9.48 提供订单、会员和销售三个接口

(3) 抽象法。抽象法是指对该层对象的行为进行抽象，提取共性行为作为共同访问的接口。例如，在实体层中无论哪个实体类，都可能提供增加、删除、修改、查询、保存等功能，可以设计一个提供增加、修改、删除、查询、保存操作的接口。例如，图 9.49 描述在实体层中有三个实体类，建立一个统一的 IadmqControl 接口，提供增加、删除、修改和查询功能，其他几个实体类实现该接口。

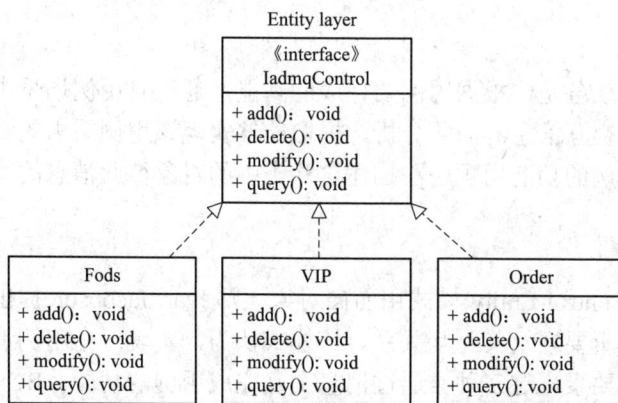

Entity layer

《interface》 IadmqControl
+ add(): void + delete(): void + modify(): void + query(): void

Fods	VIP	Order
+ add(): void + delete(): void + modify(): void + query(): void	+ add(): void + delete(): void + modify(): void + query(): void	+ add(): void + delete(): void + modify(): void + query(): void

图 9.49 抽象统一接口

9.2 功能逻辑设计

9.2.1 功能逻辑设计的意义

在需求分析中，通过用例来反映信息系统能够给用户提供的功能服务。从系统角度看，需要分析为了实现用例所规定的功能，会涉及哪些系统要素，这些要素是如何通过相互配合来完成用例的功能。从面向对象方法看来，对象是系统的基本构成要素，因此功能逻辑设计就是要分析为完成一个用例的功能，需要涉及哪些对象，这些对象是如何通过相互交互来协作完成用例的功能，并给出其功能逻辑模型的。可以采用 UML 中定义的顺序图来

描述为实现一个用例的功能所涉及的相关对象的交互过程。例如，系统"登录"用例涉及登录界面、登录控制器、会员三个类，三个类中的对象在登录中分别承担接收信息、控制登录过程和信息存储的作用。图 9.50 的顺序图描述为了实现"登录"用例的功能，登录界面、登录控制器和会员三个对象之间的消息交互过程。

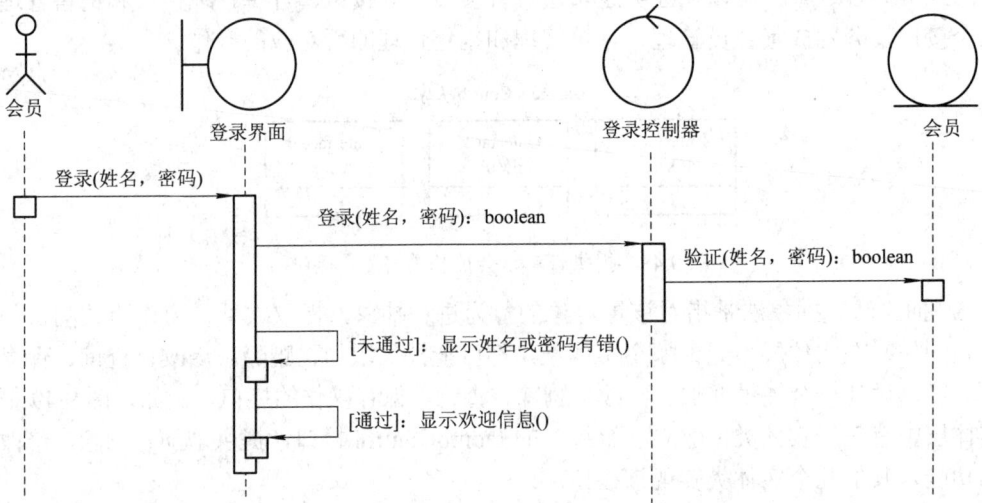

图 9.50　会员登录功能逻辑

功能逻辑设计的任务是，根据用例要完成的功能，通过对用例场景中的用例叙述、用例的执行流程、用例交互信息界面的分析，提取能够实现该用例需求的边界类、控制类和实体类，为了完成用例的功能用顺序图描述这些类中的对象彼此消息的交互过程。

9.2.2　BCE 模式

BCE(Boundary-Control-Entity)模式由面向对象大师 Ivar Jacobson 提出，用来描述实现一个用例的必要的逻辑要素及其交互关系。该模式认为，实现一个用例涉及边界类、控制类和实体类三种逻辑要素，这三种类通过消息交互完成用例的功能。BCE 模式与 MVC 模式有异曲同工的作用，它在一个用例功能的设计中，把信息交互、业务逻辑和信息实体分别由边界类、控制类和实体类承担。边界类的作用是：第一，作为系统与外界的交互接口；第二，承担用例执行期间信息的输入和输出；第三，展示用例功能和相关信息；第四，响应用户所激发的事件。控制类承担用例执行期间用例功能逻辑的实现，控制类是 BCE 模式的核心。在控制类中，通过类的方法来实现需要完成的功能逻辑，一般为一个用例设置一个控制类，但复杂的用例可以设置多个控制类。实体类是用例所涉及的 PIM 类模型中的类，对应着业务领域中的业务实体。图 9.50 是通过 BCE 模式描述的会员登录功能逻辑设计。

9.2.3　功能逻辑设计

1. 分析用例的 BCE 类

实现一个用例需要 BCE 三种类型的类，需要根据用例的职责，分析这三种类型的类。下面我们分别介绍这三种类。

1) 边界类

一个用例一般涉及一个边界类。例如，登录界面就是学生登录用例的边界类。对于存在人机交互界面的用例，边界类就表示展现该用例功能，以及输入输出信息的界面；对于直接与外部系统或外部设备联系的用例，边界类则是用例与外部系统或外部设备的接口。需要注意的是，在用例功能逻辑设计中，边界类是负责用例信息的交互接口的一个抽象单元，实际上在功能逻辑模型中一个边界类常常对应着实现阶段的多个具体的边界对象。

2) 控制类

根据用例的复杂度，一个用例可以设置一个控制类、多个控制类，或者不设控制类，但较常见的是设置一个控制类。控制类承担实现该用例的功能逻辑，并由控制类中的对象的若干操作来实现用例的功能逻辑。例如，学生登录用例的控制类是登录控制器。

3) 实体类

用例所涉及的实体类一般在 PIM 类模型之中。例如，学生登录用例涉及学生类。

借书用例涉及的三种类型的类见图 9.51。

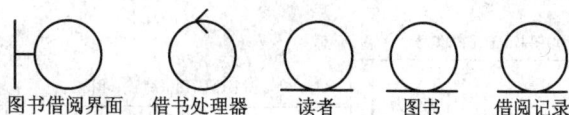

图书借阅界面　借书处理器　读者　图书　借阅记录

图 9.51　借书用例的三种类型的类

2. 用例功能逻辑分析与建模

一个用例的功能可以通过一组类中的对象在执行过程中通过交互消息来完成，用顺序图能够恰当地描述对象的消息交互过程。对用例分析的主要依据是用例场景中的用例叙述中的事件流，以及活动图描述的用例执行流程。用例的对象交互体现为由多个类中的对象协作完成一项任务，对象通过互相发送消息来实现对象交互，对象之间发送的消息除了一般信息之外，大多是调用另外一个对象的一个操作。

用例对象交互过程应该与用例叙述中事件流的顺序一致。图 9.52 描述借书用例的对象交互过程。按照图 7.22 中借书用例的事件流，首先由图书管理员扫描读者的借书证号，并把借书证号提交给图书借阅界面。系统通过图书借阅界面接收到借书证号之后，需要对接收到的借书证的合法性进行验证。如果借书证合法，还要检查读者是否存在超借或超期未归还图书的问题。如若存在这些问题，则系统给出提示，本次不能借书。在借书控制器中设置验证及检查操作来验证借书证的合法性，并检查是否存在超借和超期的问题。图书借阅界面把接收到的借书证号作为"验证及检查"操作的参数，给借书控制器发送一条"验证及检查(借书证号)"的消息，通过这个消息调用借书控制器中的"验证及检查"操作。借书控制器为了验证借书证的合法性，给读者类发送一个"检查借书证(借书证号)"的消息，读者类中的这个操作将在读者类中检查是否存在给定借书证号的读者，如果存在说明该借书证是合法的，否则不合法。"检查借书证(借书证号)"操作返回一个 boolean 型值，该值为真，表示借书证合法，为假表示借书证不合法。如果不合法，则在图书借阅界面显示借书证不合法的提示信息。在检查了借书证的合法性之后，借书控制器通过给借阅记录类发送"检查超期超借(借书证号)"的消息，由借阅记录检查持该借书证的读者是否存在超期或超借的情况，如果存在则操作返回假值，系统在图书借阅界面显示存在超期超借的提示信息。

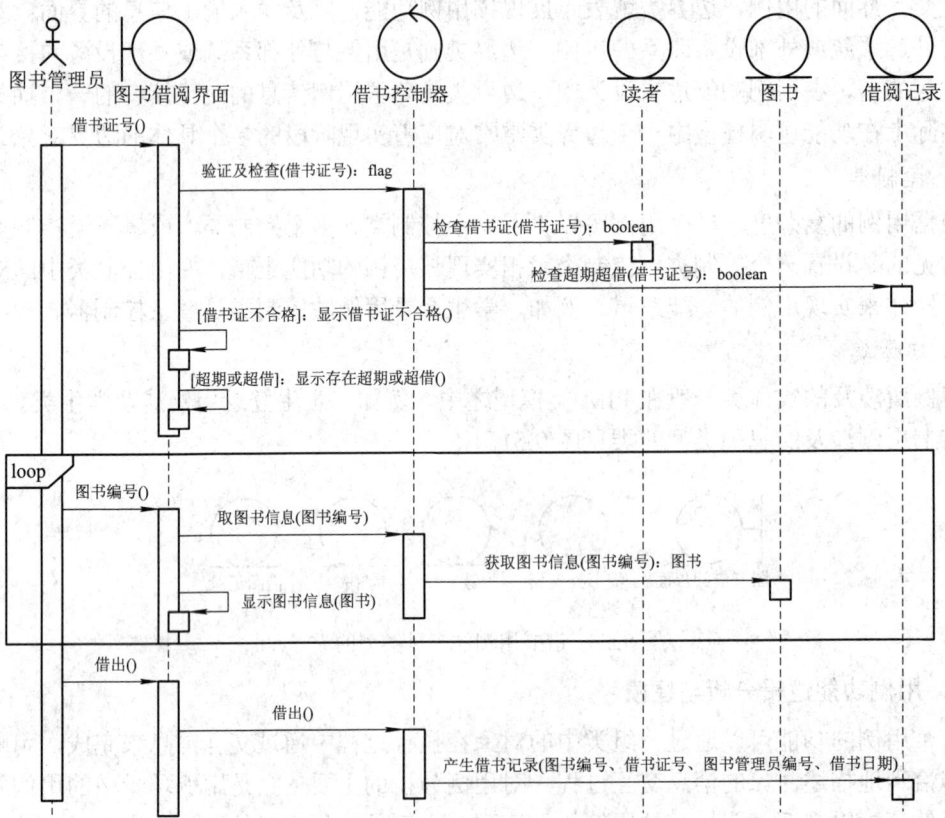

图 9.52　借书用例功能逻辑设计模型

　　如果借书证合法，并且也不存在超期或超借的问题，图书管理员将把读者本次要借的图书的图书编号扫描输入给系统。图书借阅界面接收到扫描的一个图书编号后，先给借书控制器发送"取图书信息(图书编号)"消息，图书控制器通过给读者类发送"获取图书信息(图书编号)"消息，从读者类中获取该图书的图书信息，并把该图书信息显示在图书借阅界面上。如果本次读者借阅多本图书，可以重复这个过程。

　　本次要借阅的图书扫描完后，图书管理员点击图书借阅界面上的"借出"按钮，启动借书控制器的"借出"操作，在借阅记录类中产生本次借阅记录。

9.3　数 据 库 设 计

9.3.1　概述

　　数据库设计是指根据业务需求、信息需求和处理需求，确定信息系统中的数据库结构、数据操作和数据一致性约束的过程。数据库设计的基本过程可分为需求分析、概念设计、逻辑设计和物理设计四个步骤。需求分析的主要工作是调查和分析用户的业务活动、信息和处理的需求，以及各种约束条件，形成数据库设计的需求说明。在信息系统开发中，一般并不就数据库设计专门进行需求分析，而是在领域和需求分析中进行考虑。概念设计的任务是确定数据库的概念结构，确定从不同用户角度看到的数据视图(称为外模式)，并把外模式集成为系统整体数据模式(也称为全局模式)。逻辑设计把概念设计得到的全局模式转换成所选择的数据库模型，并进行优化处理。物理设计的任务是确定数据库的物理模型。

数据库设计的方法与软件开发方法存在着密切关系，同时还与所采用的数据库模型(有层次模型、网状模型、关系模型、对象模型等)有关。由于本书主要介绍采用面向对象方法进行信息系统开发，另外，考虑到关系模型是迄今最为成熟的数据库模型，因此，我们主要讨论采用面向对象方法和关系模型的数据库设计工作，简称对象关系数据库设计。

9.3.2　概念设计

数据库的概念设计是针对现实世界，通过对其中信息实体的收集、分类和概括，建立数据库概念结构的过程。概念结构也叫概念数据模型(Conceptual Data Model)，它应该反映现实世界中的信息结构、信息间的相互制约关系，以及对信息存储、查询和加工的处理要求等。概念数据模型是对数据的抽象描述，它应该独立于具体的数据库管理系统。

传统方法通常采用实体联系图(ER 图)作为概念设计的工具。采用 ER 图描述概念数据模型的方法读者可以参考有关数据库设计的书籍。本书主要介绍对象关系数据库设计，并将 PIM 类模型作为概念数据模型。

对象关系数据库概念设计的结果是在前一节类与接口设计中建立的 PIM 类模型。PIM 类模型可以作为数据库设计的概念数据模型。例如，可以把图 9.42 所示的电话订餐系统 PIM 类模型直接作为电话订餐系统数据库概念数据模型，把图 9.30 所示的小型书店书务系统的 PIM 类模型直接作为小型书店书务系统的数据库概念数据模型。

9.3.3　逻辑设计

逻辑设计是将概念数据模型设计成适应于特定数据库管理系统的逻辑数据模式。逻辑数据模式也被简称为逻辑模型或数据模式。关系数据库的数据模式是关系模式。如果数据库采用关系数据库，则需要把 ER 图或 PIM 类模型描述的概念数据模型转换为等价的关系模式及其约束。数据库逻辑设计的结果是一组关联的规范关系、一系列经过结构化处理的业务规则，以及数据库存取的安全性设计。

逻辑设计的基本工作包括：

(1) 由概念数据模型导出关系模式；

(2) 规范化关系模式；

(3) 结构化业务规则。

1. 由概念数据模型导出关系模式

关系模式的基本内容是一组关联的关系。在关系模式中，关系的一般形式可以表示为：$R(A_1, A_2, \cdots, A_n)$。其中，R 为一个关系，A_i 为关系的属性。关系 R 也可以用一个二维表来表示，二维表的列为 R 的属性 A_i，行为元组。概念数据模型具有 ER 图和 PIM 类模型两种形式，下面我们介绍由 PIM 类模型向关系模式的转换。

如果用 PIM 类模型描述概念数据模型，则需要把 PIM 类模型中的每一个类转换为一个关系，类的属性作为关系的属性，在转换时还需要在关系模式中反映类与类之间的关系。例如，把图 9.53(a)所示的类图转换成图 9.53(b)所示的关系模式。下面我们分几种情况讨论类之间存在不同关系时，向关系模式转换的方法。

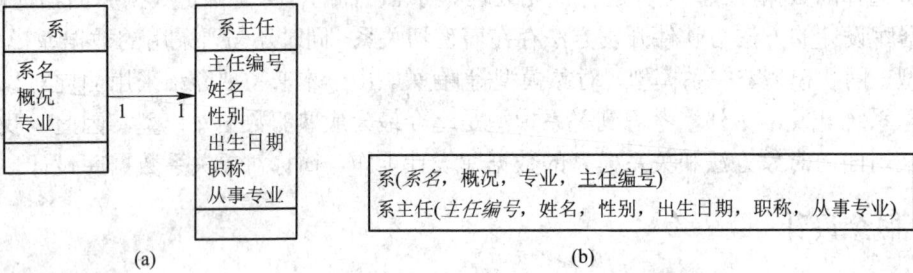

图 9.53　一对一关联单向导航转换的关系模式

1) 关联关系的转换

类之间存在一元、二元和多元的关联关系，在此我们仅以二元关联的单向导航为例，讨论关联关系的转换。如图 9.53(a)中，"系"和"系主任"两个类之间存在单向导航的关联关系。把它转换为图 9.53(b)所示的两个关系，为了反映导航，应该在"系"中增加"系主任"的主键"主任编号"。

2) 组成关系的转换

组成关系是关联关系的一种特例，因此，组成关系完全可以按照关联关系的方法转换为关系模式。例如，图 9.54(a)描述"学校"与"系部"两个类之间的组成关系。把这个类图转换成图 9.54 (b)所示的关系模式，由"系部"中的"校名"属性与"学校"建立起关联关系。

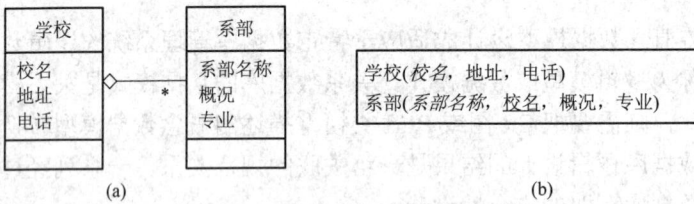

图 9.54　组成关系转换的关系模式

3) 泛化关系的转换

关系模型中没有泛化和继承的概念，对泛化关系应根据具体情况选择转换的方法，在此，我们仅介绍一种最为常用的"一类一关系"转换方法。所谓一类一关系，是指把存在泛化关系类图中的一个类转变成为关系模式中的一个关系。转换时需要在子类所转换的关系中增加父类的关键属性，这个属性在转换的子类对应关系中，既作为子类关系的主键，同时作为它的外键。如果子类没有主键，则父类的主键就成为它的主键；如果子类有主键，则子类的主键和父类的主键成为子类所转换的关系的组合主键，我们通过下面两个例子来介绍这种方法。

图 9.55 中的"本科生"和"研究生"与"学生"类之间是泛化关系。"学号"是父类"学生"的主键，而两个子类没有主键。转变为对应的三个关系，在"本科生"和"研究生"两个关系中增加"学号"作为它们各自的主键，并通过它与"学生"关系实现关联。

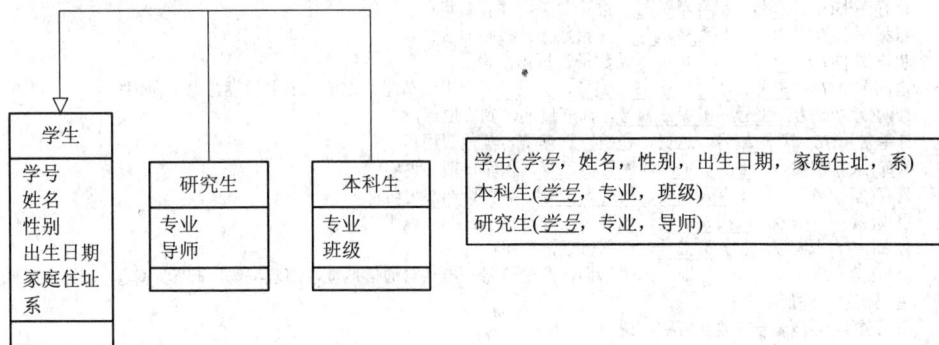

学生(*学号*，姓名，性别，出生日期，家庭住址，系)
本科生(*学号*，专业，班级)
研究生(*学号*，专业，导师)

图 9.55　泛化关系转换的关系模式(1)

图 9.56 中的"图书"与"入库图书"和"订单图书"是泛化关系。但"入库图书"又与"入库单"类是聚合关系，"订单图书"与"图书订单"也是聚合关系。将它们转变为关系之后，"入库图书"把"书号"和"入库单编号"作为自己的复合主键，"订单图书"把"书号"和"订单编号"作为自己的复合主键。

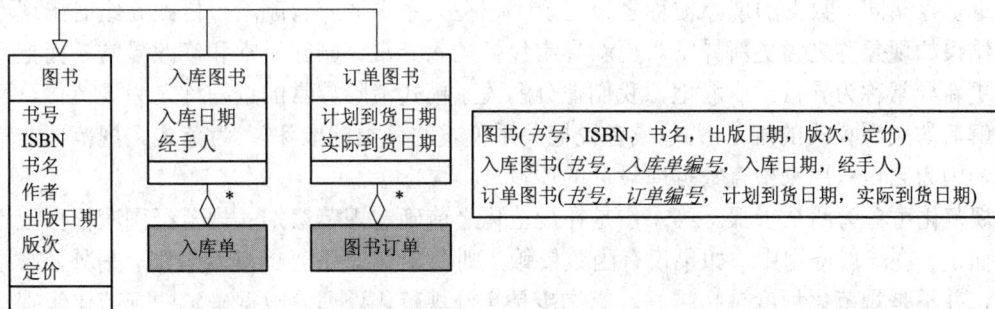

图书(*书号*，ISBN，书名，出版日期，版次，定价)
入库图书(*书号，入库单编号*，入库日期，经手人)
订单图书(*书号，订单编号*，计划到货日期，实际到货日期)

图 9.56　泛化关系转换的关系模式(2)

图 9.57 是根据上面介绍的转换方法把图 9.42 所示的电话订餐系统的 PIM 类模型转换成的数据库关系模式。图 9.58 是把图 9.30 所示的小型书店书务系统的 PIM 类模型转换成的小型书店书务系统的数据库关系模式。

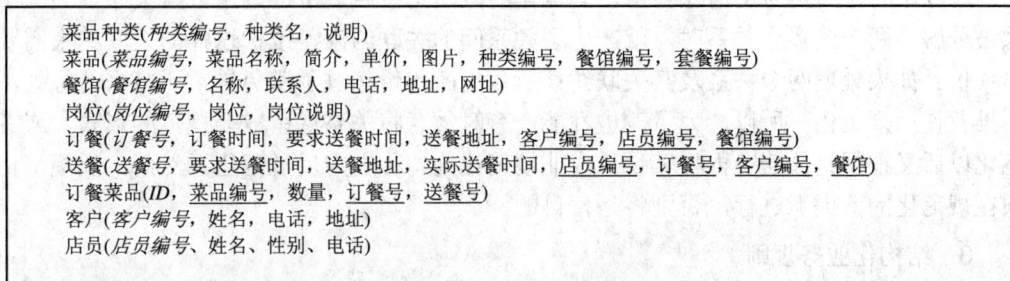

菜品种类(*种类编号*，种类名，说明)
菜品(*菜品编号*，菜品名称，简介，单价，图片，<u>种类编号</u>，<u>餐馆编号</u>，<u>套餐编号</u>)
餐馆(*餐馆编号*，名称，联系人，电话，地址，网址)
岗位(*岗位编号*，岗位，岗位说明)
订餐(*订餐号*，订餐时间，要求送餐时间，送餐地址，<u>客户编号</u>，<u>店员编号</u>，<u>餐馆编号</u>)
送餐(*送餐号*，要求送餐时间，送餐地址，实际送餐时间，<u>店员编号</u>，<u>订餐号</u>，<u>客户编号</u>，<u>餐馆</u>)
订餐菜品(*ID*，<u>菜品编号</u>，数量，<u>订餐号</u>，<u>送餐号</u>)
客户(*客户编号*，姓名，电话，地址)
店员(*店员编号*、姓名、性别、电话)

图 9.57　电话订餐系统的数据库关系模式(由该系统的 PIM 类模型转换而来)

图书(*书号*, 统一编号, 书名, 作者, 出版日期, 版次, 定价, <u>类别编号</u>, <u>出版社编号</u>)
订购图书(*ID*, <u>书号</u>, 订单编号, 册数, 计划到货日期, 实际到货日期)
购进图书(*ID*, <u>书号</u>, <u>入库单编号</u>, 数量, 进价)
库存图书(*ID*, <u>书号</u>, 库存数量, 库存下限, 库存上限)
盘存图书(*ID*, <u>书号</u>, <u>盘存单编号</u>, 盘存数量, 库存数量)
报损图书(*ID*, <u>书号</u>, <u>报损单编号</u>, 报损数量, 报损原因)
售出图书(*ID*, <u>书号</u>, <u>售书单编号</u>, 数量, 折扣, 售价)
退回图书(*ID*, <u>书号</u>, <u>工号</u>, <u>售书单编号</u>, <u>会员编号</u>, 退回数量, 退价, 退书日期, 退书原因)
订购(*订单编号*, <u>工号</u>, <u>出版社编号</u>, 订书日期, 到货地点)
订单费用(*ID*, <u>订单编号</u>, 运费, 税费, 管理费, 其他费用)
入库(*入库单编号*, <u>采购员工号</u>, <u>库管员工号</u>, 入库日期, 说明)
盘存(*盘存单编号*, <u>盘存人工号</u>, <u>批准人工号</u>, 盘存日期, 说明)
报损(*报损单编号*, <u>报损人工号</u>, <u>批准人工号</u>, 报损日期, 说明)
售书(*售书单编号*, <u>业务员工号</u>, 售书日期, 说明)
会员(*会员编号*, 姓名, 性别, 出生日期, 身份证号, 电话, 通信地址, 邮政编码, 邮箱, QQ, 积分, 密码, 找回密码信息, 注册日期)
图书类别(*类别编号*, 类别名称, 说明)
出版社(*出版社编号*, 出版社名称, 地址, 电话, 邮政编码, 邮箱, 网址, 联系人, 账号)
员工(*工号*, 姓名, 岗位, 密码)

图 9.58　小型书店书务系统的数据库关系模式(由该系统的 PIM 类模型转换而来)

注：上述图中用斜体表示主键，下划线表示外键。如果一个属性既是斜体，又有下划线，则说明它既是主键又是外键。

2．规范化关系模式

重复存储同一数据的现象被称之为冗余。把在关系中插入、删除、修改元组时出现不希望结果的现象称之为更新异常。更新异常包括插入异常、删除异常和修改异常。而把冗余和更新异常称为异常。一般地，我们把分解关系模式消除异常的过程称之为规范化，而把分解后的关系模式的规范形式(或者说把关系模式的分类标准)称之为范式。规范化非常重要，因为它可以用来检查数据库设计的质量。

规范化可分为两个步骤。第一步是在规范化之前确定规范级别。规范级别应根据应用需要而定。在一般应用中，如果仅有函数依赖，则 3NF 就是适当的规范级别。另外，必须清楚，并不是规范化程度越高越好。第二步是实施规范化处理。根据确定的规范化级别，分析关系模式，以判断是否满足规范要求，对不满足要求的关系进行规范化处理。

按数据库设计的一般步骤，应该在得到关系模式之后，再对关系模式实施规范化。但也可以对概念数据模型中的实体和关系，以及类图中的类实施规范化，以得到规范的概念数据模型。如果概念数据模型本身是规范的，可以不必再对关系模式实施规范化。

规范化的目的是为了消除异常，规范化的方法是按照规范准则来分解关系。当一个关系被分解为两个或多个关系时，就产生了关系间的关联约束，维护这样的关联约束需要付出代价。如果处理两个关系及其关联约束所付出的代价超过了避免异常所带来的好处，则不推荐使用规范化。所以，为了改进性能，有时故意将关系保留成非规范的形式，或者规范化以后又根据具体情况再将其设计成非规范化的，称之为反规范化。然而，反规范化必须在规范化的前提下进行，否则将是盲目的。

3．结构化业务规则

业务规则是组织操作和使用其数据的规定或应遵循的原则，业务规则通常体现为组织的政策或规章制度。比如："尚未付款的客户信息不能删除"，"只有当库存中有货时才接受订货"，"对于一个销售员当其赊账额超过 10 万元时不允许再进行赊账销售"等。

结构化业务规则是将业务规则转化成一系列精确的语句，其一般形式是三段论推理：如果……则……结构化业务规则是将业务逻辑同表示层相分离的关键。业务规则的结构化是以业务模型为基础，对业务活动及业务过程进行细致分析和抽象的过程。

9.3.4 物理设计

数据库物理设计是在已确定的逻辑数据库结构的基础上，设计出在限定应用环境下，具有高效率、可实现的物理数据库结构的过程。物理设计还应该考虑操作约束、数据库性能和数据安全性等问题。

物理设计首先需要考虑数据库的物理环境，包括所选择的 DBMS、数据存取设备、存储组织和存取方法及设备分布等因素。物理设计一般包括以下基本工作。

1. 表设计

表是关系在 DBMS 中的描述形式，具有二维结构，表与关系是一一对应的，逻辑模型中的一个关系在 DBMS 中应该有一张对应的表。表的设计就是将逻辑模型中的关系转化成具体的 DBMS 中的表。表设计需要定义表名和表结构。表的名字一般取为关系的名字。表的结构需要确定一个表中的字段，每一个字段的名称、类型、长度等。图 9.59 是用 Access 数据库建立的"图书"和"员工"两个关系的表结构。

图书表结构：

字段名称	数据类型	长度
书号	文本	13
统一书号	文本	20
书名	文本	20
作者	文本	4
出版日期	日期/时间	10
版次	文本	6
定价	货币	6.2
图书类别	数字	2
出版社编号	文本	6

职工表结构：

字段名称	数据类型	长度
工号	文本	8
姓名	文本	4
岗位	文本	3
密码	文本	6

图 9.59 "图书"和"职工"表结构

2. 约束设计

数据库的完整性约束是一种保证数据一致性的机制。通过这种机制能够保证授权用户对数据库进行修改时，数据的一致性不会遭到破坏。关系数据库系统的完整性约束有：

(1) 域完整性约束(Domain Integrity Constraint)，要求属性值必须在域中，并且根据语义确定属性值能否为空(NULL)。

(2) 实体完整性约束(Entity Integrity Constraint)，要求主键必须唯一，且主键不能为空。

(3) 参照完整性约束(Referential Integrity Constraint)，也称为引用完整性约束，要求外键要么空缺(NULL)，要么引用实际存在的主键。

(4) 一般完整性约束。

3. 视图设计

根据逻辑模型所设计出的各种数据表构成了完整的物理数据库。由于业务范围的限制，每一个用户不可能访问数据库系统中的所有数据表,所访问的只是数据表的一个子集。我们把一个用户能够访问到的数据表集合称为一个视图(View)。视图是以一致和直观的方式提供给用户的数据形式。视图以这种形式给用户提供数据,一方面满足了用户对数据访问的方便性、简洁性需要,使数据在视图中以更符合用户需要和喜好的形式展现出来;另一方面,保证了数据的一致性(不把数据表直接提供给最终用户)。

9.3.5　基于 MDA 的数据库设计

传统数据库设计是一件重要但又复杂的工作,需要经历数据库的概念设计、逻辑设计、物理设计,并通过数据库范式理论对所设计的数据库结构进行优化才能形成可用的数据库结构。但在 UML 和 MDA 推出之后,数据库设计变成为一件十分简单的工作,只要能够得到优化的与平台无关的 PIM 类模型,通过支持 MDA 的建模工具就能够方便地进行数据库设计。本节我们介绍基于 Enterprise Architect 的数据库设计过程。

1. 生成数据库逻辑结构

利用 Enterprise Architect 能够方便地把 PIM 类模型生成数据库逻辑结构。图 9.60 是利用 Enterprise Architect 把图 9.30 所示的小型书店书务系统的 PIM 类模型转换成的数据库逻辑结构。

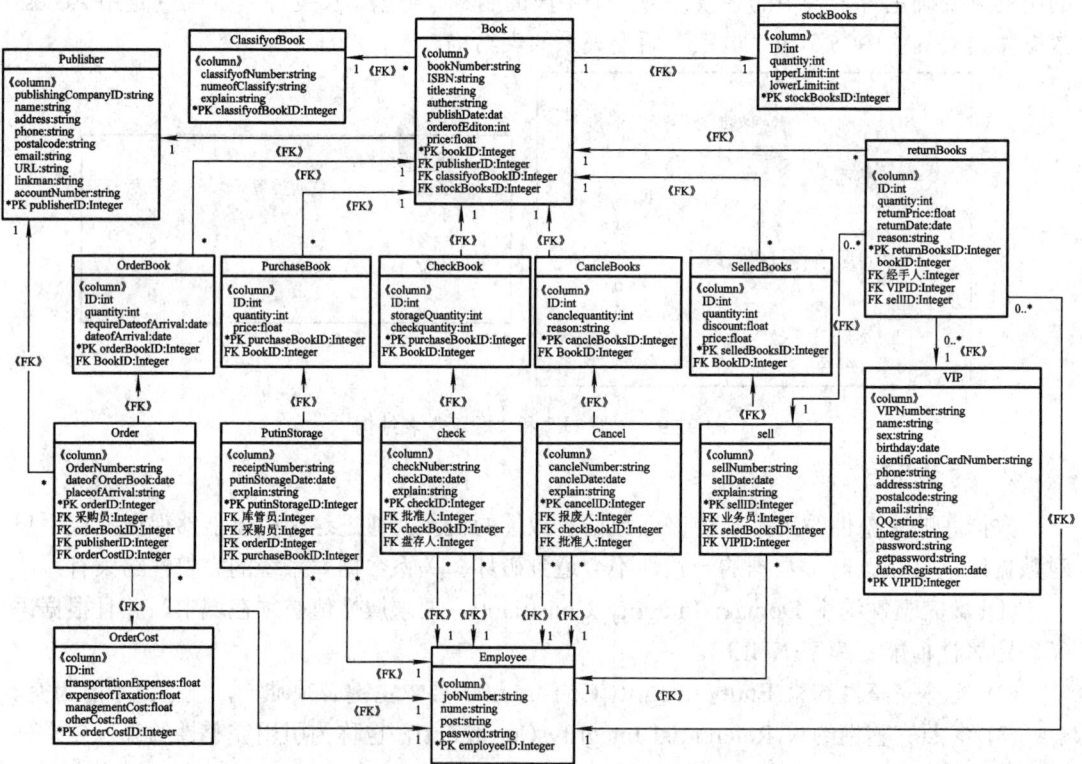

图 9.60　小型书店书务系统的数据库逻辑结构(由该系统的 PIM 类模型转换而来)

2. 生成数据库物理结构

在数据库逻辑结构的基础上,利用 Enterprise Architect 能够方便地生成系统数据库物理

结构的一组 SQL 语句。图 9.61 是在图 9.60 所示的小型书店书务系统的数据库逻辑结构的
基础上生成的一组 SQL 语句。在 SQL Server 上面运行该组语句，就能够自动生成数据库
物理结构。

```
CREATE TABLE Book (
      bookNumber string,
      ISBN string,
      title string,
      auther string,
      publishDate date,
      orderofEditon int,
      price float,
      bookID Integer NOT NULL,
      publisherID Integer,
      classifyofBookID Integer,
      stockBooksID Integer
);
CREATE TABLE Cancel (
      cancelNumber string,
      cancelDate date,
      explain string,
      cancelID Integer NOT NULL,
      报损人 Integer,
      cancelBooksID Integer,
      批准人 Integer
);
CREATE TABLE CancelBooks (
      ID   int,
      cancelquantity int,
      reason string,
      cancelBooksID Integer NOT NULL,
      bookID Integer
);

CREATE TABLE check (
      checkNumber string,
      checkDate date,
      explain string,
      checkID Integer NOT NULL,
      批准人 Integer,
      checkBookID Integer,
      盘存人 Integer
);
CREATE TABLE CheckBook (
```

```
        ID int,
        storageQuantity int,
        checkquantity int,
        checkBookID Integer NOT NULL,
        bookID Integer
);

CREATE TABLE ClassifyofBook (
        classifyNumber string,
        nameofClassify string,
        explain string,
        classifyofBookID Integer NOT NULL
);

CREATE TABLE Employee (
        jobNumber string,
        name string,
        post string,
        password string,
        employeeID Integer NOT NULL
);

CREATE   TABLE   Order (
        OrderNumber string,
        dateofOrderBook date,
        placeofArrival   string,
        orderID Integer NOT NULL,
        采购员 Integer,
        orderBookID Integer,
        publisherID Integer,
        orderCostID Integer
);

CREATE   TABLE   OrderBook (
        ID   int,
        quantity int,
        requireDateofArrival   date,
        DateofArrival   date,
        orderBookID Integer NOT NULL,
        bookID Integer
);
CREATE TABLE OrderCost (
        ID int,
```

```
        transportationExpenses float,
        expenseofTaxation float,
        managementCost float,
        otherCost float,
        orderCostID Integer NOT NULL
);

CREATE TABLE Publisher (
        publishingCompanyID string,
        name string,
        address string,
        phone string,
        postalcode string,
        email string,
        URL string,
        linkMan string,
        accountNumber string,
        publisherID Integer NOT NULL
);

CREATE  TABLE  PurchaseBook (
        ID int,
        quantity int,
        price float,
        purchaseBookID Integer NOT NULL,
        bookID Integer
);

CREATE  TABLE  PutinStorage (
        receiptNumber string,
        putinStorageDate date,
        explain string,
        putinStorageID Integer NOT NULL,
        库管员  Integer,
        采购员  Integer,
        orderID Integer,
        purchaseBookID Integer
);
CREATE TABLE returnBooks (
        ID int,
        quantity int,
        returnPrice float,
        returnDate date,
```

```
        reason string,
        returnBooksID Integer NOT NULL,
        bookID Integer,
        经手人 Integer,
        VIPID Integer,
        sellID Integer
);
CREATE TABLE sell (
        sellNumber string,
        sellDate date,
        explain string,
        sellID Integer NOT NULL,
        业务员 Integer,
        selledBooksID Integer,
        VIPID Integer
);

CREATE TABLE SelledBooks (
        ID int,
        quantity int,
        discount float,
        price float,
        selledBooksID Integer NOT NULL,
        bookID Integer
);

CREATE TABLE stockBooks (
        ID int,
        quantity int,
        upperLimit int,
        lowerLimit int,
        stockBooksID Integer NOT NULL
);
CREATE TABLE VIP (
        VIPNumber string,
        name string,
        sex string,
        birthday date,
        identificationCardNumber    string,
        phone string,
        address string,
```

```
        postalcode string,

        email string,

        QQ string,

        integrate int,

        password string,

        getpassword string,

        dateofRegistration date,

        vIPID Integer NOT NULL

);
```

图 9.61　小型书店书务系统的数据库物理结构(由该系统的数据库逻辑结构转换而来)

9.4　界 面 设 计

9.4.1　概述

1. 用户界面的概念

用户界面(User Interface)是对用户与系统之间进行交互所采用的方式、途径、内容、布局、结构的总称。用户界面也叫人机界面、人机接口、人机交互界面等。信息系统是通过用户界面向用户展示其功能和内容的,用户也只能通过用户界面来感知和使用信息系统。用户界面设计是系统设计的一个重要工作,用户界面设计应该遵循合理、有效和安全的原则。

2. 用户界面设计

用户界面设计是系统设计的工作内容之一。用户界面设计是系统设计人员根据信息系统的设计目标,在需求说明文档的基础上,为了合理、有效、安全地反映信息系统功能和作用所从事的系统设计工作。用户界面设计包括界面需求分析、输入设计、输出设计、屏幕界面设计和编写用户手册等工作,见图 9.62。设计过程的各个活动按照图中的顺序进行,但可以反复和重复。

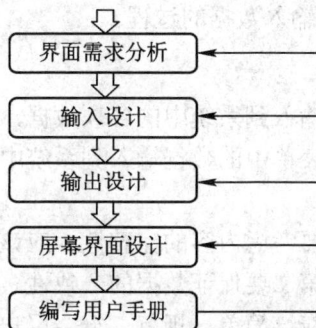

图 9.62　输入输出的界面设计工作

界面需求分析包括交互需求分析、界面分布分析、交互方式分析、交互流程分析、交互设备分析和用户类型分析等工作。

9.4.2　输入设计

1. 输入方式设计

输入方式是指在向系统输入数据过程中采用的策略和形式。有批输入和联机输入两种输入方式。在同一个系统中可以同时采用两种输入方式，实际上绝大多数信息系统尤其是大型系统都是两种输入方式并存的。

1) 批输入方式

批输入方式也叫脱机输入方式，它是组织一批数据，集中输入到系统之中的方式。批输入方式一般包括三个步骤：

(1) 收集一组相关数据；

(2) 把收集到的数据先存放到磁带、磁盘等电子媒体上；

(3) 把电子媒体上的一组数据成批输入到系统之中。

2) 联机输入方式

联机输入方式是在业务处理过程中，边输入数据边处理数据的一种数据输入方式。学生食堂售饭系统的数据输入就采用联机输入方式。学生先把自己要买的饭菜品种和数量告诉卖饭师傅，接着在售饭机上插入饭卡，卖饭师傅向终端中输入学生所买饭菜的品种和数量，售饭终端对所买饭菜数量和单价进行求和，并从饭卡上减掉本次买饭金额，然后师傅给学生打饭菜。在这个过程中，数据输入和卖饭业务是同时进行的。现在采用联机输入方式的系统很多，像订飞机票、股票交易、超市购物、医院收费、库房管理等都采用联机输入方式。

许多信息系统采用批输入和联机输入结合的方式。在系统中采用混合输入方式具有一定的灵活性。超级市场售货系统就采用的是混合输入方式。超级市场结账台上的条形码扫描仪采用联机方式扫描输入用户所选购商品的条形码，每扫描一个商品的条形码，在 POS 机的显示屏幕上就立即显示该商品的编号、名称、单价等信息。POS 机一般分批把当天所接收到的商品信息暂时存储起来，到晚上或现场业务不忙时，POS 机再成批地把数据发送到超级市场售货系统的中心数据库中。一般用户只能够感觉到 POS 机的联机输入过程，而看不到 POS 机成批向中心数据库输入数据的过程。

2. 输入表单设计

一般情况下应该预先收集要输入到系统中的各项数据，并填写到具有确定格式的输入表单之中，然后由操作员将输入表单中的数据输入到系统中。因此，输入表单的设计也是输入设计一个方面的工作内容。

在设计输入表单时，第一需要考虑内容的完整性。应该把本用例或本界面的输入数据全部容括在所设计的表单之中。第二要保证数据的一致性。在表单中，不应该出现冗余数据或派生数据。第三是表单格式应该简单、规范，符合用户习惯。

3. 输入安全性设计

为了保证输入的正确性，需要对输入过程的安全性进行设计。输入设备、输入数据、输入规程、输入权限、输入人员都会影响输入的安全性，因此，输入安全性应该考虑多方面的因素。大部分输入安全性设计属于系统安全性设计的内容，在此我们仅讨论输入数据的正确性检查。

数据核对和检查工作一般由人工和系统两方面承担。人工检查是指在输入数据之前，由数据检查人员或直接由数据录入人员对要输入的数据进行检查。要求对采集和整理的数据进行认真核对检查，以保证数据的正确性。

一般的输入数据检查技术有下述四种。

1) 校验数位

校验数位常常被用在对银行信用卡、存款账户、盘存物品号、客户和会员账户的检查上。其含义是通过一种算法对原编码进行计算得出一个数字，然后把这个数字与原编码结合起来组成输入编码，并对输入编码按照给定的算法进行检查。例如，盘存物品编号的输入编码是"425102"，前 5 个数字是一个具体的盘存物品编号，对这 5 个数字通过算法计算，得出结果"2"，然后把"2"作为整个盘存物品编号的最后一位，这样，完整的盘存物品编号就是"425102"。其算法是对原盘存物品编号按位求和，用求和的结果除以编码位数，并取整就得到了第 6 位。上面这个例子就是，$(4+2+5+1+0)/5=12/5=2.4$，取整得 2。

2) 相关检查

相关检查就是用事物两个或多个相关属性来检查输入数据。例如，城市与国家，城市与省，地区与它的邮政编码等。一个城市肯定属于一个确定的国家和省，而一个国家或省也有它确定的邮政编码。通过对事物相关属性进行检查，可以提高输入数据的正确性。

3) 界限检查

界限(范围)检查一般用于数字型输入数据。界限包括下界和上界，输入必须大于或等于下界，而小于或等于上界。例如，输入数据的下界是 1，上界是 10，则输入数据应该大于或等于 1，小于或等于 10。有时可以省略下界或上界，这样输入数据的自由度会更大一些。例如，大于 0 作为下界，而没有上界。

4) 完整性检查

完整性检查用来保证输入数据的完整性，以避免在输入过程中漏掉必要的输入数据项。最普通的是为屏幕上的每一个数据项建立完整性检查。例如，人员档案数据包括姓名、住址、城市、国家、邮政编码等数据，完整性检查就要检查人员档案数据中是否已经完整地输入了这些数据项。

9.4.3 屏幕界面设计

1. 图形屏幕界面

图形屏幕界面也叫图形用户界面(Graph User Interface，GUI)，主要由窗口、菜单和控件等要素构成。

1) 窗口

窗口(Window)是屏幕界面上带有边界的矩形区域，用户通过窗口与系统进行交互处理。根据设计要求，在窗口中可以定义菜单和各种控件以构成相对独立的人机交互界面。

2) 菜单

菜单(menu)是由系统显示给用户的一种可选项目的列表，用户点击其选项可激发一项工作，所采用的是一种人机界面技术。菜单可以分为下拉式菜单和弹出式菜单两种类型。

(1) 下拉式菜单。下拉式菜单是一种应用于主控界面的菜单类型。下拉式菜单的结构一般分为两层，第一层是主菜单，主菜单的各个选项的名字按水平方向排成一行并被固定放在窗口最上方的一个带形区域中；第二层为主菜单的各个选项的子菜单，一个子菜单隶属于一个主菜单项，子菜单按垂直方向排列，每一个子菜单放置在其对应的主菜单项的下方。平常各个子菜单被隐藏起来，只有当单击某个主菜单时，对应的子菜单才弹出。一个时间只能显示被选中主菜单项的子菜单。图9.63是宾馆管理系统中"业务管理"的下拉菜单。

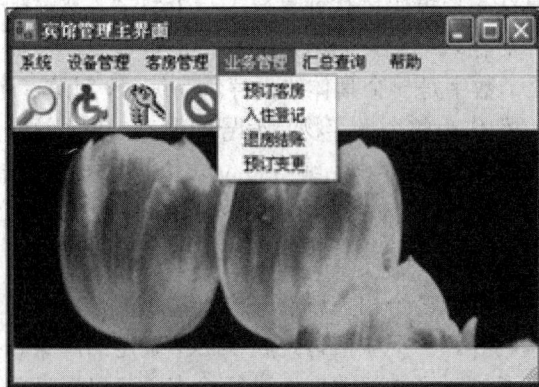

图9.63 宾馆"业务管理"的下拉菜单界面

(2) 弹出式菜单。弹出式菜单是垂直排列功能选项的矩形框，可被下拉式菜单或其他窗口功能选项驱动弹出，因此，被称为弹出式菜单。弹出式菜单可以是单层结构或多层结构，其位置可以根据用户操作或当时的操作环境确定。图9.64是客房信息编辑窗口下弹出的菜单。

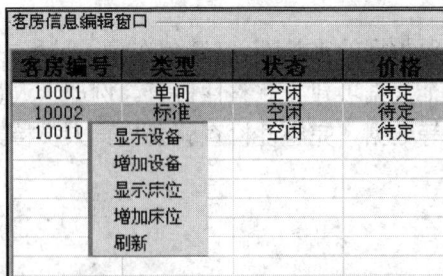

图9.64 客房信息编辑窗口下弹出的菜单

3) 控件

控件(Component)是图形用户界面中对除窗口和菜单之外的所有界面构件的总称，有些图书把窗口和菜单也归到控件之中。通过在界面中设置菜单或各种不同的控件，构成完成确定功能的人机交互界面。在前端开发平台中提供了大量可以自动生成的控件，程序员可以利用系统提供的各种控件设计出所需要的人机交互界面。

　　常用的控件有标签、文本框、列表框、滚动条、按钮、单选按钮、复选框等，见图 9.65。一般客户端开发平台都提供了大量丰富的控件，程序员可以利用这些控件设计自己所需要的窗口界面。不同的开发平台所提供的控件种类和形式也有差异，因此，应该根据具体选择的开发平台从事控件设计工作。

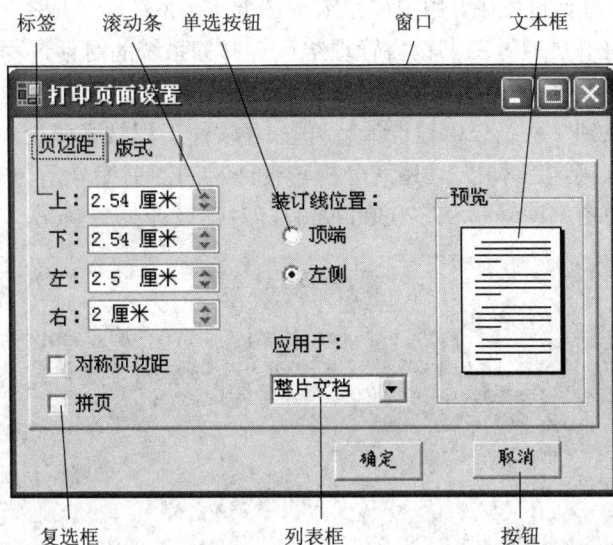

图 9.65　窗口及控件

2. 屏幕界面结构设计

1) 屏幕界面结构的含义

　　屏幕界面结构是系统用户界面中的所有屏幕界面构成的结构框架。一个信息系统完整的用户界面可能由几十幅到几百幅屏幕界面构成。为了完成用户需要的交互处理，每幅屏幕界面也有其显示顺序和切换条件，由这些屏幕界面按照一定的切换联系就构成了信息系统的屏幕界面结构。

2) 屏幕界面结构设计

　　(1) 屏幕界面结构设计。屏幕界面结构设计指确定信息系统的屏幕界面结构。屏幕界面结构包括总体屏幕界面结构和支细屏幕界面结构。总体屏幕界面结构是信息系统从顶层屏幕界面向下两到三层的屏幕界面结构，它是信息系统屏幕界面结构的主体骨架，在屏幕界面中起核心作用。支细屏幕界面结构则是总体屏幕界面下层的各个分支界面结构。屏幕界面结构设计的任务是确定总体屏幕界面结构。

　　(2) 下拉式菜单设计。一般信息系统的第一个界面是系统注册界面。通过注册，用户便可以合法进入系统。第二个界面是系统的总控屏幕界面，总控屏幕界面的核心构件是下拉式菜单。下拉式菜单反映系统的总体功能，通过菜单中的各个选项可以把屏幕切换到下一级屏幕界面，所以下拉式菜单是总体屏幕界面结构的核心。

　　信息系统功能结构是每一个节点的下拉菜单设计的依据，菜单的内容就反映各节点的功能结构。菜单设计的方法很简单，现在所有可视化工具都提供了十分方便的菜单设计功能。

3. 对话设计

用户与信息系统之间的交互过程实际上是一个对话过程。用户要通过信息系统完成一个完整功能，就需要与系统发生一次对话过程。而系统的功能又是通过用例来描述的，一个用例就反映了系统的一个相对独立的功能，对一个用例功能的实现过程就是用户与系统的一次对话过程。在对话过程中，用户向系统提出要求，系统给予应答。下面我们给出"售书处理"用例中，售书员通过图书销售管理结点与书务系统的对话过程的设计。

假定售书员已经把销售图书结点上的系统启动，并处在"售书处理"屏幕界面。

读者从书架上找到《系统分析与设计》两本、《软件工程技术概论》一本，将其拿到售书员柜台前，希望购买这三本书。《系统分析与设计》的图书编号是 9787111108481，《软件工程技术概论》的图书编号是 9787030099402。对话设计见图 9.66。

售书处理对话

售书员：用扫描仪扫描三本书的图书编号 9787111108481、9787111108481 和 9787030099402。
　　　　输入购买册数：1，1，1。输入折扣率：0.9，0.9，0.8。
系　统：在屏幕上显示出这两种书的图书信息(书号、图书名称、作者、出版社、单价、册数，
　　　　以及价格合计)。
售书员：点击"开书单"按钮。
系　统：显示图书销售单预览窗口。
售书员：选择"打印"按钮。
系　统：提示用户等待，启动打印机打印图书销售单，书单打印完成之后，自动消除提示窗口。
售书员：选择"收款售书"按钮。
系　统：弹出收款售书窗口，准备接收书款。
售书员：输入书款金额。
系　统：提示找零。
售书员：选择"确定"按钮。
系　统：售书处理结束，返回，准备下一次售书处理。

图 9.66　"售书处理"用例中的对话

4. 屏幕界面设计

屏幕界面结构设计和对话设计确定了应该有哪些屏幕界面，以及各个屏幕界面之间的切换关系。下面我们具体讨论屏幕界面设计方法。

1) 屏幕界面的布局和风格

屏幕界面布局是指由各个界面构件在屏幕界面中的位置、大小、图样等所构成的整体屏幕格局。屏幕界面的布局应该整洁、合理、和谐，既能满足所显示内容的需要，又要具有美感。功能、内容和类型不同的屏幕界面其布局是不一样的。在屏幕界面设计过程中，应该重视屏幕界面的整体布局设计，在满足输入输出需要的基础上，设计出具有整体和谐美的屏幕界面。

屏幕界面设计风格是在不同的屏幕界面设计中所表现出来的艺术特色和个性。不同的设计组织和设计人员在长期的屏幕界面设计过程中会形成各自的风格。例如，Microsoft 和 Macintosh 就有不同的屏幕界面风格。

2) 登录界面设计

注册界面是进行人员身份、口令、安全等级、职责设置和检查的交互界面。在初进入

系统时，一般先展示登录界面，由登录界面提供用户登录、检查和核对用户身份等功能，只有通过登录的用户方能进入系统。超级用户可以在系统运行期间启动登录和设置界面对系统进行动态设置。图 9.67 是书店图书销售管理系统的登录界面。

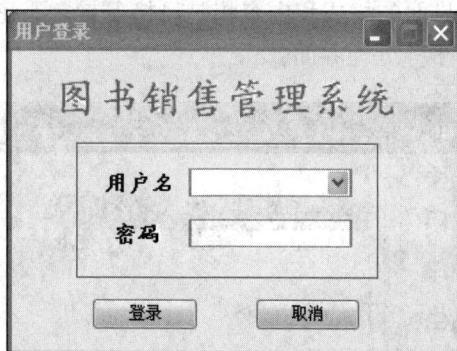

图 9.67　书店图书销售管理系统登录界面

3) 主控界面设计

主控界面是展示系统主体功能，进行宏观整体控制的屏幕界面。主控界面一般在登录界面之后调出，而且是整个系统运行期间的核心界面。因此，主控界面设计在整个界面设计中处于关键地位。下拉菜单是主控界面的核心构件，由下拉菜单来反映系统的整体功能。在下拉菜单下面，放置一些常用功能的快捷图标，点击这些图标可以启动系统的一些常用功能。在快捷图标下面，是一个主工作区，用于信息显示、数据处理或事务处理。这个区域也可能是一个仅显示一些标志信息的空白区。底行一般是状态行，显示系统的工作状态。前文提及的图 9.63 就是宾馆管理系统的主控界面。

4) 数据处理界面设计

数据处理界面是对数据进行输入、修改、删除、检索、统计的屏幕界面。数据处理界面除了能够完成一般数据处理功能之外，还可以实现对数据库中的数据进行插入、删除、更新、检索等操作。根据数据处理的具体要求，设计人员运用各种控件可以设计出具有不同格式和风格的数据处理界面。图 9.68 是宾馆管理系统中"旅客住房信息"的数据处理界面。

图 9.68　"旅客住房信息"数据处理界面

5) 事务处理界面设计

事务处理界面是人和信息系统之间进行事务处理的交互界面。用户在事务处理界面中可以驱动一个事务处理功能，信息系统也可能向用户提供一定的反馈信息。因为事务处理的多样化，决定了事务处理界面的格式和内容将是风格各异、五花八门。图 9.69 是宾馆管理系统"设备信息打印"的事务处理界面。

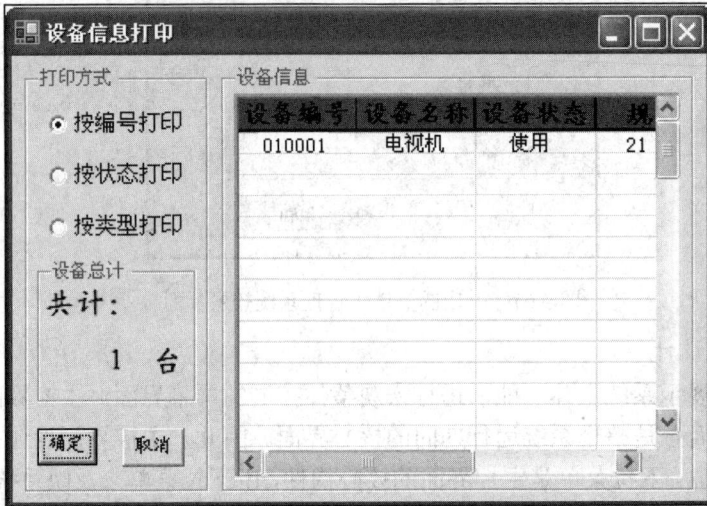

图 9.69　"设备信息打印"事务处理界面

6) 信息查询界面设计

信息查询界面是提供信息的检索、查询和统计输出的人机界面。用户可以在查询界面中指定查询条件，信息系统根据给定的查询条件进行信息查询，并把查询的结果在查询界面中按照预先设计的格式输出。根据查询条件可以分为单条件查询和多条件组合查询；根据信息检索的范围，可以分为单数据库查询和多数据库关联查询。图 9.70 是宾馆管理系统的"人员查询"界面。

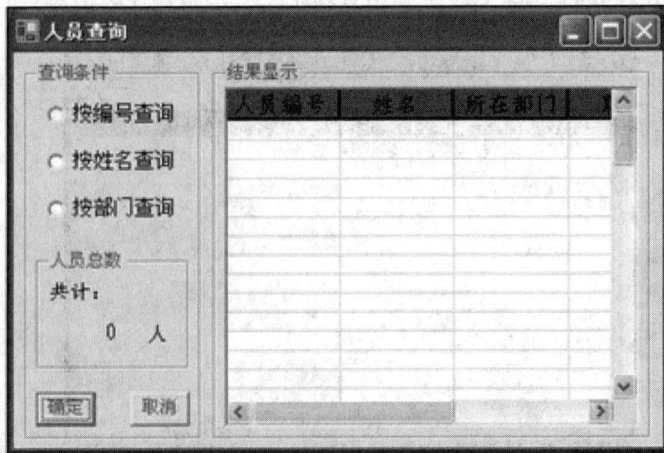

图 9.70　"人员查询"界面

附 系统设计文档

用《信息系统设计说明书》描述系统设计的结果，图 9.71 给出了《信息系统设计说明书》的简要提纲。

信息系统设计说明书

1. 引言
　1.1 编写目的
　1.2 背景
　1.3 参考资料
2. 信息系统结构
　2.1 概述
　2.2 信息系统拓扑结构
　2.3 信息系统体系结构模式
　2.4 信息系统软件结构
3. 详细设计
　3.1 概述
　3.2 类及接口设计
　3.3 功能逻辑设计
　　3.3.1 功能逻辑 1 设计
　　3.3.2 功能逻辑 2 设计
　　　⋮
　3.4 数据库设计
　　3.4.1 概念设计(PIM 类模型)
　　3.4.2 逻辑设计
　　3.4.3 物理数据库设计
　3.5 界面设计
　　3.5.1 概述
　　3.5.2 输入设计
　　3.5.3 输出设计
　　3.5.4 屏幕界面设计
4. 系统实现计划

图 9.71 信息系统设计说明书

本 章 小 结

详细设计是在信息系统体系结构设计的基础上，考虑环境、深入细节的细致设计。详细设计的工作包括类和接口设计、功能逻辑设计、数据库设计和界面设计等工作。

类的设计包括 PIM 类模型设计和 PSM 类模型设计。对设计的 PIM 类模型需要进行优化。功能逻辑设计需要确定功能用例所涉及的类、类之间的关系和为了完成功能，类中对象的消息交互顺序。

　　数据库设计是指根据系统的业务需求、信息需求和处理需求，确定信息系统中的数据库结构、数据操作和数据一致性的过程。数据库设计可分为数据需求分析、概念设计、逻辑设计和物理设计四个步骤。数据库概念设计是通过对现实世界中的信息实体的收集、分类和概括，建立数据库概念数据模型的过程。数据库逻辑设计是将概念数据库模型设计为适应于特定数据模式的逻辑设计模式。关系数据库的数据模式是关系模式。逻辑设计的基本工作包括由概念数据模型导出关系模式、规范化关系模式和结构化业务规则。数据库物理设计是在逻辑设计的基础上，设计出在限定应用环境下，具有高效率、可实现的物理数据库结构。

　　用户界面是对用户与系统之间进行交互所采用的方式、途径、内容、布局、结构的总称。用户界面设计的具体工作包括界面需求分析、输入设计、输出设计、屏幕界面设计等项工作。

习　　题

一、简答题

1. 详细设计和信息系统体系结构设计之间存在什么关系？包括哪些基本工作？
2. 功能逻辑设计包括哪几部分的工作？
3. 数据库设计分为哪几个步骤？
4. 什么叫持久型类？
5. 什么叫用户界面？用户界面设计包括哪些工作？

二、填空题

1. 详细设计的工作包括(　　　　)、功能逻辑设计、(　　　　)、界面设计。
2. PIM 类模型的设计来源是(　　　　)，而 PSM 类模型又来源于(　　　　)。
3. 输入方式可以分为(　　　)和(　　　　)两种类型。
4. 图形屏幕界面分为(　　　)、(　　　　)、(　　　　)、(　　　　)四种类型。

三、选择题

1. 下列叙述正确的是(　　)。

A 在设计阶段所设计的类一定能够找到对应的业务对象

B 一般实体类有属性无操作

C 一般控制类有操作无属性

D 边界类需要设计人员重点设计

2. (　　　　)不属于类的三种基本类型。

A 界面类　　　　　　　　　　B 控制类

C 资源类　　　　　　　　　　D 实体类

3. 用户界面(　　)。

A 是信息系统客户的界面　　　　B 反映信息系统功能

C 也叫系统界面   D 分为输入界面、输出界面和混合界面

四、思考题

1. 简述 PIM 类模型在系统设计中的作用。

2. 简述功能逻辑设计与需求分析阶段的功能需求分析的关系。

3. 什么叫屏幕界面结构？为什么在屏幕界面设计中要先确定屏幕界面结构？

4. 有哪几种类型的屏幕界面格式？

5. 设计一个系统的用户界面。

6. 谈谈用例在整个软件开发过程中的作用。

7. 数据库设计共分为哪几个步骤？

第 10 章　Web 和移动应用设计

本章导读

随着云计算技术的普及，传统计算服务的模式逐渐转向云端，应用服务的实现趋向以提供跨平台、高可用、高稳定性等质量保证为关键目标。Web 应用和移动应用是现代信息系统的主要体现形式。虚拟化是云计算的核心技术之一，虚拟机是虚拟化技术的一种体现，主要承载各种信息系统应用服务，这些服务一般采用跨平台的开发语言实现，是 Web 应用和移动应用的根基。三层结构是 Web 应用和移动应用的关键概念结构，使用各种框架技术可以方便快捷地实现 Web 应用和移动应用。

主要知识点

- 三层结构
- Web 应用设计
- 框架技术
- 移动应用设计

10.1　概　　述

10.1.1　背景

随着时代进步、信息技术的发展，信息系统得到了长足的进步。近年来，伴随云计算、大数据、智慧城市等一些新兴的科技概念体系，信息系统也随之出现了多样的技术实现方式。信息技术的进步带来了众多新的业务模式，譬如电子商务、电子政务、电子医疗等。这些业务模式的产生无疑为组织带来更多的业务机会，然而另一方面，组织传统信息系统的业务处理能力面临着前所未有的挑战。因为此时组织面向公众服务的信息系统将面临具有高并发、高访问量、高资源消耗等特征的用户群请求，同时用户体验也需要提升到较高的水准。

Web 应用和移动应用是此类信息系统的主要组成部分。在掌握其设计方法之前，我们不妨追溯这两种应用的本源：B/S 及 C/S 模式。在软件体系结构中，C/S 是指客户机/服务器体系结构风格，C/S 结构的基本原则是将计算机应用任务分解成多个子任务，由多台计算机分工完成，即采用"功能分布"原则。客户端完成数据处理、数据表示以及用户接口功能；服务器端完成 DBMS(数据库管理系统)的核心功能。这种客户请求服务、服务器提供服务的处理方式是一种计算机应用模式。C/S 的发展历程经历了两层和三层这样两个时期，三层 C/S 风格包括表示层、业务逻辑层和数据层三个组成部分，困扰系统设计人员的最大问题是：业务逻辑层和表示层之间的业务分配。因此，出现了胖客户端和瘦客户端的争端。B/S 是三层 C/S 的一个变种，也由表示层(浏览器)、业务逻辑层(Web 服务器和业务逻辑)和数据层组成。根据上述两种风格的特征，我们可以归纳出：Web 应用属于 B/S 风格，移动应用是 C/S 的一种特殊形式。

纵观信息系统的发展历程，信息系统的技术实现手段百花争艳，由陈旧的碎片化程度高的代码片段组成的业务系统，早已经退出了历史的舞台。信息系统的架构师以种种框架技术为基础，通过构思如何组合、编排、安插各种业务逻辑来搭建系统。框架技术是实现信息系统质量保证的更有效方法。如今，面向互联网的各种信息系统的实现方法，无一不是以三层结构为依托，通过各层相应的框架技术搭配，为其受众提供高质量服务的。纵使科学技术体现形式千差万别，但新型技术实现的信息系统的设计之根本，仍旧离不开本书前面章节所探讨的内容。

三层结构是现代信息系统的核心基础，框架技术是现代信息系统的核心实现手段。接下来，我们从三层结构入手，逐步引入框架技术的运用，以及依赖这种风格的 Web 应用和移动应用设计所涉及的主要过程。

10.1.2　三层结构

三层结构(三层体系结构)是一种架构部署风格，它将功能分为多个层，每个层都可以位于物理上分离的计算机上。三层结构由面向组件的软件设计方法演变而来，与面向组件的方法不同，它通常使用平台特定的通信方法而不是基于消息的方法。三层结构在不同的应用场景中有不同的用途，既可以用于 Web 应用程序，也可以用于分布式应用程序、移动应用程序。

1. 逻辑结构

如图 10.1 所示，由三层架构组成的应用软件分为三个不同的层次：表示层、逻辑层和数据层。每一层都可以作为独立的层次进行开发和维护。

1) 表示层

用户界面(UI)是表示层主要的组成部分，它具有应用程序的最高级别。一般而言，用于移动设备客户端交互的图形用户界面以及基于 Web 的用于浏览器的交互界面均属于表示层，如展示浏览商品、购买和购物车内容等与服务有关的信息。表示层的主要功能是将信息系统的计算、查询、处理结果输出到浏览器或移动客户端中。

2) 逻辑层

逻辑层也称为业务逻辑层、数据访问层或中间层。相比两层结构而言，三层结构将逻辑层与表示层隔离，进而形成独立的功能层，用于执行繁杂的业务过程并且控制应用程序的功能，以达到解决关键任务业务问题的目的。

组成该层的组件一般被部署在服务器上，提供资源共享服务。这些组件常用于执行业务规则，如业务相关算法、政策法律法规以及数据规则约定，这些规则保证了在特定或多个数据库中数据结构的一致性。逻辑层组件一般不与特定客户端绑定，因此它具有较高的通用性，并且可以根据服务质量或其他约定规则的要求，部署到不同的物理位置。例如，

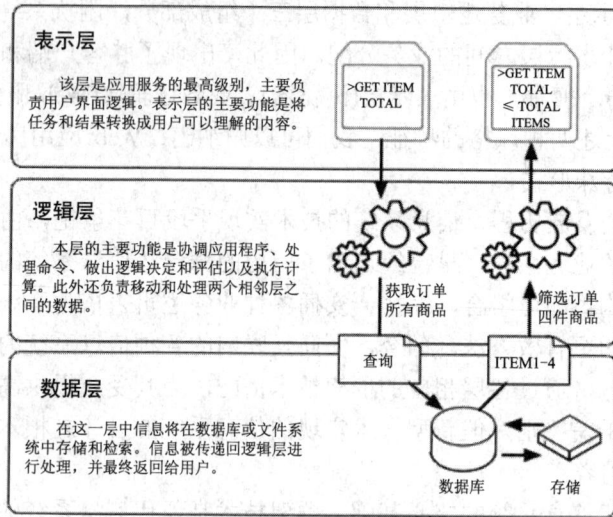

图 10.1　三层逻辑结构

可以灵活地将简单业务处理过程部署在客户端，从而降低网络通信负载，或者可以将数据规则部署在存储过程中。

3) 数据层

数据层由数据库服务器组成，是实质上 DBMS 的访问层。该层既可以通过逻辑层访问，又可以通过表示层访问。数据层是数据存储和查询的终点。该层独立于应用程序服务器或业务逻辑，从而保证数据中立，有利于提高系统的可伸缩性和性能。该层主要由数据访问组件(而不是原始 DBMS 连接)组成，以达到资源共享的目的，客户端可以灵活配置访问方法，无需在每个客户端上安装 DBMS 库和 ODBC 驱动程序。例如，可以将 PostgreSQL 数据库部署在独立的服务器上，逻辑层使用 Python 语言时，仅需要安装 psycopg2 模块即可。

2. 组件互联规则及优势

三层应用程序体系结构的特点是由应用程序、服务组件及其分布式部署的功能分解而体现的，这种结构提供了较高的可扩展性、可用性、可管理性和资源利用率。在应用程序的生命周期中，三层结构具备可用性、灵活性、可管理性、可维护性和可扩展性等优势。这三层中每个层都完全独立于所有其他非相邻层。同时，任意层中创建的组件和服务都可以进行共享和重用，并可以根据需要将它们分发到计算机网络中。由此，可以将大型复杂项目划分为功能单一的简单模块单元，并将其分配给不同的程序员或编程团队，从而降低系统的实现难度。也可以将服务和组件部署在单个服务器上，待后期根据应用程序的用户基数的增大、数据的增长、业务量的增加情况对服务进行重新部署。

三层结构为了提高软件重用性，把逻辑层从表示层抽离，归并至业务层中。随着应用程序规模的增长，常常将之扩展到其他领域。目前，大多数信息系统应用服务以 Web 应用程序作为原始系统，但部分业务功能很可能随着信息系统规模的扩大而被转移到移动客户端设备中。此外，信息系统应用服务也可以被拆分为 Web 应用服务、计算机桌面应用服务及移动设备应用服务。此时，业务逻辑、界面、数据的一致性是系统成败的关键。

三层结构的主要优势：

- 可维护性：因为每一层独立于其他层，所以更新或更改可以不影响整个应用服务。
- 可扩展性：由于三层结构是基于层的部署，所以应用服务的扩展相对便捷。
- 灵活性：因为每个层都可以独立管理及扩展，所以具有较高的灵活性。
- 可用性：应用程序可以利用模块化体系结构，使系统易配备可伸缩组件，从而增加了可用性。

如果应用服务的计算处理需求不同，这样的处理过程很可能导致在某一层吸收大量的硬件资源，从而减缓了其他层的处理速度，或者在应用层的安全要求不同的情况下，三层结构的优势就会体现出来。例如，表示层不应该存储敏感数据，而可以将其存储在业务和数据层中。三层结构在较高程度上支持应用服务间的业务逻辑共享，当然这需要有足够的硬件资源及所需数量的服务器。

3. 范例解析

图 10.2 给出了应用三层结构的 B/S 模式的信息系统典型框架结构。B/S 结构中的客户端浏览器采用统一的 HTTP 协议，使得该模式并不需要过多地考虑系统的相关问题，而存在的问题都是在极小的成本内就可以解决的，使用户得到最大的方便与快捷。因此，B/S 结构下的系统，其升级或维护只需在服务器端进行软件更新即可，大大地降低了客户机的负载，减轻了工作量，降低了成本。B/S 结构下开发的系统所面对的用户具有很大程度的未知性。

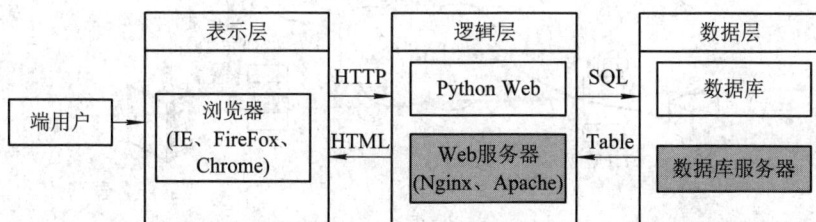

图 10.2　Web 应用的三层结构

1) 表示层

如前文中定义所知，表示层主要处理用户交互逻辑。用户在 Web 浏览器中输入地址后，浏览器将 URL 解码成协议/主机/文件的形式。例如将主机名转换为 IP 地址，然后使用适当的协议(通常是 HTTP)发送请求到远程服务器。表示层也可以接收自逻辑层返回的 HTML。表示层浏览器客户端脚本(例如使用 DHTML、JavaScript)可以对用户提交的数据进行校验，从而保证数据的完整性和一致性。

2) 逻辑层

在逻辑层中，应用服务的功能是对表示层的数据进行深化加工处理。可以选用服务器成品软件，如 Nginx 服务器或 Apache，也可以自行构造服务器，如 Python。服务器(Nginx 或 Apache)可以向解释器传递请求，以达到实现相应操作的目的，如它可以以 MIME 包的形式发送处理结果到请求方，以此来支持数千用户的并发量、多线程(允许多个处理器同时运行)和缓存(存储一个临时结果以减少计算量)。服务器编程语言(示例中的 Python)与服务器交互，可以根据客户机的业务规则和过去的事务来解释请求，并从数据层请求所需数据，接着计算派生的数据结果，并为页面创建元素(HTML 等)。

3) 数据层

该层的核心功能是为其他层提供数据服务。逻辑层与数据层的交互一般通过基于 TCP/IP 的数据库特定通信协议，并且使用标准查询语言(例如 SQL)来完成查询。在数据库中的数据结构(例如表格)是可以根据业务需求自己定义和修改的。常见的数据库操作有插入、更新、删除和查询。数据层的常用产品提供了数据备份和恢复等相应容灾措施。

图 10.3 给出了真实环境中使用三层结构的 Web Email 系统。用户使用基于 Web 的界面可以阅读、撰写并且发送电子邮件。Hotmail 就采用了三层体系结构，这三层的主要组成部分及功能如表 10.1 所示。

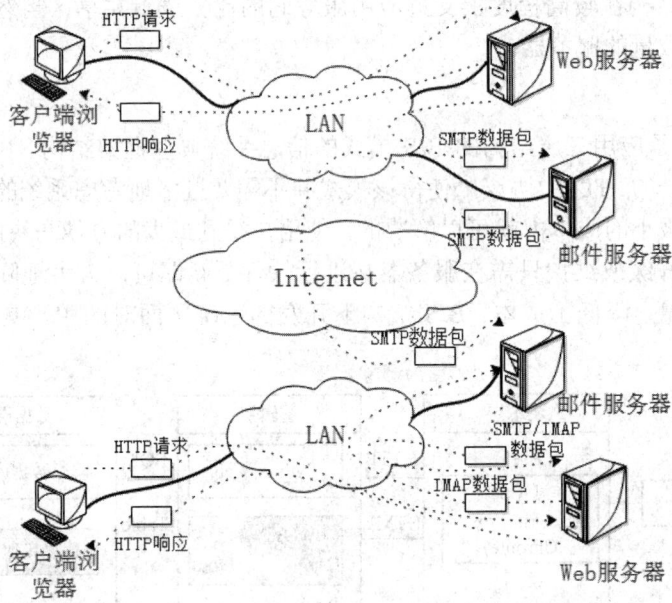

图 10.3　Web 应用的三层结构

表 10.1　Hotmail 的三层体系结构主要组成部分及功能

层	组件	功　　能
表示层	客户端 Web 浏览器	向 Web 服务器发送 HTTP 请求
逻辑层	Web 服务器	将 HTTP 响应发送到 Web 客户机
		将客户端的 HTTP 请求转换为 SMTP 包，然后发送到邮件服务器
数据层	邮件服务器	邮件服务器执行以下功能(执行后将其转换至逻辑层)： 发件人提交完成后，发件人的电子邮件客户端将电子邮件以 SMTP 包的形式发送到本地邮件服务器； 邮件服务器的消息传输代理读取包的目的地址，并通过 Internet 发送到接收方的邮件服务器； 目标邮件传输代理将消息存储在收件人的邮箱中； 当接收者登录电子邮件时，他的用户代理与本地邮件服务器联系，然后将该消息下载到接收方的客户端计算机

10.2　框　架　技　术

10.2.1　背景知识

大型企业级信息系统的开发通常需要设计科学且稳固的软件体系结构，以达到促进系统协同开发、扩展和升级的目的。但传统的开发模式已经难以满足这些要求。现阶段传统信息系统开发存在很多问题，主要表现在：

(1) 软件开发的"供不应求"现象影响着企业的发展。不同的企业需要不同的信息系统。针对各行各业的各种职能域中的各种业务流程，没有可以直接利用的通用信息系统。"量身定做"的企业信息系统往往出现开发周期长、代码错误率高、软件可靠性差、不利于维护和升级等严重问题。此外，企业对信息系统的需求非常复杂，而信息系统开发企业所提供的软件也难以满足这些需求。

(2) 信息系统质量不可靠、维护工作不足，用户对已完成的系统很难满意。系统维护人员不仅需要了解业务流程，而且需要熟悉软件开发技术，信息系统中的错误是不可避免的，测试需要花费大量的时间。此外，解决系统中的 bug 可能引入新的 bug，并且很多人不愿意从事维护。经常出错的系统，会引起用户的不满，以至于最终被抛弃。

(3) 开发人员不能满足市场需求，需要掌握太多知识。信息系统开发需要掌握的知识储备主要有数据库技术、数据库访问技术和各种数据库管理系统、网络和因特网技术、开发工具和相关结构和类库、软件测试和分析工具。随着技术升级的加速，开发人员需要在忙于工作的同时不断学习新技术，负担过重。

(4) 频繁的系统开发给公司带来了巨大的损失。信息系统是人类智慧的产物，每个人都有自己的编程习惯、思想和方法。阅读其他人的项目代码难度很高。如果开发商中途放弃项目，或是关键技术人员在软件项目交付后离职，对于接手相应工作的其他程序研发人员来说，工作难度非常大。

(5) 信息系统没有正式的归档文件，给后期的开发、维护和改造带来很大的困难。系统开发应该先编写设计文档再编写程序，修改程序后再修改文档。大多数开发人员没有归档的习惯；也有的忙于编写或修改程序而忘记修改文档，导致文件和程序不一致；绝大多数软件开发公司对文件的数量、质量和格式没有明确的要求。

框架技术出现的目的是为了提高创造信息系统的生产效率。应用框架技术可以提高开发人员的生产力，并提高信息系统的质量、可靠性和健壮性等关键服务质量保证指标。框架技术允许系统研发人员更专注于实现应用程序的需求，而不是耗费大量的时间在应用程序基础设施的构造上。也就是说，信息系统项目工作量大、时间紧迫，往往需要花费大量的时间来构建应用服务的业务逻辑，而此时再从底层开始构建系统基础功能，显然对于开发人员而言，稍显力不从心。很多框架技术就包含了基层处理的基本功能。现代信息系统的构建，从技术角度上看，就是各种框架技术的组合。例如，构造基于 Web 的信息系统，其在设计阶段需要考虑的问题是使用何种高效的 Web 框架。Web 框架是一个以 Web 为目标的软件框架的子类型，它包括了实现 Web 应用程序时所需的各种效率工具，让该项目研发人员专注于应用服务的业务逻辑的实现工作。框架技术种类繁多，根据不同的分类准则，某类别中的框架产品可以说是百花齐放。本章偏重于介绍那些对构建 Web 和移动应用信息系统设计相关的框架类型。

10.2.2　Web 框架技术

Web 框架(Web Framework)或 Web 应用程序框架(WAF)是软件框架，旨在支持 Web 应用程序的开发。典型的 Web 应用程序包括了 Web 服务、Web 资源和 Web API。Web 框架提供了构建和部署 Web 应用程序的标准方法。Web 框架的服务目标是自动处理 Web 开发活动中的通用行为，以达到降低整体活动开销的目的。许多 Web 框架提供了数据库访问组件、模板库以及会话管理，以达到代码级重用的目的。

早期的网页主要是 Web 服务器上发布的 HTML 静态页面，这些 HTML 一般由程序员手工编码。此时对发布页面的任何修改都需要由页面作者来处理。1993 年引入了通用网关接口(Common Gateway Interface，CGI)标准，出现了动态网页技术，用于将外部的应用程序与 Web 服务器互联，从而对用户输入信息进行响应。然而，最初 CGI 接口的实现影响了服务器负载。这是因为每个请求实际上都启动单独的进程。最近 CGI 接口实现则利用其他技术中的持久进程来减少服务器资源占用，一定程度上提高了服务器的性能。1995 年，出现了完全集成的服务器编程语言，并且研发了 Web 专用编程语言，如 ColdFusion、PHP 和 ASP。虽然创建动态网页的绝大多数语言都有相关库来支撑其构建通用任务，但 Web 应用程序通常需要特定的库来执行特定的任务。20 世纪 90 年代末，出现了成熟的"全栈"框架，它包含多个用于 Web 开发的库，专门为 Web 开发人员服务。这方面具有代表性的框架产品有：ASP.NET、java EE、WebObjects、web2py、OpenACS、Catalyst、mojolicious、Ruby on Rails、Laravel、Grails、Django、Zend Framework、Yii、Ssymfony 和 CakePHP。

1. 框架结构的种类

在 Web 1.0 时代，所有的 Web 应用程序主要是围绕服务器构建的。这样的应用程序至今在世界某处的服务器上仍旧运行着，其安全性很高，因为整个应用程序逻辑存储在后端。

随着 Web 标准开始改变，应用程序逻辑开始向客户端移动，这有助于提高用户和 Web 应用程序之间的交互性。在逻辑方面，客户端可以立即对用户输入做出响应。更重要的是，客户端逻辑不仅提高了应用程序响应度，而且很容易部署在任何设备上。

按照这种现象可以将 Web 应用框架划分成两组：第一种的应用程序逻辑建立在服务器上，第二种的应用程序逻辑建立在客户机上。当然，也可以针对信息系统建设规模，同时使用这两种 Web 框架。

1) 服务器端 Web 应用框架

虽然前端技术已经发展到一定程度，但它的首要任务仍旧是用户接口、数据程序、信息的输入和输出。如果没有应用逻辑，任何 UI/UX 的存在都毫无意义，这也是服务器端框架重要的存在原因。

最流行的基于 MVC 的服务器端 Web 框架有：Spring Boot(Java)、Symfony (PHP)、Django

(Python)、Express (Node.js/JavaScript)、Ruby on Rails (Ruby)、ASP.NET (C#)。

　　上述服务器端 Web 应用框架都具备了处理 HTTP 请求、数据库控制和管理以及 URL 映射等 Web 应用的必要功能。也可以通过 Web 服务器来呈现视图数据，但是当 Web 应用要求更高的用户参与度和响应度时，则需要重点考虑引入客户机端框架技术。

　　2) 客户机端 Web 应用框架

　　客户机端 Web 应用框架可以归纳成三种截然不同的架构模式，它们是：

　　(1) 传统 HTML Web 应用程序。根据最基本的 Web 应用程序体系结构，由网页构造逻辑和业务逻辑组成的服务器通过发送完整的 HTML 页面与客户机交互。为了查看更新，用户需要完全重新加载页面，或者换句话说，需要让客户机向服务器发送 HTML 页面请求，并再次加载其整个代码。这一点也等同于本小节开篇所述的运行在服务器之上的应用程序逻辑。也正由于这样，所有的逻辑和数据都存储在服务器上，而用户没有任何访问权限，所以这种架构类型是高度安全的。然而，由于不断的内容重载和巨大的数据交换，这种架构更适用于由那些更新频率低的静态页面组成的系统，如图 10.4 所示。

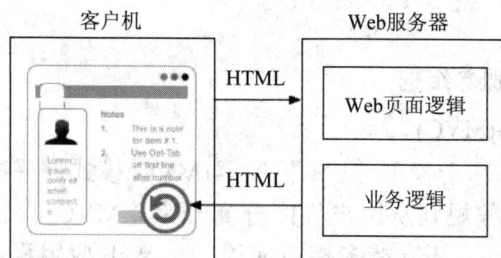

图 10.4　传统 Web 应用架构

　　(2) Widget(小部件)Web 应用程序。这种类型的 Web 页面构建逻辑被 Web 服务所取代，客户机上的每个页面都有单独的实体，称为 Widget。通过向 Web 服务发送 Ajax 查询，Widget 可以在 HTML 或 JSON 中接收数据块，并在不重载整个页面的情况下显示它们。通过实时 Widget 更新，这种类型更具动态性、移动友好性。然而，这个 Web 应用程序架构需要更长的开发时间，并且由于 APP 逻辑部分地转移到暴露的客户机，所以安全性有所降低，如图 10.5 所示。

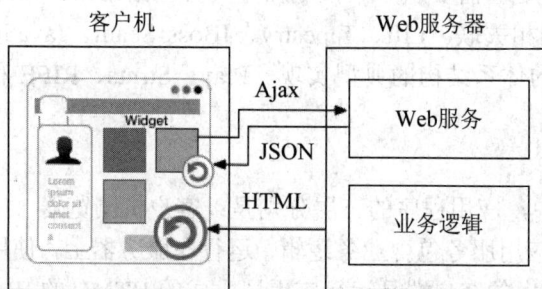

图 10.5　Widget Web 应用架构

　　(3) 单页 Web 应用程序。这是最现代的 Web 应用程序架构，整个 Web 应用只有单一页面，并且客户机只从服务器下载一次页面。在客户机的页面中包含一个 JavaScript 层，该层可以自由地与服务器上的 Web 服务通信，并且使用来自 Web 服务的数据，对客户机信息进行实时更新。与第一种类型相比，单页 Web 应用程序从服务器向客户机传输的数据块量非常小。它具有较高的灵活性、反应灵敏、轻量的 Web 应用程序，并且可以通过混合包装工具(如 Cordrova、PhoneGap)转换成移动应用程序，如图 10.6 所示。

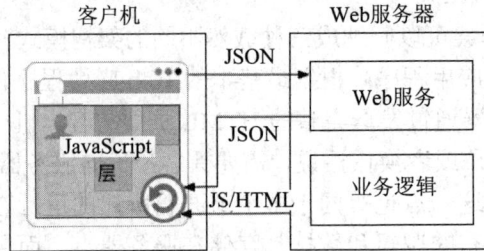

图 10.6　单页 Web 应用架构

常见的新型客户机端 Web 应用框架有：Bootstrap、React.js、Angular.js、Backbone、Semantic-UI。

2. Web 应用框架的概念结构

1) 模型-视图-控制器(MVC)

大多数 Web 框架都基于模型-视图-控制器(MVC)模式。许多框架遵循 MVC 架构模式，将数据模型与业务规则从用户界面分离开来。MVC 提供了模块化代码的编码风格，提高了代码重用率，还支持多接口应用。在 Web 应用程序中，相同应用可以实现不同的视图。例如，可以分别实现针对用户的 Web 页面和用于远程应用程序的 Web 服务接口。

2) 基于推和基于拉的风格

大多数 MVC 框架遵循一种基于推(push-based)的体系结构风格，或称为"基于动作"。这些框架使用动作来处理所需的操作，然后将数据"推"到视图层以呈现结果。Django、Rails、Symfony、Spring MVC、Stripes、Diamond、CodeIgniter、Ruby 都是该体系结构的典型实例。另一种是基于拉(pull-based)的体系结构风格，或称为"基于组件"。这类框架以视图层为始，接着根据处理需要从多个控制器中"拉"出结果。在这种体系结构中，多个控制器可以与单个视图相关联。Lift、Tapestry、JBoss Seam、JavaServer Faces、(μ)Micro 和 Wicket 都是基于拉的体系结构的典型实现。Play、Struts、RIFE 和 ZK 则同时支持两种策略。

3) 三层结构

在三层 Web 结构中，应用程序的三层分别是：客户机浏览器、应用服务和数据库。数据库通常是 RDBMS，应用服务包含业务逻辑，运行在服务器上，使用 HTTP 与客户端浏览器通信。Web 应用程序上的客户端是运行应用层生成的 HTML 的 Web 浏览器。

3. 使用框架技术的时机

在设计信息系统的体系结构时，系统架构师将面临是否采用框架技术的抉择。此时，不妨通过接下来的两个话题入手，对是否采用框架技术进行评估。

1) 系统需要定制的程度

我们通过一个经典例子来解释。假设你在经营一家小型企业，拥有大约 40 名员工。最近你读了一篇研究报告，报告中指出在工作场所中使用网络上的社交应用平台可以推动企业的创新力。然而使用如 QQ 和微信这样的公共社交平台，无法解决企业内社交个性化及隐私问题。对企业已有内容管理系统(CMS)的调研工作中，也评估了该 CMS 可用的插件，然而并没有非常合适的相关插件可以从布局上和交互性上满足要求。因此，针对此项需求的自定义开发是唯一的选择。这说明，定制程度越高，使用框架的可能性就越大。然而，这也取决于第二点。

2) 研发团队技术实力

如果不打算自己亲力亲为做开发，项目很可能将根据规模外包给个人或开发团队(大多数外包团队都使用开源及免费框架，一部分则倾向于使用团队定制的内部框架，也有些根本不使用框架)。当然最终确定开发人员是否使用框架时，还需要考虑使用框架技术的利弊。

4. 框架技术的优缺点

1) 使用框架技术的五个优点

开源：在许多语言中最流行的框架是开源的(或可免费使用)。科技提供方也提供使用许可，规定了经框架构建的商业产品的版权约定。

文档和支持：流行编码语言对应的软件框架具有较高的流行度，从而针对框架的官方文档支持量大、质量较高。当然，付费的技术支持响应速度更快、质量更高、更准确。另一方面，例如 Ruby on Rails 这样的开源框架，拥有相当大规模的社区支持，社区中也可以寻求到高质量的文档及支持。

效率：框架技术存在的最重要原因之一。信息系统之间可以采用相似的基础构件，这很大程度上提高了重用性。可重用的构件种类繁多，如系统的用户认证和评论等通用业务逻辑。总体而言，采用框架技术建立的信息系统要比没有框架的信息系统在实现方式上省时、省力、省钱。

安全性：通常情况下，框架产品的推出一般由多个不同的开发商开发和测试。产品推出之前的各项测试及优化工作中，已基本消除了框架中潜在的安全隐患，新的安全风险问题也可以迅速定位并解决。

整合性：几乎任何类型的信息系统应用程序(包括网站)都需要数据库来存储数据，也需要许多其他工具，如软件包、库来实现系统的各项功能。大多数框架产品整合了上述数据库的通信方法及软件工具，提供了定制化的调用方法，简化了应用开发的相应工作。

2) 使用框架的五个缺点

局限性：框架并不是万能的，从编码规范到数据库设计以及两者之间所涉及的所有元素，每个框架产品都具有一定的局限性。因此，通过参考其他开发者对某框架的使用情况是使用该框架实现信息系统设计的重要工作。

性能：自 2012 年以来，随着客户端 JavaScript MVC 框架的普及，如 AngularJS、EmberJS 和 BeBeNeJs，基于 Web 和移动端的信息系统性能问题日益显著。性能问题由来已久，基于框架技术实现的 Web 信息系统的前端都是通过 JavaScript 加载的，JavaScript 构建的应用效率相对较低，这种延迟对于计算机用户而言可能难以觉察，但移动应用会非常明显地感受到应用界面的反应迟滞。

学习复杂度：学习开发人员熟悉的某种编程语言的框架产品，所学的知识很可能会和语言本身有很大差异。这是因为许多重复的任务是在自定义函数和其他部分中创建的，那么开发人员就需要学习编程语言本身不存在的知识。除此之外，在真实场景中使用框架时，也需要学习框架产品相关的其他背景知识，以保证掌握框架的工作原理和机制。

陡峭的学习曲线：大多数框架知识的学习难度较高。University of Applied Sciences Salzburg 的 Brigitte Jellinek 教授研究发现，没有编程背景的人员大约需要 2 年才能彻底熟悉和掌握一种语言和其框架产品(如 Ruby 和 Rails)，即使有经验的程序员，也至少需要 3～6 个月持续的学习和实践过程，才能彻底掌控某框架产品。

成本：掌握框架产品需要更多的开发实战经验，因此，聘请可靠的框架开发人员的成本较高。用框架构建的项目比用 CMS 构建的类似项目成本更高。

5．Web 流行框架产品

表 10.2 列举出部分 Web 流行开发语言及其对应的框架产品，供读者参考使用。

表 10.2　Web 流行开发语言及其对应的框架产品

PHP	Ruby	Python	JavaScript	Java	C#	前端框架
Yii	Rails	Django	VUE.js	Spring MVC	ASP.net	Bootstrap
CodeIgniter	Sinatra	Web2py	ReactJS	Struts	Xarmarin	Foundation
CakePHP	Padrino	TurboGears	NodeJS	Hibernate	Mono	SemanticUI
Zend		Flask	AngularJS	Mybatis		
Symfony		Tornado	EmberJS	Play		
Laravel			BackboneJS	Vaadin		
			KnockoutJS	Grails		

10.3　Web 应用设计

Web 应用项目的设计和实现一般要经历从信息收集、设计到开发、测试和交付等阶段。研究表明，面向互联网的信息系统对于用户而言，其成功与否是由 Web 应用的前端设计的质量所决定的。简而言之，Web 应用的视觉效果决定了用户的感官体验，这使得设计阶段成为 Web 应用项目关键的阶段之一。

设计 Web 应用需要消耗大量的时间在规划上，并且还需要综合考虑实现 Web 应用的大量技术基础。制作视觉上吸引人、直观且优于竞争对手的 Web 应用对设计师来说是一项艰巨的任务。对于富有创意、热衷于设计 Web 应用并愿意努力工作的设计师来说，可以通过将设计阶段划分为多个易于管理的阶段来实现。不同的设计师的设计过程会有所不同，但其核心设计过程的主导思想是一致的。

10.3.1　需求捕获

设计一个成功的 Web 应用的第一步是需求捕获。这是一项非常重要的活动，需要对企业目标、目标受众和客户需求有充分的掌握，要做到掌握企业的业务目标和愿景，知道如何利用网络来帮助企业实现这些目标。

这个阶段需要在开始项目之前向客户提出大量的问题，以帮助了解企业的业务和对 Web 应用的期望。这些问题可以划分成四种类型：

(1) 目的。例如，Web 应用的目的是什么？是提供信息、推广服务，还是销售产品？等等。

(2) 目标。例如，期望通过 Web 应用来完成什么？常见的两个目标是盈利及信息共享。

(3) 目标受众。例如，是否有特定的用户群体会帮助企业实现目标？这类问题有助于确定 Web 应用的理想目标受众。此时需要考虑目标受众的年龄、性别及兴趣爱好，以便确定 Web 应用的设计风格。

(4) 内容。例如，目标受众将在 Web 应用中使用什么资源？他们寻找何种特定信息、产品或服务？

10.3.2　规划

1) 产品创意

在收集完所有必需的信息、掌握需求之后，设计师需要勾勒出有关该项目的创意。此时设计师着手总结大致的设计理念，然后就这些设计理念和客户沟通，并且取得反馈。这个阶段是审查、调整和批准设计的迭代过程，直到客户和设计师都对设计草图满意为止。当然，在草图设计时也需要考虑最终用户(站点的访问者)的需求。头脑风暴(Brainstorming)是这个环节中常用的方法。

2) 站点地图

利用从第一阶段收集的信息，制定 Web 应用规划。规划的主要内容包括站点地图设计。站点地图是 Web 站点所有主要主题及子主题区域的列表清单，一般用于指导 Web 应用中的内容，对于保障设计及开发工作的一致性、站点导航至关重要。

10.3.3　设计

Web 应用的外观设计首要考虑的关键因素是目标受众。例如，针对青少年的应用与针对金融机构的应用其视觉外观大相径庭。此外，还需要考虑融合企业已有的视觉元素设计，合并诸如企业徽标或颜色风格等元素，以达到增强企业在互联网上形象的目的。

网页设计师在设计阶段创建多个原型，并且随着项目的进展根据需求变化对视觉设计原型进行变更。

在这个阶段中，设计工作的主要内容有如下三项。

1) 设计草稿线框图

草稿线框图是低保真的线框视觉设计，也被称为页面原理图或屏幕蓝图，是一个代表网站框架的视觉指南。这些线框图主要呈现不同设计元素的位置分布效果，并不提供有关风格、颜色或图形信息。此外还描述了将在每个页面上显示的内容类型，并提供相关功能说明。例如登录或注册按钮。

草稿线框图有助于识别设计师在早期阶段可能错过的任何潜在问题，纠正处于开发初始阶段及草稿阶段的设计缺陷。

2) 设计渲染线框图

渲染线框图是高保真的线框视觉设计。草稿线框图只能用于帮助追踪功能拓扑，其呈现的设计结果具有较大的局限性。渲染线框图旨在填补草稿线框图设计中所遗漏的细节，在视觉效果上与最终产品完全相似，用于向客户传达每个设计元素的特征、功能和详细规格，并且展示了 Web 应用的用户友好程度，明确了每个页面元素占据的位置和空间。

3) 构建视觉模型

视觉模型是 Web 应用外观形成的主要体现形式。此阶段主要创建 UI 视觉模型，以达到准确展示客户期望内容的目的。视觉模型是实体模型，它有助于创建有效的 Web 应用。高质量的建模软件可以帮助设计师开发 Web 应用视觉框架，从而以精确的方式展示应用中的具体颜色、字体大小以及导航和内容元素位置。

10.3.4　开发

开发阶段是 Web 应用的实现阶段。此时，网页设计师将从原型中提取所有单独的图形元素，并使用它们创建实际应用功能。在这个过程中，首先被实现的是应用的主页，然后根据内部内容的分类统一制作模版，模版包含了应用的主要导航结构，最后才实现 Web 应用的主要功能。在技术方面，实现一个成功的 Web 应用，需要团队拥有了解前端 Web 开发的相关人员。这些前端工程师需要掌握如 HTML / CSS 编码、JavaScript、HTLM5 等相关前端知识，此外还需要掌握第 10.2 节中提及的部分 Web 框架技术。

10.3.5　测试和交付

此时，网页设计师将参与 Web 应用的测试工作。他们将测试表单或其他脚本的完整功能，排除浏览器差异引起的兼容性问题；对 Web 应用进行优化，以便在最新的浏览器产品中正确浏览。网页设计师一般精通当前 Web 应用前端设计和开发标准，设计师对 Web 应用前端编写的所有代码进行评审和验证，确保 Web 应用符合当前的 Web 开发标准。

在测试工作结束后，Web 应用进入交付期，这意味着要将 Web 应用从开发环境迁移至生产环境中。此时需要将应用部署至互联网服务器，一般通过 FTP(文件传输协议)程序将 Web 应用上传至服务器。接着还需要为当前应用申请域名和托管空间服务。在 Web 应用上传成功并且域名及托管工作顺利完成，生产环境启动之前应当对应用做上线前测试，确保所有文件都已正确上传，并且拥有完整功能。

10.3.6　维护

维护的目的是使 Web 应用在互联网上能够长期运行、及时调整和更新，以在瞬息万变的信息社会中抓住更多的商机。在 Web 应用服务器中维护的软件和硬件包括服务器、操作系统和互联网链路，以确保站点能够 24 小时不间断运行。成功的 Web 应用需要定期更新内容，以吸引更多的访问者和增加访问量。

10.4　Web 信息系统设计范例

10.4.1　项目背景

传统电力行业销管手工管理方式及半自动化管理信息系统在日常使用中会出现各种弊端，会导致公司经营的低效、混乱和人员冗余现象；公司的数据保存依赖于纸质文档，而纸质文档的管理难度大、占用存放空间大、资料查询效率低下，大大浪费了公司的人力物力。随着互联网+的兴起，各个行业都开始将传统业务与互联网结合打造新的公司运营模式，借此提高公司利润。因此，针对电力行业的传统落后运营方式，打造在线销管云平台无疑是一个重要而有用的选择，可以颠覆性地优化企业运营方式，大大节省人力物力，提高效率和效益。但是，电力行业的传统工作流程复杂，数据多元化，工作内容非常丰富，这使得需要做大量的工作才能将传统模式与互联网结合。

电力物资销管云平台软件项目设计以某企业的战略总目标为依托，针对实际业务需求，结合企业愿景，以建成电力物资销管云平台为基础，最终使软件项目得以上线推广，以消除传统销管手工管理方式及半自动化管理信息系统的各种弊端，为行业内受众提供便捷的业务处理平台。电力物资销管云平台设计着重考虑线上运行软件的大用户量、高并发、大数据、安全性、异构网络等一些核心关键问题，以云平台为基础，结合分布式计算、数据库热备份、负载均衡等先进技术，从而保证应用服务器的高可用性、高安全性及高可扩展性。

10.4.2　需求分析

需求分析分为调研和分析两个阶段。调研即了解用户业务流程，收集用户对系统的信息方面、处理方面以及安全性方面和完整性方面等的要求。最终，要根据对电力企业运营模式的调研和分析，对其业务流程进行详细的分析设计，从而完成一份分析总结报告。

在展开工作时，需要统一思想，即根据所要开发工作的需要采取统一的开发过程思想。在完成获取用户需求方面，主要的工作如下：

- 根据电力企业日常的业务流程，绘制业务流程图；
- 根据企业要求，设计出原型系统；
- 演示原型系统，让工作人员亲身体验系统，进一步沟通和完善系统；
- 明确用户需求的细节；
- 总结客户的建议和意见，对原模型进行改进改良，以获得更加优秀的产品；
- 确定系统边界。

反复重复以上的几个步骤之后，便可以更加有效地得出用户需求。

根据对系统功能要求的不同，可以将系统用户划分为超级管理员、管理员和子账号三大类。不论企业身处何地，都可以通过互联网登录到系统进行注册；超级管理员对注册企业进行审批，负责核查注册企业提交的信息是否属实，决定是否通过注册；管理员为企业总账号，可以邀请公司员工获得子账号加入系统，也可以设置子账号的具体操作权限；子账号为各企业的员工账号，根据被授予的不同权限进行自己职责范围内的具体业务。图 10.7为经前期需求分析论证工作后确定的云平台关键业务流程图。

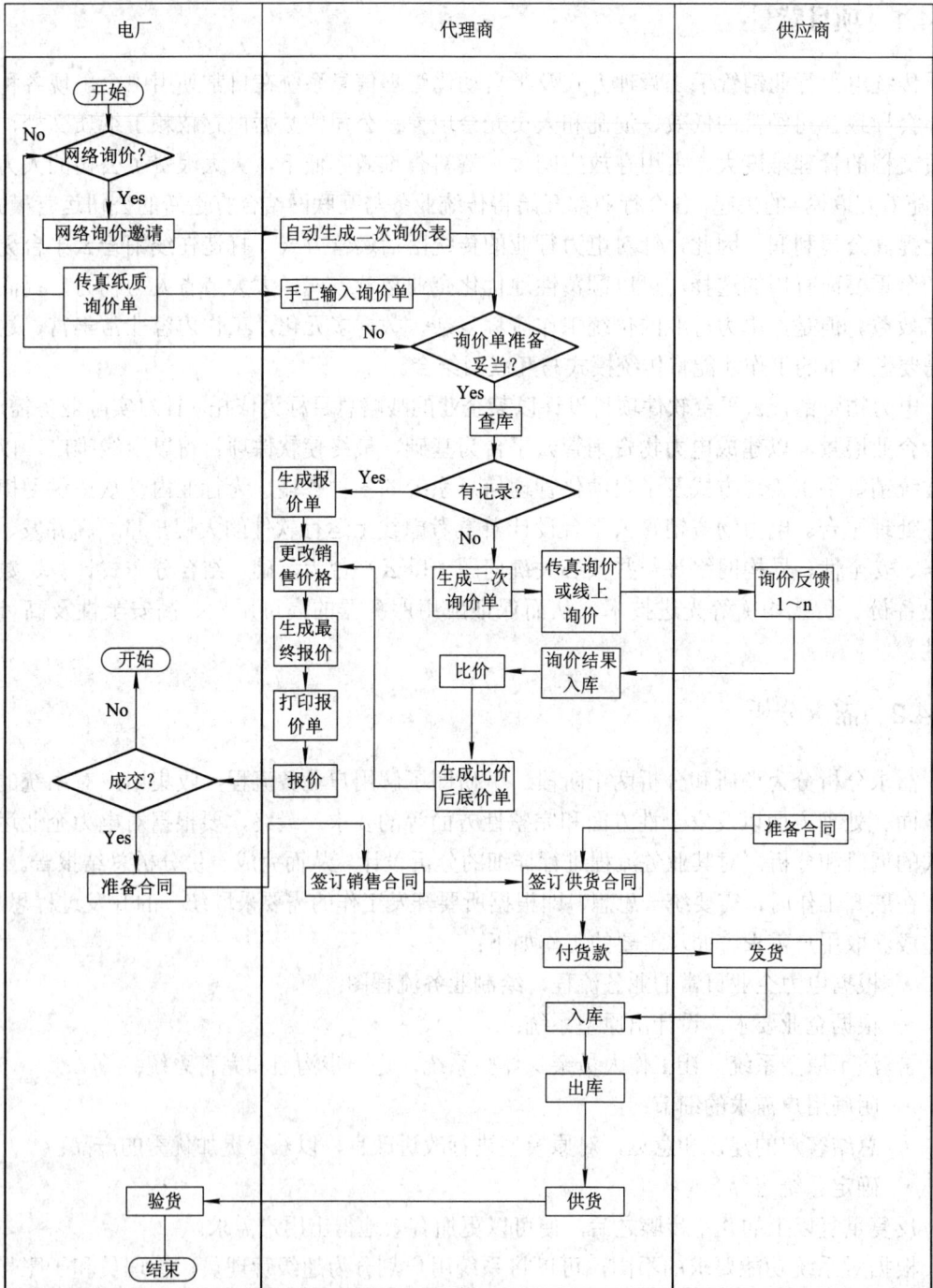

图 10.7　云平台关键业务流程图

10.4.3 需求结构

经项目组和依托企业多次会商，确定的系统需求结构如图 10.8 所示。该系统主要针对电力物资代理商和供货商之间的业务交互，提供了询价、销售、采购、财务、审核、内务、系统管理等 7 大关键业务流程体系的服务支撑。

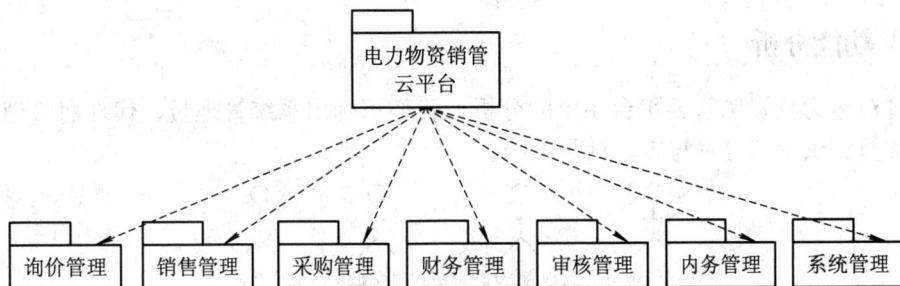

图 10.8 云平台需求结构

1. 询价管理

询价管理主要负责导入电力企业客户不同形式的询价邀请(电子版、纸质版询价单)，将询价单导入系统后向供货商进行询价，可以打印成单据发送传真询价，也可以在线发送询价信息，等待供货商报价后，完成询价。该模块将电力企业的传统手工业务流程转移到在线操作，简易并且高效。

2. 销售管理

销售管理负责询价环节的结果汇总并进行比价处理，然后生成销售报价单发送给客户，对有意向签订合同的销售报价单，和客户签订销售合同，最后负责给客户发送销售货物，合同完成时开具销售发票。该模块将电力企业的销售环节移植为线上操作，效率大大增加。

3. 采购管理

采购管理负责针对销售合同生成针对不同供货商的采购合同，采购合同签订后需要上传付款凭证，供货商发货后需要入库，采购合同完成时需要录入进项发票。该模块将电力企业的采购环节移植为线上操作，效率大大增加。

4. 财务管理

财务管理负责追踪企业款项未结清的采购和销售合同。可以在此模块中查看合同状态，避免由于时间过于久远或其他原因遗忘而给公司造成不必要的损失。

5. 审核模块

审核模块包括了平台所有的审核，如报销审核、销售报价审核、入库审核、出库审核、用户邀请、权限管理功能等，审核模块可以让电力企业的业务流程更加严谨、规范，执行过程中更少出现纰漏。

6. 内务管理

内务管理包括了系统公告的管理、报销申请、企业档案(员工/产品/客户)管理、合同管理、企业收入支出的数据报表查看等，使企业管理公司资料更加方便快捷。

7. 系统管理

系统管理分为注册和登录两个部分,分别负责用户注册和用户登录两个功能。注册部分由企业填写注册信息,提交注册申请,包括企业名称、地址、传真号、法人、紧急手机号、登录密码、营业执照号和营业执照扫描图片等,提交申请后等待系统管理员审核通过,即可使用系统。登录部分由用户输入账号和密码,输入后即可登录系统。

10.4.4 功能分析

通过对电力物资销管云平台系统的分析,我们识别出系统管理员、代理商管理员、代理商业务员、供货商等参与者,见图10.9。

图10.9 云平台参与者

1. 系统管理员对系统的需求

系统管理员对系统的需求主要是注册审核,即对注册企业申请进行审批,负责核查注册企业提交的信息是否属实,决定是否通过注册。

2. 代理商管理员对系统的需求

1) 询价比价报价

(1) 公司作为中间代理,接受客户不同形式的询价邀请(电子版、纸质版询价单)。

(2) 公司针对两类询价,分别报价:一类为数据库中已记录的相同名称物品的询价,对其直接生成报价单;一类为数据库中无记录物品的询价,需向供货商进行二次询价,并比价后报价。二次询价比价过程:针对客户需求的各物品,向不同供货商发出询价函,接收到供货商的询价反馈后,进行系统比价,并得到每样产品的最低价(及供货商),生成比价后的底价单,从而获取报价底价。公司对底价进行不定方式的更价(单独增加金额或按百分比增减价)得到最终销售价格,生成最终报价,并反馈给客户。

2) 采购销售

(1) 与客户成交后,公司进行采购流程。与指定的供货商签订供货合同,付货款,从而将指定产品入库。

(2) 与客户签订销售合同后,向买方供货。客户验货合格后,公司要求供货商开具进项发票,并扫描发票原件。经税务认证通过后,给客户开具销售发票。最后,公司按照销售合同条款收取买方货款,并结束交易。

3) 内务管理

(1) 对公司公告进行管理,可以增加删除。

(2) 对公司资料进行编辑,有员工档案/客户档案/产品档案。

(3) 对公司财务情况进行数据报表形式的查看。

(4) 对公司历史成交合同进行查询。

(5) 上传可能对公司有用的商机信息。

4) 财务管理

(1) 对款项未结清的采购销售合同进行追踪。

(2) 提交公司员工报销申请。

5) 审核管理

管理员对各种需要审核的单据进行审核，如销售报价单、入库单、出库单、报销申请等。

6) 用户邀请

管理员可以邀请本公司员工获得子账号，然后登录并使用系统。

7) 权限管理

管理员可以管理本公司子账号的具体权限，限制账号能访问的功能，实现权限控制。

3. 代理商业务员对系统的需求

1) 询价比价报价

(1) 公司作为中间代理，接受客户不同形式的询价邀请(电子版、纸质版询价单)。

(2) 公司针对两类询价，分别报价：一类为数据库中已记录的相同名称物品的询价，对其直接生成报价单；一类为数据库中无记录物品的询价，需向供货商进行二次询价，并比价后报价。二次询价比价过程：针对客户需求的各物品，向不同供货商发出询价函，接收到供货商的询价反馈后，进行系统比价，并得到每样产品的最低价(及供货商)，生成比价后底价单，从而获取报价底价。公司对底价进行不定方式的更价(单独增加金额或按百分比增减价)得到最终销售价格，生成最终报价，并反馈给客户。

2) 采购销售

(1) 与客户成交后，公司进行采购流程。与指定的供货商签订供货合同，付货款，从而将指定产品入库。

(2) 与客户签订销售合同后，向买方供货。客户验货合格后，公司要求供货商开具进项发票，并扫描发票原件。经税务认证通过后，给客户开具销售发票。最后，公司按照销售合同条款收取买方付款，并结束交易。

3) 内务管理

(1) 对公司公告进行管理，可以增加删除。

(2) 对公司资料进行编辑，有员工档案/客户档案/产品档案。

(3) 对公司财务情况进行数据报表形式的查看。

(4) 对公司历史成交合同进行查询。

(5) 上传可能对公司有用的商机信息。

4) 财务管理

业务员对款项未结清的采购销售合同进行追踪。

5) 审核

业务员对各种需要审核的单据进行权限内审核，如销售报价单、入库单、出库单等。

4. 供货商对系统的需求

供货商参与线上报价。

10.4.5　系统网络架构

　　该平台基于目前业界主流的 Openstack 开源云计算框架搭建云平台架构，见图 10.10，并采用开源的 QEMU-KVM 虚拟化软件作为虚拟化支撑平台。该系统网络架构主要可分为云服务管理、应用域业务管理和云安全管理三个子系统。云服务管理子系统负责具体处理询/报价信息、内务信息、物流信息等的处理工作。其中询价信息处理子系统主要包括询价单处理服务器、询价偏好智能处理服务器、询价流控制服务器三部分；报价信息处理子系统主要包括比价处理服务器、报价单管理服务器、报价决策服务器三个部分；内务信息处理子系统主要包括业务发现信息处理服务器、审核管理服务器、业绩展示服务器三个部分。此外，平台中还有数据库服务器和云存储服务器集群，以方便用户数据的存储和保证业务的正常运行。应用域业务管理子系统负责将云服务管理子系统中处理的数据收集起来，并根据用户的身份、权限和业务方式将信息推送至用户端。云安全管理子系统负责与用户安全和隐私相关的一系列加密、签名、认证、证书管理和审计等安全问题。

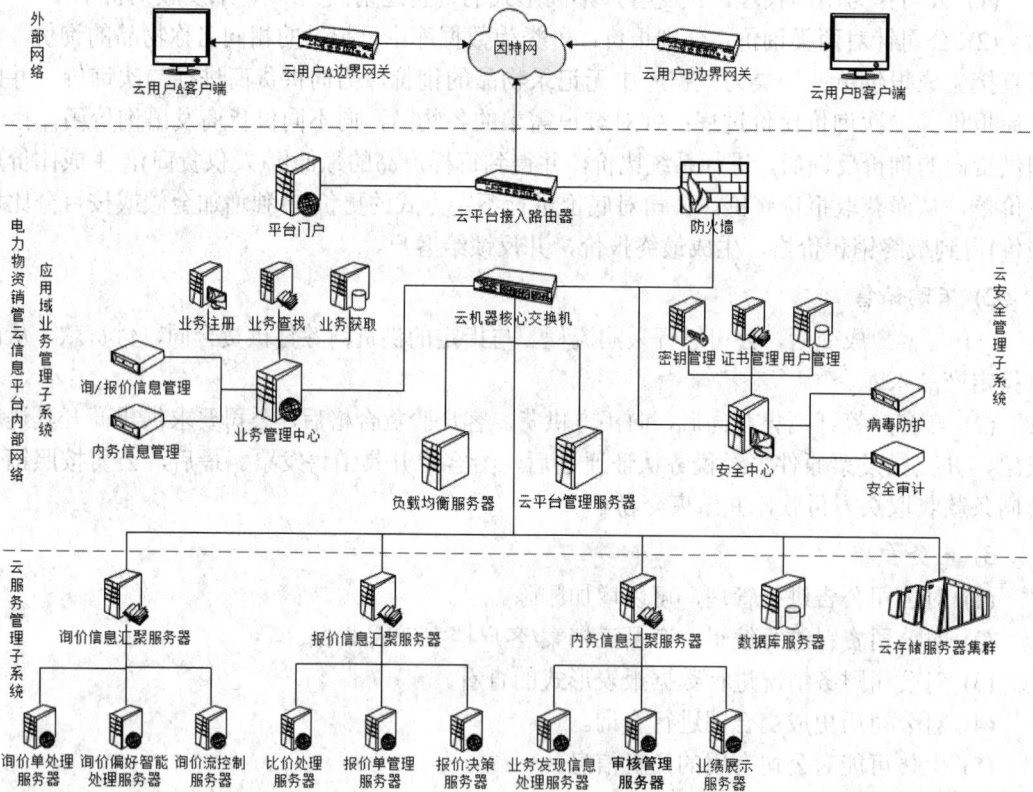

图 10.10　云平台系统网络架构

10.4.6　系统技术架构

　　根据前文刻画的网络基础架构，系统在软件技术层面呈现出图 10.11 所示的技术架构特点。不难看出，系统总体在逻辑上划分为三个层次，分别为云存储层、云应用服务层和云终端层。云存储层主要提供数据存储服务，承载系统运行所需的必要内/外部信息资源存储业务。该层主要利用 MySQL DBMS 系统，搭建集群化的数据仓储，为系统提供安全、可靠和高可用性的数据基础。云应用服务层主要利用 Python 程序设计语言，通过 Django 框架，结合 REST 设计理念及 Semantic UI 框架，并联合 Jquery 前端框架，不仅为系统前端提供前端终端访问接口，而且是通向云存储层的连接桥梁。持久化服务通过数据库连接池和云存储层衔接。本层的核心技术在于，通过服务组合数据聚合等关键技术为源自异构网络发起的服务请求提供高效和稳定的数据服务。云终端层通过 HTTP 网络请求和云应用服务器进行桥接，安全认证服务对云终端层请求者的身份进行认证，经认证的合法用户才具有使用系统的相应权限。云终端层是面向最终用户的系统接口，用户通过任意计算机的浏览器或基于 Android/iOS 的智能移动终端来接受系统的各种数据信息服务。

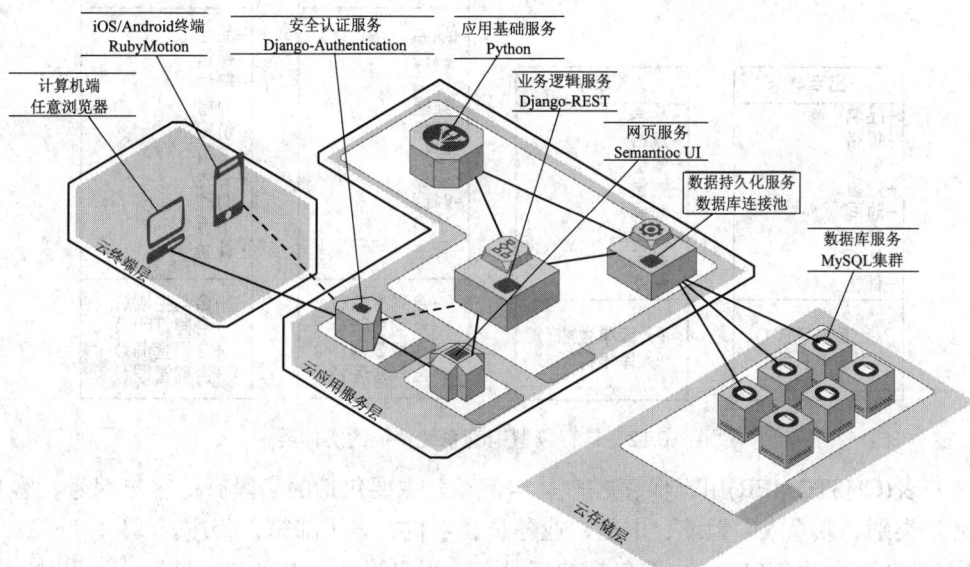

图 10.11　云平台系统技术架构

10.4.7　系统设计

我们通过大量的需求工作捕获了系统的关键功能需求，并且根据这些需求，识别出相应的系统关键实体，并对实体的相应属性和操作进行了分析。因系统规模相对较大，这里我们只列出了具有典型销管系统特征的实体类，如图 10.12 所示。

接下来结合需求分析结果及实体设计结果，我们进一步优化实体类的设计，对各基本表及其属性进行详细的定义，主要包括产品表、询价单表、客户表、用户(业务员)表、客户询价单日志表等。

产品表(PRODUCT)用于存储在询价、报价、比价、合同等关键管理业务中的销售产品数据，主要包括的字段有：产品编号、品名、规格、单位、类别。

询价单表(ASKING)用于保存客户询价的基本信息，主要包括的字段有：客户询价编号、品名、规格、单位、数量、报价结束时间、需要日期、供货商、备注、类别、询价值、报价人须知、状态。

报价单
- 品名
- 规格
- 单位
- 数量
- 价格
- 加价额度
- 总价
- 备注

+报价单生成()
+报价单打印()
+报价单审批()
+报价单重做()

询价单
- 品名
- 规格
- 单位
- 数量
- 指定供货商
- 报价结束日期
- 需求日期
- 备注

+询价单导入()
+询价单打印()
+询价单反馈()
+询价单比价()

用户
- 账号
- 密码
- 手机号
- 部门
- 职务
- 工资
- 权限

+权限配置()
+用户邀请()
+用户信息管理()

出库单
- 品名
- 规格
- 单位
- 数量
- 时间
- 仓库名
- 经手人
- 备注

+出库单生成()
+出库单打印()

入库单
- 品名
- 规格
- 单位
- 数量
- 时间
- 仓库名
- 经手人
- 备注

+入库单生成()
+入库单打印()

销售合同
- 品名
- 规格
- 单位
- 数量
- 价格
- 总价
- 备注
- 时间
- 地点
- 备注

+合同生成()
+合同打印()
+合同查询()
+合同管理()

采购合同
- 品名
- 规格
- 单位
- 数量
- 价格
- 总价
- 备注
- 时间
- 地点
- 备注

+合同生成()
+合同打印()
+合同查询()
+合同管理()

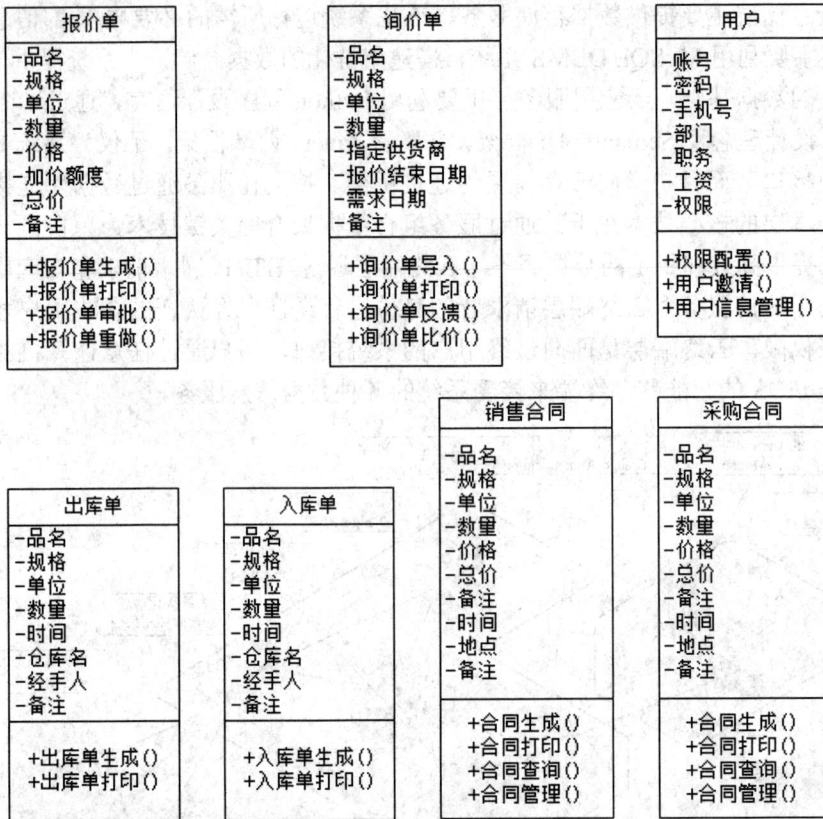

图 10.12　具有典型销管系统特征的实体类

客户表(CUSTOMER)用于保存客户基本信息，主要包括的字段有：客户编号、客户名称、客户类别、联系人、地址、电话、业务员、手机、电子邮箱、备注。

用户(业务员)表(USERS)主要包括的字段有：用户编号、用户名、职务、入职时间、用户密码、用户部门、手机、电子邮箱、用户权限、备注。

客户询价单日志表(CUSTOMER_ASKING_LOG)用于在询价单导入时记录事件信息，主要包括的字段有：日志编号、客户询价编号、用户编号、时间、备注。

客户与用户之间的关系表(CUSTOMER_USER_MAPPING)，指明哪个用户(业务员)负责哪些客户，主要包括的字段有：客户编号、用户编号、备注。

采购询价单表(PURCHASE_ASKING)用于保存采购询价信息，在接收供货商报价反馈后，形成采购询价信息记录，主要包括的字段有：品名、规格、单位、数量、参考价、实询单价、金额、备注、供货商、报价时间、价格有效期、状态。

供货商报价表(SUPPLIER_BIDDING)保存不同供货商对询价商品的报价信息，包括实询单价、报价金额、报价有效期等，主要包括的字段有：品名、规格、单位、数量、实询单价、金额、报价时间、有效期、供货商、备注、照片、描述、状态。

采购询价日志表(PURCHASE_ASKING_LOG)用于在询价修改时记录事件信息，主要包括的字段有：日志编号、用户编号、时间、备注。

销售报价单表(HUANENG_SALES_BIDDING)用于记录销售报价相关信息，包括询价产品基本信息、采购单价(供应商)、加价、税率、销售金额信息,主要包括的字段有:产品编码、品名、规格、单位、数量、采询单价、加价、含税单价、税率、不含税单价、含税金额、不含税金额、供货商、备注、状态、税率表(TAX_RATE)、编号、名称、税率值、备注。

报价日志表(SALES_BIDDING_LOG)记录报价信息变动时发生事件的相关信息,主要包括的字段有:日志编号、用户编号、时间、备注。

报价状态表(SALES_BIDDING_STATUS)用于查看当前报价处于何种状态,如保存、提交、修改、报价未反馈、报价未付款等后续状态,主要包括的字段有:列名、编号、名称、备注。

表单映射表(TABLE_MAPPING)记录客户询价单、采购询价单以及销售报价单间的关联关系,主要包括的字段有:客户询价单号、向其他厂商发的询价单号、销售报价单号、备注。

销售合同录入表(SALES_CONTRACT_INPUT)用于保存代理商与客户签订的销售合同的相关信息(注:状态表项用于反映此销售单进展到何种状态,销售单结束时自动作废),主要包括的字段有:销售合同编号、产品编号、报价数量、订单数量、含税单价、税率、不含税单价、含税金额、不含税金额、总金额、优惠金额、销售报价单号、客户名称、制单员、业务员、合同内容、交货日期、交货地址、状态、备注。

销售合同日志表(SALES_CONTRACT_LOG)用于记录销售合同由哪位用户、何时录入,主要包括的字段有:日志编号、销售合同编号、用户编号、录入时间、备注。

采购合同录入表(PURCHASE_CONTRACT_INPUT)用于保存采购合同的相关信息,记录与供应商签订采购合同的相关信息(注:状态表项用于反映此采购单进展到何种状态,采购单结束时自动作废),主要包括的字段有:采购合同编号、产品编号、账面库存、数量、单价、折扣、折后价、金额(实付)、供货商、原始金额、优惠金额、制单人、经手人、摘要(合同模版)、状态、备注。

采购合同日志表 (PURCHASE_CONTRACT_LOG)记录采购合同由哪位用户、何时录入,主要包括的字段有:日志编号、采购合同编号、用户编号、采购合同录入时间、备注。

销售合同与采购合同对应表(SALES_PURCHASE_MAPPING)用于记录销售合同与采购合同之间的对应关系,主要包括的字段有:销售合同编号、采购合同编号、备注。

采购入库单表(PURCHASE_STORAGE)用于记录采购货物入库信息,主要包括的字段有:采购合同编号、采购入库单编号、品名、规格、单位、账面库存、采购数量、单价、金额(实付)、供货商、入货仓库、原始金额、应付金额、入库时间、制单人、状态、经手人、备注。

采购入库日志表(PURCHASE_STORAGE_LOG)记录采购入库内容由哪位用户操作、何时录入,主要包括的字段有:日志编号、采购入库单编号、用户编号、采购入库时间、备注。

采购入库退货表(PURCHASE_STORAGE_REJECT)用于记录采购货物入库后退货的相关信息,主要包括的字段有:采购合同编号、采购退货单编号、产品编号、退货数量、销售单价、退款金额、供货商、入货仓库、业务员、退货时间、经手人、备注。

销售出库单表(SALES_DELIVERY)用于记录出库相关信息,包括出库产品基本信息、照片描述、对应的销售合同编号,出库产品数量、库存,出库产品对应的销售金额以及出库操作办理的相关负责人、办理时间信息和出库产品的物流状态信息，主要包括的字段有：出库单编号、销售合同编号、产品编号、品名、规格、单位、账面库存、合同数、出库量、销售单价、原始金额、销售金额(实收)、客户名称、出库时间、出货仓库、收货地址、制单人、经手人、照片、状态、备注。

销售出库日志表(SALES_DELIVERY_LOG)用于记录出库单信息变更时发生的事件信息，主要包括的字段有：日志编号、出库单编号、用户编号、时间、备注。

10.5　移动应用设计

近年来，随着智能移动终端设备的普及，信息系统的部署方式发生了翻天覆地的变化。企业信息系统也逐步容纳了移动应用这一有利工具。然而，与基于桌面应用的信息系统和基于 Web 应用的信息系统相比，移动设备碎片化程度相当高。因此，介绍主导移动应用设计的相关原则、模式、框架等关键知识，为读者针对移动应用的信息系统设计工作提供有力指引，是必要的。

10.5.1　智能移动终端

1. 定义

智能移动终端是安装了开放操作系统，利用宽带无线移动通信技术实现互联网接入的，能够下载、安装应用软件和数字内容的，根据用户需要定制并为用户提供服务的终端设备。生活中常见的智能移动终端包括智能手机、车载智能终端、智能电视、可穿戴设备等。

2. 特征

智能移动终端通常具有四个典型特征：
(1) 能够访问高速网络的能力；
(2) 开放的、可扩展的操作系统平台；
(3) 较高的处理能力；
(4) 丰富的人机交互模式(触摸控制、语音识别等)。

3. 分类

1) 智能手机

智能手机指的是如同计算机一样拥有独立操作系统的，用户可自主安装由第三方服务提供商提供的软件，并通过这些软件扩展移动电话功能的，且可以通过移动通信或无线网络接入的一类手机的总称。移动电话已经从功能手机发展到目前以 Android 和 iOS 系统为代表的智能手机时代。它是一种可以在更广的范围内使用的便携式智能移动终端，目前已经普及到 4G 时代。

2) PDA 智能终端

PDA 也称为掌上电脑，可以完成移动办公、学习、娱乐等任务。按其用途分类，可分为工业级 PDA 和消费品 PDA。工业 PDA 主要应用于工业领域，如条形码扫描仪、RFID 阅读器和 POS 机等。工业 PDA 具有高性能的进口激光扫描引擎、高速 CPU 处理器和

WiCE5.0/Android 操作系统，具有超强防水、防坠落和抗压能力，广泛应用于快递、零售连锁、仓储、移动医疗等多个行业的数据采集，支持 BT/GPRS/3G/WiFi 等无线网络通信。

3) 平板电脑

平板电脑是一种小型的便携式个人电脑，以触摸屏为基本输入设备。早期的平板电脑的触摸屏(数位板技术)允许用户通过触控笔或数字笔而不是传统的键盘或鼠标来进行作业。新型的平板电脑允许用户使用内置的手写识别、屏幕上的软键盘、语音识别或真正的键盘(如果配备了模型)来进行数据录入。

4) 车载智能终端

车载智能终端是具有 GPS 定位、车辆导航、故障信息采集和诊断等功能的车载移动设备，已广泛应用于新一代汽车行业，实现了车辆管理的现代化。车载智能终端将在智能交通中发挥更大的作用。

5) 可穿戴设备

近年来智能可穿戴设备发展迅猛，如智能眼镜(VR)、智能手表、智能手环、智能戒指和其他可穿戴设备。这些可穿戴设备已逐渐成为信息系统的组成元素，相信在不久的未来，可穿戴设备将大大改变人和信息系统的交互方式。

10.5.2　移动应用

1. 定义

广义移动应用包含个人以及企业级应用。狭义移动应用指企业级商务应用。移动应用不只是在手机上运行软件那么简单，它涉及企业信息化应用场景的完善、扩展，带来 ERP 的延伸，让 ERP 无所不在，通过广泛的产业链合作为用户提供低成本整体解决方案。移动应用将带来企业信息化商业模式的创新变革。

2. 应用分类

1) 消息应用

消息应用主要作为管理信息的接收载体。该类应用一般不独立存在，大多与企业使用的 ERP、CRM、SCM 等系统集成，可以及时传递企业管理各方面信息，达到提高效率、降低成本和风险的作用，如信用风险预警、收款通知、付款提醒、库存预警、审批通知、会议通知等。通常以短信形式存在，不受终端限制。智能手机普及后，安卓和 iPhone 都已经支持消息推送，一定程度上已经可以替代短信。

2) 现场应用

现场应用主要面向不固定工作场所的应用场景的信息化解决方案，如销售人员、业务督导、服务工程师、市场监控、物流送货等。典型应用有：门店销量采集、竞争情报采集、生动化采集、物流终端、服务终端等。现场类应用弥补了管理信息系统不能覆盖的业务群体。该部分应用大多需要与定位、条码/二维码、RFID 等结合。

3) 管理应用

管理应用主要面向企业管理人员，以加速管理流程和信息实时获取为主要目的。典型应用有：业务审批、经营日报、业务分析等。

4) 自助应用

自助应用主要面向企业员工，与企业实时互动，如薪资查询、请假、换休申请、通知公告、培训、查找联系人、员工调查等。通常自助类应用需要与企业的 HR 等系统集成。

3. 移动应用信息系统的价值

PC 时代的信息系统虽然经历了单机、局域网、互联网等多个阶段，但因限制了非计算机用户群体参与信息化，而使得信息系统在相当长的时间内只能起到手工替代、精确计算、流程执行、部门或岗位协同的作用。不少企业决策者往往抱怨说从没用过信息系统，因为系统里面企业决策者仿佛成了局外人，只有查询分析，缺乏决策辅助的能力。另外，一些长期在户外、野外工作的销售人员、现场服务工程师也难以接入系统。因此，移动应用时代，信息化的节点到个人，从而拓宽了信息系统涵盖的外延。

移动应用不是水平应用也不是行业垂直应用，涉及企业市场销售、经营管理、资源管控、决策支持的方方面面，从企业业务员、送货员、服务人员、工人到业务主管、企业高管，移动应用都有其适用的应用场景和应用价值。移动应用在企业信息化的各个领域都是无所不在的。如果可能，一个企业可以使用成百上千的移动应用。

移动应用不是信息系统的移动化，而是基于移动场景的新型业务需求。这些需求通常都是碎片化的节点应用，不强调在移动端上实现完整的流程，而是根据场景存在许多的节点应用，而且应用针对性极强，操作也应极为便捷。比如，一个主管用手机可以审批业务，也可以通过手机查看联系人并安排工作，可以通过手机查询自己的薪资，晚上可以用手机查询当天的业务日报，而这些都是碎片化的应用，这些应用彼此之间的相关性较低。

相对基于 PC 的信息系统，能配置 PC 进行系统操作的岗位，在岗人员大多有良好教育背景或受过专业培训，而由于移动应用的场景差异大、使用者差异大、人员规模大等因素，移动应用则需要更高的易用性。比如，有一个消费品企业的营销数据采集解决方案，用户群是全国连锁超市内的近 5000 个促销员，30～40 岁的职高女性占多数，有计算机使用背景的人员比例较低，集中培训的成本高，可能性较低。要使这样的用户群体能够使用该信息系统，应用设计必须简单，稳定可靠，数分钟即可上手使用。

移动应用的主角是手机，但并不是说只有手机上的应用才是移动应用。不同的场景下需要不同的移动终端。手机作为通用型消费品在企业级应用上存在许多缺陷，比如电池续航能力、一/二维条码读取能力、RFID 识别能力、IC 卡读写能力、三防(防水/防尘/防震)耐用等方面。因此，平板电脑、PDA、存储式 IC 卡识读器、条码枪等都可作为特殊场景下的移动应用设备。

相对于软件产业，移动应用产业链较长。企业要使用移动应用起码需要购买软件、手机终端、手机 SIM 卡并订购通信资费套餐，有些应用甚至还要涉及 GPS 与地图、条码或二维码设备、安全策略以及特定内容服务等。因此，企业要使用好移动应用，需要的是低成本、低门槛、高品质、高性能的服务，需要产业链各环节密切合作。

可以说，移动应用是全员化实时信息采集器、业务流程加速器、企业信息价值放大器。

10.5.3　移动应用的开发过程

每天都有成千上万的移动应用发布到谷歌或苹果应用商店。这些移动应用种类繁多，信息系统应用占了相当大的比例。所有这些应用程序，都应该遵循统一的移动应用开发过程。尽管移动应用之间千差万别，且其开发方法不断发展，但移动应用的开发过程应该遵循某种开发标准，这个标准与传统 PC 端系统开发和 Web 应用开发在原理上具有一定的相通性，在过程中有较大的差距。移动应用开发过程通常包括理念、策略、设计、开发、部署和交付后等阶段。

1. 理念确立

所有伟大的应用都是以某种理念为出发点。当然，项目初期就获得应用的设计理念可能性较低，那么信息系统的设计人员此时可以通过自我训练来逐步取得灵感，针对问题和潜在的解决方案，使大脑本能地提问："为什么这样做？解决什么问题？"、"有更好的办法来解决这个问题吗？"如果能识别出某个问题，理念的梳理工作就有了长足的进展。

接下来要做的则是掌握这个问题为什么存在，并考虑为什么没有前人实现应用来解决这个问题。用这个问题和别人交谈，尽可能多地沉浸在问题空间中。一旦完全掌握了这个问题，就可以开始评估如何利用移动应用来解决这个问题。此时对于如何利用移动应用程序来解决问题的任何理解都是非常有价值的。当这些思想积累到一定程度时，需要像本书领域分析相关章节中的那样，去分析、自我挑战和论证移动应用的必要性和可行性。

2. 策略规划

策略规划的工作流程如图 10.13 所示。

初步　　目标　　竞争　　用户　　目标　　报告
讨论　　定义　　评估　　反馈　　复审

图 10.13　策略规划工作流程

1) 竞争评估

一旦设计理念成型，就需要规划移动应用的设计工作。对于创新型的移动应用，最好的出发点之一就是调查竞争对手，寻找市场中的其他应用程序是否具有类似的用途，并查找以下内容：

- 安装数量：是否有人在使用这些应用程序。
- 评级和评论：用户对这些移动应用的评价和喜好程度。
- 移动应用企业历程：这些应用是如何随着时间的推移而演化的，在这方面是否面临挑战；以及企业是如何发展用户基础的。

这个过程有两个主要目标。首先，尽可能多地学习。从竞争对手那里吸取教训，可以降低信息系统设计的风险。其次，理解在市场上竞争的困难。了解用户对新的解决方案的需要程度，了解存在哪些问题，并为这些问题量身定制解决方案。如果是全新的设计理念，就需要找其他的主导市场的应用，研究其是如何让消费者了解新产品的。

2) 盈利点

与企业内的业务信息系统移动应用不同，大多数的移动应用是以盈利为目标开发的。有几种方法实现盈利的方式，包括应用内购、订阅付费、高级功能、广告收入、销售用户数据和传统付费应用。要确定哪个方式对应用最有利，就需要探索市场预期支付的价位，以及市场对类似服务的期望程度。还需要考虑何时开始将应用货币化。对于创业型企业而言，跳过这一步，以后盈利的可能性很低。

3) 市场营销

在移动应用程序开发过程中，需要确定应用程序营销时所面临的最大挑战。假设企业拥有可靠的应用程序开发和设计团队，最大的障碍应该是移动应用的推广。在应用商店里有成千上万设计美观、实用的应用程序，然而这些应用程序的使用率非常低。此时，需要了解企业的营销预算和方法。但对于企业内部业务系统的应用程序或 B2B 应用，则不需要考虑市场营销。

4) 路线图

策略过程的最后阶段是定义应用程序的路线图。这个过程的目标是需要掌握移动应用的未来形态，以及它的成功上线需要做哪些准备工作。成功上线的版本通常被称为最小可行产品(Minimum Viable Product，MVP)。在这个过程中，设计人员通常利用白板罗列所有移动应用需要解决的问题，来帮助梳理设计思想。然后按优先级别对这些项目排序，认真考虑应用的核心功能，需要通过什么方式来获得用户，以及以后可以添加什么功能。如果某些功能是用户的潜在需求，那将会是以后版本的最佳候选。当 MVP 版本获得一定用户时，可以征求用户反馈来捕获附加需求。应用程序监管也可以帮助实现这一过程。

3. 用户体验设计

用户体验设计(User Experience Design)是以用户为中心的一种设计手段，以用户需求为目标而进行的设计。设计过程注重以用户为中心，用户体验的概念从开发的最早期就开始进入整个流程，并贯穿始终，见图 10.14。

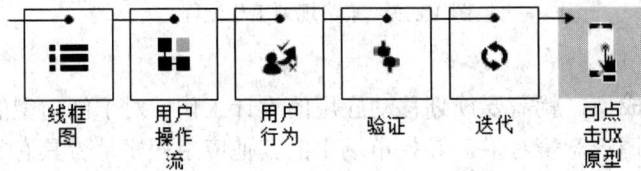

图 10.14　用户体验设计工作流程

1) 信息架构

构建信息架构是一个过程，在这个过程中需要决定在应用中呈现的数据和功能，以及如何组织这些数据和功能。这个过程的开始需要根据需求记录移动应用功能列表，以及需要在应用中显示数据的列表。这些是构建线框图的基本元素。

常用工具：白板、铅笔和纸。

2) 线框图

接下来开始创建屏幕区域并分配每个功能和数据。此时可以允许某些功能及数据显示在多个屏幕区域中，但是需要确保的是在信息架构工作中列出的所有项目都有归属。线框图的作图工具主要有白板或纸笔。此时对设计的任何修改，相比在以后实现的过程中进行更改要科学且成本低得多，因为修改白板上的一些标记比重写代码的成本低得多。完成了几个屏幕的线框图后，下一步的工作是移动应用的工作流。

常用工具：白板、铅笔、纸、Balsamiq 软件和 Sketch 软件。

3) 工作流

工作流是用户在应用中的操作路径，此时需要考虑期望用户能做的操作，统计完成某个操作需要的点击次数，从而确保每次点击的直观程度。在确保功能正常执行的情况下，尽量减少用户执行某项操作的点击次数，如果用户执行某项操作的点击次数和行业内相似操作执行的点击次数偏差较大时，可以认定此工作流的设计存在缺陷。当发现工作流有问题时，应针对问题修改线框图。在每次迭代中遍历所有的功能，是为了确保不会增加某个操作的难度，进而提高另一个级联操作的难度。

常用工具：白板、铅笔、纸和 Invision 软件。

4) 点击模型

点击模型(Click-through Models)有助于测试线框图和工作流。它是一种在智能手机上以体验线框图的方式达到模拟测试目的的方法。好的点击模型工具软件可以提供仿真功能，如向客户发送此类软件生成的测试包，客户只需接收一个链接，当他们打开手机时，就可以通过手机预览移动应用的线框模型，进而执行操作。此时的应用不具备任何功能，但客户可以点击应用中的每个页面，并开始体验应用的导航风格。在这个步骤中发现的问题，可以及时通过软件对线框进行更改并迭代。

常用工具：Invision 软件、Axure 软件、Hype3 软件。

4. 用户界面设计

用户界面设计的工作流程如图 10.15 所示。

图 10.15　用户界面设计的工作流程

1) 风格样式设计

风格样式设计是应用设计的基础。良好统一的风格样式将提高应用的可用性。相同功能的按钮在不同屏幕上采用不同的风格样式将毁掉一款应用。通过使用一致的风格样式，可以提高用户使用的舒适度。

确定应用的风格样式需要做很多工作。需要考虑的常见问题有：客户群体；用户会否在夜间使用，若会，应用自动切换至夜间模式会否使用户视力受损；是否被繁忙的员工使用，若是，则功能的表示必须要直截了当。有经验的 UI 设计师或设计团队可以根据客户量身定做界面风格。这个阶段的产物是颜色集、字体风格和小部件(按钮、窗体、标签等)，往往独立于应用设计而设计。

2) 渲染设计

渲染设计是将线框图丰富美化的过程，一般使用经风格样式设计定稿的设计元素替换线框图中灰度元素的过程。针对每个线框图中的屏幕而生成渲染后的屏幕。在这个过程中，一般遵循风格样式的设计结果。然而由于某些原因，当设计组想要采纳新的或修改的风格样式时，需要相应的更新或修改风格样式设计稿，以达到确保设计的一致性的目的。

常用工具：白板、铅笔、纸和 Sketch 软件。

3) 渲染点击模型

当所有屏幕完成渲染之后，则需要在点击模型软件中将线框图点击模型替换成渲染设计点击模型，并再次测试移动应用点击模型。在移动应用开发过程中，这一步将消耗大量的时间。然而，相比之后的任何环节，在此项工作中任何变更的成本都要小得多。这就好比在建筑的混凝土浇筑之前，修改蓝图的成本往往相当低的道理一样。幸运的是，移动应用程序开发比建筑施工可适应性更高，但用通过建筑施工来比拟更形象。

常用工具：Invision 软件、Axure 软件、Hype3 软件。

5. 设计开发过渡阶段

在投入了大量精力设计移动应用的形式和功能之后，设计团队的设计结果将交由开发团队负责完成实现工作。移动应用程序开发过程中的这一步往往会遇到各种问题。这是由于许多项目的设计和开发团队是相互独立的，设计师和开发人员之间分歧较大。因此，如果项目的设计和开发由一个团队负责，则可在过渡中正确处理因分歧导致的各种问题。

使用恰当的软件工具有助于确保设计的精确实现。例如，Zeplin 可以帮助开发人员快速获取设计的风格样式。当然，如果开发人员也可以使用设计类软件(如 Sketch 或 Photoshop)，则事半功倍。此时，实现团队则不需要猜测维度、十六进制值(颜色)和元素位置。一个移动应用产品中，设计团队投入了大量工作来确保屏幕元素被正确地对齐和定位，开发团队的目标则应该是在具体应用中完美实现设计团队定义的每个像素。

常用工具：Zeplin 软件。

6. 高级技术设计(技术栈)

构建移动应用可以选择的技术和编程语言有许多。每种技术和语言都有其优缺点，有些侧重于降低开发成本，但性能却很低，而其他一些则需要较长的实现和过渡周期。最坏的情况是采用即将消亡或不可靠的技术栈(请思考一下 Web 技术中的 Flash)。在这种情况下，很可能需要重建应用，或者为开发人员支付额外的开销。这也是为什么在这个过程中拥有成熟的可信的开发伙伴至关重要的原因。

1) 前端(移动应用程序)

移动应用前端开发，相当于针对 PC、MacOS、Linux 平台的桌面应用开发，可以归纳为三种方法：特定平台的原生开发、跨平台的原生开发和跨平台的混合开发。

特定平台的原生开发：用这种方法构建的移动应用需要针对不同平台编写不同代码，代码不能在 Android、Windows Phone 和 iOS 之间重用。其优点在于，应用的性能针对自己的平台可以达到最优。UI 完全是原生的，和平台操作系统具有最高的亲和力和一致性，应用的运行更加流畅。这种方法的开发成本最高，但拥有最多的用户群体。

跨平台的原生开发：用这种方法构建的应用针对不同平台有部分(或完全)共享代码，构建好的应用是在智能手机中本地运行的。常用的技术框架有 React Native、Xamarin 和 Native Script。这种方法相比于特定平台的原生开发而言，拥有更高的成本效益，同时仍然可以近似达到特定平台的原生开发构建应用的执行效率。

跨平台的混合开发：这种移动应用是使用 Web 技术(HTML、CSS、JavaScript)构建，并通过原生封装器封装后安装使用的。常用的技术框架有 Cordova、Phone Gap 和 Ionic。这种方法的开发成本最低，相比 Native App，混合开发的移动应用体验中受限于五个因素：网络环境、渲染性能、平台特性、浏览器限制、系统限制。

2) 后端(Web API 和服务器)

移动应用的服务器使用的技术与用于基于 Web 的应用程序的技术类似，旨在性能方面提高应用的各项能力。在编写服务器代码之前，需要确定以下几个方面的技术框架。

语言：可以用来构建 API 的语言有几十种。常用的服务器编程语言有 java、C #、Go-Lang、JavaScript、PHP 和 Python 等。大多数语言也都有其著名的技术框架。

数据库：现代数据库的主要类型有 SQL 和 NoSQL 两种。SQL 是传统的关系型数据库，使用范围和频率相对较高。常见的基于 SQL 的数据库管理系统有 MSSQL、MySQL 和 PostgreSQL。除了选择数据库管理系统之外，还必须设计特定的数据库表、视图、存储过程、索引等。拥有可靠且设计良好的数据存储方案对任何应用的成功至关重要。所以，这需要很大的工作量。

主机环境(基础设施)：在这个步骤中，需要决定 API 和数据库的位置及托管方式。这里确定的结果将影响移动应用后端服务的托管成本、可伸缩性、性能和可靠性。云计算时代，云主机的租赁是移动应用后端服务主机配置的主要方式，常见的托管服务提供商有 Amazon AWS、Google Cloud Platform、阿里云、腾讯云、百度云等。除了选择服务提供商之外，还需要规划系统随着用户基数增长的扩展(扩容)方式。基于云的解决方案允许基于资源用量的支付方式，并根据需要进行资源扩展。一般云服务还具备数据库备份、服务器运行监控和操作系统更新等功能。

7. 开发与迭代

移动应用开发是一个迭代过程，见图 10.16。目前最流行的开发方法是敏捷开发(Sprints)。这意味着将所有的开发工作分解成更小的里程碑，并在一系列的循环中构建应用，每个循环周期将包括规划、开发、测试和评审这四个步骤。有许多参考书完整地描述敏捷开发相关知识，所以本书只对每一步进行简要概括。另外开发流程的主要步骤也非常类似，但是每个步骤的顺序和历时长度可能会有所不同。

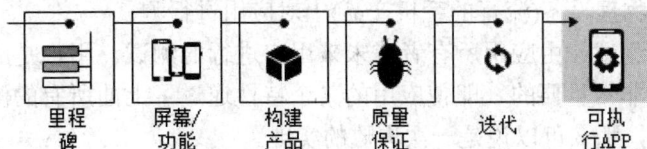

图 10.16　移动应用开发工作流程

1) 规划

Sprints 的计划阶段主要任务是将当前迭代期内需要实现的任务分解。每个任务都需要对应明确的需求。一旦这些需求被开发人员理解，开发人员将估计完成每个任务所需的时间，以便平均分配任务，达到敏捷开发期间工作量平衡分配的目的。

在这个阶段中，开发人员也开始规划所负责问题的解决方法，熟练的软件开发人员将评估整个应用中可重用代码的程度，这对于实现样式和功能时的代码共享尤为关键。如果设计需要变更(项目实现过程中的变更)，使用公共资源将省去在多处更新代码带来的各种问题。精心设计的软件可以在规划好的地方进行修改，以应对突发的变更情况。

2) 开发

在开发阶段，开发团队将开始实现应用的样式和功能。之后将由项目经理或 QA 测试人员进行评审。项目经理能够在整个 Sprints 周期中重新分配任务来合理化安排开发过程中的工作量分配。此时，最重要的是开发团队能够完全理解整个应用的目标和正在着手实现的任务。

在开发过程中，也可以使用相应的软件平台辅助开发工作，这些软件提供了包括 beta 发布、崩溃报告、用户度量和反馈、工作流集等主要功能。例如：HockeyApp 允许安全地将应用程序的开发版本分发给测试人员、客户和其他开发人员，并且自动通知用户新构建应用版本的上线，此时各类人员都可以测试最新的应用版本；提供崩溃报告，确保只有经过批准的测试人员才有权限访问应用，保证了开发团队每个成员的工作进度。

3) 测试

测试工作应该由非开发人员或非应用程序的主要开发人员执行。这将有助于确保测试的真实性。每一次 Sprints 过程中有几种测试类型，包括：

功能测试： 目的是确保需求被实现。通常，QA 团队将有一个测试计划，包括一系列活动和期望的应用行为。

可用性测试： 目的是确保功能是用户友好的，并且尽可能直观。在这一步骤中，经常引入新的测试者来进行"首次使用"体验。

性能测试： 尽管应用功能是完美的，但是如果需要 20 秒来显示一个简单的列表，那么它的用户体验是极差的。性能测试在 Sprints 后期尤为重要，所以要随时关注应用的响应性。

装配测试： 不能因为设计阶段已经结束而结束设计人员的工作，设计人员应该完整地评审应用，并确保应用的视觉实现和设计中所描述的相一致。

回归测试： 测试上一次 Sprints 迭代中测试过的内容。优秀的 QA 团队将在每次 Sprints 迭代结束时进行一系列测试，其中包括先前 Sprints 迭代中的测试。

设备特定测试： 世界上有成千上万的设备和操作系统组合，测试时，一定要在众多屏幕大小和 OS 版本上试用。可以借助自动化测试的工具来完成此项工作，如谷歌的 FireBase。至少保证在常用物理设备(流行的手机产品)上对应用进行测试。

用户接受度测试： 由应用所有者或未来用户进行的测试。用户是应用的最终使用者，获取用户反馈是非常重要的。即使应用的某个特性通过了上面所有的测试，但是在这个环节中被用户否定，那么可以说是一次失败的实现。

在测试阶段中发现的问题，将重新分配给开发人员处理，从而解决存在的问题。测试的每项任务完成后将进行评审工作。

4) 评审

在每次 Sprints 迭代结束时，应与涉众进行讨论，并评估 Sprints 的执行效果。根据之前存在的问题，拟定将来此类问题的处理方法。如果某方面获得较好的执行效果，将会被借鉴到其他方面中。没有两个完全相同的项目，每个团队成员都应该负责推进承担的任务，在迭代的过程中，力求改进。评审工作完成后，重新开始计划阶段，重复迭代，直到完成产品。

8. 延伸评审

此时，应用程序应该是功能完整且可测试的。在展开进行市场营销之前，应该与用户共同测试应用。

1) 成立焦点小组

焦点小组需要组织面试相应的测试人员或小组，这些测试人员或小组需要具备的关键条件是之前从未接触过当前设计的应用。应首先了解这些测试者的身份，如何学习使用新的应用程序，以及是否已经使用过类似的应用程序，以获得他们使用当前产品之前的背景信息。接下来，测试人员在无指导的情况下开始使用应用程序。此时，需要观察测试者如何使用应用，记录使用中常见的问题。使用完应用程序后，取得反馈。最后结合所有有用的反馈情况制定修改方案。

2) beta 测试

beta 测试的工作中，测试人员在真实环境中使用应用程序，从而获得反馈。此外，beta测试是一个难得的机会，可以观察应用在各种设备、地点、操作系统和网络条件下执行的情况。为此必须要完备系统崩溃报告，以备出错的情况下，有据可查。

3) 应用改良

在延伸评审之后，开发团队通常会进入最终的 Sprints 开发过程来解决任何新发现的问题。在这个过程中继续进行 beta 测试，并确保崩溃和问题报告数量减少。一旦解决了所有测试人员提出的问题，移动应用将进入部署阶段。

9. 移动应用的部署

将移动应用部署到互联网上有两个主要工作。首先，需要将 Web 服务器(API 服务器)部署到可扩展的生产环境中。其次，将应用程序部署到谷歌 Play 商店(Android 平台，国内一般可以部署到著名的第三方应用商店中)和苹果应用商店(iOS 平台，App Store)中。

移动应用部署的工作流程如图 10.17 所示。

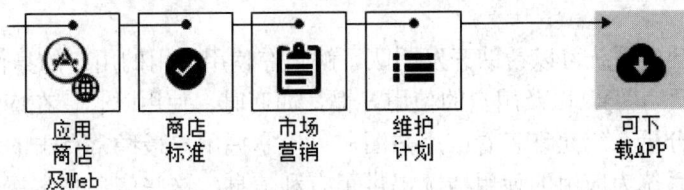

图 10.17　移动应用部署的工作流程

1) Web API(服务器)

大多数移动应用需要服务器后端来运行。这些 Web 服务器负责向应用发送和从应用接收数据。服务器过载或停机，将直接影响到应用的可用性。因此，服务器应当具有一定的可扩展性，以满足当前和潜在的用户请求。这时云计算的优势就体现出来。如果将服务器部署到可扩展环境(Amazon Web Services、Rackspaces、阿里云、腾讯云等)，那么它应该能够更灵活地处理流量中的高峰负载。对于大多数移动应用程序来说，可扩展性的保障工作并不难，但需要确保的是团队应当对此具有一定的洞悉力，例如当应用在互联网上已经开始流行时，如何应对可能的系统崩溃等突发状况。

2) 应用商店

应用商店是移动应用分发的互联网平台。向应用程序商店提交应用程序是具有一定适度参与的过程。需要确保应用被正确配置为发布版本，填写针对某个商店的申请表，提交应用截图和相关营销资料，撰写应用描述。此外，苹果公司将手动审查提交的所有应用程序，并根据苹果相关规定。此时需要和苹果公司对变更进行讨论，以便应用上架。如果一切顺利，提交后的应用将在不久之后(谷歌当天内，苹果几个工作日内)上架。

10. 监管

当交付后，移动应用的开发过程就结束了，然而这样理解是错误的。任何流行的应用，都会有长期的应用更新的历程。这些更新的内容包括错误修复、性能改进、功能修改和新功能添加等。因此，彻底监管移动应用，对于了解那些必要的更新是非常重要的。移动应用监管的工作流程如图 10.18 所示。

错误监控　性能监控　指标度量　问题追踪　包信息　报告

图 10.18　移动应用监管的工作流程

下面是需要监管的几个方面。

1) 应用崩溃

可以利用第三方软件库来跟踪应用程序崩溃事件。这些软件库可以记录有用的信息来帮助开发团队解决问题。主要的信息有用户当前执行的操作、设备信息以及技术信息。可以配置相应的处理策略，例如当应用程序崩溃时发送电子邮件/文本/警报，以便后续开发团队审查崩溃的原因。

常用工具：Sentry 和 HockeyApp。

2) 分析统计

现代的应用分析系统可以帮助开发团队了解正在使用应用的用户的身份信息(年龄、性别、位置、系统语言等)，以及用户的使用习惯，如何时、使用时长、在应用程序中驻留哪些屏幕等。有些分析系统允许查看应用热图，可以掌握用户最经常点击的是哪个屏幕上的按钮。这些分析系统为应用的使用情况提供了有利信息，这些信息是掌握未来应用发展动向的基础。因此，分析统计的重点要落在利用率高、活动频率高、有增长潜力的内容上。

常用工具：Facebook Analytics、Apptentive、Google Analytics 和 Appsee 等。

3) 性能

前两个监控类别没有涵盖的一个重要指标是应用程序的技术性能，即应用的运行速度和效率。部署的任何系统都需要有性能监控，以此来追踪应用中活动发生的次数和持续时间。这是寻找应用中亟待优化区域的基础。可以针对适当位置设置警报，追踪并记录哪些特定活动执行过慢，帮助团队发现问题并处理问题。这些性能工具包括的主要功能有仪表板、报告和警报。

常用工具：Prometheus 软件。

4）应用商店管理

对于新的应用程序而言，应用商店的评级和评论非常重要。每当新的评论出现时，一定要和评论者取得联系，并听取这些评论者对于应用的建议和意见。感谢那些给予好评的用户，并尽力协助那些在使用中出现困惑的用户。良好的客服将提升应用评级，这有助于提升应用的线上声誉。

11. 进一步迭代与改进

所有这些监控的目的是要掌握接下来应用的变更策略。世界范围内大多数应用程序从未真正完成，总是可以添加新的特性和改进。盲目地改进应用程序显然难以获得较好的效果。此时从用户和监控平台接收到的信息，是应用改进的方向。然后重复移动应用开发过程，继续改进应用程序。

移动应用程序的设计和开发是国际上信息系统发展的趋势。在这个过程中有很多步骤和艰难的决策。但是，这个过程非常有益，而且具有相当可观的效益。当然可以依据信息系统建设的规模等相关因素选择跳过上述开发过程中的某些步骤。

本 章 小 结

三层结构是一种架构部署风格，它将功能分为多个层，每个层都可以位于物理上分离的计算机上。三层架构在不同的应用场景中有不同的用途，即可以用于 Web 应用程序，也可以用于分布式应用程序、移动应用程序。框架技术出现的目的是为了提高创造信息系统的生产效率。应用框架技术可以提高开发人员的生产力，并提高新信息系统的质量、可靠性和健壮性等关键服务质量保证指标。框架技术允许系统研发人员更专注于实现应用程序的需求，而不是耗费大量的时间在应用程序基础设施的构造上。Web 框架(Web Framework)或 Web 应用程序框架(WAF)是软件框架，旨在支持 Web 应用程序的开发。典型的 Web 应用程序包括了 Web 服务、Web 资源和 Web API。Web 框架提供了构建和部署 Web 应用程序的标准方法。Web 框架的服务目标是自动化地处理 Web 开发活动中的通用行为，以达到降低整体活动开销的目的。每天都有成千上万的移动应用发布到谷歌和或苹果应用商店。所有这些应用程序，都应该遵循统一的移动应用开发过程。移动应用之间千差万别，其开发方法不断发展，移动应用的开发过程应该遵循某种开发标准，这个标准与传统 PC 端系统开发和 Web 应用开发在原理上具有一定的相通性，但在过程中有较大的差距。移动应用开发过程通常包括理念、策略、设计、开发、部署和交付后等阶段。

习　　题

一、简答题

1. 三层结构的主要优势有哪些？

2. 现阶段传统信息系统开发存在的主要问题表现在哪几个方面？

3. 客户端 Web 应用框架分为哪三种架构模式？

4. 使用框架技术的优缺点分别是什么？

5. 移动应用的分类有哪些？

二、填空题

1. (　　　　)是表示层主要的组成部分。

2. 三层结构由(　　　　)设计方法演变而来。

3. 三层结构为了提高(　　　　)，把逻辑层从(　　　　)层抽离。

4. 在逻辑层中，应用服务的功能是对(　　　　)的数据进行深化加工处理。

5. 框架技术出现的目的是为了提高创造信息系统的(　　　　)。

6. 大多数 Web 框架都基于(　　　　)模式。

三、选择题

1. 三层结构的主要优势不包括(　　　)。

A 可维护性　　　　B 可扩展性　　　　C 灵活性　　　　D 可修改性

2. 下列哪个选项不是移动智能终端通常具有四个典型特征(　　　)。

A 访问高速网络的能力　　　　　　　B 开放、可扩展的操作系统平台

C 高处理能力　　　　　　　　　　　D 具有移动通话能力

四、思考题

1. B/S 和 C/S 结构的三层结构主要包含那些层，有何异同？

2. 在三层体系结构中，书店系统的盘库功能应当隶属于哪个层？为什么？

3. 客户端 Web 应用框架的架构模式通信方式是否相同，为什么？

第 11 章 实现与测试

本章导读

信息系统开发经过需求分析和设计之后，需要进行编程实现和系统测试。编程实现是按照系统的详细设计要求，在选定的开发平台下，使用指定的开发工具和开发语言，遵循特定的程序设计方法所进行的代码编写工作。测试是为了保证系统质量所从事的发现模型和程序错误的工作。有静态测试和动态测试两种主要测试方法。测试包括模型测试、单元测试、集成测试、系统测试和验收测试等工作。经过测试的信息系统就可以移交给用户使用。

主要知识点

■ 系统实现　　　　■ 系统测试

■ 过渡与评价　　　■ 系统维护

11.1　编程与实现

前面两章详细介绍了信息系统体系结构设计和详细设计，其中详细设计包括类与接口设计、功能逻辑设计、数据库设计和界面设计等工作。信息系统体系结构设计和详细设计是系统实现的基础，设计模型以及设计文档是软件代码实现所依据的主要文档。

系统实现包括代码实现、单元测试、系统集成等工作。单元测试放在测试一节介绍，本节主要介绍代码实现和系统集成两项工作。

11.1.1　代码实现

代码实现也叫编程实现，是指按照系统的详细设计要求，在选定的开发平台下，使用指定的开发工具和开发语言，遵循特定的程序设计方法所进行的代码编写工作。代码实现将依据前面的设计方案，并对设计文档中确定的每一个函数、方法、过程以及类、包、界面进行编程实现。

1. 代码实现的策略

在详细设计阶段，对系统的类，类的属性、方法和操作，数据库表结构，界面的布局等细节都作了详细设计。在编程之初，对设计的类、构件、子系统需要确定开发策略。通常，有以下几种开发策略：

- 自顶向下开发策略；
- 自底向上开发策略；
- 基于 PIM 类模型的用例实现开发策略。

1) 自顶向下开发策略

在结构化方法的程序设计中就开始采用自顶向下策略。按照这种策略来编写程序，从顶层模块编起，然后逐步向下层模块延伸，直到最后编写最底层模块的程序。面向对象程序设计也可以采取自顶向下的开发策略。按照这种策略，应该先从主界面开始编写界面层程序，然后编写业务层程序和数据层程序。自顶向下开发策略的优点是无需为测试程序专门构造测试环境和测试驱动程序，由于程序是从主界面开始编写起，后面编写的程序在前面已经编写好的程序的基础上运行。这种方法的缺点是在编程初期，不能组织多个程序员同时编写多个程序模块，因为主界面和下层界面的程序还没有编写好时，其他程序没有办法测试。但这只是编程初期出现的现象，在主界面和几个下层界面程序调试好之后，多个功能块的编程工作就可以同时展开。

2) 自底向上开发策略

自底向上的开发策略与自顶向下的策略正好相反，它是先从数据层开始编程，逐步向业务层和界面层过渡。这种策略的优点是多个程序员在开发初期就可以同时投入编程工作，能够提高编程效率。其缺点是需要编写大量驱动程序来测试所编写的底层模块，给开发和测试带来了很重的负担。

3) 基于 PIM 类模型的用例实现开发策略

基于 PIM 类模型的用例实现开发策略是在 C/S 和 B/S 模式下，采用面向对象方法开发的一种经典的编程策略。这种策略的基本开发步骤是：

(1) 根据 PIM 类模型建立数据库。把设计模型中 PIM 类模型定义的所有 PIM 类转变成数据库中的数据表，并在选择的数据库管理系统中建立起这些物理数据表。

(2) 编写并测试 PSM 类模型的程序。编写 PSM 类模型中的 PSM 类的程序，每一个 PSM 类都应该作为独立的类进行编写。应对所编写的 PSM 类的程序认真进行测试，保证没有错误。

(3) 编写并测试用例实现程序。在设计阶段的功能逻辑设计中，对需求模型中的每一个用例进行了详细设计。功能逻辑设计确定了为了完成一个用例的功能，应该参与的界面类、控制类和实体类。用顺序图描述了为实现该用例的功能，这些类中的对象相互之间是如何协调完成用例功能的。因为整个系统的实体类程序在第二步已经编写完成了，所以在此只需要利用集成开发环境构建该用例涉及的界面，编写并测试控制类程序。

(4) 集成测试。集成本用例涉及的实体类、控制类和界面类程序，并进行集成测试。后面将介绍基于这种策略所进行的系统实现工作。

2. 代码实现的组织与计划

在程序开发阶段为了保证工期，提高开发效率，需要投入大量程序员同时开展开发工作。这样就需要对参与的程序员进行有效的组织。可以把程序员组成开发小组，由开发小组承担编程工作。小组组成有平等协作制、组长负责制和技能互补制三种形式。在平等协作制的小组中，各成员具有大体相同的技术和经验，具有相似的专业背景，他们在组内是平等的，区别仅仅是承担了不同的编程工作。在组长负责制的小组中，由小组长负责全组的管理协调和技术工作，组长具有全组工作的决策权和控制权。在技能互补制的小组中，各个成员的技术水平和知识背景具有互补作用，每一个成员都有其他成员所不具有的技术专长，工作中互相补充，相得益彰。

不管采用何种人员组织方式，作为开发的管理人员，需要对项目开发的进度有一个详细的安排计划，并要求开发人员在没有特殊变动的情况下严格按照计划执行，只有这样，才能够保证开发工作按时完成。图 11.1 和图 11.2 是一个利用 Microsoft Office Project 编制的工作计划示例。在实际开发时，代码开发计划应该制定的更为细致，一个类、一个界面，甚至一个方法和函数的实现都应该纳入工作计划之中。

	ⓘ	任务名称	工期	开始时间	完成时间	前置任务
1	▦	项目策划	3 工作日	2008年1月2日	2008年1月4日	
2		⊟ 需求分析	**5 工作日**	**2008年1月7日**	**2008年1月11日**	1
3	▦	需求调研及分析	4 工作日	2008年1月7日	2008年1月10日	
4	▦	编写测试计划	1 工作日	2008年1月9日	2008年1月9日	
5	▦	需求及测试计划评审	1 工作日	2008年1月11日	2008年1月11日	4
6	▦	需求完善	1 工作日	2008年1月11日	2008年1月11日	
7		⊟ 系统设计	**8 工作日**	**2008年1月14日**	**2008年1月23日**	
8	▦	概要设计	2 工作日	2008年1月14日	2008年1月15日	
9	▦	相关技术及知识准备	2 工作日	2008年1月14日	2008年1月15日	
10	▦	编写使用说明书初稿	1 工作日	2008年1月16日	2008年1月16日	8
11	▦	黑箱测试用例设计	3 工作日	2008年1月14日	2008年1月16日	
12	▦	概要设计和测试用例评审	1 工作日	2008年1月17日	2008年1月17日	
13	▦	概要设计方案及测试用例完善	1 工作日	2008年1月17日	2008年1月17日	
14	▦	详细设计（类图,顺序图和协作图）	3 工作日	2008年1月18日	2008年1月22日	
15	▦	详细设计评审	1 工作日	2008年1月23日	2008年1月23日	14
16	▦	详细设计完善	1 工作日	2008年1月23日	2008年1月23日	
17		⊟ 编码实现	**5 工作日**	**2008年1月24日**	**2008年1月30日**	
18	▦	编码实现	5 工作日	2008年1月24日	2008年1月30日	16
19	▦	单元测试	5 工作日	2008年1月24日	2008年1月30日	
20		⊟ 测试	**3 工作日**	**2008年1月31日**	**2008年2月4日**	19
21	▦	集成测试	2 工作日	2008年1月31日	2008年2月1日	
22	▦	系统测试	1 工作日	2008年2月4日	2008年2月4日	
23		⊟ 培训及发布	**3 工作日**	**2008年2月1日**	**2008年2月5日**	
24		⊟ 培训准备	**2 工作日**	**2008年2月1日**	**2008年2月4日**	
25	▦	编写使用说明书终稿	2 工作日	2008年2月1日	2008年2月4日	
26	▦	培训	1 工作日	2008年2月5日	2008年2月5日	
27	▦	发布	1 工作日	2008年2月5日	2008年2月5日	

图 11.1 软件开发时间安排

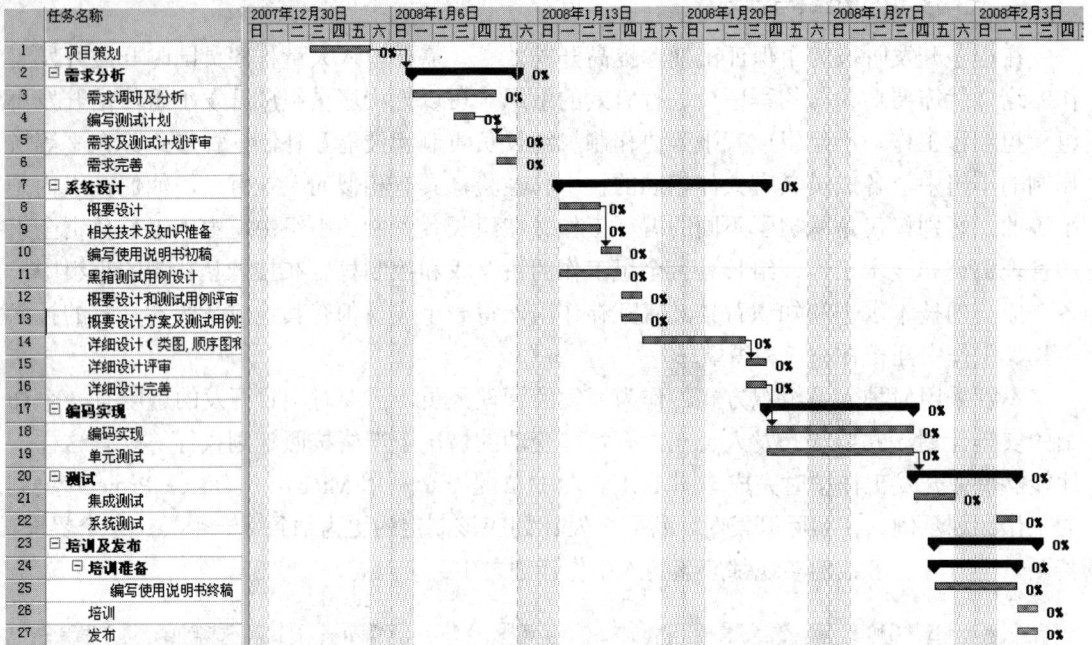

图 11.2　软件开发安排的甘特图

3. 代码实现

代码实现是把详细设计方案转变成实际软件产品的过程，主要完成数据库实现、业务功能实现和界面实现。在确定了实现策略，制定了详细的开发计划之后，就可以开始系统的代码实现工作了。下面按照基于业务对象的用例实现开发策略所规定的开发步骤，介绍代码实现的基本工作。

1) 根据 PIM 类模型建立数据库

数据库在信息系统中处于重要位置，合理、可行的数据库设计方案对信息系统具有至关重要的作用。一般软件系统的数据库设计方法已经十分成熟，需要经过概念设计、逻辑设计和物理设计等步骤，最后在选定的数据库管理系统上建立符合设计规范要求的物理数据库。UML 出现之后，随着基于面向对象方法建模工具的成熟，数据库设计工作已经被大大简化。通过建模工具可以自动生成与业务对象模型对应的数据库。

图 9.30 是小型书店书务系统的 PIM 类模型。利用 Enterprise Architect 建模工具可以根据该模型生成书务系统的数据库。图 9.60 是转变后得到的数据库逻辑结构模型。数据库逻辑结构模型是 PIM 类模型和数据库之间的一种中间形态，它描述了根据 PIM 类模型要转换得到的数据库，以及各个数据表的结构和各表之间的关联关系。

由数据库逻辑结构模型可以生成物理数据库。图 9.61 是由数据库逻辑结构模型生成一组 SQL 语句，在 SQL-Server 上面运行该组语句，就能够自动生成数据库物理结构。

由 PIM 类模型转换为数据库的具体方法可以参考 Enterprise Architect 的操作手册。如果利用其他的工具，需要使用相应的方法生成数据库。信息系统的大量业务操作都要访问数据库，数据库结构不应轻易变动。数据库结构中的属性名、类型、长度、关联和约束的任何一个发生变动，都会影响到多个业务功能。所以在数据库变动之前，应该对数据库的变动进行认真评估。尤其在已经开始编写代码之后，改变数据库结构应慎之又慎。

2) PSM 类的实现

在详细设计阶段，对 PSM 类中的属性、操作和关系都做了详细的设计，确定了属性的全部内容，包括属性名、可视性、范围、类型、初始值等；并明确了操作的算法、流程和处理的数据。

在使用面向对象语言的开发过程中，PSM 类的实现，也就是编写类的程序。Enterprise Architect 支持 Java、C#、C++、VB 等语言的 PSM 类代码的自动生成功能，可以将设计完整的 PSM 类直接通过 Enterprise Architect 工具生成对应语言的代码框架。图 11.3 中的代码是由图 9.30 中的"图书"类生成的 C#语言的代码框架。

```csharp
using 分析模型.PIM类模型;
namespace 分析模型.PIM类模型 {
    public class Book {
        private string bookNumber;
        private string ISBN;
        private string title;
        private string auther;
        private date publishDate;
        private int orderofEditon;
        private float price;
        public Publisher m_Publisher;
        public ClassifyofBook m_ClassifyofBook;

        public Book(){
        }
        ~Book(){
        }
        public virtual void Dispose(){
        }
    }//end Book
}//end namespace PIM类模型
```

图 11.3 "图书"类的 C#代码框架

从图 11.3 的代码框架可以看出，Enterprise Architect 会自动把 PSM 类的属性完全转变成对应的代码，并为每一个操作生成代码框架，程序员只需要根据设计文档，编写实现各操作的程序代码即可。利用建模工具可以大大减少程序员手工编程的工作量。PSM 类的编程工作其实就是编写 PSM 类中各个操作的程序代码。

由建模工具生成的所有 PSM 类和控制类的代码框架，不仅能够保证代码框架与设计模型的一致性和完整性，同时也可以保证在没有编写代码之前就可以根据需求文档、设计文档和代码框架编写代码的测试用例，提前展开测试工作。

3) 控制类的实现

控制类是对一个用例功能进行有效管理的中心控制单元。一个系统的业务逻辑全部由控制类中的操作来实现。控制类一般没有属性，仅有操作。在详细设计阶段进行了详细的功能逻辑设计，每一个功能逻辑的实现均需要控制类进行集中管理。在建立的功能逻辑模型中，详细设计了控制类的操作。借用 Enterprise Architect 可以生成控制类的代码框架，并在生成的代码框架中自动引入了相关联的包和类。图 11.4 是在售书管理中生成的控制类"售书管理器"的 Java 程序代码框架。

```
//Source file: D:\\Java\\sellBookMgr.java
/*定义销售图书管理器类：sellbookMgr */
public class sellBookMgr
{ /*定义构造函数 */
public sellBookMgr()
{          }
/* 获取图书信息 */
public Void getBookInfo(book book)
{ return null;}
/* 获取销售数量 */
public Integer getbookNum(int number)
{ return null;}
/* 产生待售图书 */
public boolean createWaitingSellbook()
{ return true;}
//Source file: D:\\Java\\sellBookMgr.java
/* 会员处理*/
public Void memberDeal()
{ return null;}
/* @roseuid 4544BC7A011C
*/
public double discount()
{return 0;}
/* 售出图书 */
public boolean sellbook()
{ return true;}
/* 打印售书单*/
public Void printSellNotes()
{ return null;}
}
```

图 11.4 "售书管理器"的 Java 程序代码框架

4) 界面类的实现

界面是人机交互的主要途径。其主要功能是接收用户输入，激发界面事件请求，并向用户展现处理结果。目前界面主要有 C/S 模式的 Windows 窗体形式，以及 B/S 模式的 Web

网页形式。在详细设计阶段，已经对界面结构、布局风格、对话，以及各种类型的界面进行了详细设计。借用集成开发环境，已经不需要程序员手工编写界面类程序，而是采用集成开发环境提供的界面生成工具，可以很方便地生成系统所需要的界面类。

界面类不承担任何业务处理工作，系统中所有的业务处理和事务处理完全由控制类或实体类完成。界面类仅承担接收用户输入的数据，并对接收的数据进行合法性检查，把有效数据提交给系统中的控制类或实体类来处理。界面类也需要接收用户的操作请求，启动相应的功能操作，并将操作处理的结果通过界面展现给用户。信息系统通过界面向用户展现系统的功能和效用，界面应该美观、友好，并易于使用。

5) 组件与分包

分包是把多个类以及程序要素归放在一个程序组织单元中的工作。在.NET 中，可以将在功能上相关的几个 Class 归放在一个命名空间(Namespace)中，在 Java 环境中，将不同的 Class 放在相应的包(Package)中，命名空间和包就是程序的组织单元。分包得到的程序组织单元将作为构成信息系统软件的组件。

分包的基本原则是功能的相关性，把完成同一功能的多个类封装在同一个组件中。分包的第二个原则是通用性。可以把那些独立性强，完成通用功能的实体类或者控制类放在一起，将其打包发布成为独立的通用组件，这样其他模块和系统就可以方便地引用。图 11.5 是一个通用地址簿的类图，这些类相互关联完成地址簿功能，并具有相对独立性。因此，把这些类划分到同一个包内，并封装在一个组件里。

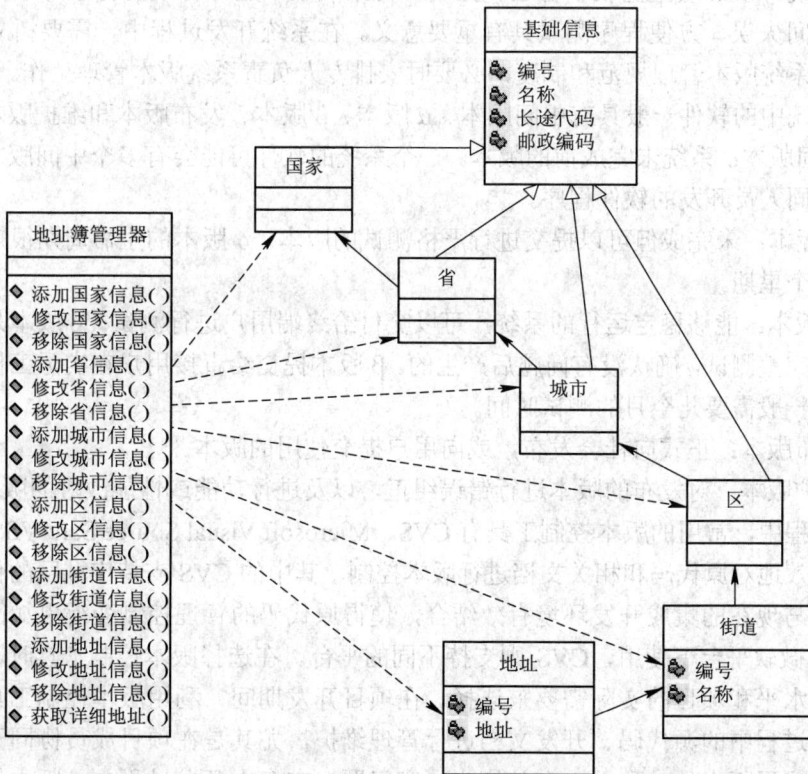

图 11.5 通用地址簿的组成类图

4. 代码实现的几个相关问题

(1) 代码实现应该遵循设计文档。程序员在编程过程中发现如果存在设计不合理的问题，需要写出书面报告，提交给项目负责人，由项目负责人决定对设计实施变更和调整。

(2) 程序员的独立性和创造性发挥应以不影响程序总体结构和共同规范为准则。在编程过程中，对编程中采用的具体技巧和方法，在不改变设计接口和功能的前提下可以由程序员自己决定方法。例如，设计方案中有一个操作，它给出了操作的返回值类型、参数和参数类型。如果程序员在编程过程中发现在一个操作中实现规定的功能的代码量太大，程序过于冗长，程序员可以将该操作的代码分解为几个小操作。诸如此类问题在设计时一般考虑不到，需要程序员在具体开发过程中调整原设计方案。但是所有调整必须保证原设计方案提供的接口和方法不变。

(3) 尊重程序员个人的习惯和偏好。例如，实现一个循环是采用 For 语句还是 While 语句，应该尊重程序员的喜好。当然采用不同语句，系统的运行效率是不一样的，有经验的程序员会在代码编写时考虑到语句效率问题。

(4) 功能代码、界面代码以及后台数据库的代码分开来实现。这样一方面保证了代码的独立性，另外也可以提高系统的可维护性、可移植性，最后也能够充分发挥不同程序员的技术优势，承担符合各人特长的编程工作。

5. 版本控制

信息系统开发必须重视版本管理和控制。对系统版本进行有效的管理对于提高工作效率、减少中间失误、方便程序测试具有重要意义。在系统开发过程中，需要树立版本管理意识，制订系统版本管理规范和制度，必要时安排专人负责系统版本管理工作。

信息系统中的软件一般具有中间版本、α 版本、β 版本、发布版本和维护版本等。

(1) 中间版本：系统未完成前的版本。一个系统的软件可能会有多个中间版本，记录不同时间、不同人员开发的软件程序。

(2) α 版本：未完成但可以提交进行严格测试的版本。α 版本的生命周期很短，通常只有几天或几个星期。

(3) β 版本：能够稳定运行的系统，可以交付给终端用户进行测试。β 版本是经过对多个 α 版本的完整测试，确认没有问题后产生的。β 版本提交给直接用户在实际工作中进行测试和检验，一般需要几个月的测试时间。

(4) 发布版本：正式向社会发布，或向用户提交使用的版本。

(5) 维护版本：对发布的版本进行错误纠正，以及进行功能或性能改进的版本。

开发过程中，常用的版本控制工具有 CVS、Microsoft Visual Source Safe(VSS)等。这些工具可以有效地对原代码和相关文档进行版本控制，其中的 CVS 支持广域网的使用。这些工具都可以与现在的集成开发环境有效结合，使得原代码的管理控制变得更加简单。但是 VSS 只能在微软平台下使用，CVS 则支持不同的平台。在选择版本控制工具时，应该根据开发人员的水平和项目的实际需要来选择。在项目开发期间，利用版本控制工具，可以有效地对开发过程中的源代码、开发文档进行管理维护，尤其是在项目成员协同开发时，可以保证原始代码版本的一致性，有效解决冲突问题。在多人开发过程中，版本的一致性维护十分重要，控制也变得复杂，利用版本控制工具，可以保证一个唯一的最新版本，同时保留开发过程中的各个历史版本。

11.1.2　系统集成

在基本代码完成并通过了单元测试以后，就进入系统集成阶段。系统集成是将各软件构件以及子系统整合成完整软件，以及与软件平台和其他相关系统进行适配、整合的过程。系统集成包括软件集成、平台集成、数据集成、应用集成等多个方面。系统集成的关键在于解决系统之间的互联和互操作性问题。

按照系统体系结构设计的要求，将各软件构件和子系统整合为一个完整的系统是软件集成的工作。软件集成与集成测试是同时进行的两项工作，通过集成测试，确定需要集成的各构件和子系统的接口与内容是否达到了集成的规格要求，然后再进行系统集成。在大型信息系统的开发中，除了由开发队伍专门开发许多软件构件和子系统之外，也会选择过去积累起来的现成组件用于本软件之中，还会选择从市场上采购的软件中间件和现成的软件构件。

有渐进式集成和集中式集成等不同的集成策略。渐进式集成是先将小的软件组件组成一个较大的软件组件，再把这些大组件组装成大的业务功能模块或者业务子系统，最后再将子系统联合成完整的系统。集中式集成则是把需要集成的所有组件经过测试准备好，然后把这些组件组装成最终系统。系统集成一般采用渐进式集成策略。大型的系统集成，一般由专门的系统集成师来完成。

11.2　系　统　测　试

11.2.1　测试的概念

1. 测试的定义

信息系统测试是在信息系统开发过程中，通过确定的方法，从信息系统模型和软件代码中发现并排除潜在的错误，以得到能可靠运行的信息系统的过程。信息系统开发的复杂性决定了在所开发的信息系统中肯定会隐含和残存这样或那样的错误和问题。因为在理论上不能保证所开发的信息系统是绝对正确的，所以必须通过测试来发现和排除这些问题。测试的目的是发现问题，但是测试并不能保证可以发现系统中潜在的所有问题。因此，再彻底的测试，也总会遗留一些问题到运行阶段。所谓成功的测试是尽量多地发现问题，并保证所提交的系统是能够可靠运行的系统。

信息系统是一个复杂的整体，包括硬件和软件、模型和代码、程序和数据，其中任一部分出了问题，信息系统都不能够正常运行。因此，从广义上讲，信息系统测试是对信息系统所有部分的测试。硬件网络和系统支撑软件是可以可靠使用的成熟产品，在应用环境中，对信息系统的测试主要限于安装测试和协调性测试，而数据的正确性则需要由数据员来保证。因此，本节主要讨论对信息系统模型和软件程序代码的测试。

2. 测试工作

可以把信息系统的测试划分为模型测试、单元测试、集成测试、系统测试和验收测试等部分，每一个部分包括确定测试目的和测试对象、编制测试计划、组织测试队伍、选择测试方法、设计测试用例、实施测试和测试结果评价等项工作。

3．测试的基本原则

(1) 建立一支独立于开发的测试队伍。

开发者与测试者对信息系统持有完全不同的态度。开发是建设性的，它以构建满足用户需要的信息系统为目的。系统中问题越少，开发者的成功感越高。而测试是破坏性的，它假定被测试的信息系统中存在问题，并以找出问题为目的。被找出的问题越多，测试人员的成就感越强。由于开发者和测试者对系统持有不同的态度，所以原则上不能由开发者测试自己所开发的系统。

(2) 尽早不断地进行测试。

应尽早在系统开发的各个阶段不断地进行测试，以便及时发现需求分析、系统设计和系统实现中存在的缺陷和错误，以免积累到最后再解决，造成不必要的人力和物力的浪费。

(3) 严格按照测试计划进行测试。

应该严格按照测试计划进行测试，以保证测试进度，使测试和纠错工作在预定的范围内进行，避免随意性。

(4) 精心设计测试用例。

测试用例直接反映被测对象的覆盖范围和测试深度。好的测试用例能够集中发现系统中存在的隐患。因此，必须精心设计测试用例，用尽可能少的测试投入发现尽可能多的问题。

(5) 对错误多发程序段进行重点测试，对改正过的程序进行回归测试。

在测试过程中，发现的错误越多，说明存在的隐患越大，对这样的测试对象越应该重点进行深入测试。在纠正错误后还必须重新测试，以免带来新的错误。

(6) 妥善保存各类测试资料，为系统维护提供方便。

当系统功能增加后，可以利用以前的测试用例或在其基础上进行修改、扩充后，再次用于系统测试，为重新测试或追加测试提供方便。

4．测试方法

对信息系统的测试可以采用多种方法，并可从不同角度对测试方法进行分类。根据是否执行被测程序，可以将测试分为静态测试和动态测试。动态测试又可以分为黑盒测试和白盒测试。根据测试的对象，可以将测试分为模型测试和程序测试。根据测试的重复性可以分为顺序测试和回归测试。根据被测对象的覆盖性可以将测试分为穷举测试和抽样测试。下面主要介绍静态测试和动态测试。

11.2.2　静态测试

1．静态测试的概念

静态测试是指不执行程序而对文档以及代码进行的测试。对于基于 UML 的设计文档，静态测试的重点就是审查各种 UML 的模型图是否正确，因此也可称为模型测试。很多大公司的经验表明，在一个好的系统开发中，静态测试检测出的错误数可占总错误数的 80% 以上。

静态测试主要有以下特点：

(1) 主要由手工方式进行，可以充分发挥人的主动性。

(2) 实施不需要特别条件，容易开展。

(3) 一旦发现错误就知道错误的性质和位置，不需要查错，因而修改成本低。

2．静态测试的方法

静态测试的方法主要有两种：审查和走查。静态测试以人工为主，有些内容也可以借助软件工具自动进行。

1）审查

审查是指通过阅读并讨论各种设计文档以及程序代码，以检查其是否有错的方法。

审查一般可以通过两种不同的形式进行：

● 个人审查：由个人对自己或者他人的开发文档或程序进行审查。

● 会议审查：通过会议的形式将相关的人员召集起来审查设计内容，会议的目的是发现错误而不是纠正错误。

个人审查与会议审查各有优点。会议审查能够提高审查效率，并且不容易遗漏问题；个人审查比较节省时间。对于一个团队中新人比较多的情况，推荐使用会议审查。

2）走查

走查只适用于代码，即只有代码的走查，没有设计文档的走查。

代码走查与会议代码审查比较相似，只是审查的具体方式不一样。代码走查以小组开会的形式进行。走查由被指定作为测试员的小组成员提供若干测试用例，让参加会的成员充当计算机的角色，在会议上对每个测试用例由人工来模拟跟踪程序的执行。通过将测试用例"输入"被测试程序，对程序的逻辑和功能提出各种疑问，并进行有关的讨论和争论，以发现代码中的问题。

由于人工"执行"比较慢，因此测试用例不能过于复杂也不宜过多。测试用例并不是关键，它仅仅是作为怀疑程序逻辑与计算错误的启发点，在随机测试实例游历程序逻辑时，在怀疑程序的过程中发现错误。

11.2.3 动态测试

与静态测试相反，动态测试是通过运行被测程序而发现问题的一种测试方法。动态测试可分为白盒测试和黑盒测试两种方法。

白盒测试是指在完全了解程序的结构和处理过程的情况下设计测试用例的一种方法。黑盒测试是指不考虑程序的内部结构和处理过程，仅仅根据程序的功能来设计测试用例的一种方法。

1．白盒测试

覆盖率是白盒测试的一个重要技术指标。覆盖率既可以指导测试用例的设计，另外也可以用来衡量白盒测试的力度。白盒测试的主要方法有语句覆盖、判定覆盖、条件覆盖、判定/条件覆盖、条件组合覆盖以及路径覆盖等。

下面我们首先给出一个待测试的程序例子，并通过该程序的测试来讲解各种白盒测试方法。

程序及流程图如图 11.6 所示。

```
例1：源程序
void sample(int A, int B,
float C)
{
   if((A>1) && (B==0))
   {
      C=C/A;
   }
   if((A==2) || (C>1))
   {
      C=C+1;
   }
}
```

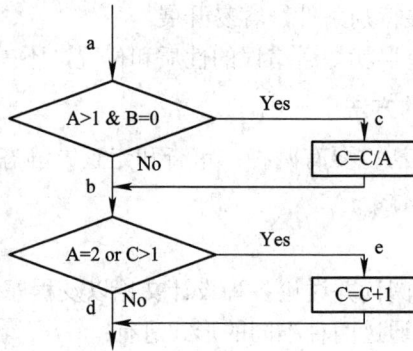

图 11.6　白盒测试法示例

1) 语句覆盖

语句覆盖是指程序中的每个可执行语句至少被执行一次的测试。语句覆盖的测试可以达到 100%的覆盖率。

图 11.6 中的例子如果希望达到语句覆盖，设计下面一个测试用例即可：

A=2，B=0, C=3

这组输入可以使得程序中的可执行语句 C = C/A 和 C = C+1 分别被执行一次。如果程序的第二个判断条件错误地写成了 C>0，该组输入则无法判断出来这个 BUG。

2) 判定覆盖

判定覆盖是指程序中的每个分支至少执行过一次测试，即程序中的每个判定条件都至少获得过一次可能的值(IF, SWITCH 语句，循环条件的判断语句)。

图 11.6 中的例子如果希望达到判定覆盖，设计下面两个测试用例即可：

A=3，B=0, C=3 (路径：acd)

A=2，B=1, C=1 (路径：abe)

上面的测试用例使得例子中的两个 IF 判断条件分别为 TRUE 和 FALSE。判定覆盖包含了语句覆盖，但仍然是不够的，上面的测试用例只能覆盖程序的一半路径。

3) 条件覆盖

条件覆盖是指每一个判定条件中的每一个条件至少获得过一次可能的值的测试。判定覆盖只关心整个判定表达式的值，而条件覆盖关心判定表达式中的每个条件的值。

图 11.6 中的例子对于第一个判定表达式来说是为了达到条件覆盖，需要执行测试用例使得程序在 a 点能够分别满足 A>1，A<=1，B=0，B!=0 即可。

如果希望达到条件覆盖，在 a 点设计下面的两个测试用例即可：

A=3，B=0

A=1，B=1

与判定覆盖的测试用例相比，可以看出判定覆盖的两个用例中并没有达到 A<=1 这个条件。因此可知条件覆盖比判定覆盖的强度又增强了一些。但是判定覆盖和条件覆盖并没有包含的关系。例如用例 A=1，B=0 和 A=3，B=1，这两个测试用例达到了条件覆盖却不能达到判定覆盖，因为第一个判定表达式始终为 FALSE。

4) 判定/条件覆盖

判定/条件覆盖是同时满足判定覆盖和条件覆盖的测试, 即使得判定表达式中的每个条件都取到各种可能的值, 而且每个判定表达式也都取到各种可能的结果。

图 11.6 中的例子如果希望达到判定/条件覆盖, 设计下面两个测试用例即可:

A=2, B=0, C=4 (路径: ace)

A=1, B=1, C=1 (路径: abd)

尽管看起来"判定/条件覆盖"似乎能够使各种条件取到各种可能的值, 但实际上并非如此。如对于判定中的与(AND)条件, 计算机在实现中为了优化, 如果第一个表达式已经不满足就不会去计算第二个判定条件。因此, 对于第二个判定条件的测试事实上也就失去了意义。所以彻底的测试应该是使每一个简单判定都真正取到各种可能的值。

5) 条件组合覆盖

针对上述问题, 又引出了更强的条件组合覆盖标准。条件组合覆盖是指列出判定中所有条件的各种组合值, 每一个可能的条件组合至少被执行一次的测试。

图 11.6 中的例子如果希望达到条件组合覆盖, 需要满足下面的组合:

A>1, B=0

A>1, B!=0

A<=1, B=0

A<=1, B!=0

A=2, C>1

A=2, C<=1

A!=2, C>1

A!=2, C<=1

根据上面的组合设计测试用例如下:

A=2, B=0, C=4(使得 1 和 5 的情况出现, 路径: ace)

A=2, B=1, C=1(使得 2 和 6 的情况出现, 路径: abe)

A=1, B=0, C=2(使得 3 和 7 的情况出现, 路径: abe)

A=1, B=1, C=1(使得 4 和 8 的情况出现, 路径: abd)

条件组合覆盖一定满足判定覆盖、条件覆盖、判定/条件覆盖、语句覆盖, 但是仍然不能满足路径覆盖。上面的例子中就没有覆盖到路径 acd。

6) 路径覆盖

路径覆盖是指程序中所有可能的路径都被至少执行过一次的测试。

图 11.6 中的例子如果希望达到路径覆盖, 设计下面的一组测试用例即可:

A=2, B=0, C=4(路径: ace)

A=3, B=0, C=1(路径: acd)

A=1, B=0, C=2(路径: abe)

A=1, B=1, C=1(路径: abd)

对于比较复杂的程序来说列出所有的路径不是一件容易的事情, 必须事先清楚地画出程序的流程图, 对可能的路径进行分析和归纳。

白盒测试可以分为两大类：逻辑覆盖测试和路径覆盖测试。逻辑覆盖测试又可以细化为语句覆盖、判定覆盖、条件覆盖、判定/条件覆盖、条件组合覆盖五种方法，见表 11.1。

表 11.1　逻辑覆盖测试的五种方法对比

	类型	说　明
测试的强度（弱→强）	语句覆盖	每个可执行语句至少要执行一次
	判定覆盖	每个判定分支至少执行过一次
	条件覆盖	每一个判定条件中的每一个条件至少获得过一次可能的值
	判定/条件覆盖	同时满足判定覆盖和条件覆盖的要求
	条件组合覆盖	列出判定中所有条件的各种组合值，每一个可能的条件组合至少被执行一次

在实际测试中最好的测试应该是条件组合覆盖与路径覆盖的结合测试，但这样测试成本较高。一般在实际中的项目会根据具体要求设计用例，但至少应该达到判定/条件覆盖。

2. 黑盒测试

黑盒测试主要是从功能、性能等角度进行测试。黑盒测试的主要方法包括等价类法、边界值分析法、错误推测法及因果图法等。

1) 等价类法

等价类是指某个输入域的子集和。在该子集和中，各个输入数据对于测出的程序中的 BUG 都是等效的。该方法的关键在于正确地划分等价类。

等价类划分可有两种不同的情况：有效等价类和无效等价类。

- 有效等价类是指对于程序的规格说明来说是合理的、有意义的输入数据集合。
- 无效等价类是指对于程序规格说明来说是不合理的、没有意义的数据集合。

设计测试用例时，要同时考虑这两种等价类。用等价类法设计测试用例分两步进行：划分等价类和确定测试用例。

下面用一个实例来说明该方法的应用。例如在一个学生成绩统计功能中，要求分别统计出及格和不及格的人数(假定只有 0～100 之间的整数有效)，那么可以进行如下划分：

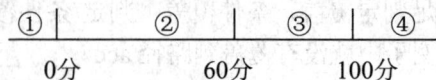

```
      ①        ②      ③     ④
      0分       60分    100分
```

有效等价类：
(1) 0～59 分②。
(2) 60～100 分③。
无效等价类：
(1) 0 分以下①。
(2) 100 分以上④。
(3) 非整数。
(4) 非数字。
(5) 空值。

根据上面的等价类可设计如表 11.2 所示的测试用例。

表 11.2　等价类划分法

有效/无效	等价类	测试用例
有效等价类	0～59 分	"50"
	60～100 分	"78"
无效等价类	0 分以下	"−23"
	100 分以上	"156"
	非整数	"63.5"
	非数字的输入	"ab"
	输入为空	"　"

2) 边界值分析法

经验表明，处理边界情况时程序最容易发生错误。因此针对各种边界情况设计测试用例可以查出更多的错误。同时边界值分析方法也是对等价类法的补充。

对于前面的成绩统计的例子，采用边界值法与等价类法相结合之后设计的测试用例如表 11.3 所示。

表 11.3　等价类划分与边界值分析结合法

有效/无效	等价类	测试用例	说　　明
有效等价类	0～59 分	"0"	最小边界值
		"1"	比最小边界值稍微大一点
		"50"	中间任意值
		"58"	比最大边界值稍微小一点
		"59"	最大边界值
	60～100	"60"	最小边界值
		"61"	比最小边界值稍微大一点
		"78"	中间任意值
		"99"	比最大边界值稍微小一点
		"100"	最大边界值
无效等价类	0 分以下	"−1"	边界值
		"−23"	任意值
	100 分以上	"101"	边界值
		"156"	任意值
	非整数	"60.5"	
	非数字的输入	"ab"	
	输入为空	"　"	

3) 错误推测法

错误推测法是基于经验和直觉推测程序中所有可能存在的各种错误，从而有针对性地设计测试用例的方法。错误推测方法的基本思想是：列举出程序中所有可能有的错误和容易发生错误的特殊情况，根据它们选择测试用例。例如在单元测试时曾列出的许多在模块中常见的错误，以及以前产品测试中曾经发现的错误等，根据这些错误来确定测试用例。

实际测试中并不单独使用一种方法，而应该通过多种方法的综合使用，设计出高效率的测试用例。

11.2.4 模型测试

1. 模型测试的意义

检查并发现系统模型中存在的错误的工作被称为模型测试。信息系统开发过程要建立大量的模型。只有完整、正确和一致的系统模型才有可能得到成功的信息系统，错误的系统模型必然带来错误的结果。另外，信息系统的错误具有放大效应，前期模型中的错误带到后期开发中，会把错误蔓延到更多的地方，并且解决起来需要花费更大的代价。因此，通过模型测试及时发现并纠正系统模型中的错误，对信息系统开发具有重要意义。

模型测试是一项十分庞杂的工作。因为信息系统具有多种模型，包括领域模型、需求模型、设计模型和实现模型等，每一种模型都是从一个阶段或一个侧面对信息系统的描述。保证这些模型的正确、一致和完整性是一件十分困难的工作。

2. 模型测试的方法和步骤

可以运用多种方法进行模型测试，但较实用的还是模型审查法。模型审查法是由建立模型的人员或专家，按照审查标准对所要测试的模型文档进行分析和审查，找出模型中存在的问题。模型审查的一般过程是：

(1) 确定审查的模型对象和审查的范围。

(2) 收集被审查的模型文档材料。

(3) 制订审查计划，确定审查标准。

(4) 对模型材料实施审查。

(5) 收集并分析审查结果。

(6) 形成审查结论。

3. 模型测试的实例

我们以需求模型中的用例图为例讨论模型审查的基本过程。假定审查书店书务系统中的"图书销售"的用例图，见图 11.7。

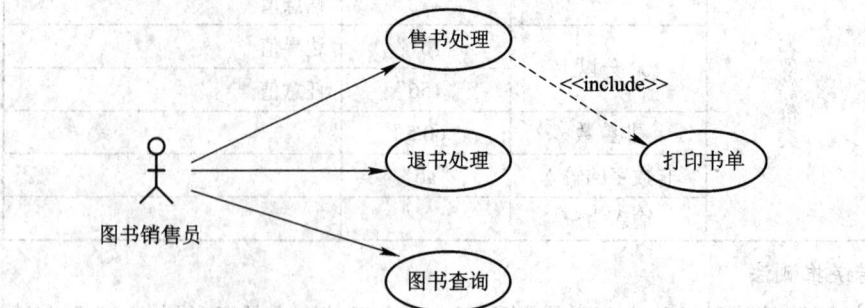

图 11.7 图书销售管理功能用例图

模型审查应该按照完整性、正确性和一致性三个方面的标准要求进行。对用例图而言，完整性的含义是该用例图完整地描述了被审查部分所需要的功能，既没有漏掉必须要的功能用例，也没有包含不需要的功能用例。正确性的含义是每一个用例都精确地描述所要描述的系统功能，用例描述是规范正确的。一致性含义更为广泛，要求本图与其他用例图没有冲突和矛盾，与系统功能没有矛盾。

根据模型审查的标准，确定对用例图审查的重点和方面：

(1) 该模型是否全面、准确地描述了"图书销售"应该具有的功能？是否存在疏漏或不需要的功能？

(2) 系统边界的划分是否合理？

(3) 所确定的参与者是否正确？

(4) 用例图的描述是否规范？用例命名是否准确？

(5) 本图与其他模型是否存在不一致的地方？

(6) 本图所需的描述文档是否齐全？

根据确定的审查重点和方面，由审查人员对用例图进行审查。发现两个问题：

(1) 缺少"销售分析"功能用例。

(2) 缺少详细的用例说明。

11.2.5　单元测试

1. 概述

单元测试是指对程序的基本组成单元进行的测试，验证每个单元是否完成了设计的预期功能。基本单元一般来说是一个函数、一个过程或者一个类。单元测试一般情况下由程序的开发人员采用白盒法进行测试。

单元测试的具体步骤如下：

(1) 设计和编写测试用例。从理论上讲，应该在详细设计结束之后设计和编写测试用例。但实际应用中常常在编码结束之后才从事此项工作，这样可以减少因详细设计变动而引起工时浪费，达到更好的测试效果。

(2) 构造测试环境和设置测试数据。由于在单元测试阶段整个软件还没有构成，为了测试每个单元，必须构造必要的测试环境以便实施测试。这项工作主要包括编写驱动程序和桩程序，以及准备测试所需要的数据。

驱动程序是指调用被测单元的程序。通过驱动程序调用被测试的函数或方法，把构造的各种数据通过一定的方式传给被测单元达到测试的目的。例如，希望对函数 A 进行单元测试，但是该程序的 main 函数是由另外一个程序员编写的，此时还不能拿到代码，这就需要自己写一个 main 函数来调用函数 A。

桩程序是指被测单元中调用到的一些还没有完成的函数的替代程序。例如我们希望对函数 A 进行单元测试，但是 A 中调用了由另外一个程序员编写的函数 B，B 的真实代码暂时拿不到，为了测试 A 只能先临时写一个函数 B 的代替品。这里的桩程序 B 不要求实现真正所应该实现的所有功能，但是也不允许什么都不做，只要做少量的数据操作就可以了。

(3) 实施测试。一般都是在开发环境下通过单步跟踪等方式进行测试。

(4) 修改与回归测试。对于测出的问题点进行修改，并对相关的代码进行重新测试。

(5) 编写测试报告。根据测试结果完成测试报告。

单元测试中各要素之间的关系见图 11.8。

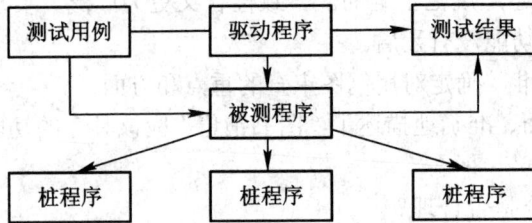

图 11.8　各测试要素之间的关系

2．单元测试的策略

单元测试需要设计驱动程序和桩程序，因此在测试实施过程中，可以有以下三种策略：

(1) 自顶向下分别测试每个单元。该策略可以省去驱动模块的设计，需要设计桩模块，并行性较差。

(2) 自底向上分别测试每个单元。该策略可以省去桩模块的设计，需要设计驱动程序，可并行测试。

(3) 独立单元测试。该策略不需考虑各个单元的联系，可以并行，但是需要同时设计驱动程序和桩程序(驱动程序和桩程序的复杂度要低于前面两种)。

比较上述三种测试策略，策略(3)是最容易实施的，对于工期比较紧张的情况，该策略应该是一个很好的选择。当然实际测试中还要根据一些具体的因素来决定选用哪种策略，也可以结合使用。

3．面向对象的单元测试

面向对象的软件进行单元测试时，它的基本单位是一个方法或者一个类。即使以类为单位的测试，每个方法内部也必须进行严密的测试，为类的测试打下坚实的基础。对于每一个方法内部的测试可以采用前面讲过的白盒测试的各种方法进行充分测试，这里重点讲述对类的各个操作之间关系的测试。

1) 一般类测试方法

类测试是由封装在类中的操作和类的状态行为所驱动的，除了对每一个方法和属性的测试之外，与普通的单元测试最大的不同之处就是要把所有的方法看成是类的一部分来测试，尤其是要格外注意对类的继承特性和多态性的测试。

类测试主要是通过各种不同的操作序列来进行各个方法之间的测试。从某种意义上来看，这样的测试似乎也可以认为是类的内部小范围的集成测试。类测试主要有以下两种方法：

(1) 随机测试。根据实际可运行的各个操作的要求(比如一个文件的最小操作序列：open,read, close)进行随机操作组合。这样，各个操作就可能出现在随机的操作序列中，很容易测试出一些单纯测试方法不能测出的问题。此外，测试对象类的环境不一样，例如在一个类的对象实例产生和释放的时间进行一些随机测试，也可能会带来意想不到的问题。

(2) 划分测试。划分测试是从不同的方面对类进行分类测试，主要有以下三种分类：

- 基于状态的划分：分为改变类状态和不改变类状态的操作序列。
- 基于属性的划分：对某个属性修改/使用/不用也不修改的操作序列。
- 基于功能的划分：将相关的属于同一功能的几个操作作为一个操作序列。

2）父子类测试方法

对于父子类继承关系的主要测试方法有分层增量测试和抽象类测试。

(1) 分层增量测试：指通过分析来确定子类中哪些部分需要添加测试用例，哪些继承的测试用例需要运行，以及哪些继承的测试用例不需要运行测试程序。一般原则如下：

- 子类中新定义的操作需要添加新的测试用例进行测试。
- 考察从父类继承的成员函数是否需要测试，根据分析进行测试用例的补充。
- ——从父类继承的操作在子类中进行了改动时，子类中的操作需要测试。
- ——子类中的操作调用了从父类继承之后又在子类中改动了的操作时需要测试。
- 父类的操作调用了在子类中继承并改动了的操作时，父类的操作需要测试。

此外，父类的测试用例是否能照搬到子类中呢？父类与子类中有继承关系的函数，如果逻辑大致相同，但存在一些部分细节不同时，父类的测试用例可以经过修改之后用于子类的测试。但若是子类独自扩展出来的操作，父类的测试用例则是完全没有作用的。

(2) 抽象类测试：指类测试时需要建构一个类的实例之后再进行的测试。然而，一个继承体系的根类通常是抽象的，许多编程语言在语义上不允许建构抽象类的实例，这样给抽象类的测试带来了很大的困难。一般对于抽象类有以下两种测试方法：

- 为需要测试的抽象类单独定义一个具体的子类。
- 将抽象类作为测试第一个具体子类的一部分进行测试。

目前有很多支持单元测试的测试工具，例如适合于 Java 语言的 Junit，适合于 C++语言的 CppUnit、C++Test 等，利用这些工具可以大大提高单元测试的效率。对于刚开始步入软件测试领域的人员来说，还是推荐人工手动测试为好，这样对于测试的理解才会更加深刻。

虽然单元测试一般要求尽可能提高各种覆盖率，但也并不一定覆盖率越高越好。因为提高覆盖率就意味着增加测试成本，所以高覆盖率也是以高成本为代价的。最好是在合理分析之后具体计划测试的覆盖率，例如新手编写的，逻辑比较复杂的部分的覆盖率可以适当提高，而难度较低又是经验较丰富的程序员编写的，可以考虑适当降低覆盖率。

一旦编码完成，开发人员总是会迫切希望进行软件的集成工作，这样就能够看到实际的系统开始启动工作了。但是在实践工作中，进行了完整计划的单元测试和编写实际代码所花费的精力大致上是相同的。一旦完成了这些单元测试工作，很多 BUG 将被纠正，在确定拥有稳定可靠的模块的情况下，开发人员能够进行更高效的系统集成工作。这样从整体来看完整计划下的单元测试是对时间的更高效的利用，而用调试代替单元测试的工作方式只会花费更多的时间而换回不多的好处。

11.2.6 集成测试

1. 概述

集成测试是在单元测试的基础上，将所有的模块按照系统设计的要求联合起来进行的测试。集成测试的对象是经过单元测试之后的代码。集成测试关注的是各个模块的接口，以及各个模块组合之后是否运行正常，而单元测试关注的是每个单元，每个模块的内部处理。因此，集成测试和单元测试是不能互相替代的。

当然，如果一个程序非常简单，仅由几个函数组成，且在单元测试中已经把几个函数的调用都测试过了，这种情况下就可以省略集成测试。一般来说对于由一个以上的模块组成的软件进行集成测试是必需的。集成测试一般是由程序开发人员采用白盒法进行测试。集成测试的具体步骤同单元测试基本相同。

2．集成测试的策略

集成测试中测试策略的选择是最重要的一个环节。对软件进行集成测试时，有很多种集成策略。例如一次性集成、渐增式集成、基于进度的集成、基于功能的集成、分层集成等。下面介绍两种主要的集成策略。

1) 一次性集成方式

此方式是指把所有的已完成单元测试的单元组装在一起进行测试，最终得到要求的软件。由于程序中不可避免地存在涉及模块间接口、全局数据结构等方面的问题，所以一次试运行成功的可能性不大。

2) 渐增式集成方式

此方式是指首先对一个个模块进行单元测试，然后将这些模块逐步组装成较大的系统，在组装的过程中边连接边测试，以发现连接过程中产生的问题。最后通过渐增式逐步组装成为要求的软件系统。具体分为自顶向下的渐增、自底向上的渐增和混合渐增式测试。

选择适当的集成测试策略之后，就可以真正地实施测试了。集成测试与单元测试的实施过程基本相似，由于是白盒测试，因此很多都是在开发环境下用单步跟踪等方式进行测试。但是集成测试有一点特别需要注意的地方，就是一般集成测试都是多个人联合进行，所以要求各个测试人员要及时交流，密切配合。对于发现的问题点，不能有思想上的依赖，不能认为其他人也会发现自己不记录也没有关系。

3．面向对象的集成测试

面向对象的集成测试主要指类之间的集成测试以及类的对象的创建、释放等操作对类中其他方法的影响等的测试。

面向对象程序相互调用的功能是散布在程序不同的类中，类的行为与它的状态密切相关。由此可见，类之间相互依赖极其紧密，根本无法在编译不完全的程序上进行集成测试。此外，面向对象程序具有动态特性，程序的控制流往往无法确定，因此面向对象的集成测试通常需要在整个程序编译完成后进行。下面重点介绍两种测试方法。

1) 基于方法序列的集成测试

找出响应系统的一个输入或一个事件所需要的一组类的方法序列，集成起来测试。例如有个对话框类(CTestDialog)的界面如图 11.9 所示，点击确定按钮时，文本编辑框要做错误检查，进行错误检查时调用了另外一个类 CerrorCheck 的一个公有方法 IsValidPort。那么可以设计一个测试用例，通过点击确定按钮的事件，将所需要用到的一组类 CtestDialog 的 OnOK 方法与 CerrorCheck 的 IsValidPort 方法集成起来测试。

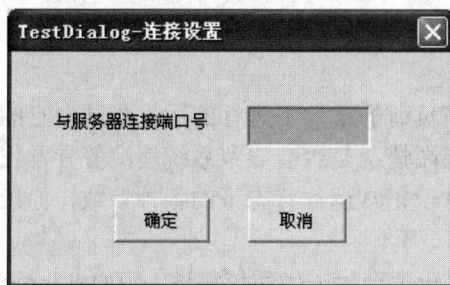

图 11.9　基于方法序列的集成测试示例程序

在用 UML 设计的系统中，该方法实际上就是按照顺序图进行测试的。因为顺序图描述了对象之间动态的交互关系，对于任何一个响应都定义了明确的顺序，因此顺序图是集成测试一个非常有效的依据。依据顺序图的同时可以参考类图，检查各个类之间的各种关系是否都被充分进行了测试。

2) 基于状态的集成测试

基于状态的集成测试是以状态机模型或者状态说明规范为依据的测试。测试时按照一定的遍历规则对状态转换图进行遍历，以产生消息序列，并依据状态图检查每一个消息序列执行之后是否达到了预期的状态。

在用 UML 设计的系统中，该方法实际上就是按照状态图进行测试，各个状态的变化都可能涉及多个类的多个操作的交互，这样测试也会更加充分。

除了上面介绍的动态测试之外，面向对象的集成测试还有一种比较好的静态测试方法。现在一些流行的测试软件都能提供一种称为"逆向性工程"的功能，即通过源代码得到类关系图和类方法功能调用关系图，例如 Rational 公司的 Rose C++ Analyzer 等。将"逆向性工程"得到的结果与设计时的结果相比较，就可以检测程序结构及实现上是否有缺陷。

11.2.7　系统测试

系统测试是将已经集成好的各个模块作为一个整体，与操作系统、计算机硬件、外设、数据和人员等其他元素结合在一起对软件进行一系列的测试。系统测试一般采用黑盒法进行，其具体步骤与单元测试基本相同。

系统测试包括多种测试，例如功能测试、性能测试、兼容性测试、压力测试、文档测试、可用性测试等。下面主要介绍几种重要的测试。

1) 功能测试

功能测试是最基本的一项测试，它依据需求说明和概要设计文档采用黑盒法的等价类、边界值、错误推测等方法设计各种测试用例，然后根据测试用例进行测试。

2) 性能测试

性能测试的目标是度量系统相对于预定义目标的差距。性能测试关注的主要参数包括处理的响应时间、系统资源(CPU、内存等)的使用情况等。

3) 兼容性测试

兼容性测试是指对软件与操作系统之间、软件自身的各个版本之间及第三方软件等的兼容性进行的测试。

4) 压力测试

压力测试是指系统在高负荷的条件下进行的运行测试。它的目的是测试系统在比较极端的情况下的反应，检查极端情况是否会导致系统崩溃等异常出现。压力测试与性能测试的区别在于，性能测试注重于正常运行状态下的各种参数，而压力测试注重于极端状态下的各种状况。

目前有很多测试工具比较适合用来做系统测试，例如 Winrunner、LoadRunner 等，利用这些工具可以大大提高测试的自动化程度和测试的质量。

11.2.8　验收测试

验收测试一般是指由用户、特定的第三方测试机构或者软件公司的质量管理部门进行的测试，一般采用黑盒法进行。其主要测试内容包括功能、安全性、可靠性、易用性、可扩充性、兼容性、性能、资源占用率、用户文档等方面。

此外，在系统交付使用之后，用户将如何实际使用程序，对于开发者来说是无法预测的。为了进行模拟用户的测试，很多软件公司还采用 α 测试和 β 测试以发现更多错误。α 测试是由一个用户在开发环境下进行的测试，也可以是公司内部的用户在模拟实际操作环境下进行的测试。这是在受控制的环境下进行的测试。β 测试是由系统的多个用户在一个或多个用户的实际使用环境下进行的测试。与 α 测试不同的是，β 测试时开发者通常不在测试现场，是在开发者无法控制的环境下进行的系统现场应用。

11.3　过渡与评价

11.3.1　系统过渡

系统过渡是由新信息系统代替旧信息系统的过程。此阶段一般要完成系统部署与发布、整理并输入真实数据，以及完成系统的切换等项工作。

1. 部署与发布

集成为完整的信息系统之后，接下来需要进行系统的部署和发布工作。系统部署的目的是将一个信息系统转移给其用户。部署工作包括用户培训、软件安装、资料准备，如果是产品软件，还需要进行发布，并实施版本控制。

系统部署需要将信息系统中的软件打包，即将开发的软件生成可安装的程序。目前有很多成熟的打包软件，许多集成开发环境本身就自带不错的打包发布功能。开发人员可以根据需要选择软件打包的策略，并确定打包的文件，比如源程序文件就不应该一起打包，而相关的帮助文档则应该一起打包。打包完成后，对产品软件可进行发布；对于定制系统，可直接安装运行。

2. 数据的整理和输入

数据整理是按照新建立的信息系统对数据的格式和内容的要求，统一进行数据的收集、分类和编码。然后，将整理好的数据由专门的人员输入系统，并对系统进行初始化。同时，还应制订相关的规章制度和处理规程，以保证基础数据的一致、准确和完整。

3. 系统切换

新、旧信息系统的切换一般可以采用以下三种方法进行。

1) 直接式切换

直接式切换是指当确定新系统能正常运行后，在某一确定时间，停止旧系统的运行，立即启用新的信息系统。这种方式的优点是简单、节省费用和人力，但这种切换方式风险较大，因为新系统没有真正担负过实际工作，运行中难免出现预想不到的问题。因此，对重要系统不宜采用此种方法。这种方法仅适用于系统规模小、业务简单、数据不太重要的应用场合。

2) 并行式切换

针对直接式切换存在的问题，可采用并行切换方法，即使新、旧信息系统同时运行一段时间。经过一段时间的考验，对比结果没有问题后，便可用新系统正式代替旧系统。并行时间一般为三到五个月。这种方法虽没有多大风险，但费用高，工作量大。

3) 分段式切换

分段式切换是对上面两种方法的综合，它的特点是分阶段、分部分进行新旧替换，这样既避免了直接式切换的风险，又减轻了并行式切换费用和人力资源的浪费。

除了确定系统的切换方式之外，还应该由各个部门联合组织人员，制订信息系统管理及操作制度，包括机房管理制度、技术档案管理制度、数据输入与维护制度、操作规程等，以便进行系统运行的日常管理及对系统运行情况进行记录。

11.3.2 系统移交

当新系统完全取代了旧系统而投入正常运行之后，就应该着手准备系统的移交工作，由开发方正式把信息系统的管理权移交给用户。除了移交信息系统之外，还需同时移交合同规定的信息系统开发的所有技术文档。

11.3.3 系统评价

1. 系统评价的目的

在信息系统正式投入稳定运行之后，就可对所开发的信息系统从技术性能及经济效益等方面做出总体评价，以检查信息系统是否达到了预期的目标，并指出系统的优点和不足，提出改进意见。最后据此写出评价报告，为系统的改进和扩充指出方向。

2. 系统评价的内容

1) 技术性能评价

(1) 系统的总体技术水平，主要包括系统的技术先进性、实用性，系统的开放性与集成程度等。

(2) 系统功能覆盖范围，主要包括对各个管理层次及各业务部门业务的支持程度，用户要求满意程度等。

(3) 信息资源开发与利用的范围与深度，包括是否通过信息的集成及功能的集成，实现了业务流程的优化，人、财、物等资源的合理使用情况，对市场、客户等信息的利用率等。

(4) 系统本身的质量，如系统的可使用性、正确性、适用性、可维护性、通用性、可靠性等。

(5) 系统的安全性与保密性，包括业务数据是否会被破坏或被修改，数据使用权限是否得到保障，防攻击、防侵入的能力等。

(6) 系统文档的完备性。

2) 系统效益评价

系统效益评价可分为直接经济效益评价和间接经济效益评价。直接经济效益评价的内容包括系统的投资额、运行费用、系统新增效益、投资回收期等，间接效益评价的内容包括企业形象的改变、对员工素质提高所起的作用、管理水平的提高、业务重组及管理流程优化、资源的合理利用、提高决策成功率等。

系统评价一般需要在系统稳定运行一个时期，例如三个月或半年之后再进行。系统评价可结合系统验收进行。

11.4　系　统　维　护

11.4.1　系统维护的概念

系统维护是指在信息系统交付使用之后，为改正系统中存在的错误以及为满足用户新的需求而对信息系统进行修改和完善的工作。信息系统投入使用之后，就进入系统运行期。在系统运行期，一方面系统中隐藏的各种问题会逐渐暴露出来，为了保证系统的正常运行，需要改正系统所暴露出来的问题；另一方面，随着系统环境和目标的变化，用户会对信息系统提出新的要求。为了使系统能够适用环境和目标的变化，满足用户的使用要求，需要对系统进行适应性改进。系统维护是伴随信息系统生命周期的一项长期工作，需要花费巨大的成本，一般系统维护费要占整个信息系统建设总费用的 60%以上。系统维护是信息系统建设过程中一项十分重要的工作，需要高度重视。

11.4.2　系统维护的类型

信息系统维护可以分为以下几种类型。

1. 更正性维护

更正性维护是为了保证信息系统正常、可靠地运行而进行的维护工作。系统开发和测试工作不能保证系统没有错误，可能会把一部分问题残存在系统中。在系统运行过程中，这些问题就会暴露出来。更正性维护用来修改和更正系统在运行过程中暴露出来的问题，以保证系统的正确性。

2. 适应性维护

适应性维护是为了适应环境的变化对系统进行的维护工作。系统在运行过程中，社会环境和软硬件环境都会发生变化。为了适应环境的变化，需要对系统进行适应性调整，以满足用户的要求。

3. 完善性维护

完善性维护是为了满足用户的新需求，对系统的功能或性能所进行的改进和完善性维护工作。用户对系统的需求是不断变化的，为了满足用户需求的新变化，就需要进行完善性维护工作。

4. 预防性维护

预防性维护是为了使系统适应未来可能出现的新变化，而对系统进行的超前性维护工作。对于那些使用面广、生命周期长的系统，需要专门建立一支维护队伍。他们不需要被动地等待用户提出问题或提出新需求之后，再进行维护工作，而应该对运行的系统进行超前性预测，估计用户可能产生的需求以及潜在的新需求，并根据估计的结果，对系统进行维护性工作。

11.4.3　系统维护的内容

信息系统维护可以分为以下几个方面。

1. 硬件维护

硬件维护是指对信息系统所涉及的计算机、网络、相关设备所进行的检查、保养和维修工作。大型信息系统整个硬件环境十分庞大，这些硬件设备经过一段时间的使用会出现故障、磨损和老化等问题，需要及时进行检查、保养和维修。

2. 软件维护

软件维护包括系统软件、支撑软件和信息系统应用软件三方面的维护工作。系统软件和支撑软件属于信息系统的环境软件，在信息系统运行过程中，这些软件会发生改版和更新，需要进行及时维护，以改进信息系统的软环境。另外，需要对信息系统本身软件进行维护，这部分工作是信息系统维护中工作量最大，也是难度最大的维护工作。

3. 信息维护

信息是信息系统的宝贵资源财富。在维护中，需要对信息系统的数据库、文件和信息内容进行维护，包括数据库结构、数据格式、数据内容和数据一致性等方面的维护工作。

本 章 小 结

代码实现是按照系统详细设计的要求，在选定的开发平台下，使用指定的开发工具和开发语言，遵循特定的程序设计方法所进行的代码编写工作。代码实现有自顶向下、自底向上和基于 PIM 类模型的用例实现等开发策略。代码开发小组可以采取平等协作制、组长负责制和技能互补制等组织方式。信息系统软件经过单元测试之后，可以进行系统集成。系统集成是将各软件构件以及子系统整合成完整系统，以及与系统平台和其他相关系统进行适配、整合的过程。系统集成包括软件集成、平台集成、数据集成、应用集成等多个方面。系统集成可以采取渐增式集成和集中式集成两种集成方式。

信息系统测试是在信息系统开发过程中，通过确定的方法，从信息系统模型和软件代码中发现并排除潜在的错误，以得到能可靠运行的信息系统的过程。可以把测试划分为模型测试、单元测试、集成测试、系统测试和验收测试等部分，每一部分的测试工作包括确定测试目的和测试对象、编制测试计划、组织测试队伍、选择测试方法、设计测试用例、实施测试和测试结果评价等。根据是否执行被测试的程序，可以把测试划分为静态测试和动态测试两种。静态测试是不执行测试程序，对文档及代码进行的测试。静态测试有审查和走查两种。动态测试需要执行被测程序，动态测试可分为白盒测试和黑盒测试两种。白盒测试是指完全了解程序的结构和处理过程的情况下设计测试用例的一种方法。黑盒测试是指不考虑程序的内部结构和处理过程，仅仅根据程序的功能和性能来设计测试用例的一种方法。

系统过渡是由新信息系统代替旧信息系统的过程。新、旧系统切换有直接式、并行式和分段式三种方式。维护是在信息系统交付运行之后，为改正系统中存在的错误以及为满足用户新的需求而对信息系统进行修改和完善的过程。

习　题

一、简答题

1. 有哪几种代码实现策略？阐述基于 PIM 类模型的用例实现开发策略的基本思想。

2. 程序开发小组的组成有哪几种形式？

3. α 版本和 β 版本的区别是什么？

4. 什么叫系统集成？有哪几种集成方式？

5. 简述信息系统的测试工作。

6. 测试有哪两种基本方法？

二、填空题

1. 先从数据层开始编程，逐步向业务层和界面层过渡是(　　　　)。

2. (　　　　)是把多个类以及程序要素归放在一个程序组织单元中的工作。

3. (　　　　)是对发布的版本进行错误纠正，以及进行功能或性能改进的系统版本。

4. 先将小的软件组件组成一个较大的软件组件，再把这些大组件组装成大的业务功能模块或者业务子系统，最后再将子系统联合成完整的系统的集成方式被称为(　　　　)。

5. (　　　　)是不执行程序，对文档以及代码进行的测试。

6. 不了解程序的内部结构，仅根据功能和性能对系统实施测试的方法被称为(　　　　)。

三、选择题

1. 下列叙述中正确的是(　　)。

A 代码实现的主要工作是编写程序

B 在面向对象方法中，代码实现较常采用自顶向下的策略

C 自顶向下的代码实现策略的效率高

D 自底向上的代码实现策略的可靠性高

2．下面不属于系统集成的是(　　)。

A 软件集成 　　　　　　　　　　B 逻辑集成

C 应用集成 　　　　　　　　　　D 数据集成

3．未完成但可以提交进行严格测试的软件版本被称为(　　)。

A α版本 　　　　　　　　　　B β版本

C 中间版本 　　　　　　　　　　D 维护版本

4．下列叙述中正确的是(　　)。

A 集成测试也被称为组装测试，是把所有单元放到一起进行的测试工作

B 系统测试也叫验收测试

C 白盒测试一定要读被测试的程序

D 测试的目的是为了保证程序的正确性

5．下列叙述中正确的是(　　)。

A 判定覆盖是指每一个判定至少被执行一次

B 条件覆盖是指每一个条件至少被测试一次

C 路径覆盖是程序中每一条语句都要至少被执行一次

D 条件覆盖比判定覆盖测试要彻底

四、思考题

1．简述代码实现三种策略的优缺点。

2．简述测试应该遵循的基本原则。

3．系统切换有哪几种方式？各有什么优缺点？

4．系统维护分为哪几种类型？

5．系统维护的内容是什么？

第 12 章　信息系统管理

本章导读

信息系统开发是一项大型的系统工程，需要进行有效的管理。管理在一定程度上决定着信息系统开发的成败。本章从信息系统项目管理、文档管理及信息系统的运行和维护管理等方面介绍了信息系统开发和维护中的管理工作。

主要知识点

- 信息系统项目管理　　　　　　■ 运行与维护管理
- 文档管理

12.1　信息系统项目管理

12.1.1　概述

1. 项目管理的概念

英国建造学会《项目管理实施规则》将项目管理定义为"为一个建设项目进行从概念到完成的全方位的计划、控制与协调，以满足委托人的要求，使项目得以在所要求的质量标准的基础上，在规定的时间内，在批准的费用预算内完成。"简言之，项目管理就是追求投入产出比最大化。

2. 项目管理的目标

项目管理将抽象的需求规格进行归纳、裁减，并整理成一个可实施的、可验证的、可度量的过程，通过一系列的活动实现预定的结果。项目管理的基本目标有三个主要方面：专业目标(功能、质量、生产能力等)、工期(时间)目标和费用(成本、投资)目标，它们共同构成项目管理的目标体系。一般来说，专业、工期、费用三者是互相制约的。当进度要求不变时，质量要求越高或任务要求越多，则成本越高；当不考虑成本时，质量要求越高或任务要求越多，一般进度越慢；当质量和任务的要求都不变时，进度过快或过慢都会导致成本的增加。项目管理的目的是谋求(任务)多、(进度)快、(质量)好、(成本)省的有机统一。

3. 信息系统项目管理的特点

信息系统项目管理具有以下特点：

(1) 信息系统项目的目标是不精确的，任务的边界是模糊的，质量要求原则上是由项目团队来定义的；

(2) 信息系统项目进行过程中，客户的需求会不断被激发，被不断地进一步明确，导致项目的进度、费用等计划不断地被更改；

(3) 信息系统项目是智力密集、劳动密集型的项目，受人力资源影响最大，项目成员的结构、责任心、能力和稳定性对信息系统项目的质量以及是否成功起决定性作用。

鉴于信息系统项目的上述三个特点，以下重点从信息系统的计划、进度、成本、人员、文档、质量监测、对外关系等角度来具体论述信息系统的项目管理。

12.1.2 计划、进度与成本管理

1. 信息系统计划

1) 战略规划和总体规划

信息系统的战略规划和总体规划需要确定以下三方面的内容：

(1) 信息系统的总目标和发展战略，总目标规定信息系统的发展方向，发展战略则提出具体的步骤和每步应达到的子目标，同时还应给出衡量具体工作完成的标准。

(2) 了解用户单位当前信息系统及其管理状况，包括软件与硬件设备、人员、各项费用、开发项目的进展以及应用系统的情况，同时，对用户单位当前的组织结构、业务流程、管理制度等进行分析。

(3) 对相关信息技术发展进行预测，提高技术选型和产品选型的正确性。

2) 子系统界定和分解

可以将整个系统划分为多个子系统进行独立开发再最终集成，这样可以降低系统的复杂性并使程序结构清晰。在系统划分前，需要按系统构成对系统进行分解，分析各子系统之间的依赖关系和需要相互进行的数据传递。

此外，还需要确定各子系统的开发顺序，对信息系统生命周期的各阶段费用、人力、进度等进行估算和安排。

2. 信息系统成本管理

信息系统项目的成本随着系统的类型、范围及功能要求的不同而不同，可以从信息系统生命周期的各阶段将信息系统成本划分为开发成本与运行维护成本两大类，在各类中又可根据项目的目的进行逐级细分，见图 12.1。

信息系统项目的成本测算，就是根据待开发的信息系统的成本特征以及当前能够获得的有关数据和情况，运用定量和定性分析的方法对信息系统生命周期各阶段的成本水平和变动趋势做出尽可能科学的估计。图 12.1 中，最难确定的是开发成本中的软件开发成本，而硬件成本和其他成本相对容易估算出来。至于运行维护成本，则可根据开发成本与运行维护成本比值的经验数据和测算出来的开发成本一起计算。所以信息系统项目成本测算的重点是软件开发成本。然而，由于软件是逻辑产品，成本估算涉及人、技术、环境、政策

等多种因素，因此在项目完成前，很难精确地估算出待开发项目的开销。

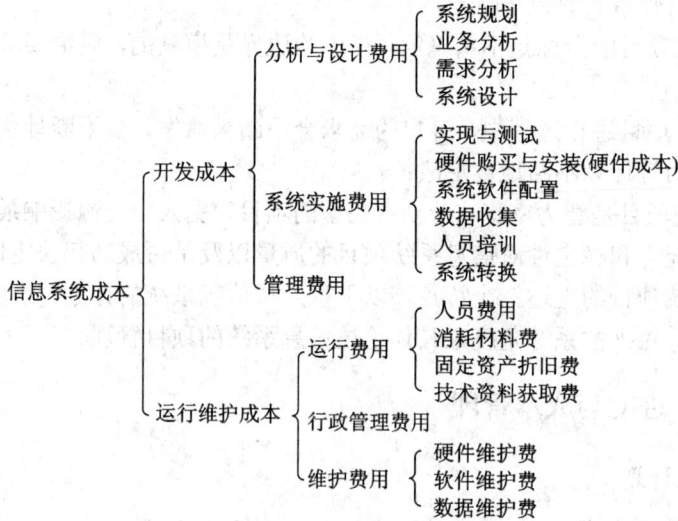

图 12.1　信息系统项目成本构成

常用的信息系统成本估算方法有四种：

① 参照已经完成的类似项目，估算待开发项目的软件开发成本和工作量。

② 将大的项目分解成若干小的子系统，在估算出每个子系统软件开发成本和工作量之后，再估算整个项目的软件开发成本。

③ 将软件按信息系统的生命周期分解，分别估算出软件开发在各个阶段的工作量和成本，然后汇总，估算出整个软件开发的工作量和成本。

④ 根据实验或历史数据给出软件开发工作量或软件开发成本的经验估算公式。

3. 信息系统进度控制

对信息系统进度进行控制有两个普遍使用的工具：即程序评估检查技术(PERT)网及甘特图。PERT 网将任务以精心计划的、关键路径网络的图形化形式表示出来。甘特图以条形图的方式表示项目任务及其持续的时间。在项目开始之初，这两个图都可以对项目进行规划和估计。一旦项目开始，在 PERT 网中可用实际的任务进展时间代替任务估计周期，也可以将实际的任务进展时间与待完成的任务估计周期结合起来绘制甘特图，以便能反映项目进展中出现的实际情况，并对项目计划进行必要的调整。

1) PERT 网

PERT 网是项目任务的可视化计划图。每个项目决定自己的任务、相关的时间以及依赖关系。通常，任务总是从系统开发组织建立的可能任务的标准列表中选择出来的。PERT 网使用的符号见图 12.2。图中圆圈代表一个任务的起始节点或终止节点。对于一个 PERT 网，只能有一个起始节点和一个终止节点，网络中的其他节点将最少有一个任务起始于该节点，并且最少有一个任务终止于该节点。每个节点包含有三个数。左边的数字(即图中的 n1)是节点的标识号，右上方的数字(即图中的 n2)是节点的最早完成时间，右下方的数字(即图中的 n3)是节点的最晚完成时间。关键路径指从项目的开始节点到项目的结束节点的最长时间路径，也即项目的开发周期。细线箭头代表不在网络关键路径上的一个任务，粗线箭头代表所有处于网络关键路径上的任务。每个任务箭头左边或上边的字母(即图中的字母 A)是任务标识符。每个任务有一个唯一的任务标识符，可以使用任务标识符在任务列表报告中查找实际的任务名。使用任务标识符的目的是为了避免将图与实际的任务名混在一起。每个任务箭头的下方或右边的数(即图中的 n4)是完成这个任务的期望时间，所有的时间必须使用相同的单位来表示。

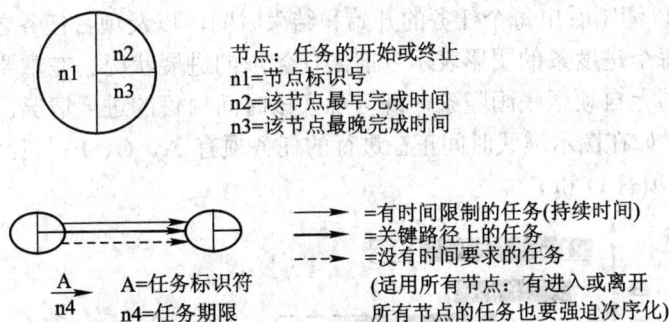

节点：任务的开始或终止
n1=节点标识号
n2=该节点最早完成时间
n3=该节点最晚完成时间

＝有时间限制的任务(持续时间)
＝关键路径上的任务
---＝没有时间要求的任务

A＝任务标识符
n4＝任务期限

(适用所有节点：有进入或离开
所有节点的任务也要强迫次序化)

图 12.2　PERT 图符号标记法

建立 PERT 网的步骤如下：

(1) 建立项目任务的列表；

(2) 对每个任务分配一个任务标识符；

(3) 决定每个任务的大致时间段；

(4) 决定任务之间的相互依赖性，如 B 和 C 必须在 A 完成后才能开始进行；

(5) 画出 PERT 网络，将每个任务用它的任务标识符标记，每个任务从头至尾连接每个节点，并将每个任务的时间段放在网络上；

(6) 确定每个任务节点的最早完成时间；

(7) 确定每个任务节点的最晚完成时间；

(8) 验证 PERT 网络的正确性。

图 12.3 为某项目 PERT 网的一个实例。由图 12.3 可以看出，该项目的总周期为 19 周，项目的关键路径是 A→B→D→G，A、B、D、G 项目的延误和提前将直接影响到整个项目的执行周期，所以对整个项目的周期控制重点在于对 A、B、D、G 子项目周期的控制。

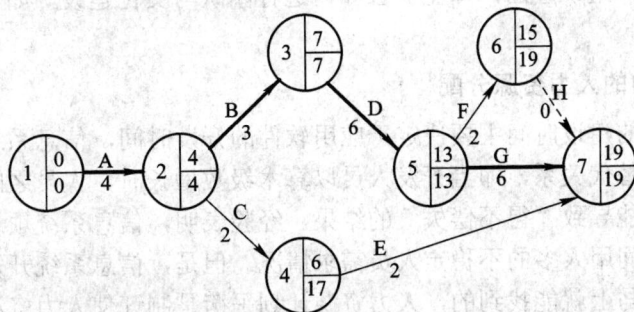

图 12.3　某项目 PERT 网实例

利用 PERT 网进行进度管理的缺点是：只有在对子任务的执行周期估计相对准确的情况

下 PERT 网才是有意义的，并且基于 PERT 网的进度管理必须清楚地定义项目任务之间的关系，假定前序任务结束后开始后续任务，不能很好地处理任务重叠的情况。

2) 甘特图

甘特图是基于二维坐标的项目进度图示表示法。例如，图 12.4 所示为某项目计划的简略甘特图，纵坐标表示组成项目的具体任务，如任务 A、B、C 等；横坐标表示完成整个项目的估计时间，时间单位可以是天、周或月。图中用长方形的进度条来表示某一个具体任务。

从图 12.4 可以清晰看出每个任务的开始和结束时间，以及项目任务之间开始或结束的时间顺序关系。每个进度条的阴影表示目前某任务项的进展状况。在重要的日期时间上，甘特图简单地在图上自顶至底画竖条，既可观察该时间项目的进展情况，并且可以看到重复或并行的任务。如在图示虚线时间正在进行的任务项有 A、C、E；已经结束的任务项有 B；待执行的任务项有 D 和 F。

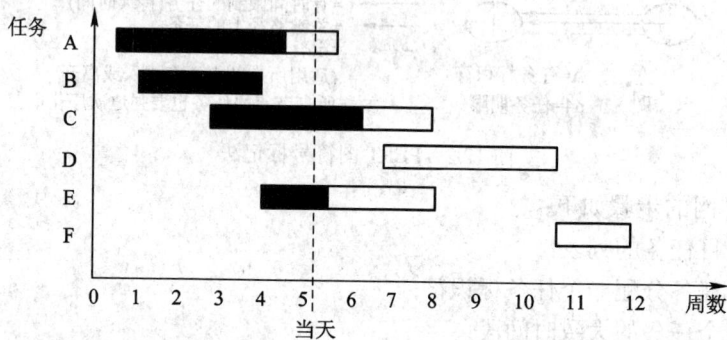

图 12.4　简单的甘特图

利用甘特图进行进度管理的缺点是：不能确定地看出整个项目是否按时、延迟或提前，无法表达子任务之间的依赖关系。

12.1.3　人员管理

信息系统开发是一种智能密集型生产活动，与开发人员的关系十分密切。因此，与其他行业相比，人员能力在开发过程中显得尤为重要。人员能力包括三个层面：个体层面，即个人的开发行为遵循何种准则才能规范高效；群组层面，即开发小组怎样分配角色沟通交流才能规范高效；组织层面，即企业应如何进行团队与文化建设，如何激励员工，以提高管理效率。

1．项目开发中的人力资源分配

信息系统项目的建设时间主要决定于应用软件的开发时间，信息系统项目中表现出人员与进度的非线性替代关系，即当开发人员以算术级数增长时，人员之间的通讯将以几何级数增长，从而可能导致"得不偿失"的结果。经验表明，信息系统项目的人力分配呈现出前后用人少、中间用人多的不稳定人员需求情况。但是，信息系统开发人员作为技术工种，不是一旦需要马上就能找到的，人力资源计划平衡是制订使人力资源需求波动最小化的进度计划的一种方法。这种方法力求尽可能均衡地利用人力资源并满足项目要求的进度。下面举例说明人力资源计划平衡的使用方法。

图 12.5 为某书店信息系统人力资源需求的网络图。

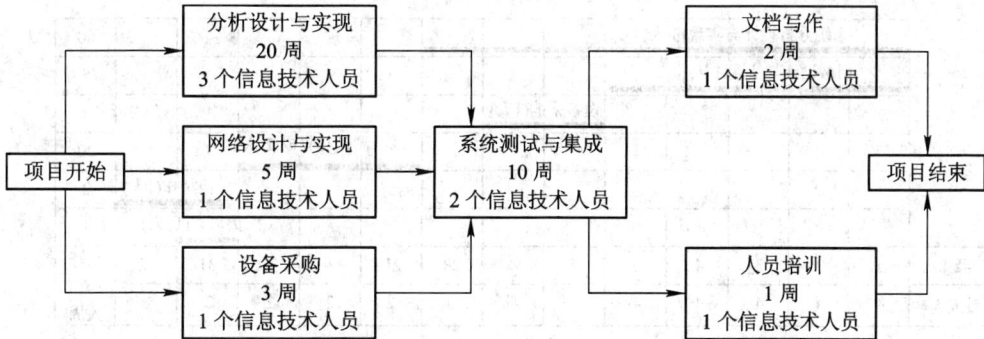

图 12.5　某书店图书信息管理系统人力资源需求的网络图

为了讨论方便，假设参加该项目的所有成员都可以胜任彼此的工作，相互替代。一般人们都希望各项活动尽可能早开始，早结束。现在假设网络图中每一项活动在其最早时间开始执行，可以绘制相应的人力资源分配图，见图 12.6。

												活动人周
系统分析设计与实现(3 人)												60
网络设计与实现(1 人)												5
设备采购(1 人)												3
						系统测试与集成(2 人)						20
								文档写作(1 人)				2
								人员培训(1 人)				1
第几周	1	2	3	4	5	6	…	20	21	…	30	31	32	总计
每周人数	5	5	5	4	4	3	3	3	2	2	2	2	1	91 人周

(a)

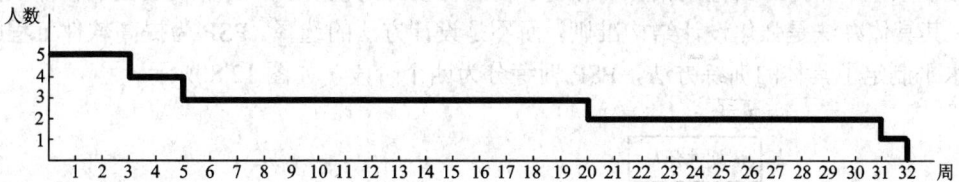

(b)

图 12.6　基于活动最早开始时间的人力资源计划图

从图 12.6(a)中可以看出，书店信息系统项目共需 32 周的时间，总工作量为 91 人周；从 12.6(b)中可以看出，前 3 周需要 5 个开发人员，第 4、5 周需要 4 个开发人员，第 6～20 周只需要 3 个开发人员，第 21～31 周需要 2 个开发人员，第 32 周需要 1 个开发人员。显然，该项目的人力资源波动较大。为使人力资源尽可能地平衡，现考察该项目的网络图。从图 12.6 中可以看出，该项目的关键路径是系统分析设计与实现、系统测试与集成、文档写作 3 个活动，而其他 3 个活动处于非关键路径上，这样就可以把设备采购活动推迟到第 6 周开始。调整后的人力资源分配图见图 12.7。

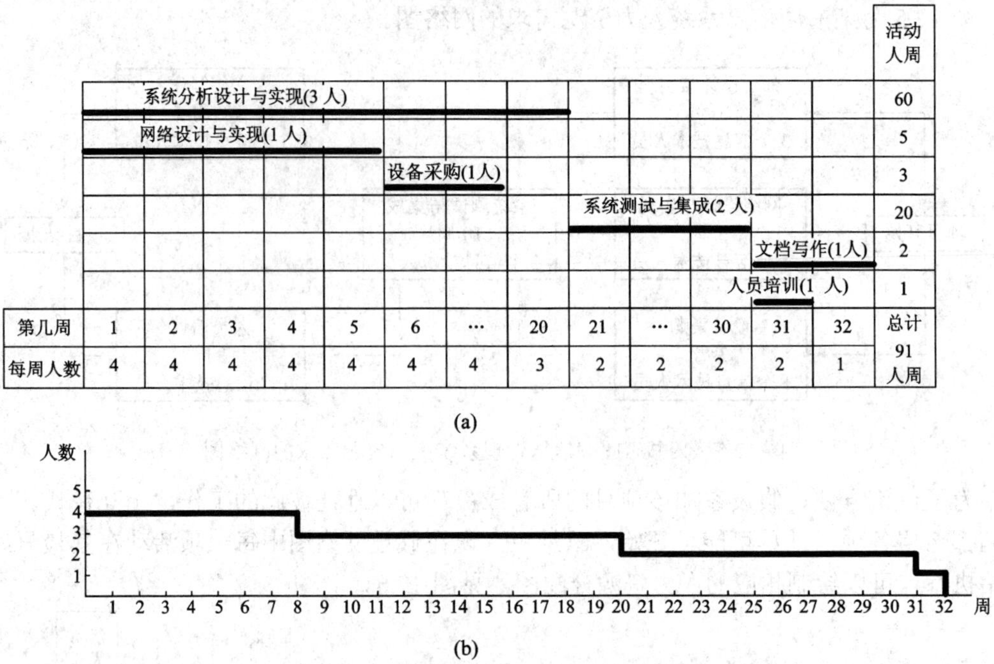
活动人周
系统分析设计与实现(3 人)
60
网络设计与实现(1 人)
5
设备采购(1人)
3
系统测试与集成(2 人)
20
文档写作(1人)
2
人员培训(1 人)
1
第几周
1 2 3 4 5 6 … 20 21 … 30 31 32
总计
每周人数
4 4 4 4 4 4 4 3 2 2 2 2 1
91 人周
(a)
人数
5 4 3 2 1
1 2 3 4 5 6 7 8 9 10 11 12 13 14 15 16 17 18 19 20 21 22 23 24 25 26 27 28 29 30 31 32
周
(b)

图 12.7　基于资源平衡的人力资源分配图

从图 12.7 可以看出，书店信息系统项目总工期不变，前 8 周需要 4 个开发人员，9～20 需要 3 个开发人员，第 32 周需要 1 个开发人员，人力需求波动减小，项目组相比图 12.6 方案可以节省 1 个信息开发人员的劳动力。

2. 个人软件过程(PSP)

PSP(Personal Software Process)是美国卡纳基梅隆大学软件工程研究所开发的一套旨在提高软件人员业务水平的训练教程，它是软件工程由定性走向定量的一个重要标志。PSP 为基于个体和小型群组软件过程的优化提供了具体而有效的途径，例如如何制订计划、如何控制质量、如何与其他人相互协作等。在软件设计阶段，PSP 的着眼点在于软件缺陷的预防，其具体办法是强化设计结构准则，而不是设计方法的选择。PSP 为提高软件工程师的技术水平制定了具体的训练方法，PSP 训练分为四个阶段，如图 12.8 所示。

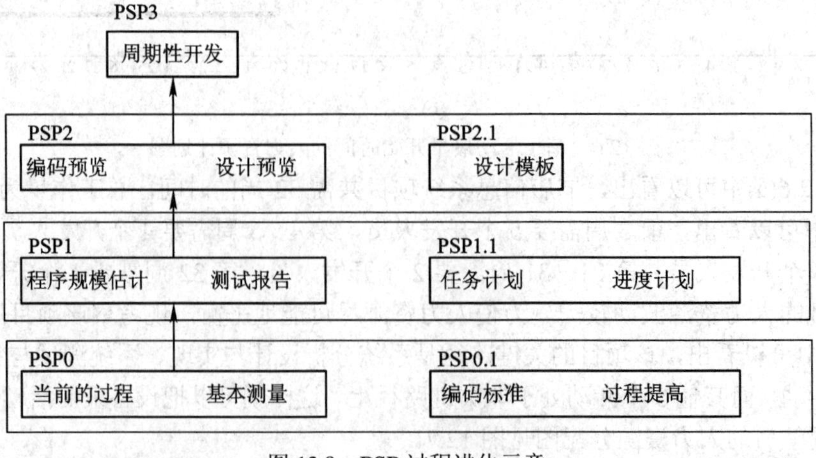
PSP3
周期性开发
PSP2
编码预览
设计预览
PSP2.1
设计模板
PSP1
程序规模估计
测试报告
PSP1.1
任务计划
进度计划
PSP0
当前的过程
基本测量
PSP0.1
编码标准
过程提高

图 12.8　PSP 过程进化示意

由图 12.8 可见，PSP 进化框架分为以下四级：

(1) 个体度量过程 PSP0。其目的是建立个体过程基线，在这一步，训练者将学会使用 PSP 提供的各种表格采集不同阶段中的有关数据，作为测量在 PSP 的过程中进步的基准。PSP0.1 增加了编码标准、程序规模度量和不同阶段中改善建议等三个关键过程域，以提高软件开发人员的质量意识和过程意识。

(2) 个体规划过程 PSP1。其重点是个体计划，引入了基于估计的计划方法，用自己的历史数据来预测新程序的大小和需要的开发时间，并使用线性回归方法计算估计参数，确定置信区间以评价预测的可信程度。PSP1.1 增加了对任务和进度的规划。

(3) 个体质量管理过程 PSP2。其重点是个体质量管理，根据程序的缺陷建立检测表，按照检测表进行设计复查和代码复查，以便及早发现缺陷，使修复缺陷的代价最小。

(4) 个体循环过程 PSP3。其目标是把个体开发小程序所能达到的生产效率和生产质量，通过迭代增量式开发方法延伸到大型程序。即先把大型程序分解成小的模块，再对每个模块按照 PSP2.1 所描述的过程进行开发，最后把这些模块逐步集成为完整的软件产品。

统计数据表明，经过 PSP 训练的软件工程师在以下几方面有极大的提高：

(1) 对程序大小和所需时间估算的准确性；

(2) 软件质量和开发过程中避免引入的缺陷的控制；

(3) 生产效率。

3．群组软件过程(TSP)

TSP(Team Software Process)是在 PSP 的基础上提出的软件开发群组管理模型，其目标是创建具有自我管理能力的小组，实施集体管理与自我管理相结合，最终指导开发人员在最短时间内以预定的费用生产出高质量的软件产品。TSP 所采用的方法是对小组开发过程的定义、度量和改进。在实施 TSP 的过程中，应该自始至终贯彻集体管理与自我管理相结合的原则。首先要有明确的目标，开发人员要努力完成已经接受的委托任务。在每一阶段的开始，要做好工作计划。开发小组一方面应随时追踪项目进展状态并进行定期汇报，另一方面应经常评审自己是否按 PSP 的原理工作。小组成员应按自我管理的原则管理软件过程，如发现过程不合适，应及时改进，以保证用高质量的过程来产生高质量的软件。项目开发小组则按集体管理的原则进行管理，全体成员都要参加和关心小组的规划、进展的追踪和决策的制订等项工作。

按 TSP 进行生产、维护软件或提供服务，其质量可用两组元素来表达：一组元素用以度量开发小组的素质，称之为开发小组素质度量元；另一组用以度量软件过程的质量，称之为软件过程质量度量元。通过对必要数据的收集，项目组在进入集成和系统测试之前能够初步确定模块的质量。如果发现某些模块的质量较差，就应对该模块进行精心的复测，甚至对质量特别差的模块重新进行开发，以保证生产出高质量的产品，且能节省大量的测试和维护时间。按 TSP 原理，可以在一个软件开发小组内把管理的角色分成客户界面、设计方案、实现技术、工作规划、软件过程、产品质量、工程支持以及产品测试等八类。如果小组成员的数目较少，可将其中的某些角色合并，反之，则将其中的某些角色拆分。总之，每个成员都要独立担当一个角色，独立负责。这将提高企业职责划分的层次性，形成分工协作的组织环境。

4．项目团队的管理与激励

项目团队的管理与激励主要包括三个方面：团队建设、时间管理和对员工进行不断的激励。

(1) 团队建设。将项目目标确立为团队的共同目标，按照项目任务的分解将团队分为若干程序员小组，形成有效的组织结构，明确角色的任务分配。有效的团队应该具备良好的内外沟通关系，大家相互支持，日常可以通过组织集体活动提高团队的凝聚力。

(2) 有效的时间管理。这里指进度管理的微观方面，即将进度管理贯彻到日常工作中，把任务安排给适当的人，并要求在给定的时间内完成。安排的任务要及时检查并给出评价。组员的任务通过任务书的形式下达。任务书控制流程包括：任务下达人，要求完成任务的时间，任务接收人认可及其实际完成的时间，任务检查人的结论等。任务完成情况与奖金的分配挂钩。

(3) 有效地运用激励机制。除了开发中心制度所规定的激励机制外，项目经理还应把激励理论应用于日常管理的实践过程中，帮助员工发挥潜能，把项目做好，并激发下一阶段的工作热情。

12.1.4　质量管理

信息系统的质量管理不仅仅是项目开发完成后的最终评价，而且是在信息系统开发过程中的全面质量控制，包括系统分析、系统设计、系统实现的软件、文档、开发人员和用户培训的质量控制。国际上从 20 世纪 70 年代初就开始研究软件的质量控制问题，随着软件质量领域知识的增长，一些流行和重要的国际标准纷纷出台。ISO9000 和 CMM(Capability Maturity Model)就是其中最具代表性的成果。

1．信息系统质量的指标体系

1) ISO9000

ISO9000 系列国际标准为企业建立质量体系并提供质量保证的模式，其目标是：被业界普遍接受，与当前技术协调，与未来发展协调，适应未来技术的发展。ISO9000 系列标准自从 1987 年发布以来，已经陆续发布了十几个相关的标准和指南，形成了质量管理和质量保证标准体系，目前已被世界各国普遍接受。我国 1992 年采用 ISO9000 系列标准制定了 GB/T19000—1994 系列标准。该标准颁布实施后，为我国的企业同国际接轨奠定了基础，受到了各行业、企业的极大关注。ISO9000 系列标准包含了综合的质量管理概念和指南，是现代质量管理和质量保证理论的结晶，也是实践经验的总结。同时，对于消除国际贸易中的技术壁垒、提高企业素质、开展质量认证工作及保护消费者利益等方面起到了越来越大的作用。

在 ISO9000 系列中，ISO9001 是一个可以适用于所有行业的质量管理标准。尤其是 2000 版的 ISO9001，将产品的实现过程流程化，并以板块化的形式对生产组织的管理体系、管理职责、资源、产品实现、测量与改进等提出质量管理的要求，更加适合软件行业软件开发、生产的维护。我国采用等同 ISO9000 族标准的方式建立了我国的质量保证标准族 GB/T19000，我国作为 ISO9000 认证的国际互认发起国之一，成功地通过了首批国际同行评审，成为具有国际认证资格的国家之一。同时，在国家和政府的大力推动下，已建立了规范化的认证机构和审核员管理制度，确保了我国认证行业的国际地位。这些都为建立基于 ISO9000 的软件质量保证平台奠定了坚实的社会基础。随着软件质量管理和认证工作在我国 IT 业的开展，其支撑技术的研究、支撑工具的开发也日益引起人们的重视。

2) 软件能力成熟度模型 ——CMM/CMMI

软件能力成熟度模型(CMM)是美国软件工程研究所开发的用于描述有效软件过程中关键成分的框架，是国际标准 ISO/IEC TR 15504:1998 "信息技术-软件过程评估" 的基础。该模型的战略是：

(1) 通过提高劳动力的能力来提高软件组织的能力；

(2) 确保软件开发能力属于组织而非个别人；

(3) 使员工个人动机与组织保持一致；

(4) 使组织能留住关键人才。

CMM 模型的 5 个等级见图 12.9 所示。

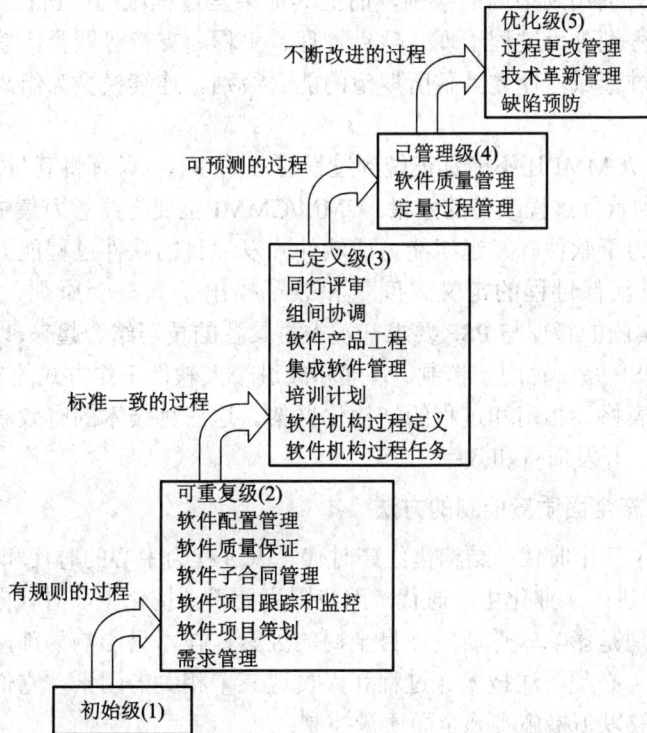

图 12.9　CMM 模型的 5 个等级

图 12.9 中，CMM 模型的五个等级分别如下：

(1) 初始级。其特点是软件过程无序，未经过定义；软件的成功取决于软件人员的个人素质。

(2) 可重复级。其特点是已建立基本的项目功能过程，以进行成本、进度和功能跟踪，并能使具有类似应用的项目能重复以前的功能。

(3) 已定义级。其特点是管理活动和工程活动两方面的软件工程均已文档化、标准化，并已集成到软件机构的标准化过程中。

(4) 已管理级。其特点是已采用详细的有关软件过程和产品质量的度量，并使软件过程和产品质量得到定量控制。

(5) 优化级。其特点是能及时采用新思想、新方法和新技术以不断改进软件过程。

从第 1 级上升到第 2 级称为"有规则的过程"；从第 2 级上升到第 3 级称为"标准一致的过程"；从第 3 级上升到第 4 级称为"可预测的过程"；从第 4 级上升到第 5 级称为"不断改进的过程"。

1998年，为了进一步改善模型，CMMI模型被提出。CMMI提供了CMMI分级模型和CMMI连续模型两种表示。CMMI分级模型主要对应于已有的CMM模型，依然分为五个成熟度级别，但提出了一个更加通用的框架。它将原来的公共特征分为通用和特殊两种，分别针对过程的公共和特殊目标，以更好地帮助组织目前业界广泛使用的CMM模型进行过程改进。CMMI连续模型摒弃了传统的台阶式上升的模型，它认为，软件组织的改进是持续的，并从其自身最希望的、可以给组织带来效益的地方来进行。因此，组织完全有理由把某些过程域的成熟度能力提高到很高的级别，而把其他某些过程域继续留在较低级别。CMMI连续模型把软件过程划分为过程管理、项目管理、工程、支持等四类，软件组织可以根据需要来选择改进的过程域，使之具备所期望的能力级别。连续模型为组织的过程改进提供了更加方便的途径。

单纯依靠 CMM/CMMI 还不能真正做到过程管理的改善，只有将其与 TSP、PSP 有机地结合起来，才能达到软件过程改善的效果。CMM/CMMI 主要将注意力集中在软件组织和软件过程的改进，致力于软件开发组织能力或软件开发项目的软件过程能力和软件成熟度的提高。TSP 对群组软件过程的定义、度量和改革提出了一整套原则、策略和方法，把CMM/CMMI 要求实施的管理与 PSP 要求开发人员具备的技巧结合起来，以达到按时交付高质量软件的目的。PSP 是一种用于控制、管理和改进个人软件工作方式的自我改善过程，是一个包括软件开发表格、指南和过程的结构化框架。这三种技术的有效结合将指导软件组织提高自身的能力、开发质量和效率。

2. 信息系统实施全面质量控制的方法

软件产业经历了三个时代：结构化生产时代、以过程为中心的时代和工业化生产时代。美国从 1995 年开始进入工业化生产时代，而我国尚处于结构化生产时代向以过程为中心时代的过渡阶段。管理是影响软件研发项目全局的因素，技术只影响局部，而提高软件组织的生产和管理能力，必须关注技术、过程和人员这三个相关的因素，它们被称为软件产品的质量三角。可采取以下措施实施全面质量控制：

(1) 实行工程化的开发方法，如对小组成员进行 PSP 和 TSP 培训。

(2) 采用国际通用软件质量评测标准，如 ISO9001 和 CMM。

(3) 进行软件配置管理，对软件的变更实施严格的控制，建立和维护在项目的整个软件生存周期中软件项目产品的完整性。

(4) 实行面向用户参与的原型演化。

(5) 强化项目管理，引入外部监理与审计。

(6) 尽量采用面向对象和基于构件的方法进行系统开发。

(7) 进行全面测试。

12.1.5 对外关系

在信息系统的开发过程中，对外关系至关重要，它直接影响着信息系统能否顺利实施。从开发方的角度看，对外关系主要是指与用户方的关系，一个信息系统从规划到实施，需要双方的共同努力和相互配合。开发方的任何人员都应有足够的敬业精神，不要仅从自己的眼前利益出发，更要从全局出发，从项目出发，正确处理与用户的关系，尽量主动多与用户沟通，争取用户的支持以满足系统需要。

开发方与用户的关系，往往与开发质量有关，但关系的变化，又会影响到系统的质量，认识到这一点，用户方也要从大局出发，与开发方密切配合，提供所需的一切资料。

12.2 文 档 管 理

文档是记录信息系统开发思路、过程、方法及运行状态的书面形式的文字资料，是系统维护人员的指南，是开发人员与用户的交流工具。规范的文档意味着系统是按照工程化开发的，意味着信息系统的质量有了形式上的保障。文档的欠缺、随意性和不规范，极有可能导致原来的开发人员流动以后，系统不可维护、不可升级，变成一个没有扩展性、没有生命力的系统。信息系统文档的管理工作主要有：文档标准与规范的制订；文档编写的指导与督促；文档的收存、保管与借用手续的办理等。

12.2.1 文档的分类

我国于2006年发布了国家标准《计算机软件文档编制规范(GB/T 8567—2006)》，作为软件开发人员编写文档的准则和规程。它们基于软件生存期方法，规范了软件产品从形成概念开始，经过开发、使用和不断增补修订，直到最后被淘汰的整个过程的文档规范。

信息系统开发过程中应提交的主要文档见图 12.10 所示，分为开发文档、管理文档及用户文档三类。其中某些文档在分类时有重叠，如系统需求(规格)说明书既属于开发文档又属于用户文档，项目开发计划既属于开发文档又属于管理文档。

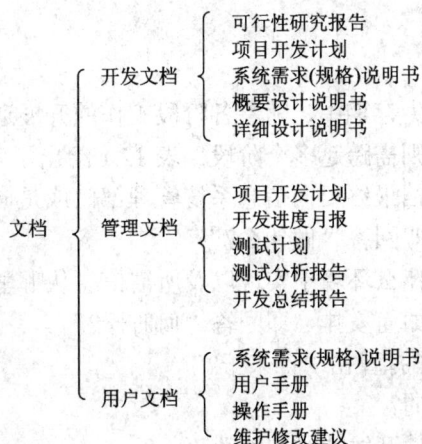

图 12.10 信息系统开发过程中的主要文档

图 12.10 中各信息系统文档的作用如下：

- 可行性研究报告：说明该信息系统开发项目的实现在技术上、经济上和社会因素上的可行性，评述为了合理地达到开发目标可供选择的各种可能实施的方案，说明并论证所选定实施方案的理由。
- 项目开发计划：为信息系统项目实施方案制订出具体计划，应该包括各部分工作的负责人员、开发的进度、开发经费的预算、所需的硬件及软件资源等。项目开发计划应提供给管理部门，并作为开发阶段评审的参考。
- 系统需求说明书：也称信息系统需求规格说明，其中对所开发系统的功能、性能、用户界面及运行环境等做出详细的说明。它是用户与开发人员双方在对信息系统需求取得共同理解的基础上达成的协议，也是实施开发工作的基础。
- 概要设计说明书：该说明书主要包括信息系统体系结构、类及接口设计、功能逻辑设计、数据库设计和界面设计等内容。
- 详细设计说明书：着重描述每一模块是怎样实现的，包括实现算法、逻辑流程等。
- 测试计划：为做好组装测试和确认测试，需为如何组织测试制订实施计划。计划应包括测试的内容、进度、条件、人员、测试用例的选取原则、测试结果允许的偏差范围等。
- 测试分析报告：测试工作完成以后，应提交测试计划执行情况的说明，对测试结果加以分析，并提出测试的结论意见。
- 开发进度月报：该月报系开发人员按月向管理部门提交的项目进展情况报告。报告应包括进度计划与实际执行情况的比较、阶段成果、遇到的问题和解决的办法以及下个月的打算等。
- 开发总结报告：信息系统项目开发完成以后，应与项目实施计划对照，总结实际执行的情况，如进度、成果、资源利用、成本和投入的人力。此外还需对开发工作做出评价，总结出经验和教训。
- 用户手册：详细描述系统的功能、性能和用户界面，使用户了解如何使用该系统。
- 维护修改建议：信息系统投入运行以后，发现需对其进行修正、更改等问题，应将存在的问题、修改的考虑以及修改的影响估计作详细的描述，写成维护修改建议，提交审批。

12.2.2　文档的编写

信息系统文档是在系统生存期中，随着各阶段工作的开展适时编制的。其中，有的仅反映一个阶段的工作，有的则需跨越多个阶段。表 12.1 给出了各个文档应在信息系统生存期中哪个阶段编写。这些文档最终要向信息系统管理部门或是向用户回答以下问题：

- 哪些需求要被满足，即回答"做什么？"
- 所开发的信息系统在什么环境中实现以及所需信息从哪里来，即回答"从何处？"
- 某些开发工作的时间如何安排，即回答"何时干？"
- 某些开发(或维护)工作打算由"谁来干？"
- 某些需求是怎么实现的？
- 为什么要进行那些软件开发或维护修改工作？

表 12.2 给出了各文档所回答的问题。

表 12.1　信息系统生存期各阶段编制的文档

文档 ＼ 阶段	可行性研究与计划	需求分析	设计	代码编写	测试	运行与维护
可行性研究报告	▬					
项目开发计划	▬▬▬	▬				
信息系统需求说明书		▬				
信息系统设计说明书			▬			
测试计划		▬	▬			
用户手册		▬	▬	▬		
测试分析报告					▬	
开发进度月报	▬▬▬	▬▬	▬	▬	▬	
开发总结报告					▬	
维护修改建议						▬

表 12.2　信息系统各文档所回答的问题

文档 ＼ 所提问题	什么	何处	何时	谁	如何	为何
可行性研究报告	√					√
项目开发计划	√		√	√		
信息系统需求说明书	√	√				
信息系统设计说明书					√	
测试计划			√	√		
用户手册					√	
测试分析报告	√					
开发进度月报			√			
开发总结报告	√					
维护修改建议	√			√		√

12.2.3　文档的管理

在整个信息系统生存期中，各种文档作为半成品或是最终成品，会被不断生成、修改或补充。应当从以下几个方面加强对文档的管理：

(1) 信息系统开发小组应设一位文档保管员，负责集中保管本项目已有文档的两套主文本。这两套主文本的内容完全一致，其中的一套可按一定手续办理借阅。

(2) 信息系统开发小组的成员可根据工作需要在自己手中保存一些个人文档。这些一般都应是主文本的复制件，并注意与主文本保持一致。在做必要的修改时，也应先修改主文本。

(3) 开发人员个人只保存着主文本中与其工作有关的部分文档。

(4) 在新文档取代旧文档时，管理人员应及时注销旧文档。在文档的内容变更时，管理人员应随时修订主文本，使其及时反映更新后的内容。

(5) 项目开发结束时，文档管理人员应收回开发人员的个人文档。当发现个人文档与主文本有差别时，应立即着手解决。这往往是在开发过程中没有及时修订主文本造成的。

(6) 在信息系统开发的过程中，可能发现需要修改已完成的文档，特别是规模较大的项目，主文本的修改必须特别谨慎。修改以前要充分估计修改可能带来的影响，并且要按照提议、评议、审核、批准和实施的步骤加以严格控制。

12.3　运行与维护管理

信息系统运行管理的目的是使信息系统在预期的时间内能正常地发挥其应有的作用，产生其应有的效益。这包括日常运行管理以及系统的安全与保密等工作。

12.3.1　日常运行管理

信息系统的日常运行管理是为了保证系统能够长期有效地正常运转而进行的活动，包括系统运行情况的记录、系统运行的日常维护及系统的适应性维护等工作。

1．系统运行情况记录

系统运行情况有正常、不正常与无法运行等，对于后两种情况，应将所见的现象、发生的时间及可能的原因作尽量详细的记录。运行情况的记录对系统问题的分析与解决有重要的参考价值。该项工作应作为一项规章制度，由使用人员完成，或在系统中设置自动记录功能。系统运行情况记录作为系统的基本文档长期保存，以备系统维护时参考。

2．系统运行日常维护

系统维护根据其目的可分为日常维护与适应性维护。日常维护是指定时定内容地重复进行有关数据与硬件的维护，以及突发事件的处理等。在数据或信息方面，需给日常维护的内容建立备份、存档、整理及初始化等。大部分的日常维护应该由专门的软件来处理，但处理功能的选择与控制一般还是由使用人员或专业人员来完成。为安全考虑，每天操作完毕后，都要对更改过的或新增加的数据作备份。数据正本与备份应分别存于不同的磁盘上或其他存储介质上。

在硬件方面，日常维护主要有各种设备的保养与安全管理、简易故障的诊断与排除、易耗品的更换与安装等。硬件的维护应由专人负责。

对于系统运行中的突发性事件，应由信息管理机构的专业人员处理，有时需要原系统开发人员或软硬件供应商来解决。对于发生的现象、造成的损失、引发的原因及解决的方法等必须作详细的记录。

3．系统的适应性维护

信息系统维护的好坏将直接影响系统的运行质量、适应性及生命周期。系统的适应性维护是一项长期的、有计划的工作，并以系统运行情况记录与日常维护记录为基础，其内容有：

(1) 系统发展规划的研究、制订与调整；

(2) 系统缺陷的记录、分析与解决方案的设计；

(3) 系统结构的调整、更新与扩充；

(4) 系统功能的增设、修改；

(5) 系统数据结构的调整与扩充；

(6) 各工作站点应用系统的功能重组；

(7) 系统硬件的维护、更新与添置；

(8) 系统维护的记录与维护手册的修订等。

12.3.2　系统的安全与保密

信息系统的各种软硬件及在系统运行过程中积累的大量信息是用户单位的宝贵财富和重要资源。因此，信息系统的安全与保密是一项极其重要的信息系统管理工作。

导致信息系统安全性问题的主要原因如下：

(1) 自然现象或电源不正常引起的软硬件损坏与数据破坏；

(2) 操作失误引起的数据破坏；

(3) 病毒侵扰导致的软硬件破坏；

(4) 人为因素对软硬件造成的破坏。

为了维护信息系统的安全性与保密性，应该采取以下措施：

(1) 依照国家法规及用户单位的具体情况，制订信息系统安全与保密制度，深入宣传，提高每一位参与信息系统的人员的安全与保密意识；

(2) 定期查毒杀毒，隔离内部与外部数据；

(3) 制订信息系统损害恢复规程，以便在信息系统遭到损坏时采取各种恢复和补救措施；

(4) 配备尽可能齐全的安全设备，如稳压电源、空调器、电源保护装置等；

(5) 设置切实可靠的系统访问控制机制，包括用户身份的确认、权限的分配等；

(6) 定期对数据进行备份及保管；

(7) 隔离敏感数据，由专人保管。

本 章 小 结

信息系统的复杂性决定了信息系统的建设是一个复杂的系统工程，其中信息系统管理贯穿于信息系统生存周期的各个阶段，并对整个系统的成败起到至关重要的作用。信息系统实施项目管理的目的是谋求(任务)多、(进度)快、(质量)好、(成本)省的有机统一。

项目的成本测算，就是根据待开发的信息系统的成本特征以及当前能够获得的有关数据和情况，运用定量和定性分析方法对信息系统生命周期各阶段的成本水平和变动趋势做出尽可能科学的估计。信息系统项目的任务分解应尽力挖掘并行成分，以便软件施工时采用并发处理方式。同时，信息系统项目的任务分配、人力资源分配、时间分配应与工程进度相协调。信息系统项目的进度安排可以采用 PERT 网和甘特图为工具。

信息系统的质量管理不仅仅是项目开发完成后的最终评价，而是在信息系统开发过程中的全面质量控制，包括需求分析、系统设计、系统实现的软件、文档、开发人员和用户培训的质量控制。一些成熟的过程控制和质量管理技术已经形成，ISO9000 和 CMM(Capability Maturity Model)/CMMI 就是其中最具代表性的成果。其中 CMM/CMMI 主要将注意力集中在软件组织的软件过程的改进，致力于软件开发的组织能力或软件开发项目的软件过程能力和软件成熟度的提高。TSP 对群组软件过程的定义、度量和改革提出了一整套原则、策略和方法，把 CMM/CMMI 要求实施的管理与 PSP 要求开发人员具备的技巧结合起来，以达到按时交付高质量软件的目的。PSP 是一种用于控制、管理和改进个人软件工作方式的自我改善过程，是一个包括软件开发表格、指南和过程的结构化框架。这三种技术的有效结合将指导软件组织提高自身的能力，开发质量和效率。

规范的信息系统文档管理对系统日后的维护、升级、扩展或系统的转让、变更具有重要意义。信息系统开发过程中产生的文档主要有：可行性研究报告，项目开发计划，信息系统需求(规格)说明书，信息系统设计说明书，开发进度月报，测试计划，测试报告，开发总结报告，用户手册，维护修改建议等。

信息系统运行管理的目的是使信息系统在预期的时间内能正常地发挥其应有的作用，产生其应有的效益。它包括日常运行管理以及系统的安全与保密等工作。

习　题

一、填空题

1. 项目管理的目标体系由(　　)目标、(　　)目标和(　　)目标共同构成。项目管理的目的是谋求(　　)、(　　)、(　　)的有机统一。

2. PSP 进化框架分为以下四级：(　　)，(　　)，(　　)，(　　)。经过 PSP 训练的软件工程师在以下几方面有极大的提高：(　　)；(　　)；(　　)。

3. TSP 是在 PSP 的基础上提出的(　　)模型，其目标是创建具有自我管理能力的小组，实施(　　)管理与(　　)管理相结合，最终指导开发人员在最短时间内以(　　)生产出(　　)的软件产品。按 TSP 原理，可以在一个软件开发小组内把管理的角色分成(　　)、(　　)、(　　)、(　　)、(　　)、(　　)以及(　　)八类。

4. 国际上从 20 世纪 70 年代初就开始研究软件的质量控制问题，随着软件质量领域知识的增长，一些流行和重要的国际标准纷纷出台。(　　)和(　　)就是其中最具代表性的成果。

5. 信息系统文档的管理工作主要有：(　　)、(　　)、(　　)等。信息系统开发过程中应提交的主要文档分为(　　)、(　　)及(　　)三类。

二、简答题

1. 什么是项目管理？项目管理的目标是什么？

2. 信息项目管理具有哪些特点？

3. 信息系统项目管理的具体内容是什么？

4. 对信息系统进行成本测算的常用方法有哪些？

5. 利用 PERT 网和甘特图进行信息项目进度管理各有何优缺点？

6. 软件能力成熟度模型系列 CMM、CMMI 的内容是什么？

7. 软件开发过程中应提交的主要文档都有哪些？各自包含哪些内容？

8. 信息系统运行与维护管理的具体内容是什么？

第 13 章　信息系统应用

本章导读

随着信息技术日新月异的发展，信息系统目前已广泛应用于国民经济和人们生产生活的各个方面，成为人们日常工作和生活中必不可少的部分。本章主要介绍信息系统应用的一些典型领域，如和人们的工作与生活息息相关的电子商务、电子政务、电子医务、电子教务、物联网，支持企业业务管理的 MRP、ERP、CIMS 等，以及边缘学科地理信息系统。应该指出的是，随着信息技术的不断发展，信息系统的这些应用领域的内涵和外延也在不断地完善和延伸，学习本章内容时，读者应参考最新资料。

主要知识点

- 电子商务
- 电子政务
- 电子医务
- 电子教务

- CIMS
- 地理信息系统
- MRP 与 ERP
- 物联网

13.1　电 子 商 务

13.1.1　电子商务的概念

电子商务(Electronic Commerce，EC)是利用现代通信技术、计算机技术和各种电子技术手段，对传统的商务模式进行改造而形成的新型商务形式。其作用主要体现在如下几个方面：

(1) 以电子方式为采购商品提供服务和市场开发；

(2) 借助计算机及网络技术改变商业活动；

(3) 通过利用数字/多媒体网络技术促进公司间及公司与客户间商务交易的创新；

(4) 通过电子手段完成整个商业贸易活动过程；

(5) 利用 Internet 的基础设施，使信息在商务的各个流通环节流动。

13.1.2　电子商务的框架模式

电子商务的框架模式主要包括如下四种类型：

(1) 企业与企业之间的电子商务，即 B-B(Business-Business)模式。在这种模式下的企业之间具有针对性的稳定长期合作关系。

(2) 企业与用户之间的电子商务，即 B-C(Business-Consumer)模式。这种模式包括用户在网上挑选、购买商品，企业在网上宣传展示自己的产品，以各种形式吸引用户在网上购物。

(3) 智能型电子商务，即 O-O(One to One)模式。网络服务商根据用户的需求，进行智能分析，协助购物活动的深入展开。此模式为一种技术含量较高的电子商务模式。

(4) 政府业务认证，即 B-G(Business-Government)模式。它包括政府对认证、鉴权机关机构的管理，海关、税收的处理，标准的制订和修改，以及大规模的政府采购。

13.1.3 电子商务需要解决的问题

安全是制约电子商务发展的重要因素。因为 TCP/IP 网络的特点，人们不可能用通常的方式确认正与自己通信的人的真实身份。任何一个人都可以使用一些技术手段窃看到在网络上传输的信息，并可以替代和修改这些信息。所有这些都危害到电子商务的实现。可以想象，没有安全保障的电子商务是不可能广泛开展起来的。

法律也是影响到电子商务的一个重要因素。在网络上，不存在实物契约等文件单据证明交易的有效性，因此，确认网上的数字身份证明和数字契约的法律有效性是十分重要的。否则，便不能解决电子交易的纠纷。

还有其他一些因素，如商家和用户对网上电子商务方式的认同，网络普及的程度等都会影响电子商务的发展。

13.1.4 电子商务的应用

电子商务革命影响到我们每一个人。你可能以消费者，也可能以政府或工商企业等不同的身份参与电子商务。你可以在跨越时空界限的更大市场中购物，可以在家里或在办公室就去"漫游"国际市场或与人交流，还可以轻松地在本地管理任何异地的产品生产、产品促销、交易磋商、市场分析、合同订立、产品调配、货款结算和售后服务等活动。

电子商务所显示的巨大优越特点迅速地吸引着人们。随着网络基础设施的全面完善，多种付款方式的出现，电子商务已经在金融、电信、流通、生产和服务领域广泛应用。其低廉的成本、超越时空限制的经营方式和巨大的利润吸引着越来越多的企业。对企业来说，电子商务可以最小的代价走向国际市场，在最大效果地展示自身形象的同时，企业大大降低了自己的经营成本和库存，为企业提高效益拓展了巨大的空间。从经营管理角度看，电子商务使企业由内到外浑然一体，企业内部员工与客户、供应商可随时随地共享信息，实现异地同步合作；打破了时空限制，加快了信息沟通速度；减少了时间成本，缩短了产品制造周期；使企业内外一体，提高了工作流程效率，从而从根本上提高了企业竞争力。从社会资源配置角度看，电子商务可以使客户、供应商、员工等供应链的各个环节，通过网络连为一体，随时随地共享信息；可确保产品以最低成本出现在适当的地方，并在理想的时机以最优的价格进入市场；可确保生产从原料采购，到产品进入市场的每一环节都畅通无阻；减少资源浪费，降低库存成本，增加利润；可缩短周转时间，加快业务流程，提高社会资源利用效率。从市场营销角度看，电子商务使企业的市场、销售、客户服务等核心业务全部上网，为贸易伙伴和最终用户提供安全快捷、昼夜不停的网上交易，给企业带来全世界成千上万的新客户；可以免除人工操作，大幅节省下订单的成本；可深入准确地了解客户需求，及时调整经营结构。

近年来，面向消费者的电子商务发展迅速。为了充分利用国际互联网达到最佳的商业效果，不同的企业利用电子商务的模式是有区别的。目前，电子商务利用网上在线的模式对消费者提供有形产品和无形产品的服务。无形产品销售采取如在线服务、在线出版、在线娱乐等网上订阅模式和付费浏览模式。有形产品销售主要采取网上虚拟店铺和网上在线购物中心等形式。

电子商务正突飞猛进地发展，并将成为商务活动的主要运行手段。但是，电子商务的发展和完善仍有大量的工作有待完成。目前，世界各国电子商务发展的水平不尽相同，但普遍存在的问题主要集中在：现代信息技术服务的基础设施建设和各国在这一领域发展水平的巨大差异；国际有关的法规建设和标准化问题；知识产权与安全保密问题；税收和电子结算问题。国际社会和各国政府都在积极努力，促进电子商务的发展和在这一领域的沟通、合作。随着现代信息技术的发展，特别是国际互联网络的发展，全球性的电子商务的系统建设、教育传播、沟通理解和法制规范将得到迅速的推进。相信不远的将来，我们将迎来一个崭新的数字化、电子化的商务新时代。

13.2　电子政务

13.2.1　电子政务概述

1. 电子政务的概念

电子政务是指通过应用、服务及网络三个层面，运用信息及通信技术打破行政机关的组织界限，构建电子化的虚拟机关，以实现政府机关获取和提供信息的网络化及其与社会公众的电子互动化。因此，"电子政务"是面向政府机关内部、其他政府机构、企业以及社会公众的基于网络技术的信息系统。

电子政务是一个综合性的信息系统，不局限于建立 Web 网站发布信息，处理的不只是政府机关的内部信息，还包括可在一定范围内交流的信息和可以公开发布的信息。其实现方法主要是通过机关内部处理流程模拟、协作，信息发布，受理各类申请、投诉、建议和要求来完成的，因此既有信息的发布和接收，也有交互式处理。

2. 电子政务的基本内容

电子政务所包含的内容很多，但最基本的内容有下述几个方面：

(1) 政府职能上网：将政府本身及其各部门的职能、职责、组织机构、办事程序、规章制度等在网上发布，有利于各业务部门查询和及时联系。

(2) 信息上网：在网上公布政府部门各项活动，把网络作为政务公开的一个渠道，以扩大政府工作的透明度，接受公众监督。

(3) 网上办公：建立一个文件资料电子化中心，将各种办公证明和文件电子化，提高办事效率。

(4) 网上专业市场交易等。

13.2.2　电子政务系统的构成

政务电子化总的趋势是逐渐由从属地位的辅助工具向必不可少的主要工作手段方向发展。构建电子政务解决方案的应用目标是帮助政府部门扩展其应用并将信息服务延伸到其他政府部门、企业用户和社会公众，在单一的技术平台上实现与政府外部用户的交互；与传统技术和系统集成；重构核心业务流程以提供更快和更有效的服务。电子政务系统是复杂的信息系统，不同于简单的"政府上网"，所以它的要求比较高：可靠性、安全性、实用性和交互性。电子政务系统的概略构成如图 13.1 所示。

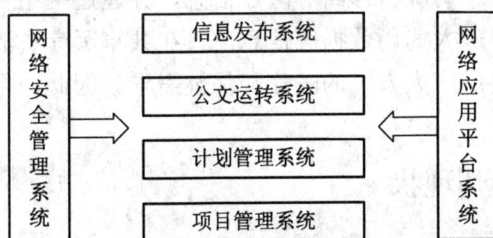

图 13.1　电子政务系统构成

1．网络应用平台系统

网络应用平台系统主要为政府内部网建设一个先进、标准和安全的网络运行平台，保证整个网络系统基本服务的完整性、系统的开放性和系统的可伸缩性。

2．网络安全管理系统

网络安全管理系统对政府内部网所有用户和所有网上的业务系统进行统一管理，为网上的每一个用户进行授权，对入网的每一项服务项目进行分发授权，保证整个网络的安全运行。

3．信息发布系统

信息发布系统为用户提供一个统一的信息共享环境，不论共享信息物理上如何分布，用户都可以在本系统内快速得到。政府可根据自己的业务特点，方便地将自己的业务运转过程中产生的共享信息在网上动态发布。

4．公文运转系统

公文运转系统为政府部门或企业集团创建一个协同办公的网络环境，使各种业务处理可完全在网络环境下完成，从而提高办公效率，增强决策的协调性，全面提高政府的决策效能。

5．计划管理系统

计划管理系统为综合管理部门提供便利的计划编制工具，提高制订计划的效率和能力。计划包括年度计划、三年计划和中长期规划等内容。每一个计划包括多个分类计划，如农业计划、社会发展计划等。每个计划又由多张计划表格组成，计划表格由各种计划指标构成。计划的基础是计划指标数据库，也可以是一个宏观经济数据库。

6．项目管理系统

项目管理系统为政府部门的项目管理业务提供管理服务，动态跟踪项目的全过程，为政府决策提供依据。项目管理包括项目属性维护、项目数据编辑、项目分析、项目跟踪等内容。

13.3　电子医务

13.3.1　电子医务概述

　　电子医务是一门综合现代医学、计算机、多媒体通信、信息学等学科的新兴边缘学科，它将计算机与多媒体信号处理技术同现代医学、医疗通信技术有机地结合起来。广泛地说，它利用电子数据表达病历、病况、诊断等医疗信息，并通过网络传输，这些数据包括高清晰度照片、声音、视频和病人病历数据等信息，旨在共享医疗资源，提高诊断与临床治疗水平，降低医疗开支，满足广大人民的医疗和保健需求。因此，电子医务有着广泛的社会效益和经济效益。

13.3.2　电子医务的应用现状

1．医疗信息数据库

　　目前，人们已开始使用计算机技术存储、传递、获取、使用和共享医疗信息。在国外，已有愈来愈多的病人的病历资料存储在由政府和私立医疗机构设置的数据库内，病人与医生或与专门医疗机构之间的电子邮件的利用早已成为现实。随着自动化技术的日趋发展和完善，每个人自出生到死亡全过程的所有医疗资料都可记录在案，且可广泛地输入国家的医疗保健信息库内。医疗消费者和医生可很快地通过网络得到大量的医疗信息，报告，论文，有关疾病的研究状况、治疗结果以及可提供服务的机构或服务人员信息。

2．医院信息系统

医院信息管理系统主要应用于五个方面：

(1) 药品管理，药品入库、出库、库存等日常工作流程；

(2) 住院管理，住院登记、出院结算、医疗费入账等日常工作管理；

(3) 办公自动化、人事管理和财务管理等日常行政管理；

(4) 各院部之间的信息共享；

(5) 通过各院部之间网络数据的连接，可避免病例数据的重复传输。

3．电子医疗诊断设备

　　随着医疗科技的发展，过去那种看病靠人工闻、看、切、听的传统诊病方式已被大量的电子医疗设备所取代，各种电子医疗诊断设备能够迅速将患者的各种医疗信息以多媒体的形式传递给医务人员，给疾病诊断提供了快捷的手段和科学的依据。

4．远程监护

　　医疗信息的远程监测，可以使患者在家中享受到如同在医院特护病房的监护。远程监测设备将患者的心率、呼吸次数和心电图、动脉血氧饱和度等信息传递到医院，由医生实时监控。病人还可在家中实施人工呼吸，医生可通过一系的远程监控系统控制呼吸器的工作状况，当班医生可根据监视器上取得的信息，确定呼吸器设定条件，必要时可与患者家属电话联系。

5. 远程医疗

美国未来学家阿尔文·托夫勒早在 20 世纪 80 年代初期曾预言：未来医疗活动的模式将发生变化，医师将有可能面对计算机，根据屏幕显示的从远方传来的患者的各种信息，对患者进行诊断和治疗。这一预言在多媒体技术、计算机网络技术、通信技术和信息高速公路迅猛发展的今天已成为现实。远程医疗目前已成为国际上一门发展十分迅速的跨学科的高新技术，成为医疗保健服务和军队卫勤医疗救护保障的一种新模式。远程医疗跨越国界和时空，广泛应用于心脏、脑外、放射、精神病、眼科、皮肤科等多种医学专科的诊断治疗。在军事医学领域，美军率先在海湾战争期间成功实施的远程会诊，极大地推动了远程医疗在军事领域以及其他领域的推广应用。

13.3.3　电子医务的发展趋势

1. 电子医务技术更趋完善

随着信息高速公路、通信技术、计算机技术和医学电子工程技术的迅速发展，影响远程医疗质量、效果和应用范围的许多技术问题和难点将有所突破。国际上制定了医学影像设备(如 CT、X 线、B 超等)的图像传输接口标准(DICOM3.0)，使医学影像的自动采集和远程传输成为可能。另外，用于远程医疗的专用设备，如电子听诊器、视频显微镜、视频腹腔镜等都有实用产品问世。

2. 电子医务系统日趋多样化

电子医务系统的多样化发展趋势，主要表现在目前电子医务系统正向远程化、专业化和小型化方向发展，同时远程医疗系统还有与医院信息系统(HIS)、医学图像档案与通信系统(PACS)一体化的发展趋势。所谓"远程化"，是指这类医疗系统可以应用于远程会诊、远程门诊、远程教学和远程手术指导等方面。"专业化"是指按医学专科设计和应用的电子医务系统，如心脏疾病诊治系统、放射学系统、病理学系统、远程超声诊断系统、远程监护系统等。电子医疗装置的"小型化"主要是为适应个人疾病监护、家庭保健和军队野战卫勤的需要以及其他特殊的需要，如心电图 BP 机、有线或无线心电遥测监护系统、家用孕妇胎心遥测监护装置、单兵监视器(一种戴在士兵手腕上像手表样的能测量人体生命体征的装置，利用全球定位卫星、单兵监视器和远程中心组成单兵定位系统)等。

3. 远程医疗日益成为高科技条件下军事医学的重要课题

从远程医疗出现之日起，它就与加强军队的卫勤医疗救护保障能力、加强军队的现代化建设紧密地联系在一起。现在世界各国军队都十分重视远程医疗在军事医学中的研究和应用，远程医疗已成为高科技条件下发展军事医学的一个重要课题。例如，多年来美军把国防建设的重点放在武器装备的改进上和电子与信息技术的提高上，同时始终十分重视对远程医疗的研究发展和应用工作。目前，美国陆军与国防部高级研究计划局合作，正在研制全数字化野战医院，计划利用计算机技术、卫星通信技术，把野战医院、各专科医疗中心和国防部的医疗保健数据库联系起来，并准备用数字化野战医院装备美军及在海外的军事基地，用于战场救护、救灾和人道主义援助。

4．电子医务正向社区和家庭扩展

由于电视、电话、Internet 网在家庭中的普及，电子医务将迅速扩展到家庭和社区。电子医务以及信息高速公路和 Internet 网的开发应用，将极大地推动社区保健和个人保健事业的发展，扩大和强化社区保健职能。由远程医疗系统、计算机化的病历系统(电子病历)、个人健康信息系统以及统一的电子申报系统等组成的医疗保健信息网络系统，将改变"看病难、住院难"的现象，提高边远地区的医疗保健质量，降低医疗费用，促进自我保健和预防工作。日本在这方面做了大量卓有成效的研究和应用工作。例如，日本的"健康信息高速公路"向用户提供疾病治疗、保健、饮食等方面的信息。其中，在疾病治疗方面提供有关治疗癌症、心脏病的最新技术和药物，乳腺癌自我诊断法以及循环系统疾病、结核感染、疑难病症和变态反应性疾病等信息；在保健方面提供不同年龄和不同体形的人所需营养、运动等综合保健方案，提供医疗保健专家名单，用户可按需向专家咨询；在饮食方面可以查阅肥胖、糖尿病、高血压患者的食谱以及食品营养成分等数据。

13.4　电 子 教 务

13.4.1　电子教务概述

电子教务从某种意义上讲是数字校园的同义词，它是一个非常广泛的概念。电子教务以计算机网络为基础，从环境(包括设备、教室等)、资源(如图书、讲义、电子课件等)到活动(包括教学、科研、管理、办公、服务、教学质量反馈等)的全部电子教育信息化。校园网络及其应用系统构成整个校园网的神经系统，完成校园的信息传递和服务。

电子教务系统的组成主要包括计算机网络基础设施、应用系统和信息服务系统等部分，其中，计算机网络基础设施主要包括校园网、有线电视网络、卫星网络或专用电信线路(主要用于远程教育)，以及在这些网络上提供服务的服务器系统、网络设备、网络布线系统等；应用系统包括办公自动化系统、各类管理系统、网络图书馆系统、网络教学系统等；信息服务系统是直接面向用户的系统，它为用户提供一个统一的界面来获取各种应用系统的服务，包括常见的互联网服务，如网页服务、邮件服务及文件传输等。

13.4.2　电子教务系统的组成

电子教务系统主要由计算机网络系统、校园电子商务系统、网络图书馆系统、网络教学系统、校园管理系统、网络虚拟实验室系统等子系统构成。

1．计算机网络系统

计算机网络系统是电子教务的基础设施，校内主要的管理系统及信息的发布处理都是由计算机网络来进行的。因此，校园计算机网络的建设是建设数字校园的核心，应该尽量采用较先进的、兼容性好的网络设计方案。比如现在千兆以太网技术已经相当成熟，继承了传统以太网兼容性好、可管理性强、可靠性高的特点，可充分满足网络教学、视频会议、电子商务的需要。

2. 校园电子商务系统

随着校园网络的进一步发展和服务的数字化进展，在线注册、网上社区服务、网上支付等具有校园特色的电子商务正蓬勃发展。学生入学、注册、毕业等手续都将通过电子商务来完成，不必像过去那样为一件事情跑好几个部门，盖好几个章子，办很多手续；学生和教师预定会议室、教室等都可以使用电子商务系统来完成。清华大学新生入学早已全部采用网上注册验证的方式。目前我国校园内比较流行的校园一卡通系统也是电子商务系统的一个组成部分。

3. 网络图书馆系统

网络图书馆是网络时代的信息资源库，它的标志就是网络化、数字化。它把大量的图书资料以数字化的形式存储在网络服务器中或光盘、磁盘上，教师和学生通过网络及其他多媒体手段可方便高效地检索、查询、阅览资料甚至点播图像声音资料；通过和其他专业图书馆的联网以及网络镜像等技术，还可以轻松实现电子图书资料的更新、扩充，为学校节省大量的资金。网络图书馆是没有时空限制的知识中心。

4. 网络教学系统

网络教学系统包括下述三类。

1) 利用校园网进行的网络教学

在教学中教师可以通过联网的机器把备课资源调出来，在课堂上进行讲解、演示。如果学生遇到不懂的问题，教师只需指导学生上网查找相关信息即可，学生也可以利用自习时间上网查找教师的备课资源和网络教学资源，或直接点播存放在校园网上的电子课件，进行自主学习。

2) 利用网络及多媒体技术的课堂教学

这是一种小范围的网络教学，在教学过程中使用网络平台及多媒体技术实现教师电子课件的广播、遥控辅导、分组讨论等多媒体教学活动。

3) 远程网络教学系统

这是一种利用 Internet 技术实现的，不受地域限制和时间限制的网络教学(亦称"网络大学")。目前我国教育部批准的全国部分重点大学已经建立了网络学院，开始进行远程网络教育，在网络上读清华大学、北京大学和华南理工大学等已经成为现实。

5. 校园管理系统

校园管理系统基本上是一个在校园网硬件平台上运行的软件系统，它也是建立校园网的最初目的之一，它一般由办公自动化系统、教务管理系统、校长决策系统、学生管理系统、学生就业及教学质量反馈系统等诸多系统构成，是电子教务的重要组成部分。教务管理系统又包括教学计划管理、计算机自动排课、计算机辅助学生选课、机考系统、综合信息管理等子系统。

6. 网络虚拟实验室系统

网络虚拟实验室就是在网络中创造出一个可视化的 3D 环境，每一个可视化的三维物体代表一种实验对象。通过网络操作，用户可以进行虚拟、仿真实验。网络虚拟实验室实现的基础是多媒体计算机技术、网络技术与仪器仪表技术的结合。在网络虚拟实验室中无论是教师还是学生，都可以自由地、无顾虑地随时进入虚拟实验室操作仪器，进行各种试验。

13.4.3　现代远程教育资源系统的体系结构

我国从 1999 年开始进行基于网络的教育资源标准化研究，到 2000 年 5 月公布了教育部《现代远程教育资源建设技术规范》(试行)。现代远程教育资源建设包括媒体素材库、题库、案例库、课件库和网络课程建设，以及适合多种教学模式的教学支撑系统和现代远程教育管理系统的研制开发。这些内容及其它们之间的关系构成了现代远程教育资源系统的体系结构，如图 13.2 所示。

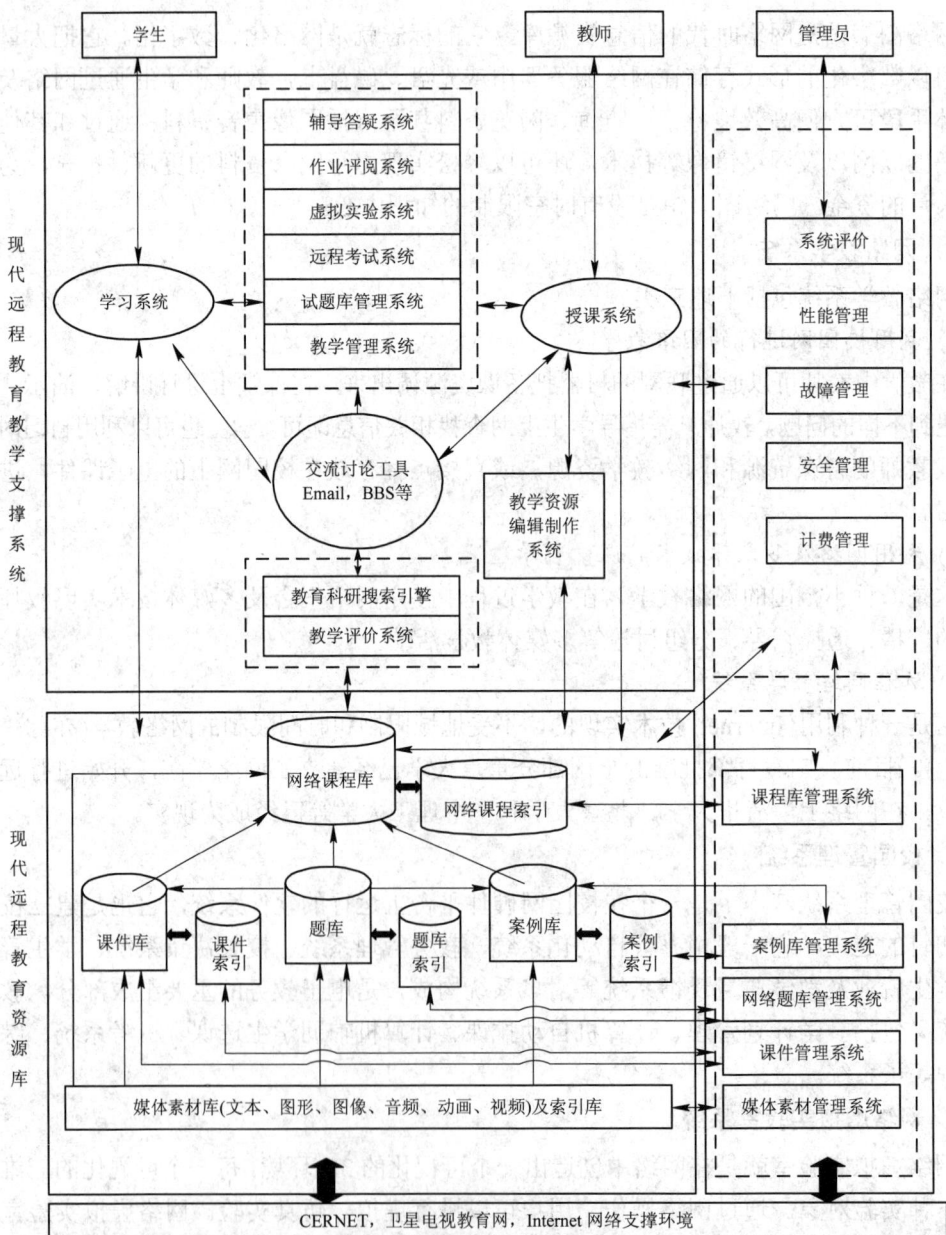

图 13.2　现代远程教育资源系统体系结构

从图 13.2 中可以看出，现代远程教育资源建设、实施和运行以 CERNET、卫星电视教育网及 Internet 网络支撑环境为平台。媒体素材库在整个资源中是最基础的，课件库中的课件、案例库中的案例、网络课程，甚至题库都可能要使用媒体素材库中的媒体数据。多个知识点课件或不同教学环节的课件、自测题或考试题库综合而成网络课程。所有上述资源库都分别建有其索引信息，以便快速地查询、浏览和存取。教学支撑系统由一系列支持多种教学模式的教学工具构成，主要包括学习系统(非实时/实时)、授课系统(非实时/实时)、教学资源编辑制作系统、辅导答疑系统、作业评阅系统、远程考试系统、教学评价系统、交流讨论工具、虚拟实验系统及搜索引擎等。这些教学工具都是基于远程教育资源库的，用以完成远程教学中的各项教学活动和实现远程协作。

图 13.2 中的学习系统、授课系统、教学资源编辑制作系统都可能要与媒体素材库、题库、课件库、案例库和网络课程发生关联，远程考试系统要与题库系统发生关联，教学评价系统则涉及教学资源的各个部分。现代远程教育要得以顺利和高效地实施，必然离不开高效的管理。现代远程教育管理系统包括资源库的管理(媒体素材库的管理、题库管理、案例库管理、课件管理、网络课程管理)、教学管理(教师管理、学生管理、学籍管理、教务管理、学习管理、考试管理等)以及系统管理(安全管理、性能管理、计费管理、故障管理等)。

13.4.4　电子教务的应用

计算机网络支持的协同工作将会大大提高教师的工作效率和学生的学习效率。多个学科的教师可以通过网络的协同工作联合起来进行教学、科研。学生也可以进行协同学习讨论等。不受时间空间限制的在线学术讨论、网上学术沙龙将会吸引越来越多的人参与到学术研究中去，提高整个学校的学术水平。

电子教务目标的实现还需要一个较长的过程，而这一过程大致可分为网络基础设施建设阶段、信息系统建设阶段、虚拟大学建设阶段。电子教务的软、硬件环境的整合，构建出了一个虚拟的生存于网络之上的校园环境，它的建成和运行使院校的行政决策在网络上进行。行政决策受到更为完备的校园管理信息系统的支持，达到最优化，并且周期大大缩短，这让校园中的每一个成员都能够更快地获得信息并执行决策。传统的教学模式中的教师与学生面对面的教学形式也会发生变化，学生可以利用校园中的终端接受教师的指导，也可以利用虚拟实验室系统随时在计算机上进行计算机仿真试验。这大大节省了学校的资源，在很大程度上提高了教学质量，同时也解决了当前学校基础教学设施严重不足的问题。数字化图书馆的应用把电子图书送到我们的眼前。网络化的环境也使教师对学生的考核更加便捷。学校的后勤状况也同样发生了巨大的变化，通过网络获得更多的信息使校园设施的配备和管理变得更加容易，其中最直观的是学生们可以通过网络安排自己的学习、生活，可以轻松地为自己制订学习计划，订餐，买到需要的学习、生活用品。

电子教务的建设是一个综合系统工程，需要从观念到技术与应用各方面的支持。目前，我国各大高校已经建成和正在建设改造的校园网就是数字校园的基础，但对于大多数普通高校而言，最大的问题仍然是资金问题。这就要求在网络的建设问题上要合理规划，保证基础设施适当超前，以便为今后的扩充发展留有余地。

13.5　计算机集成制造系统

计算机集成制造系统(Computer Integrated Manufacturing Systems，CIMS)借助于计算机的硬件、软件技术，综合运用现代管理技术、制造技术、信息技术、自动化技术、系统工程技术，将企业生产全部过程中有关人、技术、经营管理三要素及其信息流、物流有机地集成并优化运行，以使产品上市快、质量好、成本低、服务优，达到提高企业市场竞争能力的目的。

13.5.1　CIMS 概述

CIMS 和 CIM 虽然只有一个字母之差，但两者却有本质的区别。CIM 是一种思想和概念模式，它认为企业的计划、采购、生产、销售等各个环节是不可分割的，整个生产运作过程实际上是对各个有关环节信息的采集、传递、加工、协调、回控的过程，必须统一考虑以利优化决策。CIM 是一种组织现代工业生产的哲理，是未来工厂的一种模式，而不是市场上买得到的产品。

CIM 发展初期主要应用在工程制造领域，着重解决加工控制过程自动化、物流自动化以及设计制造自动化的集成问题。随着应用的发展，其适用范围扩展到对企业管理信息的集成，着重进行制造资源的管理以及决策支持信息的获取等，将经营销售、产品设计、加工制造与生产管理集成为一体。CIM 的核心是各项单元技术的有机集成，而不是各项单元技术的简单叠加。CIM 能使内部各种活动以高度有节奏的、灵活的方式相互协调进行，以提高企业对多变的竞争环境的适应能力，并以最少的制造资源实现企业特定的战略目标。因此，CIM 是企业的战略抉择，是制造工业发展以计算机应用为核心的制造技术和管理技术之必然趋势。世界上很多国家的政府和企业都把发展 CIM 定为本国或企业的发展战略，并制定出由政府或工业界支持的计划，以推进 CIM 的应用。

CIMS 是体现 CIM 思想的实体系统，它是按照 CIM 哲理建成的复杂的人机系统。它从企业的经营战略目标出发，综合考虑企业中人、技术和管理的作用，采用各种先进技术手段，实现企业生产经营全过程的信息流、物流和资金流的集成，并在产品质量、生产成本和生产周期等方面达到整体优化，为企业带来更大的经济效益。

13.5.2　CIMS 的组成

CIMS 的体系结构见图 13.3。CIMS 是 CAD(计算机辅助设计)、CAM(计算机辅助制造)、CAPP(计算机辅助工艺规程)、CAE(计算机辅助工程)、CAQ(计算机辅助质量控制系统)、PDM(产品数据管理)、ERP(企业资源计划)或 MRP Ⅱ(制造资源计划)及其他管理信息系统等子系统的技术集成，以充分的信息共享促进制造系统和企业组织的优化运行，从而提高企业的竞争力和生存能力。

一般地，CIMS 包括四个应用分系统和两个支持分系统：

(1) 管理信息分系统(MIS)：具有生产计划与控制、经营管理、销售管理、采购管理、财务管理等功能，处理生产任务方面的信息。

(2) 技术信息分系统(CAD&CAPP)：由计算机辅助设计、计算机辅助工艺规程编制和数控程序编制等功能组成，用以支持产品的设计和工艺准备，处理有关产品结构方面的信息。

(3) 制造自动化分系统(CAM)：也可称为计算机辅助制造分系统，它包括各种不同自动化程度的制造设备和子系统，用来实现信息流对物流的控制和完成物流的转换。它是信息流和物流的结合部，用来支持企业的制造功能。

(4) 计算机辅助质量管理分系统(CAQ)：具有制订质量管理计划、实施质量管理、处理质量方面的信息、支持质量保证等功能。

(5) 数据管理支持分系统：用以管理整个 CIMS 的数据，实现数据的集成与共享。

(6) 网络支持分系统：用以传递 CIMS 各分系统之间和分系统内部的信息，实现 CIMS 的数据传递和系统通信功能。

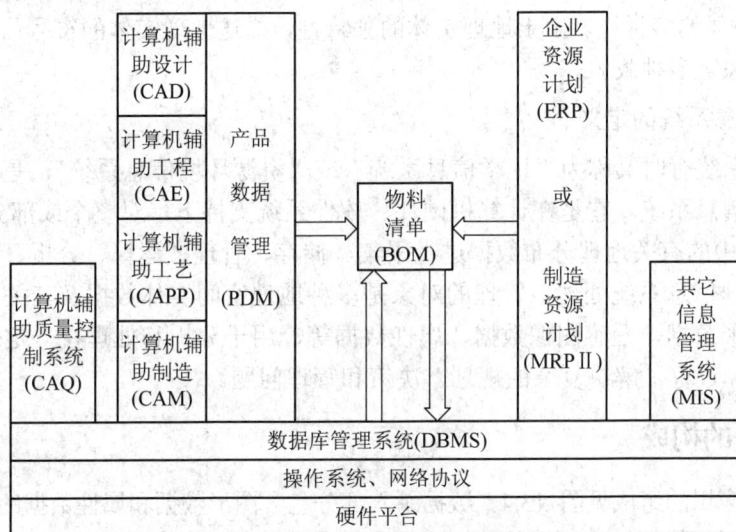

图 13.3　CIMS 系统结构示意图

13.6　地理信息系统

地理信息系统(Geographical Information System，GIS)是集计算机科学、空间科学、信息科学、测绘遥感科学、环境科学和管理科学等学科为一体的新兴边缘学科。GIS 从 20 世纪 60 年代出现，至今只有短短的五十多年时间，但已成为多学科集成并应用于各领域的基础平台，成为地理学空间信息分析的基本手段和工具。目前，GIS 已在测绘、地质矿产、农林水利、气象海洋、环境监控、城市规划、国防建设中发挥着越来越重要的作用。

13.6.1　GIS 的基本概念

1. 地理信息

地理信息是有关地理实体的性质、特征及运动状态的表征和一切有用的知识，它是对表达地理特征与地理现象之间关系的地理数据的解释。而地理数据则是各种地理特征和现象间关系的符号化表示，包括空间位置、属性特征(简称属性)及时域特征三部分。空间位置数据描述地物所在位置。属性数据有时又称为非空间数据，是属于一定地物、描述其特征的定性或定量指标。时域特征是指地理数据采集或地理现象发生的时刻/时段。时间数据对环境模拟分析非常重要，目前正受到地理学界越来越多的重视。空间位置、属性及时间是地理空间分析的三大基本要素。

2．地理信息的特征

地理信息除了具有信息的一般特性外，还具有以下特征：

(1) 空间分布性。地理信息具有空间定位的特点，先定位后定性，并在区域上表现出分布式特点，其属性表现为多层次，因此地理数据库的分布或更新也应是分布式的。

(2) 数据量大。地理信息既有空间特征，又有属性特征，另外地理信息还随着时间的变化而变化，具有时间特征，因此数据量很大。尤其是随着全球对地观测计划的不断发展，每天都可以获得上万兆的关于地球资源、环境特征的数据。这必然对数据处理与分析带来很大压力。

(3) 信息载体的多样性。由于地理实体的独特性，描述地理实体的符号信息有文字、数字、地图和影像等多种载体。

3．地理信息系统的定义

地理信息系统有时又称为"地学信息系统"或"资源环境信息系统"，是一种特定的十分重要的空间信息系统。它是在计算机硬件、软件系统支持下，对整个或部分地球表面(包括大气层)空间中的有关地理分布数据进行采集、储存、管理、运算、分析、显示和描述的技术系统。地理信息系统处理、管理的对象是多种地理空间实体数据及其关系，包括空间定位数据、图形数据、遥感图像数据、属性数据等，用于分析和处理在一定地理区域内分布的各种现象和过程，解决复杂的规划、决策和管理问题。

13.6.2　GIS 的构成

简单 GIS 应用的组成见图 13.4。数据录入部分包含图形数据和属性数据的编码与录入；数据输出包括空间数据的查询和图形输出；空间数据库及管理系统，空间数据处理，空间信息显示、查询与制图输出，空间数据分析，规划、管理和决策模型组成了 GIS 系统的核心功能。

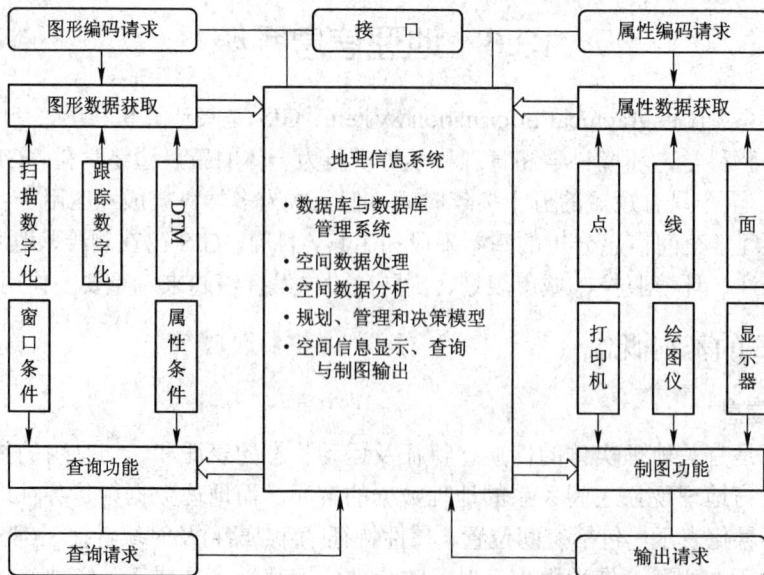

图 13.4　地理信息系统的组成

完整的 GIS 主要由四个部分构成，即硬件系统、软件系统、地理空间数据库和管理系统操作人员，其核心部分是软、硬件系统，空间数据库反映了 GIS 的地理内容，而管理人员和用户则决定系统的工作方式和信息表示方式。

1. 硬件系统

GIS 硬件配置一般包括以下四个部分：

(1) 计算机主机。

(2) 数据输入设备，如数字化仪、图像扫描仪、手写笔、光笔、键盘、通信端口等。

(3) 数据存储设备，如光盘刻录机、磁带机、活动硬盘、磁盘阵列等。

(4) 数据输出设备，如笔式绘图仪、喷墨绘图仪、激光打印机等。

2. 软件系统

GIS 软件系统包括以下三个部分：

(1) 计算机系统软件。

(2) 地理信息系统软件和其他支撑软件。这部分可以是通用的 GIS 系统软件，如 ARC/INFO 等，也可包括数据库管理软件、计算机图形软件包、CAD 及图像处理软件等。

(3) 应用分析程序。这是系统开发人员或用户根据用户的具体需求，在地理信息系统软件平台的支持下，根据地理专题或区域分析模型编制的用于特定应用任务的程序，是系统功能的扩充与延伸。在优秀的 GIS 平台工具的支持下，应用程序的开发是透明的和动态的，与系统的物理存储结构无关。应用程序作用于地理专题数据或区域数据，构成 GIS 的具体内容。

3. 地理空间数据

地理空间数据是指以地球表面空间位置为参照的自然、社会和人文景观数据，可以是图形、图像、文字、表格和数字等，由系统的建立者通过数字化仪、扫描仪、键盘、磁带机或其他通信系统输入 GIS，是系统程序作用的对象。

4. 系统开发、管理与使用人员

人是 GIS 中的重要组成因素。GIS 从其设计、建立、运行到维护的整个生命周期，处处离不开人的作用。人在系统组织、管理、维护和数据更新，应用程序开发中都起到至关重要的作用。

13.6.3　GIS 的应用

1. 资源清查

资源清查是 GIS 的最基本的职能。系统可将各种来源的数据汇集在一起，最后提供区域多种条件组合形式的资源统计或进行原始数据的快速再现。以土地利用类型为例，可以输出不同土地利用类型的分布、面积，按不同高程带划分的土地利用类型，不同坡度区内的土地利用现状以及不同时期的土地利用变化等，为资源的合理利用、开发和科学管理提供依据。

2. 城乡规划

城市与区域的规划中涉及资源、环境、人口、交通、经济、教育、文化和金融等多个地理变量和大量数据，GIS 可将这些数据归并到统一的系统中，最后进行城市与区域多目标的开发与规划，包括城镇总体规划、城市建设用地适宜性评价、环境质量评价、道路交通规划、公共设施配置以及城市环境的动态监测等。所以利用 GIS 作为城乡规划、管理、分析工具具有十分重要的意义。

3．灾害监测

借助遥感遥测数据的搜集，利用 GIS 可有效地预测预报森林火灾，进行洪水灾情监测和洪水淹没损失的估算，为救灾抢险、防洪决策提供及时而准确的信息和决策。

4．环境管理

环境管理信息系统可以为环境管理部门提供数据和信息存储方法；可以提供环境管理的数据统计、报表和图形编制方法；可以建立环境污染的若干模型，为环境管理决策提供支持；可以提供环境保护部门办公业务支持；可以提供信息传输的方法与手段。

5．宏观决策

GIS 利用拥有的数据库，通过一系列决策模型的构建和分析，为国家宏观决策提供依据。如系统支持下的土地承载力的研究，可以解决土地资源与人口容量的规划。

此外，GIS 还广泛应用于如下领域：

(1) 土地、水资源调查与管理，包括土地管理、道路设计、文物保护、水质评价等。

(2) 资源开采，主要完成生产图形的绘制与修改，开采技术参数的评价与预测，基础数据的管理等。

(3) 管网、交通模拟模型，包括天然气管道、污水管道、输电线路、铁路、公路等的网络模型研究。

(4) 导航系统，包括空中管制、海图制作等。

(5) 城市规划，包括居民点、商业网点、道路的设计，各种管网工程的设计与管理，各种城市景观的规划与设计。

(6) 教练与模拟，基于 GIS 和虚拟现实(Virtual Reality，VR)技术，可以实现飞行、军事演习等的模拟。

21 世纪是信息时代，相信随着地理信息系统技术的广泛应用，地理信息系统与经济和社会发展的结合将更加紧密，它也必将为我国的经济建设、资源管理等各个领域的科学化、现代化发展发挥越来越大的作用。

13.7　企业资源计划

20 世纪 60 年代，由于客观环境的改变及计算机技术的迅猛发展，制造业开始了企业信息系统改造的进程。库存控制作为信息系统改造的首选目标，由此而产生了 MRP(Material Requirement Planning，物料需求计划)系统。到了 70 年代，产生了闭环的 MRP。80 年代，为使系统更具集成性和进一步提高生产效率，MRP Ⅱ (Manufacture Requirement Planning，制造资源计划)将生产管理、财务管理、销售管理等企业业务流程融入系统，并在实践中取得了很大的成功。到了 90 年代，由于信息技术的飞速发展，企业竞争的加剧以及供应链理论的产生，ERP(Enterprise Recourse Planning，企业资源计划)应运而生。

13.7.1　20 世纪 60 年代的时段式 MRP 系统

在自由竞争的市场环境下，企业的竞争优势取决于自己生产的产品其成本是否低于自己的竞争对手。库存优化管理是降低产品生产成本的有效途径。在计算机出现之前，企业根据生产订单发出采购订单并进行催货。确定材料缺货的真实需求靠缺料表，缺料表上所列的是生产上要用，但库房却没有的材料，企业根据缺料表进行采购。订货点法就是在当时的条件下，为改变这种被动的局面而提出的一种按过去的经验来预测未来物料需求的方法。这种方法实际上着眼于"库存补充"的原则，由于不能确定近期内准确的必要库存储备数量和需求量，因而要求保留一定的安全库存储备，以便应付需求波动。订货点法的假设条件是：对各种物料的需求是相互独立的；物料需求是连续发生的；提前期是已知和固定的；库存消耗之后，应被重新填满。由于这些假设条件在现实中很难成立，从而难以解决"何时订货"这一库存管理中的核心问题。

时段式 MRP 就是人们为解决订货点法存在的缺陷而于 20 世纪 60 年代提出的。一般来说，企业内部的物料可分为独立需求和相关需求两种类型。独立需求来源于企业外部，根据不同行业和企业组织生产的特点，企业生产一般可分为按库存生产的 MTS(Make to Stock)、按订单生产的 MTO(Make to Order)或 MTS 与 MTO 相结合三种方式。因此，独立需求计划产生于订单或产品预测，且独立需求物料均为自制件。相关需求是指根据物料之间的结构组成关系为实现独立需求的物料所产生的需求，如半成品、原材料等的需求，它们既有采购件也有自制件。

MRP 从最终产品的生产计划(独立需求)导出相关物料(半成品、原材料等)的需求量和需求时间(相关需求)；根据物料的需求时间和生产(订货)提前期来确定其开始生产(订货)的时间和数量。因此，MRP 的基本内容是编制物料的生产计划和采购计划。然而，要正确编制物料计划，首先要确定产品的生产进度计划，也就是所谓的主生产计划，这是 MRP 展开和分解的根源。另外，MRP 还需要知道产品的组成结构，也就是物料清单，才能把主生产计划展开成物料计划。同时，还必须知道库存数量才能准确计算出物料的采购数量及生产数量。MRP 基本的依据是：主生产计划(Master Production Schedule，MPS)、物料清单(Bill of Material，BOM)、库存信息(Inventory，Inv)。

主生产计划(MPS)确定生产什么及什么时候生产，制定每一具体的产品在指定的时间段内的生产数量。按照 MTS 模式进行生产时，其生产量和生产时间根据企业市场预测以及企业经营大纲而定；按照 MTO 模式进行生产时，其生产量和生产时间必须满足客户订单的需求，由客户订单确定主生产计划并根据客户合同和市场预测把经营计划或生产大纲中的产品系列具体化，使之成为展开物料需求计划的主要依据。不管何种生产组织方式，主生产计划必须确定在计划时间周期内的产品、数量及生产日期(生产日期可按照生产完工日期及生产提前期进行逆推)。产品结构与物料清单(BOM)确定需要什么材料及需要多少。MRP 系统要正确计算出物料需求的时间和数量，特别是相关需求物料的数量和时间，首先要使系统能够知道企业所制造的产品的结构和所有要使用到的物料。在离散行业中，BOM 表一般称为产品结构树，按构成成品件的所有部件、组件、零件等的组成、装配关系和数量要求构成层次结构关系；在流程行业中，BOM 表以产品配方及消耗定额表示，一般以扁平的方式表示，按成品生产的工艺顺序描述其组成配方。不管何种行业的 BOM，需求数量、提前期是必不可少的(提前期表示对应的需求件的相对需求时间)。库存信息(Inv)反映所需物料库存量，是企业所有产品、半成品、在制品、原材料、辅料等存在状态的数据信息。库存信息包含现有库存量、订购量和已分配量。

　　MRP 的生成分两步进行：第一步将 MPS 按照 BOM 进行需求分解以形成 MRP 需求，暂时不考虑现有库存，得到需求物料的毛需求；第二步将 MRP 需求对照 Inv 生成 MRP 需求计划，得到需求物料的净需求，包括生产件需求计划和采购件需求计划。MRP 系统的原理如图 13.5 所示。运行 MRP 系统的前提条件包括：① 有一个主生产计划；② 赋予每项物料一个独立的物料代码；③ 有一个通过物料代码表示的物料清单(BOM)；④ 有完整的库存记录。在满足这些条件的情况下，向 MRP 系统输入主生产计划、来自厂外的零部件订货、库存记录文件、物料清单、独立需求项目的需求量等进行预测。系统加工处理这些输入信息后，输出下达计划订单的通知、日程改变通知、撤销订单的通知、物料库存状态分析的备用数据、未来一段时间的计划订单等。

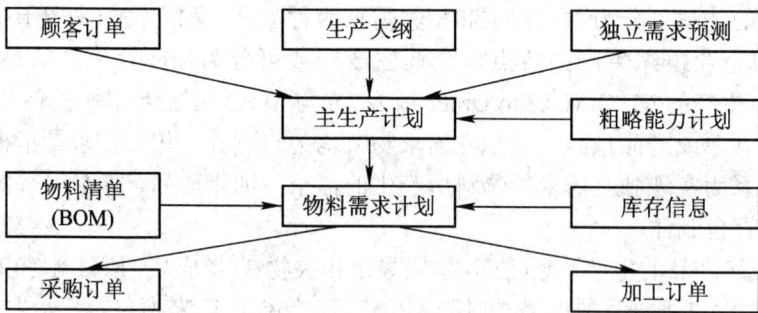

图 13.5　MRP 系统原理示意图

13.7.2　20 世纪 70 年代的闭环式 MRP 系统

　　MRP 系统建立在两个假设的基础上：一是生产计划是可行的，即假设有足够的设备、人力和资金来保证生产计划的实现；二是假设物料采购计划是可行的，即有足够的供货能力来保证完成物资供应。但在实际运作中，由于种种原因，能力资源和物资资源并非总能如期供应，从而导致主生产计划无法实现。所以，为了使生产计划更符合实际，必须把计划和资源统一起来，以确保计划的可行性。

　　20 世纪 70 年代，MRP 系统发展成闭环式 MRP 系统，把需要和可能结合起来，通过能力与负荷的反复平衡，实现了一个完整的计划与控制系统。闭环式 MRP 系统在原 MRP 系统的基础上，增加了能力需求计划，使系统具有生产计划与生产能力的平衡过程，如图 13.6 所示。其原理是：根据长期生产计划制订短期主生产计划，这个主生产计划必须经过生产能力负荷分析，才能够真正具有可行性；然后制订物料需求计划、能力需求计划和车间作业计划，并在计划执行过程中，根据来自车间、供应商和计划人员的反馈信息进行计划的平衡调整，从而使生产计划的各个子系统得到协调统一。

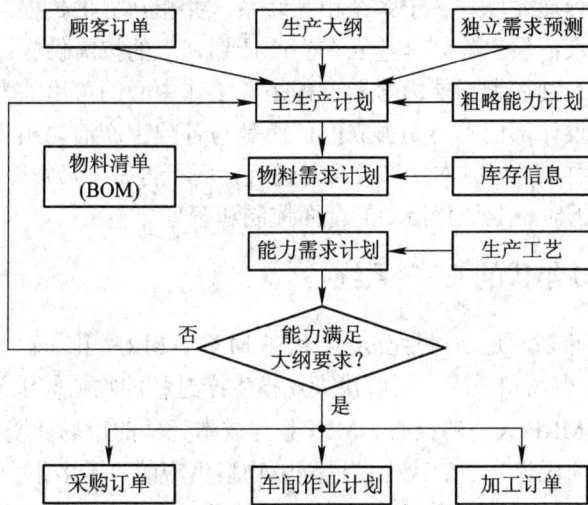

图 13.6　闭环 MRP 系统原理示意图

13.7.3　20 世纪 80 年代的 MRP II 系统

在企业的管理中，生产管理只是一个方面，它涉及物资流，而与物资流密切相关的还有资金流。当时在许多企业中资金流是由财会人员另行管理的，这就造成数据的重复录入与存储，甚至造成数据的不一致。在更高的管理层面上也存在着经营规划与生产规划相脱节的问题。于是人们意识到应该去除不必要的重复工作，建立一个一体化的管理系统，MRP II 系统的诞生了。

MRP II 系统将生产、财务、销售、工程技术、采购等各子系统集成为一个整体，称为制造资源计划(Manufacturing Resource Planning)，英文缩写仍为 MRP，为与物料需求计划相区别，记为 MRP II。

MRP II 系统原理见图 13.7 所示。

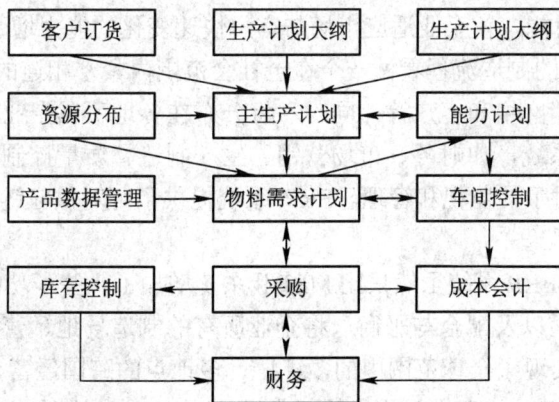

图 13.7　MRP II 系统原理

系统利用计算机网络把生产计划、库存控制、物料需求、车间控制、能力需求、工艺路线、成本核算、采购、销售、财务等功能综合起来，实现企业生产的计算机集成管理，全方位地提高了企业管理效率。各子系统相互联系，并相互提供数据。成本核算要利用库存记录和生产活动记录；供应计划是建立在生产计划之上的按需供应；生产计划的制订依赖于销售计划与生产计划大纲；能力平衡过程是各工作中心的可用能力与生产计划中的能力需求的平衡过程；设计部门不再是孤立的，而是与各项生产活动相联系的；产品结构构成控制计划的重要方面，财务成本核算可及时进行，而不再是事后算账。MRP Ⅱ系统通过这样一个过程，实现了对企业经营活动的全面控制和管理。

13.7.4　20世纪90年代的ERP系统

ERP即企业资源计划，是20世纪90年代在MRP、MRP Ⅱ基础上发展起来的。MRP与60、70年代的卖方市场相适应，要解决大规模生产过程的物料需求问题，何时、何处、需要多少何种物料是MRP关注的核心。MRPⅡ与成本竞争的市场环境相适应，在MRP的基础上加入财务管理的内容，要解决生产过程中物料供应的"不多不少、不迟不早"问题。ERP与全球化的买方市场环境相适应，在MRPⅡ的基础上，加入了分销和人力资源等各种企业资源获取和利用相关的管理内容，力求解决企业资源的最优配置问题，以产生最大的企业效益。狭义的ERP是一个集成企业内部的所有资源，并加以有效配置与控制的管理系统，广义的ERP则要计划和控制企业内外所有与企业紧密关联的各种资源，既要使企业外部资源能够集成进来为企业所用，也要使企业内部资源能被集成出去为社会所共享。

ERP在MRPⅡ的基础上扩展管理范围，在它的设计中考虑到仅靠企业自身的资源不可能有效地参与市场竞争，还必须把经营过程中的有关各方，如供应商、制造工厂、分销网络、客户等纳入一个紧密的供应链中，才能有效地安排企业的产、供、销活动，满足企业利用全社会一切市场资源快速高效地进行市场经营活动的需求，以期进一步提高效率和在市场上获得竞争优势；同时，也考虑了企业为了适应市场需求变化不仅要组织大批量生产，还要组织"多品种小批量生产"。在这两种情况并存时，要采用不同的方法来制订计划。

在ERP系统的这种设计，着重体现了以下两方面的设计思想：

(1) 它把客户需求和企业内部的制造活动以及供应商的制造资源整合在一起，体现了完全按用户需求制造的思想，使企业适应市场与客户快速变化的能力增强。

(2) 它将制造企业的制造流程看做一个在全社会范围内紧密相连的供应链，其中包括供应商、制造工厂、分销网络和客户等；同时，将分布在各地所属企业的内部划分成几个相互协同作业的支持子系统，如财务、市场营销、生产制造、质量控制、服务维护、工程技术等，还包括对竞争对手的监视和管理。ERP系统提供了可对供应链上所有环节进行有效管理的功能。

从系统功能上看，ERP系统虽然只比MRPⅡ系统增加了一些子功能，但更为重要的是，这些子功能的紧密联系以及配合与平衡，将企业所有的制造场地、营销系统、财务系统紧密结合在一起，从而实现了全球范围内的多工厂、多地点的跨国经营合作。ERP系统支持企业的混合型经营策略，从而满足企业多元化经营的需求；支持对数据的在线分析处理(Online Analytical Processing，OLAP)，体现了完全按市场需求制造的思想。ERP系统也打破了MRPⅡ系统只局限于传统制造业的旧的观念和格局，把触角伸向金融业、通信业、高科技产业、零售业等，大大扩展了应用范围。

13.7.5　ERP 软件的选择

目前国内市场上大致有三类 ERP 软件公司，第一类是以 SAP、Oracle、Baan、四班等为代表的国外软件公司；第二类是以金思维、和佳、利玛、华夏新达、奇正等为代表的专业 ERP 公司；第三类是用友、金蝶、新大中、安易、浪潮、唐朝等众多由财务软件公司转型而来的管理软件/ERP 公司。第一类公司的主要优势是产品功能强大，理念先进；第二类公司的主要优势在于功能齐全，适合国情，价格适中；第三类公司的主要优势是其生产的管理软件产品有后发制人的优势，而且具有前两类公司无法相比的本地化的财务软件，相对来讲，他们开发的软件产品的应用性更强，技术上也没有太多的历史包袱。另外，他们的服务网络强大，资金充裕，服务能力强。如何选择管理软件，要看企业的管理需求。

13.7.6　企业 ERP 系统的实施

实践证明，构建 ERP 系统需要经历以下 8 个步骤：

(1) 培训领导，提高认识，发现需求。

由于要建的是一套新的系统，故企业领导班子首先要通过培训、观摩、研讨、比较来开阔眼界，提高认识，统一意见。其中的关键，是一把手要认识到位，决心到位。企业管理信息化是企业一把手的头号工程，它涉及战略更新、流程重组、资源投入、利益调整、难题攻坚、矛盾协调、制度保证等方方面面，没有一把手和管理班子的清醒认识与坚定态度，是断然做不好的。

(2) 培训骨干，学习经验，增长才干。

即使是直接采购商品软件，也存在买谁的软件、靠谁来实施、用什么力量来维护等一系列问题。由于 ERP 系统一经运转就不可停止，系统的稳定性、安全性、可靠性、先进性就显得非常重要。因此，企业一定要拥有一支掌握 IT 技术的骨干力量，他们既要懂企业流程，又要懂 IT 技术，能够用 IT 技术描述企业流程，还具有一定的识别软件、支撑运转的能力，可以成为企业与软件公司合作的基本力量。为提高水平、开阔眼界，对骨干的培训除了知识学习、技能培养外，还要让他们走出去，到已实施 ERP 的兄弟企业乃至国外去参观学习，以培养其真才实干能力。

(3) 培训员工，统一认识，掌握技能。

任何 ERP 系统，最终都得靠最基层的职工来具体操作。因此，在实施 ERP 前，企业一定要以多种形式教育和培训职工，使之认识到信息化的重要性和紧迫性，统一认识，自觉学习，去除恐惧畏难和事不关己等思想，形成积极投身信息化工程的气氛。

(4) 进行战略诊断与需求分析。

在 ERP 系统建设中，企业和软件公司既是合作者又是利益竞争者，既需保留和发扬企业原有的良好的管理系统和方法，又需要引入和建立符合信息化工作规律的新的理念和模式，这些需要双方进行大量的沟通和谈判，也就容易扯皮，使合作效率较低。解决这一问题的办法，通常是在企业选择咨询商和软件商之前，先引入一个投入较少的企业诊断培训商。这个伙伴既协助企业做好前三项培训，又协助企业进行自我诊断，还将帮助企业对流程再造和 ERP 系统的实施效果进行事后再评估。诊断的核心内容就是企业的战略、员工、流程是否都适应于客户的需求，是否具有效率，从问题分析中发现和调整管理需求。

(5) 开展管理咨询与流程再造工作。

通过诊断，明确了企业原有战略与工作流程的利弊之后，可以招标引入管理咨询商来进行管理咨询，开展流程再造(BPR)工作。管理咨询商的优势是既熟悉当今世界各地合理的企业管理理念、结构和运作流程，又熟悉管理信息化的原理、方法、路径和市场上相关软件公司的优势，从而可以为企业设计和组织管理流程再造工作，为引入合适的 ERP 软件打下基础。在这一阶段，企业应对整个企业管理信息化工作做出统一规划，明确工作重点，确定实施步骤，算清投入产出，对与统一规划不适应的工作流程进行改造和优化。

(6) 进行招标采购与二次开发。

尽管现在绝大多数 ERP 软件公司都将前 5 步工作纳入了自己的工作之中，但在社会化分工协作的情况下，ERP 软件商此时才应该来到做好了相关准备工作的企业，参加企业的 ERP 软件招标。通过招标，大家比管理理念，比软件功能，比服务质量，比项目经验，比价格成本。谁能最好地满足企业需要，谁就能成为企业的合作伙伴。对企业管理具有特色的地方，通常需要进行一定的二次开发。由于企业管理的原理总体上是共性的，故二次开发的比例一般应该在 20%左右，过大的二次开发与系统的稳定性、安全性存在矛盾。

(7) ERP 的实施与试运行中的双轨运行。

完成了 BPR，选定了 ERP，做好了组织和培训工作，就可以进入 ERP 实施阶段了。ERP 的实施可以由 ERP 公司来做，还可以由 ERP 公司指定的系统集成商来完成。不管由谁来实施，企业都应把自己的 IT 人员结合进去，使之尽快具备系统操作与简单维护的能力，然后帮助每个管理点上的员工逐一掌握相关操作。系统建成后，要先分模块试运行，然后进行全系统联动试运行。在试运行期间，仍要保留原有的手工管理机制。实行双轨运行一段时间，待系统的稳定性得到确认，操作的熟练程度满足要求之后，才能分模块逐步甩掉手工系统。由于双轨运行期间劳动量加倍，更由于基础数据的录入期不能过长，因而要求 ERP 的实施过程要集中突击完成，决不能拖延太久。实施中，要给予系统的安全性高度重视，一般的数据要能及时备份，主服务器要有两套以上的设施，并做异地安放。

(8) 进行项目验收与效果重评。

ERP 系统稳定运行一个季度或半年之后，企业和软件公司应组织好对项目的验收工作。除了相应的专家外，验收的主要角色可由诊断培训商来担当。也就是说，验收的内容除了系统运行的先进性、适用性、稳定性、安全性之外，更主要的是要验收整个 ERP 工程中企业管理创新的实现程度和实际成效。事实上，这相当于由诊断培训商再做一次新的诊断，看看经 BPR 和 ERP 后，企业的战略、流程、员工是否对市场的响应更快更好，对顾客服务更加及时周到，对各种资源的配置更加卓有成效。

13.8 物 联 网

物联网是在继因特网之后，在信息领域又一次重大的发展和变革。物联网概念起源于20 世纪 90 年代末，早期的物联网是以物流系统为背景提出来的，以射频识别技术作为条码识别的替代品，实现对物流系统的智能化管理。随着技术和应用的发展，物联网的内涵已发生了重大变化。2005 年国际电信联盟(ITU)在突尼斯举行的信息社会世界峰会上正式确定了物联网的概念，并发表了 ITU 报告。ITU 在报告中指出，目前正处在一个新的通信时代的边缘，信息与通信技术的目标已经从满足人与人之间的沟通，发展到实现人与物、物与物之间的连接，无所不在的物联网通信时代即将来临。物联网使得我们在信息与通信技术的世界里获得一个新的沟通维度，将任何时间、任何地点、连接任何人，扩展到连接任何物品，万物的连接就形成了物联网。

13.8.1 物联网的概念和特征

物联网概念提出之后，国内外对物联网的概念和内涵进行了深入研究，但目前仍没有形成被大家认同的物联网概念，国内学者认为物联网有狭义和广义之分。狭义上的物联网指连接物品到物品的网络，实现物品的智能化识别和管理。广义的物联网则指信息空间到物理空间的融合，将一切事物数字化、网络化，在物品与物品之间、物品与人之间、人与现实环境之间实现高度密切和融合的信息交互方式，并通过新的服务模式使各种信息技术融入社会行为，使信息化在人类社会的综合应用达到新的境界。

物联网的基本特征可以概括为全面感知、可靠传送和智能处理。

(1) 全面感知。利用射频识别、二维码、传感器等感知、捕获、测量技术，随时随地对物品进行信息采集和获取。

(2) 可靠传送。通过将物体接入信息网络，依托各种通信网络，随时随地进行可靠的信息交互和共享。

(3) 智能处理。利用各种智能计算技术，对海量的感知数据和信息进行分析处理，实现智能化的决策和控制。

物联网的基本架构可以分为感知层、网络层和应用层三个层次，见图 13.8。感知层由记忆传感器网关构成，包括各种传感器、二维码标签、RFID 标签和读写器、摄像头、GPS 等感知终端，其主要功能是识别物体、采集信息。网络层由各种私有网络、互联网、有线和无线通信网、网络管理系统和云计算

图 13.8 物流网的基本架构

平台等组成，负责传递和处理感知层获取的信息。应用层是物联网和用户的接口，它与行业需求结合，实现物联网的智能应用。

13.8.2 物联网的关键技术

物联网技术涉及现代所有信息技术，物联网的关键技术可以概括为感知与标识技术、网络与通信技术、计算与服务技术和管理与支撑技术四个方面。

1. 感知与标识技术

感知与标识技术是物联网的基础，负责采集物理世界中发生的物理事件数据，实现外部世界的信息感知和识别，主要包括传感技术与识别技术。传感技术利用传感器和自组织传感器网络，协作感知、采集网络覆盖区域中被感知的对象信息。识别技术涵盖物体识别、位置识别和地理识别，对物理世界的识别是实现全感知的基础。

2. 网络与通信技术

网络是物联网信息传递和服务支撑的基础设施，通过泛在的互联功能，实现感知信息

高可靠性、高安全性传递。物联网的网络技术涵盖泛在接入和骨干传输等多个层面的内容。以互联网协议版本 6 为核心的下一代网络为物联网的发展奠定了良好的基础，传感器网络和移动互联网将是物联网要采用的关键技术。

3. 计算与服务技术

以"云计算"为代表的海量计算、并行计算、虚拟计算、网格计算等将是物联网必须采用的计算技术。服务计算将是物联网计算的新特征，构建物联网环境下的通用化服务体系结构采用的是面向服务的计算技术。

4. 管理与支撑技术

管理与支撑技术是保证物联网实现可靠运行、管理和控制的关键，包括测量分析、网络管理和安全保证等。随着网络复杂性的提高与新型业务的不断涌现，需要研究高效的物联网测量分析关键技术，建立面向服务感知的物联网测量机制与方法；需要研究和建立物联网管理模型和方法，以适应物联网的"自治、开放、多样"的特性，保证物联网正常、安全运行；需要研究物联网安全关键技术，满足机密性、真实性、完整性、抗抵赖性的要求，解决好用户隐私保护与信任管理问题。

13.8.3　物联网的应用

物联网应用广泛，遍及智能交通、环境保护、政府工作、公共安全、平安家居、智能消防、工业监测、环境监测、老人护理、个人健康、花卉栽培、水利监测、食品管理、情报搜索等众多个领域。目前国际上物联网的应用和产业发展总体处于起步阶段。物联网具有广泛的应用前景，继互联网之后将成为推动 21 世纪科技产业革命的关键技术。

本 章 小 结

随着信息技术日新月异的发展，信息系统目前已广泛应用于国民经济和人们生产生活的各个方面，成为人们工作和生活中必不可少的组成部分。本章主要介绍了信息系统应用的一些典型领域，如与人们的工作及生活息息相关的电子商务、电子政务、电子医务、电子教务等；支持企业业务管理的 MRP、ERP、CIMS 等；新兴的边缘学科地理信息系统，以及近年出现的物联网。同时，许多新兴的信息系统正在不断被开发和涌现，建议同学们运用本书介绍的知识体系自己多分析和设计身边的信息系统，以使所学知识有质的飞跃。

习 题

一、填空题

1. 电子商务的框架模式主要包括如下四种类型：(　　　)；(　　　)；(　　　)；(　　　)。

2. 制约电子商务发展的重要因素主要有：(　　　)；(　　　)等。

3. 电子政务的基本内容有( )、( )、( )、( )等,构建电子政务的总的原则是( )、( )、( )、( )。

4. 我国从 1999 年开始探索基于网络的教育资源标准化研究,到 2000 年 5 月公布了教育部《现代远程教育资源建设技术规范》(试行)。现代远程教育资源建设包括( )、( )、( )、( )和( ),以及适合多种教学模式的教学支撑系统和现代远程教育管理系统的研制开发。

5. CIMS 的全称是( ),它包括四个应用分系统,分别是( )、( )、( )、( )和两个支持分系统,分别是( )、( )。

6. 地理信息除了具有信息的一般特性外,还具有以下特征:( )、( )、( )。完整的 GIS 主要由四个部分构成,即( )、( )、( )和( ),其核心部分是( )。( )反映了 GIS 的地理内容,而( )则决定系统的工作方式和信息表示方式。

7. MRP 与 20 世纪 60、70 年代的卖方市场相适应,要解决( )问题,( )是 MRP 关注的核心。MRP Ⅱ 与成本竞争的市场环境相适应,在 MRP 的基础上加入( )的内容,要解决生产过程中物料供应的( )问题。ERP 与全球化的买方市场环境相适应,在 MRP Ⅱ 的基础上,加入了( )等各种企业资源获取和利用的相关管理内容,力求解决企业资源的最优配置问题,以产生最大的企业效益。

二、简答题

1. 什么是电子商务系统?它有哪几种模式?
2. 电子商务系统的安全技术包含哪些?
3. 试述电子政务、电子医务、电子教务的内容与具体应用。
4. 简述地理信息系统的概念和应用领域。
5. 简述 MRP、MRP Ⅱ 与 ERP 之间的区别与联系。
6. CIMS 的核心思想是什么?
7. 简述物联网的应用。

附录　信息系统相关名词中英文对照表

Activity Diagram　活动图

Assistant Decision　辅助决策

Boundary Class　边界类

Business　业务

Business Analysis　业务分析

BAA(Business Area Analysis)　业务领域分析

Business Investigation　业务调查

Business Rule　业务规则

BSP(Business System Planning)　企业系统规划

CMM(Capability Maturity Model)　软件能力成熟度
　　　　　　　　　　　　　　模型

Class　类

Class Diagram　类图

Collaboration Diagram　协作图

Component　构件

Component Diagram　构件图

CIM(Computation Independent Model)　计算无关模型

CIMS(Computer Integrated Manufacturing Systems)
计算机集成制造系统

Cloud Computing　云计算

Control Class　控制类

Data　数据

Data Processing System　数据处理系统

Decision Support System　决策支持系统

Deployment Diagram　实施图

Economic Feasibility　经济可行性分析

EC(Electronic Commerce)　电子商务

Entity　实体

ERP(Enterprise Recourse Planning)　企业资源计划

Entity Analysis　实体分析

Entity Class　实体类

Evolution Process　演化过程

Executive Information System　主管信息系统

Function Analysis　组织职能分析

GIS(Geographical Information System)地理信息系统

Goal Analysis　组织目标分析

Goal of Organization　组织目标

GUI(Graphics User Interface)　图形用户界面

Information　信息

IE(Information Engineering)　信息工程

Information Processing　信息处理

Information Processing System　信息处理系统

IRM(Information Resource Management)　信息资源
　　　　　　　　　　　　　　　　　　管理

ISP(Information Strategy Planning)　信息战略规划

Information System　信息系统

Information System Construction　信息系统建设

Information System Development　信息系统开发

Information System Life Cycle　信息系统生存周期

Information System Maintenance　信息系统维护

Information System Management　信息系统管理

Information System Planning　信息系统规划

Interaction Diagram　交互图

Management Information System　管理信息系统

Management Process　管理过程

MRP(Manufacture Requirement Planning)　制造资源
　　　　　　　　　　　　　　　　　　计划

MRP(Material Requirement Planning)　物料需求计划

Menu　菜单

Object　对象

Object Diagram　对象图

Object Oriented Method　面向对象方法

Office Automation 办公自动化

Office Automation System 办公自动化系统

OFTP(Off-line Transaction Processing) 脱机事务处理

Office Information System 办公信息系统

OLTP(On-line Transaction Processing) 联机事务处理

Operational Feasibility 操作可行性

Organization Analysis 组织机构分析

Organization Management 组织管理

PIM(Platform Independent Model) 平台无关模型

Planning Process 规划过程

Prototype Method 原型方法

PSM (Platform Specific Model) 平台相关模型

PSP(Personal Software Process) 个人软件过程

Referential Integrity Constraint 参照完整性约束

Requirement Analysis 需求分析

Requirement Description 需求描述

Requirement Investigation 需求调查

Requirement Auditing 需求审核

RUP(Rational Unified Process) 统一软件开发过程

RTTP(Real Time Transaction Processing) 实时事务处理

Sequence Diagram 顺序图

Society Feasibility 社会可行性

State Chat 状态图

SST(Strategy Set Transition) 战略目标转移法

Structured Method 结构化方法

Supporting Process 支持过程

System 系统

System Analysis 系统分析

System Construction 系统构成

System Design 系统设计

System Implement 系统实现

System Integration 系统集成

Table 表

The Internet of things 物联网

TSP(Team Software Process) 群组软件过程

Technical Feasibility 技术可行性

Test 测试

Transaction Processing 业务处理

Transaction Processing System 业务处理系统

UML(Unified Modeling Language) 统一建模语言

Use Case 用例

Use Case Diagram 用例图

User Interface 用户界面

参 考 文 献

[1]　耿骞，等. 信息系统分析与设计. 北京：高等教育出版社，2001.

[2]　刘兰娟，等. 信息系统分析与设计. 北京：电子工业出版社，2002.

[3]　薛华成，等. 管理信息系统. 3 版. 北京：清华大学出版社，1999.

[4]　魏军，等. 管理信息系统. 北京：国防工业出版社，1999.

[5]　董安邦，等. 管理信息系统. 西安：陕西人民出版社，2001.

[6]　顾乃学，等. 管理信息系统概论. 西安：西安电子科技大学出版社，1995.

[7]　陈佳. 信息系统开发方法教程. 北京：清华大学出版社，1998.

[8]　周广声，等. 信息系统工程原理方法及应用. 北京：清华大学出版社，1998.

[9]　张维明. 信息系统集成技术. 北京：电子工业出版社，2002.

[10]　左美云，等. 信息系统的开发与管理教程. 北京：清华大学出版社，2001.

[11]　Jacobson，等. 统一软件开发过程. 北京：机械工业出版社，2002.

[12]　Crady Booch，等. UML 用户指南. 北京：机械工业出版社，2001.

[13]　W Satzinger，等. 系统分析与设计. 北京：机械工业出版社，2002.

[14]　张龙详. UML 与系统分析与设计. 北京：人民邮电出版社，2001.

[15]　Martin Fowler，等. UML 精粹. 北京：清华大学出版社，2002.

[16]　刘超等. 可视化面向对象建模技术. 北京：北京航空航天大学出版社，1999.

[17]　耿继秀. 信息工程. 北京：清华大学出版社，2001.

[18]　高复先. 信息资源规划. 北京：清华大学出版社，2002.

[19]　周三多，等. 管理学. 北京：高等教育出版社，2000.

[20]　武积有. 信息化基础知识. 西安：陕西人民出版社，2002.

[21]　潭祥金，等. 信息管理导论. 北京：高等教育出版社，2000.

[22]　陈禹. 信息经济学教程. 北京：清华大学出版社，1998.

[23]　张华. 信息组织. 北京：清华大学出版社，2001.

[24]　邬琨. 哲学信息论引论. 西安：陕西人民出版社，1987.

[25]　周之英. 现代软件工程. 北京：科学出版社，1999.

[26]　邵维忠，等. 面向对象的系统分析. 北京：清华大学出版社，1998.

[27]　D McGregor，等. 面向对象的软件测试技术. 北京：机械工业出版社，2002.

[28]　张毅. 制造资源计划 MRP-II 及其应用. 北京：清华大学出版社，1997.

[29]　王能斌. 数据库系统. 北京：电子工业出版社，1995.

[30]　卫红春，等. 软件工程概论. 北京：清华大学出版社，2007.

[31]　赵春刚，等. 软件工程. 北京：北京大学出版社，2006.

[32]　孙其博，等. 物联网：概念、架构、与关键技术综述. 北京邮电大学学报，2010.

[33]　邬贺铨. 物联网的应用与挑战综述. 重庆：重庆邮电大学学报，2010.

[34]　卫红春. UML 软件建模教程. 北京：高等教育出版社，2012.